"十三五"国家重点出版物出版规划项目

转型时代的中国财经战略论丛

我国上市公司内部控制
重大缺陷修正研究

朱彩婕 著

中国财经出版传媒集团

经济科学出版社
Economic Science Press

图书在版编目（CIP）数据

我国上市公司内部控制重大缺陷修正研究/朱彩婕著.
—北京：经济科学出版社，2020.4
（转型时代的中国财经战略论丛）
ISBN 978 - 7 - 5218 - 1489 - 7

Ⅰ.①我… Ⅱ.①朱… Ⅲ.①上市公司 - 企业内部
管理 - 研究 - 中国 Ⅳ.①F279.246

中国版本图书馆 CIP 数据核字（2020）第 066820 号

责任编辑：李一心
责任校对：郑淑艳
责任印制：李 鹏 范 艳

我国上市公司内部控制重大缺陷修正研究
朱彩婕 著
经济科学出版社出版、发行 新华书店经销
社址：北京市海淀区阜成路甲 28 号 邮编：100142
总编部电话：010 - 88191217 发行部电话：010 - 88191522
网址：www.esp.com.cn
电子邮件：esp@esp.com.cn
天猫网店：经济科学出版社旗舰店
网址：http://jjkxcbs.tmall.com
北京季蜂印刷有限公司印装
710×1000 16 开 23 印张 360000 字
2020 年 9 月第 1 版 2020 年 9 月第 1 次印刷
ISBN 978 - 7 - 5218 - 1489 - 7 定价：88.00 元
（图书出现印装问题，本社负责调换。电话：010 - 88191510）
（版权所有 侵权必究 打击盗版 举报热线：010 - 88191661
QQ：2242791300 营销中心电话：010 - 88191537
电子邮箱：dbts@esp.com.cn）

总　序

　　山东财经大学《转型时代的中国财经战略论丛》（以下简称《论丛》）系列学术专著是"'十三五'国家重点出版物出版规划项目"，是山东财经大学与经济科学出版社合作推出的系列学术专著。

　　山东财经大学是一所办学历史悠久、办学规模较大、办学特色鲜明，以经济学科和管理学科为主，兼有文学、法学、理学、工学、教育学、艺术学八大学科门类，在国内外具有较高声誉和知名度的财经类大学。学校于 2011 年 7 月 4 日由原山东经济学院和原山东财政学院合并组建而成，2012 年 6 月 9 日正式揭牌。2012 年 8 月 23 日，财政部、教育部、山东省人民政府在济南签署了共同建设山东财经大学的协议。2013 年 7 月，经国务院学位委员会批准，学校获得博士学位授予权。2013 年 12 月，学校入选山东省"省部共建人才培养特色名校立项建设单位"。

　　党的十九大以来，学校科研整体水平得到较大跃升，教师从事科学研究的能动性显著增强，科研体制机制改革更加深入。近三年来，全校共获批国家级项目 103 项，教育部及其他省部级课题 311 项。学校参与了国家级协同创新平台中国财政发展 2011 协同创新中心、中国会计发展 2011 协同创新中心，承担建设各类省部级以上平台 29 个。学校高度重视服务地方经济社会发展，立足山东、面向全国，主动对接"一带一路"、新旧动能转换、乡村振兴等国家及区域重大发展战略，建立和完善科研科技创新体系，通过政产学研用的创新合作，以政府、企业和区域经济发展需求为导向，采取多种形式，充分发挥专业学科和人才优势为政府和地方经济社会建设服务，每年签订横向委托项目 100 余项。学校的发展为教师从事科学研究提供了广阔的平台，创造了良好的学术生态。

习近平总书记在全国教育大会上的重要讲话，从党和国家事业发展全局的战略高度，对新时代教育工作进行了全面、系统、深入的阐述和部署，为我们的科研工作提供了根本遵循和行动指南。习近平总书记在庆祝改革开放 40 周年大会上的重要讲话，发出了新时代改革开放再出发的宣言书和动员令，更是对高校的发展提出了新的目标要求。在此背景下，《论丛》集中反映了我校学术前沿水平、体现相关领域高水准的创新成果，《论丛》的出版能够更好地服务我校一流学科建设，展现我校"特色名校工程"建设成效和进展。同时，《论丛》的出版也有助于鼓励我校广大教师潜心治学，扎实研究，充分发挥优秀成果和优秀人才的示范引领作用，推进学科体系、学术观点、科研方法创新，推动我校科学研究事业进一步繁荣发展。

伴随着中国经济改革和发展的进程，我们期待着山东财经大学有更多更好的学术成果问世。

山东财经大学校长

2018 年 12 月 28 日

前　言

2000 年以来，国内外频频出现公司破产或项目巨额亏损案件，究其原因，无一不和公司自身存在内部控制缺陷有关。世界各地在萨班斯法案（SOX）后相继出台一系列内部控制方面的法律规章，对公司内部控制进行了严格规范。内部控制缺陷一旦产生，为了消除它的负面影响，恢复报表使用人对财务报告的信任，企业就会尽可能快地采取措施进行内部控制缺陷的修正，同时这一举措也是完善公司治理、实现公司目标的客观要求。随着 SOX 法案的颁布，内部控制问题也受到学术界的重视，内部控制与公司治理的融合成为新的研究趋势，内部控制缺陷的认定缺乏科学和一致的标准，以往的研究主要集中在缺陷披露的影响因素上且是从预防的角度来考虑的，很少有人从事后的角度开展研究，因此，探讨内部控制缺陷修正的界定及衡量，从事后的角度研究如何修正内部控制缺陷是一种创新。

本书的理论意义在于充实我国关于内部控制缺陷修正的理论和实证研究、完善内部控制缺陷的实证研究方法。本书提出了内部控制缺陷修正的概念，对内部控制重大缺陷及内部控制重大缺陷修正进行确认衡量。探索董事会、审计委员会对企业内部控制重大缺陷修正的影响机理，首次考虑政府法律法规和媒体监管对内部控制重大缺陷修正的影响，有助于完善内部控制理论和实证研究。另外，在对法律规制进行衡量的基础上，首次将法律规制和媒体关注纳入模型，验证其调节作用，有助于完善内部控制缺陷的实证研究方法。

本书的实际意义在于：

（1）引导上市公司从强化董事会治理的视角关注内部控制缺陷修正。由于董事会是内部控制履行的核心机构，董事会会采取一些行为措施来进行缺陷的修正，如优化董事会规模和结构、对董事进行激励、设置审计委员会等，所以本研究有利于引导上市公司关注内部控制缺陷修正，对内部控制缺陷修正的影响因素进行自我诊断，有利于治理主体针对性地采取行动对症下药。

（2）为评价企业内部控制的有效性提供参考。本书用内部控制重大缺陷修正的效果来衡量内部控制缺陷治理的程度，对内部控制缺陷是否修正，修正的效果如何，是判断内部控制有效性的评价标准之一。

（3）强化了媒体关注和法律规制对内部控制重大缺陷修正的作用。媒体作为法律外的治理机制对我国上市公司内部控制重大缺陷的修正具有重要的积极作用，媒体通过曝光可以规范治理主体的治理行为。实证研究得出我国法律法规在内部控制重大缺陷修正过程中具有调节功能的结论，验证了系列内部控制法律法规的强制效力，给相关部门提供政策建议。

本书进行了"内部控制重大缺陷修正"的概念界定及衡量，进行了法律规制的衡量，选取 2010 年存在内部控制重大缺陷的样本，从内部控制缺陷暴露后的视角，研究 2010 ~ 2014 年董事会治理对内部控制缺陷修正的影响，阐述了影响机理，构建了理论模型，选取对照样本，在对变量进行描述性统计及方差分析的基础上实证检验了董事会治理对内部控制缺陷修正的影响，验证了法律规制和媒体关注在董事会治理对内部控制重大缺陷修正影响过程中的调节作用。本书主要依据委托代理、信号传递、声誉等理论，在对董事会治理对内部控制重大缺陷修正的影响机理分析的基础上，采用描述性统计、单变量统计分析、多元回归、加权回归等方法，通过对样本进行实证检验，得到以下研究发现：

（1）样本公司重大缺陷的修正具有积极的效果，缺陷公司和非缺陷公司两组样本各指标值均存在显著差异，董事会治理能促进内部控制重大缺陷的修正，媒体关注和法律规制在董事会治理对内部控制缺陷修正过程中起显著调节作用。

（2）审计委员会专业性与内部控制重大缺陷修正没有显著关系，一方面可能是我国上市公司审计委员会成员的独立董事比例低，独立性差，并且在专业委员会的交叉任职导致的治理能力低所致；另一方面可能意味着非财务专长较财务专长对内部控制缺陷的修正更有效，非财务专长是审计委员会成员重要的治理专长。

（3）董事会规模和审计委员会会议次数与内部控制重大缺陷修正都是倒"U"形的关系，加入调节项后依然显著，应该合理控制董事会规模和审计委员会会议次数，过多过少都不利于内部控制重大缺陷的修正。

（4）媒体关注与内部控制重大缺陷修正是倒"U"形的关系，媒体关注在审计委员会设置对公司内部控制重大缺陷修正影响过程中起显著正向调节作用；在审计委员会会议次数对公司内部控制重大缺陷修正影响过程中，媒体关注在1%水平上起显著负向调节作用。

（5）法律规制与内部控制重大缺陷修正显著正相关，加入法律规制后，媒体关注与内部控制重大缺陷修正的关系不再显著，说明在法律法规的强制作用下，媒体关注力度减弱，重大缺陷经媒体曝光后，如果执法机构插手，媒体将不再关注，这也符合实际。加入调节项后，在独立董事比例、金额最高前三名董事报酬、审计委员会规模对公司内部控制重大缺陷修正影响过程中产生负向调节作用；加入法律规制或调节项后，审计委员会的设置与内部控制重大缺陷的修正关系不再显著，说明目前上市公司审计委员会的设置是外部制度约束的结果，这与谢永珍（2006）研究结论吻合。

（6）独立董事比例与内部控制重大缺陷修正负相关，因为我国上市公司存在独立董事独立性悖论以及独立董事治理能力不佳而致，增加独立董事在董事会中所占比例与内部控制重大缺陷修正紧密相关；董事长与总经理兼任情况与内部控制重大缺陷修正正相关，内部控制重大缺陷披露后，总经理需要迅速集结公司内外部资源，要维护我国上市公司董事长与总经理兼任时董事会较强的治理能力，需要适度增大董事长兼任总经理的比重。

（7）加入媒体关注和法律规制综合调节项后，综合调节项在未领取薪酬董事比例对内部控制重大缺陷修正影响过程中产生了显著负向调节作用，在审计委员会设置对内部控制重大缺陷修正影响过程中产生了显著负向调节作用。

本书的研究创新：

（1）"内部控制重大缺陷修正效果"的概念界定及衡量。由于以往研究对内部控制重大缺陷的判断识别缺乏统一的标准，本书依据2010年《审计指引》第二十二条列示的内部控制可能存在重大缺陷的四种迹象来确定内部控制重大缺陷的认定标准，对重大缺陷分类型打分，并计算总分，用本年得分减去前一年得分差值予以衡量，表示内部控制重大缺陷修正的效果。这一方法具有一定的创新性，并将内部控制缺陷研究进行了延展。

（2）法律规制的测度。本书对不同机构颁布的60多项内部控制法律法规进行了合理的测度，依据颁布机构的权威性分类型赋值打分，计算各年的总分，并进行累计加总。以往学者对法律法规的研究一直采用规范研究的方法，本书对法律法规的量化克服了以往研究的局限，奠定了实证研究的基础。

（3）考虑媒体关注和法律规制对内部控制重大缺陷修正的影响，将媒体关注和法律规制调节变量应用于董事会治理和内部控制缺陷的研究中。本书克服了以往研究中只关注公司内部治理因素的局限，首次将媒体关注和法律规制调节变量应用于董事会治理和内部控制缺陷的研究中，突破"输入—输出"模型的主流研究范式，构建了调节变量理论模型，验证了媒体关注和法律规制在董事会治理对内部控制重大缺陷修正过程中的调节作用，同时也是研究方法上的创新。

内部控制缺陷披露是公司内外部利益相关者相互博弈的结果，未披露的公司不一定不存在内部控制缺陷，我们只能筛选披露了内部控制缺陷的公司，这是中外研究者共同面临的问题。在筛选过程中，由于自身知识及能力的限制，对某些缺陷的判断会存在一定的误差。内部控制重大缺陷衡量标准及法律规制的衡量采用的是打分制，存在一定的主观性。未来要考虑改进衡量方式，尽量降低主观性带来的误差，可获取治理主体行为的数据，研究中介效应，运用"有调节的中介"等方法来深化本书的研究。另外，内部控制缺陷修正之后的市场效应研究，也是我们进一步的研究方向。

目 录

转型时代的中国财经战略论丛

第1章 绪 论

1.1 研究背景和选题意义

1.1.1 研究背景

1. 现实背景

在 21 世纪初《萨班斯—奥克斯利法案》（SOX 法案）① 颁布之前，很少有人关注内部控制缺陷问题，2000 年以来，国内外频频出现一系列公司破产或项目巨额亏损案件，如世通、环球电讯、中航油、万科等，无一不和这些公司存在内部控制缺陷或内部控制失效有关。随后世界各地相继出台一系列法律规章，对公司内部控制进行了严格规范和控制。从 1977 年美国国会的反海外贿赂法到 2013 年 5 月美国反虚假财务报告委员会下属的发起人委员会（The Committee of Sponsoring Organizatons of the Treadway Commission，以下简称 COSO 委员会）《内部控制——整体框架》的颁布，足以说明发达国家对内部控制问题的重视。

1973 年发生的"水门事件"使美国政府、立法和规章制定部门开

---

① The Sarbanes - Oxley Act，简称 SOX 法案。

始重视内部控制,《反国外行贿法》于 1977 年出台[①],该法律规定企业必须建立内部控制制度,并维持其有效性,否则,负责人将被处 5 年以下监禁或 1 万美元以上的罚金。该法律发布后公众公司扩大了内部审计部门的规模并加强了它们的职责,治理层更加密切关注公司内部控制制度,随后各种职业团体和监管部门,从不同的角度研究内部控制并发布了许多内控建议和内控指南。2002 年美国发布了提高公司信息披露的准确性和可靠性的 SOX 法案,SOX 法案的一个重要内容是对组织内部控制的相关要求,高度强调基于财务报告的内部控制的重要性,其 302 条款与季报有关,要求管理层评估披露的内部控制和程序的有效性,而 404 条款与年报有关,要求管理层评估财务报表内部控制有效性并要求披露在会计年末没有被修正的重大缺陷,年末的重大缺陷反映了仍存在的未被修正的内控缺陷。404 条款还要求公司的审计人员监督和报告管理层对内部控制的评估。内控缺陷是否判断为重大取决于财务报表错报发生的可能性和潜在错报的重要程度,第一部分即 404A,要求管理层在年度报告中同时递交一份关于财务报告内部控制的评估报告。第二部分即 404B,要求审计师对管理层的评估报告出具审计意见。

我国自 1993 年公司法发布起,共颁布了 60 多项关于内部控制方面的法规,这一系列法规的颁布为我们研究内部控制缺陷提供了支撑。我国上市公司治理专项行动从 2007 年开始进行,南方航空等内部控制失效案件使证监会意识到内部控制问题的严重性,并出台规定要求公司针对内部控制重大缺陷公开整改方案。2008 年中国版的萨班斯法案内部控制基本规范[②]颁布,鼓励上市公司发布内部控制自我评估报告和鉴证报告,明确提出企业应当制定内部控制缺陷认定标准,并提出整改的具

---

① 1977 年美国国会委员会颁布了《反国外行贿法》(Foreign Corrupt Practices Act of 1977,FCPA)。

② 财政部、证监会、审计署、银监会、保监会于 2008 年 6 月 28 日联合发布了《企业内部控制基本规范》,共七章五十条,要求上市公司于 2009 年 7 月 1 日起开始实施,执行基本规范的上市公司,应当对本公司内部控制的有效性进行自我评价,披露年度自我评价报告,并可聘请具有证券、期货业务资格的中介机构对内部控制的有效性进行审计。

体方案。2010 年国家五部委联合出台企业内部控制配套指引①，要求企业强制披露内控自评报告，并要求聘请外部审计师进行内部控制审计并出具鉴证报告。2015 年 12 月，22 部委联合签署重拳治理上市公司的《关于对违法失信上市公司相关责任主体实施联合惩戒的合作备忘录》（以下简称《备忘录》）出台，也有人称之为是中国版的《SOX 法案》。各法规的颁布情况如附表 2 所示。

从国内外一系列的内部控制法规看，各国普遍重视内部控制方面法规的建立健全，都在依据国际标准，结合本国实际制定适合本国的法律法规。美国、日本等发达国家法律法规早已健全，这种对内部控制的高度重视能提高财务报告的可靠性，有助于公司识别内部控制缺陷并及时采取措施修正缺陷（Charles River Associates，2005）②，内部控制缺陷成为各界关注的焦点。但是国内外均缺乏专门针对内部控制缺陷方面的法规，对内部控制缺陷的修正也更缺乏监管法规，即对未修正的先前披露的内部控制缺陷缺乏有效的监管。

对于先前披露的内部控制重大缺陷不管是否修正，也不管修正的结果如何，按照证券交易委员会的要求都会进行内部控制审计，股票交易市场也不会因为公司报告或修正重大缺陷失败而使公司摘牌。所以，确定是否存在未修正先前披露的重大缺陷对公司各方面的影响是重要的，了解先前披露的重大缺陷修正失败的公司状况是重要的，但这一问题还是未知的（Jacqueline et al.，2012），有待于研究。

审计准则第 5 号将财务报告内部控制定义为"首席执行官和首席财务官就符合公认会计准则外部使用目的之财务报告的可靠性和财务报告的编制提供合理保证而制定或监督制定并由董事会、管理层和其他人员实施的程序（PCAOB）"。2007 年修订的中国注册会计师审计准则中③，

---

①　2010 年 4 月 26 日，财政部、证监会、审计署、银监会、保监会联合发布《企业内部控制应用指引》《内部控制审计指引》《内部控制评价指引》，要求 2011 年 1 月 1 日在境内外同时上市的公司施行，2012 年 1 月 1 日在上海证券交易所、深圳证券交易所主板上市公司施行。为我国的内部控制体系的建立构建了框架，也指明了方向。

②　Charles River Associates（CRA）. 2005. Sarbanes – Oxley section 404 costs and remediation of deficiencies：Estimates from a sample of Fortune 1000 companies. CRA No. D06155 – 00. Boston：CRA.

③　《中国注册会计师审计准则第 1211 号——了解被审计单位及其环境并评估重大错报风险》。

首次提出内部控制缺陷的概念，2008 年的基本规范和 2010 年的配套指引对内部控制缺陷进行了明确划分。公司也逐步规范内部控制实务制定，对外披露重大缺陷的信息，这些都有利于保护投资者的利益，对内部控制缺陷的研究及研究如何修正内部控制缺陷，有利于完善公司治理，实现公司经营的目标，因为内部控制缺陷直接关系到内部控制的有效性，内部控制是否有效也是判断公司治理目标是否达到的标准。

内部控制重大缺陷的事后修正是至关重要的，上市公司内部控制信息披露具有明显的信号传递效应（周曙光，2010）。一旦公司出现内部控制缺陷，这种信息会迅速传递到资本市场及各个信息使用者，股东对财务报告结果的信任会降低，投资者决策也受影响[1]。为了消除它的负面影响，企业趋利避害的本能决定其会尽可能尽快地修正内部控制缺陷，缺陷的修正能恢复报表使用人对财务报告的信任。对这些缺陷及时的修正行为也向市场传递着一种信号，公司致力于并有能力确保发表的财务报告真实可靠（Moody，2006）[2]，所以通过修正缺陷重新传递财务信息更加可靠这一信号应该消除股东或潜在投资者的"顾虑"，增加投资者的信心（Ashbaugh-Skaife et al.，2007）。国际会计监管机构也认为主张修正和披露管理者的修正计划是重要的（Goodfellow & Willis，2007），内部控制缺陷的修正能提高财务报告质量（Ashbaugh-Skaife et al.，2008）[3]。

2. 理论背景

因为缺少公开可用的内部控制资料，以往各国学者对内部控制的研究主要集中在内部控制制度的设计方面。随着 SOX 法案的颁布，内部控制问题也受到学术界的重视，相关研究如雨后春笋般多了起来。国内

---

[1] Church B.，Schneider A. The Impact of Section 302 and 404（b）Internal Control Disclosures on Prospective Investors' Judgments and Decisions: An Experimental Study［J］. International Journal of Auditing［serial online］. July 2016，20（2）：175–185.

[2] Moody's. The Second Year of Section 404 Reporting on Internal Control. *Special Comment*. New York: Moody's Investors Service，Global Credit Research，2006.

[3] Ashbaugh-Skaife，H.，D. Collins，W. Kinney，and R. LaFond. The Effect of SOX Internal Control Deficiencies and Their Remediation on Accruals Quality［J］. The Accounting Review，2008，83（1）：217–250.

学术界也开始关注内部控制缺陷问题，且出现了新的研究趋势，即公司治理与内部控制缺陷的融合。

SOX 法案颁布之前，由于公司对内部控制缺陷属于自愿性披露，所以之前一般研究影响内部控制缺陷产生的因素和其披露动机，焦点是从披露动机的角度研究如何预防缺陷的发生，SOX 法案颁布之后，不再研究内部控制缺陷的披露动机，只研究内部控制缺陷的影响因素。这方面研究国外的文献成果丰富，国内文献较少，在 2010 年配套指引的带动下，开始出现实证研究，主要集中在缺陷披露的影响因素上且是从预防的角度来考虑的，也有文献研究重大缺陷带来的负面后果。从研究范式上沿用了"输入—输出"的主流范式，很少有人从事后的角度研究缺陷的修正，所以以往内部控制缺陷的研究存在局限性。

本书从内部控制缺陷暴露后的视角，研究如何进行内部控制缺陷的修正，判断董事会哪些是影响内部控制缺陷修正的治理因素，探究董事会治理对内部控制缺陷修正的影响机理。从内部控制缺陷暴露后的积极效应这一新的视角，研究内部控制缺陷暴露后的治理主体治理行为的变化，验证内部控制系列法规实施的有效性，验证外部媒体关注力度的有效性，从事后的角度研究如何修正内部控制缺陷是一种创新。

1.1.2 选题意义

1. 理论意义

（1）充实我国关于内部控制缺陷修正的理论和实证研究。本书提出了内部控制缺陷修正的概念，对内部控制重大缺陷及内部控制重大缺陷修正效果进行确认，确定筛选标准，然后赋值打分进行量化衡量。科学合理的董事会结构、良好的运作机制是保证董事会履行决策和监督职能、及时修正内部控制缺陷、发挥作用的前提。保障董事会决策与监督职能的履行，促进内部控制缺陷的修正，一般考核董事会规模、独立性、对董事的激励及审计委员会等方面。董事会及其审计委员会在内部控制缺陷修正过程中确实起着关键作用，本书探索董事会、审计委员会对企业内部控制重大缺陷修正的影响机理，分析了董事会的规模、独立性、领导结构、激励及有效运作对内部控制重大缺陷修正的影响，审计委员会设置、特征及运作对内部控制重大缺陷修正的影响，对政府法律规制和媒体关注力度进行界定和衡量，首次考虑政府法律法规和媒体监管对内部控制重大缺陷修正的影响，有助于完善内部控制理论研究和内部控制实证研究。

（2）在对法律规制进行衡量的基础上，进行了法律规制和媒体关注的调节作用检验，加入了调节变量，构建了理论模型，有助于完善内部控制缺陷的实证研究方法。

2. 实际意义

（1）引导上市公司从强化董事会治理的视角关注内部控制缺陷修正。由于董事会是内部控制履行的核心机构，内控缺陷的修正与董事会的治理行为密切相关，董事会治理行为通过监督、决策职能的履行实现。董事会会采取一些措施来进行缺陷的修正，如优化董事会规模和结构、优化领导结构、对董事进行激励、设置审计委员会等，内控缺陷的修正与公司政策和环境具有密切关系，有时可预测到未来内部控制缺陷会产生（Klamm et al.，2012），但是提前预防这些内部控制缺陷是很难的，所以对缺陷的事后修正就显得尤其重要。从董事会治理的角度探索内部控制缺陷修正的影响因素，验证治理主体的治理行为在内部控制缺陷修正过程中的影响，有利于引导上市公司关注内部控制缺陷修正，对内部控制缺陷修正的影响因素进行自我诊断，有利于治理主体针对性地采取行为对症下药。

（2）为评价企业内部控制的有效性提供参考。关于内部控制有效性的评价一直是研究热点，国外学者设计了数学模型来分析评价内部控制系统（Barry E. Cushing，1974），有学者运用计算程序作为评价内部控制的主要方法（Meservy & Bailey，1986）。更有学者采用实验法，并研究了评价方法的效果（Purivs，1989）。我国的内部控制评价多种多样，没有统一的标准和方法，相关规章制度也欠规范，内部控制评价及有效实施还有待于公司治理结构的完善。本书用内部控制重大缺陷修正来衡量内部控制缺陷修正整治的程度，对内部控制缺陷是否修正，修正的效果如何，是判断内部控制有效性的评价标准之一。

（3）强化了媒体关注对内部控制重大缺陷修正的作用。媒体具有监督功能，媒体对上市公司违规事件的曝光，使上市公司声誉受到影响，使上市公司管理层违规操作的声誉成本加大，深度报道、曝光，如对投资者构成严重侵害的报道能表现出显著的治理效果。本书验证了媒体关注在董事会治理对内部控制重大缺陷修正影响过程中的调节作用，媒体作为法律外的治理机制对我国上市公司内部控制重大缺陷的修正具有重要的积极作用，媒体通过曝光可以规范治理主体的治理行为。

（4）强化了法律规制对内部控制重大缺陷修正的作用。自1993年公司法发布起，我国共颁布了60多项关于内部控制方面的法规，这一系列法规的颁布为我们研究内部控制缺陷提供了支撑。一般认为中国版的萨班斯法案是五大部委于2008年发布的《内部控制基本规范》及《企业内部控制应用指引》，2015年22部委联合签署的备忘录出台，也有人称之为是中国版的《萨班斯法案》。本书把国家颁布的内部控制方面的法律法规按时间顺序排列、按颁布机构的权威性赋值量化，纳入模型，验证其调节作用，实证研究得出我国法律法规在内部控制重大缺陷修正过程中具有调节功能的结论，验证了系列内部控制法律法规的强制效力，给相关部门提供政策建议。

1.2 研究目标、研究内容和技术路线

1.2.1 研究目标

本书的主要目标是探索董事会治理对内部控制重大缺陷修正的影响机理，检验董事会治理主体哪些因素的变化对内部控制重大缺陷修正有影响，检验媒体关注和法律规制在董事会治理对内部控制重大缺陷修正影响过程中的调节作用。具体目标为：

（1）实现"内部控制重大缺陷修正效果"的确认和衡量。

（2）从内部控制缺陷暴露后的视角，突破"输入—输出"的传统

研究范式，沿着"董事会治理—行为（调节）—内部控制重大缺陷修正"的分析思路探究董事会治理对内部控制重大缺陷修正的影响机理。

（3）实现法律法规的量化衡量，把针对公司颁布的内部控制系列法规量化。

（4）构建理论模型，检验董事会治理因素对内部控制缺陷修正的影响。

（5）检验媒体关注和法律规制在董事会治理对内部控制重大缺陷修正的影响过程中的调节作用，验证政府系列法规的实施效果。

1.2.2 主要研究内容与研究结论

本书进行了"内部控制重大缺陷修正"的概念界定及衡量，进行了内部控制法律规制的衡量，选取 2010 年存在内部控制重大缺陷的样本，从内部控制缺陷暴露后的视角，研究 2010～2014 年董事会治理对内部控制缺陷修正的影响，阐述了影响机理，构建了理论模型，在对变量进行描述性统计及方差分析的基础上实证检验了董事会治理对内部控制缺陷修正的影响，验证了法律规制和媒体关注在董事会治理对内部控制重大缺陷修正的影响过程中的调节作用，本书的主要研究内容与研究结论如下：

（1）"内部控制重大缺陷修正"的概念界定及衡量。这是本书的关键概念，本书据 2010 年《企业内部控制审计指引》第二十二条列示的内部控制可能存在重大缺陷的四种迹象来判断，确定筛选标准，按缺陷的严重程度，对重大缺陷分类型打分，并计算总分，用下一年得分减去前一年得分差值予以衡量，表示内部控制重大缺陷修正的效果或修正的程度。

（2）理论阐述及文献综述。从制度背景出发，阐述本书的理论依据，对国内外相关研究进行综述。阐述了委托代理理论、信息不对称理论、信号传递理论及声誉等理论，对文献分以下几方面进行综述：①内部控制重大缺陷判断识别认定方面；②内部控制重大缺陷修正的影响因素方面；③内部控制重大缺陷修正公司特征方面；④内部控制重大缺陷修正措施及效果方面。发现内部控制重大缺陷的判断识别缺乏统一的标准，大多学者从预防的角度研究影响内部控制重大缺陷的因素，存在内部控制重大缺陷的公司一般具有成立时间短、经历过兼并重组、经营业务复杂等特征，关于内部控制缺陷修正及效果的研究较少。很少有人从内部控制缺陷暴露之后的视角，研究治理主体行为的改善对已有的内部控制缺陷修正的影响。研究方法上大都是规范研究，采用个案研究或定性分析的方法，个别研究采用问卷调查与实验研究的方法。研究设计上仍然存在许多不足，在样本量采集方面受诸多限制，说服力较差。

（3）董事会治理对内部控制重大缺陷修正的影响机理分析。在文献综述和理论分析基础上，沿着"董事会治理—调节—内部控制重大缺陷修正"的分析思路，阐述了董事会治理对内部控制重大缺陷修正的影响机理，重点分析的治理主体是董事会及其所属的审计委员会，董事会分析了董事会的规模、独立性、领导结构、董事激励对内部控制重大缺陷修正的影响，审计委员会分析了其设置、特征及运作对内部控制重大缺陷修正的影响。接着分析了媒体关注和法律规制对内部控制重大缺陷修正的影响，在董事会治理对内部控制重大缺陷修正的影响过程中起调节作用，董事会对公司的内部控制缺陷修正负有直接责任，尤其是其审计委员会。董事会战略监督职能的履行通过行为来体现，董事会行为表现为对内部控制的战略决策行为和监督控制行为，通过这些行为的传导对内部控制重大缺陷修正产生影响。有效的董事会及审计委员会能参与战略获取资源并监督管理层及时进行内部控制重大缺陷的修正，董事会规模及独立性、领导结构及董事激励、审计委员会特征等对董事会改进决策监督行为、优化董事会治理具有重要影响。在法律法规的强制影响下，在媒体通过声誉治理和行政治理的监督下，董事会及其审计委员会采取积极的修正措施，通过履行战略决策和监督控制行为，促进内部控制重大缺陷的及时修正。

（4）法律规制和媒体关注的衡量。本书进行了调节变量法律规制和媒体关注的衡量，按内部控制法律法规制定或颁布机构的法律效力（权威性），把国家不同部门不同时间颁布的法律法规赋值打分，并累计得分，计算出法律规制的量化得分。参考前人研究，本书采用手工搜集的媒体负面报道的数量来衡量媒体关注的程度。

（5）董事会治理对内部控制重大缺陷修正影响的研究假设提出及变量选取、理论模型构建。在研究假设中，首先提出董事会规模、独立性、董事会领导结构、激励对内部控制重大缺陷修正影响的研究假设，接着提出了审计委员会设置、特征及运作对内部控制重大缺陷修正影响的研究假设，然后提出了法律规制和媒体关注的调节假设；确定选取了本书的变量，被解释变量（内部控制重大缺陷修正）、解释变量（董事会及其审计委员会的 10 个指标）、调节变量（媒体关注和法律规制两个）、控制变量，最后构建了理论模型。

（6）变量的描述性统计与单变量统计分析。本书在确保不存在重大缺陷的前提下，兼顾行业、资产总额、上市板块、上市年限等因素，选取不存在重大缺陷的公司作为对照样本，对选取的变量指标进行了对照描述性统计与方差分析，接着又进行了相关分析。

研究发现，内部控制缺陷值国有企业低于非国有企业，因为审计委员会内部审计机构无效暴露的缺陷值最高，这类缺陷修正效果也最好，被外部审计师发现的缺陷值最低，这类缺陷修正效果也最差。内部控制重大缺陷修正效果各年均值均为负值，表明样本公司重大缺陷的修正具有积极的效果，2011 年的修正效果最好，可能是由于我国 2010 年企业内部控制配套指引颁布当年的制度约束的结果；修正效果较好的是信息传输、计算机服务和软件业以及房地产业。部分上市公司内部控制重大缺陷的修正效果很显著，但也有部分上市公司的修正无效。

缺陷公司与对照样本董事会规模均符合公司法 5～19 人的规定，重大缺陷公司的董事会规模显著低于非重大缺陷公司；除了个别年份，两组样本的独立董事比例呈现显著差异，缺陷公司独董比例显著高于非缺陷公司，还有逐年增加趋势，说明独立董事在修正中没有充分作为；两类公司中绝大多数公司实行两职分离制度，相对于非国有企业而言，国有企业两职分离的比例更高，信息传输计算机服务和软件业两职分离的比例更是达到了 100%；金额最高前三名董事报酬在呈现显著差异，两类公司董事激励均呈现显著增长趋势，但缺陷公司的董事激励较低，出现"零报酬"现象，两类公司股权激励比例均比较低，两类公司未领取薪酬董事比例均较高。

　　审计委员会的设置，重大缺陷公司 90% 设置了审计委员会，高于非重大缺陷公司，且二者的均值均呈逐年递增之势，其所占比例也不断提高；两类上市公司审计委员会规模大多超过 3 人，最多达到 8 人或 9 人，样本各年度呈现增加趋势；两组样本公司的审计委员会专业人员比例均在 40% 左右，总体亦呈逐年上升趋势，缺陷公司略高；两组样本公司的审计委员会会议次数都呈逐年上升趋势。

　　重大缺陷公司的报纸负面报道条数均值都高于非重大缺陷公司，且呈逐年递增之势，国有企业较非国有企业年媒体报道条数多。国关于内部控制方面法规颁布的越来越多，其效力也越来越强，呈上升趋势，对不同控制人和不同行业都有强制约束力影响。

　　(7) 董事会治理对内部控制重大缺陷修正影响的实证研究。

　　本章主要进行了董事会治理对内部控制重大缺陷修正的实证研究，首先进行了董事会治理对内部控制重大缺陷修正影响的多元统计分析，做了异方差的检验及加权回归，消除了异方差，同时也解决了内生性问题，并对模型进行了稳健性检验。同时进行了媒体关注调节作用的检验，法律规制调节作用的检验。接着进行了媒体关注和法律规制综合调节作用的检验。最后做了实证结果的分析与讨论。

　　主要实证结论有：董事会治理的有效性能促进内部控制重大缺陷的修正，媒体关注和法律规制及综合调节项在内部控制缺陷修正过程中起显著调节作用。

　　具体的主要实证结果如下：

　　①加入媒体关注后，董事会规模的二次项与内部控制重大缺陷修正显著负相关，与倒"U"形假设吻合，处于倒"U"形的后半部分；消除异方差之后，独立董事比例与内部控制重大缺陷修正负相关，但不显著；董事长与总经理兼任与内部控制重大缺陷修正正相关，与研究假设不符；董事薪酬与内部控制重大缺陷修正正相关，但不显著，董事会持股比例与内部控制重大缺陷修正负相关，但不显著，未领取薪酬董事比例与内部控制重大缺陷修正显著负相关。

　　②审计委员会设置与内部控制重大缺陷修正显著正相关，加入媒体关注和调节项后依然显著；审计委员会规模以及审计委员会专业性与内部控制重大缺陷修正没有显著关系；审计委员会会议次数及其二次项与

内部控制重大缺陷修正显著负相关，与倒"U"形假设吻合，处于倒"U"形的后半部分，加入媒体关注、法律规制调节项后，审计委员会会议次数二次项依然显著，假设多次得到验证。另外，内部控制审计与内部控制缺陷修正显著正相关，审计师出具的财务报告审计意见类型与内部控制缺陷修正显著正相关。

③媒体关注及其二次项与内部控制重大缺陷修正显著负相关，符合倒"U"形假设，处于倒"U"形的后半部分；媒体关注显著调节董事会治理对内部控制重大缺陷的修正影响过程，媒体关注在审计委员会设置对公司内部控制重大缺陷修正影响过程中产生了显著的正向调节作用；在审计委员会会议次数及二次项对公司内部控制重大缺陷修正影响过程中，媒体关注都在 1% 水平上起显著的负向调节作用。

④法律规制与内部控制重大缺陷修正呈显著正相关关系，法律规制在董事会治理对内部控制缺陷的影响过程中存在显著调节作用。加入法律规制或调节项后，审计委员会的设置与内部控制重大缺陷修正的关系不再显著；法律规制在独立董事比例对公司内部控制重大缺陷修正影响过程中产生了负向调节作用；法律规制在金额最高前三名董事报酬对公司内部控制重大缺陷修正影响过程中产生了负向调节作用；法律规制在审计委员会规模对公司内部控制重大缺陷修正影响过程中产生了负向调节作用。

⑤加入法律规制后，媒体关注与内部控制重大缺陷修正的关系不再显著；综合调节项在董事会治理对内部控制缺陷修正的影响过程中存在调节作用。加入媒体关注和法律规制综合调节项后，未领取薪酬董事比例与内部控制重大缺陷修正负相关关系又变的显著；审计委员会会议次数及其二次项与内部控制重大缺陷修正在 5% 水平上显著负相关；综合调节项在未领取薪酬董事比例对内部控制重大缺陷修正影响过程中产生了负向调节作用，且在 1% 水平上显著；在审计委员会设置对内部控制重大缺陷修正影响过程中产生了负向调节作用，且在 10% 水平上显著。

1.2.3　技术路线

内部控制重大缺陷修正研究技术路线如图 1-1 所示。

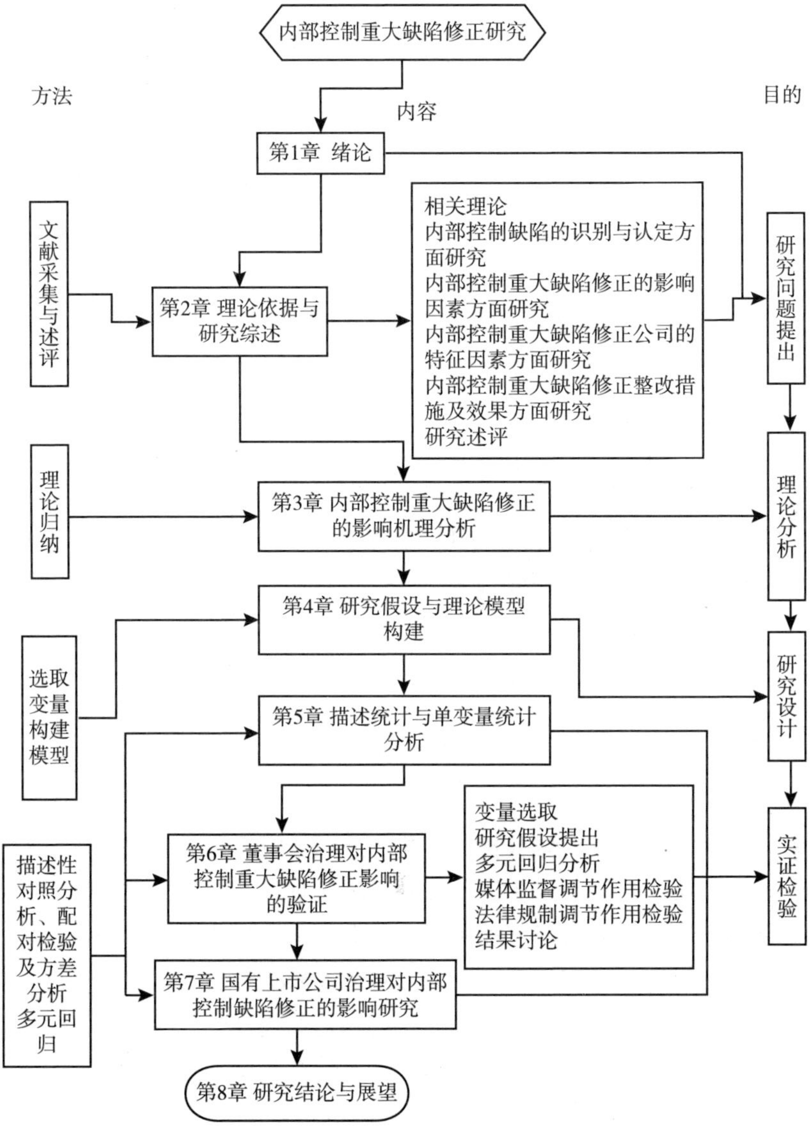

内部控制重大缺陷修正研究

方法　　　　　　　　　　内容　　　　　　　　　　目的

第1章　绪论

文献采集与述评 → 第2章 理论依据与研究综述

相关理论
内部控制缺陷的识别与认定方面研究
内部控制重大缺陷修正的影响因素方面研究
内部控制重大缺陷修正公司的特征因素方面研究
内部控制重大缺陷修正整改措施及效果方面研究
研究述评

研究问题提出

理论归纳 → 第3章 内部控制重大缺陷修正的影响机理分析

理论分析

第4章 研究假设与理论模型构建

研究设计

选取变量构建模型 → 第5章 描述统计与单变量统计分析

第6章 董事会治理对内部控制重大缺陷修正影响的验证

变量选取
研究假设提出
多元回归分析
媒体监督调节作用检验
法律规制调节作用检验
结果讨论

实证检验

描述性对照分析、配对检验及方差分析多元回归 → 第7章 国有上市公司治理对内部控制缺陷修正的影响研究

第8章 研究结论与展望

图1-1　内部控制重大缺陷修正研究技术路线图

13

1.3　研究方法、创新及研究发现

1.3.1　研究方法

本书的研究方法包括三大类：一是收集资料的方法；二是概念界定、影响机理分析、理论模型构建以及研究假设提出所用方法；三是分析数据方法。

（1）收集资料的方法。

本书获取二手资料通过互联网、图书馆、专业数据库等渠道，本书的大部分数据来自国泰安（CSMAR）数据库、锐思（RESSET）金融研究数据库、中国重要报纸全文数据库（CNKI）以及证交所官方网站。部分数据是手工搜集获取的，个别数据来自巨潮资讯网。选取存在内部控制重大缺陷的上市公司为样本，同时选取不存在重大缺陷的公司为对照样本进行研究，相关文献利用互联网通过图书馆的电子资源获取。

（2）概念界定、影响机理分析、理论模型构建以及研究假设提出所用方法。

采用规范分析与比较分析的方法。追踪国内外相关研究，对已有的资料进行分析、总结，采用规范研究方法，对内部控制重大缺陷进行确认，分析董事会治理对内部控制重大缺陷修正的影响机理，阐述媒体关注和法律规制在董事会治理对内部控制重大缺陷修正的影响过程中的调节作用。

（3）分析数据方法。

①对照法，把存在内部控制重大缺陷的上市公司和不存在内部控制重大缺陷的对照样本公司对照进行描述性统计分析。比较不同年份、不同控制股东类型、不同行业董事会治理的各要素的趋势及差异，并对差异产生的原因进行分析。

②方差分析方法，比较不同时间、不同控制人、不同行业董事会治理的各要素的差异，并对差异产生的原因进行分析。

③多元回归与分层回归，采用实证研究方法如多元回归、分层回归

等方法实证检验董事会治理对内部控制重大缺陷修正的影响，并验证法律法规和媒体关注在公司治理对内部控制重大缺陷修正影响过程中的调节作用；采用加权回归等方法，进行异方差检验及消除，分层回归进行稳健性检验。

1.3.2　研究创新

（1）"内部控制重大缺陷修正"的概念界定及衡量。由于以往研究对内部控制重大缺陷的判断识别缺乏统一的标准，实际操作中也不统一，本书依据 2010 年《企业内部控制审计指引》第二十二条列示的内部控制可能存在重大缺陷的四种迹象来确定内部控制重大缺陷的认定标准，对重大缺陷分类型打分，并计算总分，用本年得分减去前一年得分差值予以衡量，表示内部控制重大缺陷修正的效果。这一方法具有一定的创新性，丰富了内部控制缺陷的判断衡量方法，指导实务界进行缺陷的判断操作。本书超越了已有的内部控制缺陷的认定、识别、披露、影响因素及经济后果等的研究，创新地关注内部控制缺陷修正效果，将内部控制缺陷研究进行了延展。

（2）法律规制的测度。本书对不同机构颁布的 60 多项内部控制法律法规进行了合理的测度，依据颁布机构的权威性分类型赋值打分，计算各年的总分，并进行累计加总。以往学者对法律法规的研究一直采用规范研究的方法，本书对法律法规的量化克服了以往研究的局限，奠定了实证研究的基础。

（3）考虑媒体关注和法律规制对内部控制重大缺陷修正的影响，将媒体关注和法律规制调节变量应用于董事会治理和内部控制缺陷的研究中。媒体关注和法律规制作为外部治理要素，在董事会治理对内部控制重大缺陷修正的影响过程中共同起作用，法律法规具有强制治理功能，媒体通过声誉治理和行政治理的路径来实现监督功能，本书克服了以往研究中只关注公司内部治理因素的局限，考虑外部治理因素，首次将媒体关注和法律规制调节变量应用于董事会治理和内部控制缺陷的研究中，突破"输入—输出"模型的主流研究范式，构建了调节变量理论模型，验证了媒体关注和法律规制在董事会治理对内部控制重大缺陷修正过程中的调节作用，同时也是研究方法上的创新。

1.3.3　研究发现

本书有几个重要研究发现：

（1）审计委员会专业性与内部控制重大缺陷修正无显著关系，这一方面可能是由于我国上市公司审计委员会成员中独立董事占比低，独立性差，并且在专业委员会的交叉任职导致的治理能力低所致；另一方面可能意味着非财务专长较财务专长对内部控制缺陷的修正更有效（DeFond et al.，2005；Beng Wee Goh，2009），非财务专长是审计委员会成员重要的治理专长（DeFond et al.，2005）。审计委员会非财务专长专家越多，重大缺陷的修正更及时，更有利于内部控制缺陷的修正。

（2）董事会规模与内部控制重大缺陷修正是倒"U"形的关系，这和以往的线性关系或无关的研究结论不同，董事会规模过大过小都不利于内部控制重大缺陷的修正，这与利普顿和洛施（Lipton & Lorsch，1992）及谢永珍（2006）的研究结论相符。首次验证了审计委员会会议次数与内部控制重大缺陷修正是倒"U"形的关系，这也和以往的线性关系（Beng Wee Goh，2009；Jacqueline S et al.，2012）或无关（Hoitash et al.，2009）的研究结论不同，应该合理控制董事会规模和审计委员会会议次数在一定的范围内。

（3）媒体关注与内部控制重大缺陷修正是倒"U"形的关系，该合理报道，防止泛化，法律规制与内部控制重大缺陷修正显著正相关，加入法律规制后，媒体关注与内部控制重大缺陷修正的关系不再显著，说明在法律法规的强制作用下，媒体关注力度减弱，重大缺陷经媒体曝光后，如果执法机构插手，媒体将不再关注，这也符合实际。

（4）加入法律规制或调节项后，审计委员会的设置与内部控制重大缺陷的修正关系不再显著，说明目前上市公司审计委员会的设置是外部制度约束的结果，这与谢永珍（2006）研究结论吻合。

第 2 章　理论依据与研究综述

2.1　理　论　依　据

2.1.1　委托代理理论

经济学上的委托代理理论，认为治理主体中控制权与经营权的分离导致产生了代理问题，由于利益主体的目标利益不同不可避免会产生治理风险（丁友刚、胡兴国，2007）[①]，也就是说治理中可能会出现不足或漏洞，从而导致实现不了内部控制目标，致使内部控制缺陷产生，这样来说，委托代理是内部控制存在缺陷的主要原因之一（Nijenhuis R. G.，2016）。

西方传统的委托代理理论核心是委托人设计一个最优的治理结构确保代理人按委托人的利益行事，现代公司二权分离使代理人拥有自由的权力。由于信息的不对称，委托人无法或者很难观察到代理人的努力情况，委托人对代理人的行为进行必要的监督，就产生了委托代理成本，如果监管和激励不到位，代理人可能会牺牲股东利益来谋求私利，这样代理成本就会大幅上升。股东为了减少代理成本，有动力去督促管理者完善健全内部控制建设，修正内部控制缺陷。

---

① 丁友刚，胡兴国. 内部控制、风险控制与风险管理——基于组织目标的概念解说与思想演进 [J]. 会计研究，2007（12）：51 – 54.

2.1.2 信息不对称理论

企业内部控制信息存在难以观察、难以计量的特点，投资者和上市公司之间处于严重的内部控制信息不对称问题。一系列违规、舞弊案发生后，投资者对内部控制信息尤其是缺陷信息的需求越来越明确和强烈，内部控制缺陷信息的披露能使投资者详细了解公司的内部控制情况，及时修正自己的投资决策，规避投资风险。所以信息披露的真实完整是很重要的，我国法规对内部控制信息披露又强制性要求，监管机构还要求上市公司对其披露的内部控制信息进行内部控制审计，并要求披露缺陷信息，这会缓解信息不对称问题，保护投资者的利益。

2.1.3 信号传递理论

内部控制缺陷信息的披露是个"消极"的市场信息，短期内会引起股票市场负面反应，更会激发公司治理层改善治理经营策略，修正本公司出现的问题，使公司内部控制向着良性发展。信号传递理论于1972 年由美国经济学家迈克尔·斯宾塞（Michael Spence）首次提出，其基本思想是由于信息不对称导致存在道德风险和逆向选择问题，信息优势方或劣势方都试图通过某种信号向对方传递自己的信息，研究已表明上市公司内部控制信息披露具有明显的信号传递效应特征。

2.1.4 声誉理论

声誉是一种保证契约能得以顺利实施的重要机制（Adam Smith，1776），多数学者以媒体评价的视角，从公司声誉和高管声誉两个方面进行公司治理的研究。媒体通过披露上市公司的信息，会塑造企业和高管的形象，形成声誉，在委托代理情况下，声誉作为一种隐性激励因素对代理人具有约束作用，因此，企业和高管须对自己的行为负完全责任，他们必须积极努力工作，维护并提升自己在经理人市场中的声誉，提高价值。

许多企业把声誉当成一种资产，即声誉资产，好的声誉可以形成竞争优势，帮助企业获取更多的外部资源。负面声誉给公司带来的损失比受法律处罚大得多，媒体评价的压力会通过资本市场对公司治理造成影响，媒体关注能够有效制约大股东的利益掏空行为，声誉好的上市公司利益掏空行为就少，违规行为也越少。媒体监管的压力及高管对自身声誉的维护会警示他们迅速采取正确的行动，良好的声誉对于独立董事制度也有积极的促进作用，所以，加强上市公司的声誉治理，应引导大众媒体的健康发展。

2.1.5　相机治理理论

相机治理理论是一种动态治理理论，强调的是企业内部和外部所有的利益相关者都有资格根据一定的情况和时机适时地对公司进行治理，除了内部治理外，各级政府和外部组织等利益相关者有权利根据一定的情况和时机适时地对公司进行影响。

企业是多方不同投资构成的结合体，内部资本和外部资本都有资格参与企业治理。如果把代理理论中的委托人定义为所有者（含股东和员工），把产权理论中的所有者定义为多方共同所有，这种分析就适应于相机治理。企业的投资者、经营者、债权人、企业客户、政府、企业职工等各个利益相关者都是企业的"出资者"，他们应该在企业里面享有一定的权利并适时的影响公司的行为，如政府通过颁布系列法律法规对公司施加影响，外部各种媒体通过媒体关注对企业施加影响。

2.2　相关研究进展

学术界对内部控制缺陷的研究主要集中在披露的影响因素和经济后果两个方面（董望、陈汉文，2011）[1]，除了内部控制缺陷识别认定方面的探讨，就是内部控制缺陷披露的影响因素及经济后果方面的研究，关于内部控制缺陷修正的研究很少。

---

[1]　董望，陈汉文．内部控制、应计质量与盈余反应——基于中国2009年A股上市公司的经验证据［J］．审计研究，2011（4）：68 – 78.

2.2.1 内部控制重大缺陷识别

由于国内外均缺乏统一的可操作性的认定标准，所以在实际中，内部控制缺陷的识别认定、内部控制缺陷类型的划分五花八门。内部控制缺陷的识别认定是内部控制缺陷研究的关键，其认定标准的选择是个核心问题，涉及企业内部控制评价是否成功。

内部控制缺陷是企业在内部控制设计和运行中存在的缺点或不足，这种缺点或不足使企业的内部控制无法有效运行，也不能完全保证内部控制目标的实现。《内部控制整体框架》（COSO – IC，1992）和《企业风险管理整合框架》（COSO – RM，2004）对内部控制缺陷的定义是："已经识别的、潜在的或已经存在的缺点或不足，或通过修正措施能够带来内部控制目标实现的机会"。不存在完美的、没有任何缺陷的内部控制制度，判断一个企业是否存在内部控制缺陷，既要看该内部控制系统本身是否存在缺点或不足，也要看这种缺点或不足是否阻碍内部控制目标的实现。美国证券交易委员会为执行《萨班斯法案》内部控制要求而颁布的重要指令，如2003年6月的最终规则①和2005年5月关于实施内部控制报告的声明②，详细规定了企业管理层财务报告内部控制缺陷评估和重大缺陷识别等问题。这些规定虽然已成为全球重要市场中内部控制立法的重要参考，然而这些法规只提供了一些原则性的规定，并未提供详细的具体的操作指南。

1. 内部控制缺陷识别判断方面的研究

关于内部控制缺陷的识别判断方面，研究证实虽然审计师可以通过控制测试检测出大约3/4的未整改修正的内部控制缺陷（Bedard & Graham，2010）③，但内部控制缺陷的识别判断受管理层沟通策略的影响，不同的管理层沟通策略对审计人员评价内部控制缺陷的严重性及管理层

① 2003年6月美国证券交易委员会颁布《最终规则：管理层关于财务报告内部控制的报告以及对〈交易法〉定期报告中披露的确认》。

② 2005年5月美国证券交易委员会颁布《证券交易委员会关于实施内部控制报告要求的声明》。

③ Bedard C., Graham L. Detection and severity classifications of Sarbanes – Oxley section 404 internal control deficiencies [J]. The Accounting Review, 2010, 86（3）：825 – 855.

解释的接受程度不同（郑石桥、任华，2011），对于同样的内部控制缺陷，不同审计人员对内部控制缺陷严重程度判断的一致性程度较低（张莉，2011），这说明制定内部控制评价标准非常必要。相关文献也显示了关于具体的内部控制缺陷识别的技术方法的研究，有研究认为以内部控制缺陷迹象识别为突破口可构建一个财务报告内部控制重大缺陷的识别模型（钟杰，2011），也有研究从财务因子与非财务因子两方面归纳了影响企业内部控制缺陷的因素，为构建内部控制缺陷识别系统对权重进行排序并做了面板分析（林野萌、韩传模，2013）①。还有研究提出使用一个自动的内容分析法识别信息技术内部控制重大缺陷（Boritz et al.，2013）②。

2. 内部控制缺陷认定方面的研究

关于内部控制缺陷认定方面的研究，国内外均缺少系统的可操作化的细节的研究，目前我国的内部控制规范关于内部控制缺陷的认定也存在诸多亟待完善的地方，如内控缺陷的概念和内涵界定不清楚、重大缺陷缺乏可操作性明确的认定标准、内控缺陷的规范缺乏细化的指导规则等。

内部控制缺陷的认定是以缺陷的识别为基础的，有不少学者研究了缺陷的认定及识别，如戴漾泓、唐洋（2012）③；李宇立（2012）④。把握内部控制缺陷的实质、厘清内部控制缺陷是内部控制缺陷认定的基础。缺陷的认定是一个解决缺陷识别、缺陷严重性评估、缺陷认定划分、缺陷应对制定、缺陷对外披露五个环节的过程（杨有红、李宇立，

---

①　林野萌，韩传模. 上市公司内部控制缺陷形成诱因研究——基于沪市上市公司的经验证据［J］. 现代财经，2013（7）：83 - 95.

②　Boritz, J. Efrim Hayes, Louise Lim, Jee - Hae. A Content Analysis of Auditors' Reports on IT Internal Control Weaknesses: The Comparative Advantages of An Automated Approach to Control Weakness Identification ［J］. International Journal of Accounting Information Systems, 2013, 14 (2): 138 - 163.

③　戴漾泓，唐洋. 企业内部控制缺陷的识别、认定及披露研究［J］. 会计师，2012 (9): 43 - 44.

④　李宇立. 内部控制缺陷识别与认定的技术路线——基于管理层视角的分析［J］. 中南财经政法大学学报，2012 (3): 113 - 119.

2011）①。目前我国上市公司内部控制缺陷的认定存在着目标认定、严重性程度认定等难点（张立萍，2011）②。因此，需要统一的内部控制缺陷认定的标准及方法，如赖一锋（2012）对企业内部控制缺陷的认定标准及实践方法进行了探讨③，学者们依据自己的研究制定出了不同的认定标准，其实践方法也各不相同，有学者重构了内部控制缺陷认定的基本框架（王惠芳，2011）④，也有学者构思了内部控制缺陷认定流程图（龙凤姣，2012）⑤。

关于缺陷的认定标准实践中并不统一，有学者分析了内部控制缺陷的共性与个性之间的逻辑关系，提出企业内部控制缺陷三分法认定，并提出各类缺陷认定的基本标准（宋石意，2012）。也有学者通过建立一系列缺陷评价指标来对上市公司内部控制缺陷进行评价和分级，不同的评价指标按其重要性赋予不同的权重，这些权重是由调查问卷整理而得（田晓雪，2012）⑥。还有研究从重要性和可能性两个维度考察上市公司内控缺陷认定定量标准的制定情况，运用内容分析法从缺陷事件的性质、可能性和严重程度三个维度考察上市公司内控缺陷认定定性标准的制定情况。研究发现，上市公司内控缺陷认定标准在制定方面存在着诸多影响内控缺陷信息质量的问题（丁友刚、王永超，2013）⑦。

从以上文献可以看出，对内部控制缺陷认定的研究，学者们主要研究了缺陷的认定标准及认定的方法，且不同的学者有不同的标准和方法，没有统一规范的标准和认定方法可遵循，所以在实际操作中主观意识严重，在实践中，上市公司并没有重视内控缺陷认定标准的制定和披露。财政部会计司等（2012）对 67 家境内外同时上市公司进行调查，

① 杨有红，李宇立.内部控制缺陷的识别、认定与报告［J］.会计研究，2011（3）：76-80.

② 张立萍.内部控制缺陷认定中存在的问题及对策［J］.中国内部审计，2011（2）：48-49.

③ 赖一锋.企业内部控制缺陷认定标准及实践方法探析［N］.中国会计报，2012（15）：1-2.

④ 王惠芳.上市公司内部控制缺陷认定——困境破解及框架构建［J］.审计研究，2011（2）：71-76.

⑤ 龙凤姣.企业内部控制缺陷认定方法探讨［J］.商业会计，2012（11）：36-37.

⑥ 田晓雪.上市公司内部控制缺陷的认定及影响因素分析［D］.沈阳工业大学，2012.

⑦ 丁友刚，王永超.上市公司内部控制缺陷认定标准研究［J］.会计研究，2013（12）：79-85.

只有 32 家公司披露内控缺陷认定标准。上交所（2012）调查了沪市 427 家 2011 年披露了内控自评报告的公司，发现仅有 70 家左右的公司披露了重大缺陷、重要缺陷和一般缺陷的具体标准①。

3. 内部控制缺陷类型划分及定义方面研究

SEC 下属的美国公众公司会计监管委员会（PCAOB）2004 年发布审计准则第 2 号（AS. 2）将内部控制缺陷划分为控制缺陷、重要缺陷和重大缺陷三种类型，并分别进行了定义。审计准则第 5 号（AS. 5）对控制缺陷的定义与 AS. 2 相同，但是修订了重要缺陷和重大缺陷的定义和重大缺陷的显著标志，它指出一个重大缺陷是"财务报告内部控制有一个缺陷或有多个缺陷，这些缺陷累计起来可能使公司的年度或中期财务报表存在重大错报，且这些重大错报不会被及时发现或避免"（PCAOB，2007）。格和麦克维（Ge & McVay，2005）据美国公众公司会计监管委员会（PCAOB）的内部控制缺陷的定义，将内部控制缺陷细分为九大类型②并说明了每个类型的特征③。美国穆迪评估公司于 2005 年提出内部控制实质性缺陷概念，将缺陷划分成 A、B 两类，其中 A 类缺陷是具体账户和交易层面的可以被发现的缺陷；B 类缺陷属于公司层面的难以被发现的缺陷，如无效的控制环境。

学者们对缺陷的划分也各不相同，有学者依据重大缺陷的严重程度将其划分为公司层面和账户层面两个层面的重大缺陷；依据产生的原因具体分成业务复杂性缺陷、人力资源缺陷和一般性缺陷三类（Doyle et al.，2007）④；也有学者将内部控制缺陷分为重大和非重大两类，并按其影响范围将其分为大范围缺陷和小范围缺陷（Hogan & Wilkins，2008）；还有学者将内部控制重大缺陷分为信息技术（IT）和

① 我国上市公司 2011 年执行企业内控规范体系情况分析报告. 会计司，数据来自财政部网站.

② 这九大类型分别是会计账户类、培训类、期末报告和会计政策类、收入确认类、职务分离类、子公司类、账户核对类、高管类和技术类。

③ Ge，W.，and S. McVay. The Disclosure of Material Weaknesses in Internal Control after the Sarbanes - Oxley Act [J]. Accounting Horizons，2005，19（3）：137 - 158.

④ Doyle，Jeffrey，Ge，Weili，McVay，Sarah. Determinants of Weaknesses in Internal Control over Financial Reporting [J]. Journal of Accounting & Economics，2007，44（1/2）：193 - 223.

非信息技术重大缺陷，以及进一步细分为特定的 IT 公司层面缺陷、账户层面缺陷和非 IT 公司层面缺陷（Klamm et al.，2002）[①]。

我国各界也在不断探索内部控制缺陷概念及程度的划分，2007 年修订的审计准则[②]明确提出内部控制缺陷的概念，但对内部控制缺陷程度的判断缺乏具体的标准。2008 年的《内部控制基本规范》将内部控制缺陷划分为设计缺陷和运行缺陷，但未对其严重程度进行认定。2010 年的《内部控制评价指引》将内部控制缺陷按影响程度划分为重大缺陷、重要缺陷和一般缺陷，同时也指出，各类缺陷的具体认定标准由企业自行确定，在实际执行中，由于缺乏明确的可操作性的认定标准，企业在划分上对于模糊的分不清具体边界的缺陷往往出现误判，将重大缺陷划入重要缺陷中，或将重要缺陷划分为重大缺陷，各领域的内部控制缺陷评估结果也不具可比性。实证研究也证实，上市公司主动披露的意识不强，缺乏内部控制缺陷的认定和披露标准，且部分公司对内部控制缺陷界定不清楚（董卉娜、陈峥嵘、朱志雄，2012）[③]。

学术界对内部控制缺陷概念及程度划分的研究 2010 年以来也逐渐增多，有学者认为内部控制缺陷是由于内部控制预期目标没有实现导致的缺憾，因为内部控制各目标之间相互关联，所以缺陷间也彼此联系（李宇立，2011）[④]。对于内部控制缺陷的划分类型的研究，主要有：将重大缺陷划分为会计类、期末报告与会计政策类、收入确认类和子公司控制类 4 种类型（齐保垒、田高良，2010）[⑤]；将内部控制缺陷分为控制环境、风险评估、控制活动、信息与沟通与内部监督五大类缺陷，在此基础上进一步细分为 28 个子要素（南京大学会计与财务研究院课题

① Klamm，B. K. W. Kobelsky，and M. W. Watson. Determinants of the Persistence of Internal Control Weakness [J]. Accounting Horizons，2002，26（2）：307 – 333.

② 2007 年修订的审计准则是指 2007 年颁布的《中国注册会计师审计准则第 1211 号——了解被审计单位及其环境并评估重大错报风险》。

③ 董卉娜，陈峥嵘，朱志雄. 上市公司内部控制缺陷披露现状研究——基于 2009—2010 年深市主板 A 股的实证分析 [J]. 证券市场导报，2012（8）：72 – 77.

④ 李宇立. 自我感知的内部控制缺陷间的关系——基于问卷调查的路径分析 [J]. 审计研究，2011（6）.

⑤ 齐保垒，田高良. 财务报告内部控制缺陷披露影响因素研究——基于深市上市公司的实证分析 [J]. 山西财经大学学报，2010（4）：114 – 120.

组，2010）①；按照经济后果性、内部控制对象、自我评价和外部审计对象、内部控制要素、内部控制缺陷的影响面和责任归属将上市公司内部控制缺陷划分为 5 个层级（李寿喜，2012）②。

4. 述评

国内外均缺乏关于内部控制缺陷认定方面的系统研究。在国外，研究者一般不考虑内部控制缺陷的识别认定问题，假定上市公司管理层有能力识别、认定和报告内部控制缺陷，采取直接研究存在内部控制缺陷的公司特征和市场反应等。

在国内，由于内部控制缺陷的认定缺乏科学和一致的标准，目前的规范及指引关于其具体认定存在制度空白，虽然国内学者对内部控制缺陷识别认定的研究在 2010 年以来逐渐增多，但是仍然存在内控缺陷认定困境，例如，内控缺陷的概念不明确，一般、重要缺陷和重大缺陷的分类缺乏明确界定，对缺陷的严重程度没有明确的量化标准，相关法规缺乏细化的可操作性的明确规定，等等。在实践中，上市公司也并没有重视内控缺陷认定标准的制定和披露。

2.2.2 内部控制重大缺陷修正的影响因素

国外已有学者研究关于先前披露的内部控制重大缺陷的修正，研究内容涉及如何修正及修正的影响因素等，规范和实证研究都已不少。从国内文献来看，从内部控制缺陷披露后的视角，专门针对内部控制缺陷修正方面的研究很少，现有研究更多的是关于导致内部控制缺陷的影响因素，是从事前的视角，从预防的动机来做的研究。

公司治理结构是重要内部环境，影响内部控制的有效实施（张先治、戴文涛，2010）③。内部控制缺陷和公司治理因素如，董事会独立

---

① 南京大学会计与财务研究院课题组. 论中国企业内部控制评价制度的现实模式［J］. 会计研究，2010（6）：51 – 61.

② 李寿喜. 上市公司内部控制缺陷层级划分及其传导效应［J］. 财会通讯·综合，2012（1）：136 – 137.

③ 张先治，戴文涛. 公司治理结构对内部控制影响程度的实证分析［J］. 财经问题研究，2010（7）：89 – 95.

性、股权集中分散度、所有权结构密切相关（Ji, Lu & Qu, 2015）①。国外学者研究内部控制缺陷的影响因素集中在公司治理特征方面，董事会及其审计委员会是关注的重点。

1. 董事会对内部控制重大缺陷修正的影响研究

董事会的健全程度对公司的内部控制建设有正向促进作用（林野萌，韩传模，2013）。首次研究董事会特征的学者是扎赫拉（Zahra）和皮尔斯（Pearce），他们于1989年建立作用模型并把董事会特征分为董事会结构、行为、激励和素质四个维度②，后来的研究也往往以此为基础，广泛采用此指标。虽然有研究在比较涉嫌欺诈舞弊公司的样本与匹配的控制样本时发现，没有证据证明存在欺诈舞弊的企业有老资历的管理人员或者董事有较多的特征变化（Agrawal et al., 1999）③，但是近来的研究已证实，内部控制缺陷的修正与董事会影响力和竞争力的改善相关联（Karla et al., 2011）。内部控制质量较好、内部控制薄弱少、董事会成员和董事长具有较好资格的公司更可能采用弱势补救措施（Lu, Yu & Cao, Yue, 2018）④。

董事会特征对内部控制缺陷的影响的文献大多研究了董事会特征和公司内部控制缺陷之间的关系，涉及的董事会特征因素有：董事会规模、独立性、会议频率、董事会激励、董事长与总经理是否兼任（领导结构的二元性）、董事会中委员会的设立、董事会成员个人特征，如学历、年龄、性别等。

（1）董事会规模、独立性对内部控制重大缺陷修正的影响。

①董事会规模。董事会规模越大，就存在越多的沟通协调成本，做出的决策可能更折中，致使规模大的董事会往往有较小的公司绩

① Ji X., Lu W., Qu W. Determinants and Economic Consequences of Voluntary Disclosure of Internal Control Weaknesses in China [J]. Journal of Contemporary Accounting & Economics, 2015, 11 (1): 1 – 17.

② Zahra, S., Pearce, J. Boards of Directors and Corporate Financial Performance: A Review and Integrative Model [J]. Journal of Management, 1989 (15): 291 – 334.

③ Agrawal, A., J. Jaffe, and J. Karpoff. Management turnover and governance changes following the revelation of fraud. Journal of Law and Economics, 1999, 42 (1): 309 – 42.

④ Lu, Yu & Cao, Yue. The Individual Characteristics of Board Members and Internal Control Weakness: Evidence from China [J]. Pacific – Basin Finance Journal, October 2018 (51): 75 – 94.

效，适当规模的董事会能确保公司内部控制的有效性。利普顿和洛施（Lipton & Lorsch，1992）最早提出董事会的规模最好为 8~9 人，最大不应超过 10 人①，董事会规模多于 7 个或 8 个便会出现严重的"搭便车"问题（Jensen，1993）②，公司绩效越差（Yermack，1996）③，董事会规模与内部控制重大缺陷修正的时效性不相关（Goh，2009）。

我国学者对董事会规模的研究也有不同的结论，一种结论是董事会规模与内部控制有效性呈显著负相关关系，董事会规模越大，越容易导致公司内部控制失效（张先治，2010④；张阳，2013⑤），董事会规模以不超过 11 人为宜（闫贤贤，2011），7~11 人比较合理（孙永祥、章融，2000）⑥。一种结论是董事会规模和企业内部控制呈正相关关系（丁沛文，2014）⑦，较大规模的董事会能够缩小公司绩效的波动程度（牛建波，2009）⑧。然而吴水澎等（2005）的研究表明，董事会规模与公司绩效没有显著关系⑨。折中的观点是合理的董事会规模应在一定的范围之内，既不能太大，也不能太小，其决定除考虑公司规模、行业性质、兼并、CEO 的偏好等一般因素外，要能以较低的治理成本获取较多的治理收益，从而使企业获得更大价值（谢永珍，2006）⑩。

多数对董事会规模与内部控制关系方面的研究都是研究董事会人

---

① Lipton, M., Lorsch, J. A Modest Proposal for Improvde Corporate Governance ［J］. Business Lawyer, 1992, 48（1）: 59－77.

② Jensen, M. The Modern Industrial Revolution, Exit and the Failure of Internal Control Systems ［J］. Journal of Finance, 1993（48）: 831－880.

③ Yermack, D. Higher Market Valuations of Companies with a Small Board of Directors ［J］. Journal of Financial Economics, 1996, 40（2）: 185－211.

④ 张先治. 公司治理结构对内部控制影响程度的实证分析 ［J］. 财经问题研究, 2010（7）: 89－95.

⑤ 张阳. 中国上市公司董事会特征与内部控制有效性的相关性研究 ［D］. 西北大学, 2013.

⑥ 孙永祥, 章融. 董事会规模、公司治理与绩效 ［J］. 企业经济学, 2000（10）: 13.

⑦ 丁沛文. 董事会治理结构对企业内部控制的影响探究 ［J］. 金融经济, 2014（11）: 130－132

⑧ 牛建波. 董事会规模的治理效应研究——基于业绩波动的新解释 ［J］. 中南财经政法大学学报, 2009（1）: 112－118.

⑨ 于忠明, 王振富. 公司董事会治理研究: 综述与启示 ［J］. 上海经济研究, 2008（1）: 105.

⑩ 谢永珍. 基于治理成本与治理收益的董事会规模研究 ［J］. 南开学报（哲学社会科学版）, 2006（4）: 113－117.

数，确定多少个是最佳的，董事会规模太大，公司容易发生内部控制失效，总结国外学者的研究成果，一般认为董事会的规模保持在 7 ~ 12 人比较合理，所以要适度，适度规模的董事会才能促进内部控制缺陷的修正，保证公司内部控制的有效性，个别学者研究发现董事会规模与内部控制缺陷的修正时效性并不相关。

②独立董事比例。关于独立董事比例与内部控制缺陷及修正的关系，近年来国外学者已做了一些实证方面的研究。董事会独立性与公司内部控制缺陷披露存在一定的关系，如研究发现，董事会独立性和内部控制缺陷之间存在显著负相关关系（Johnstone et al.，2011[①]；Chen Y.，Knechel W. R.，Marisetty V. B.，et al.，2016)[②]。独立董事倾向于努力采取措施降低财务报告重大错报以防对他们个人名誉上的损失，这些措施包括建立更好的公司治理机制，执行更严格的审计制度等（Doyle，2007），公司治理机制与重大缺陷修正的及时性相关，董事会的独立性与内部控制缺陷的及时修正相关联（Chen Y.，Knechel W. R.，Marisetty V. B.，et al.，2016），董事会独立性越强，重大缺陷的修正更及时（Beng Wee Goh，2009）。更有研究发现，内部控制缺陷的修正与增加独立董事在董事会中所占比例紧密相关，对于初次披露一个内部控制重大缺陷一年后即纠正（修正）该缺陷的 431 家公司进行研究的结果表明，这些公司拥有更加独立的董事，拥有更大比例的同时为其他公司董事会服务的独立董事，也可能拥有一个同时服务于审计委员会的独立的董事会主席（Karla et al.，2011）。

国内很少有关于独立董事比例与内部控制缺陷关系的研究，有些研究是关于独立董事比例和内部控制有效性或内部控制质量方面的，有研究认为，独立董事在董事会所占比例与内部控制缺陷呈负相关关系，但不显著（王芸、朱志明，2011），在修正会计错报行为方面，应该提高独立董事在董事会中的比重，保证董事会的独立性，建立有效的公司治

---

① Johnstone, K., Chen Li, and K. H. Rupley. Changes in Corporate Governance Associated with the Revelation of Internal Control Material Weaknesses and Their Subsequent Remediation ［J］. Contemporary Accounting Research, 2011 (28)：331 – 383.

② Chen Y., Knechel W. R., Marisetty V. B., et al. Board Independence and Internal Control Weakness：Evidence from SOX 404 Disclosures ［J］. Auditing：A Journal of Practice and Theory, 2016.

理机制（黄志忠，2010）①；独立董事比例与内部控制质量存在正相关关系（郭俊丽，2011），与内部控制有效性显著正相关（张阳，2013）②，董事会中独立董事比重越大，内部控制缺陷披露的可能性越小（杨建云，2014）③。然而，也有学者研究发现独董比例并非与企业内部控制有效性呈正相关关系（丁沛文，2014）④，两者之间的关系不显著（郭军、赵息，2015）⑤。尚兆燕等（2016）研究发现独立董事主动辞职的行为往往显示出公司内部控制存在重大缺陷。⑥

从已有的研究文献看出，国外研究一般认为内部控制缺陷和董事会独立性之间存在显著的负相关关系（Chen et al.，2011），内部控制缺陷的修正与增加独立董事在董事会中所占比例紧密相关（Beng Wee Goh，2009；Karla et al.，2011）；国内的研究一般认为独立董事比例与内部控制质量或有效性之间是正相关关系。（郭俊丽，2011；林野萌、韩传模，2013；张阳，2013），独立董事比例与内部控制缺陷呈负相关关系，但不显著（王芸、朱志明，2011；郭军，2015），这些结论具有一定程度的吻合性。

（2）董事会领导结构、激励对内部控制重大缺陷修正的影响。

①董事长与总经理设置。国外研究中一般都肯定董事长与总经理两职分离对董事会有正面作用，认为董事长与总经理两职分离能增强董事会效率，可以避免 CEO 借助董事长的职位限制董事会活动（Jensen，1993）⑦，CEO 如果身兼两职，董事会可能会提高警惕（Finkelstein &

①　黄志忠，白云霞，李畅欣. 所有权、公司治理与财务报表重述 [J]. 南开管理评论，2010（5）：45－52.

②　张阳. 中国上市公司董事会特征与内部控制有效性的相关性研究 [D]. 西北大学博士学位论文，2013.

③　杨建云. 公司治理对上市公司内部控制缺陷披露的影响研究 [D]. 首都经济贸易大学，2014.

④　丁沛文. 董事会治理结构对企业内部控制的影响探究 [J]. 金融经济，2014（11）：130－132.

⑤　郭军，赵息. 董事胡治理、高管权力与内部控制缺陷 [J]. 软科学，2015（4）：44－47.

⑥　尚兆燕，扈唤. 独立董事主动辞职、内部控制重大缺陷及非标审计意见——来自中国上市公司的经验证据 [J]. 审计研究，2016（1）：94－100.

⑦　Jensen，M. C. The Modem IndusUial Revolution，Exit and the Failure of Intemal Control Systems [J]. The Journal of Finance，1993，48（3）：831－80.

D'Aveni, 1994)①, 有研究认为董事长与总经理两职兼任与内部控制信息自愿披露程度负相关 (Allegrini et al., 2013)②, 也有研究发现首席执行官 (CEO) 与董事长职位的双重性, 与内部控制重大缺陷 (IC-MW) 修正的时效性并不相关 (Goh, 2009), 然而研究发现董事会两职分离有利于公司内部控制缺陷的更正 (Mitra et al., 2011)③, 对于内部控制缺陷的及时修正是有效的补救措施 (Mitra et al., 2013)④。

国内实证研究也发现董事长兼任总经理会弱化董事会管理行为的有效性, 使公司的内部控制机制失效, 从而更容易发生舞弊行为 (叶陈刚、王海菲, 2010)⑤。研究一般都肯定董事长与总经理二职合一对企业内部控制有效性有较大的影响 (张先治、戴文涛, 2010)⑥, 在控制了公司经营复杂性、盈利能力和成长性等特征后, 发现董事长与总经理两职合一的公司报告内部控制缺陷的可能性更大 (刘亚莉等, 2011)⑦, 有内部控制缺陷的公司更多地存在董事长与总经理两职合一的现象 (丁杨, 2012), 董事长兼任总经理容易导致企业出现组织架构缺陷 (李璇, 2013)。有研究明确得出董事长与总经理两职合一与内部控制有效性有显著的负相关关系的结论, 如宋宝燕 (2013)、刘祖基 (2013), 两职合一的董事会领导结构不利于企业内部控制缺陷的披露 (周兰、何

① Finkelstein, S., and R. D'Aveni. CEO Duality as A Double-edged Sword: How boards of Directors Balance Entrenchment Avoidance and Unity of Command [J]. Academy of Management Journal, 1994, 31 (5): 1079-108.

② Allegrini, Marco, and Giulio Greco. Corporate Boards, Audit Committees and Voluntary Disclosure: Evidence from Italian listed companies [J]. Journal of Management & Governance, 2013 (1): 187-216.

③ Mitra et al. Corporate Governance Attributes and Remediation of Internal Control Material Weaknesses Reported under SOX Section 404 [J]. Review of Accounting and Finance, 2011, 10 (1): 5-29.

④ Mitra, Santanu Hossain, Mahmud Marks, Barry R. Corporate Ownership Characteristics and Timeliness of Remediation of Internal Control Weaknesses [J]. Managerial Auditing Journal, 2013, 5 (9): 846-877.

⑤ 叶陈刚, 王海菲. 公司内部治理质量与内部控制互动性研究 [J]. 经济与管理研究, 2010 (8): 22-27.

⑥ 张先治, 戴文涛. 公司治理结构对内部控制影响程度的实证分析 [J]. 财经问题研究, 2010 (7): 89-95.

⑦ 刘亚莉, 马晓燕, 胡志颖. 上市公司内部控制缺陷的披露: 基于治理特征的研究 [J]. 审计与经济研究, 2011 (3): 35-43.

安亿、李志军，2014）①，而董事长与总经理的两职分设则有助于制衡效率的提升（谢永珍，2007）。

国外研究中一般都肯定董事长与总经理两职分离对董事会有正面作用，国内的研究中一般认为董事长是否兼任总经理与内部控制有效性呈负相关关系（郭俊丽，2011；刘亚莉等，2011；宋宝燕，2013；刘祖基，2013；张阳，2013），董事长兼任总经理的公司报告内部控制缺陷的可能性更大，董事长兼任总经理的公司容易导致组织架构缺陷出现（李璇，2013）。

②董事激励。董事激励是董事会工作有效性的重要因素，给予董事适当激励会提高董事会的效率和效果（Beasley，1996）②。一般用董事会成员的持股比例来代替股权激励，如卡拉等（Karla et al.，2011）用董事持有股份的变化来衡量董事会激励，发现对内部控制重大缺陷采取修正措施的公司有较大比例的独立董事持股。持股比例与内部控制的研究结果不一，有研究结果显示董事持股比例与内部控制有效性负相关（闫贤贤，2011），也有研究显示增强董事会和监事会的持股比例，能提升公司内部控制的有效性（林思轶，2012）。还有研究显示董事会或董事长的持股比例与内部控制有效性之间关系不显著（张阳，2013）。董事薪酬激励的研究中，研究结论之一为董事薪酬与企业的内部控制有效性无关（刘祖基，2013）③，而相反结论是金额最高前三名董事报酬总额与内部控制有效性显著相关，董事的人均报酬与内部控制有效性显著正相关（张阳，2013）④。也有学者研究了未领取薪酬的董事情况，发现未领取薪酬的董事比例与盈余质量之间存在显著的相关关系（董文

31

①　周兰，何安亿，李志军．我国上市公司内部控制缺陷披露的治理效应研究——基于董事会领导结构的经验分析［J］．云南财经大学学报，2014（3）：141 – 146．

②　Beasley，M. S. An Empirical Analysis of the Relation Between the Board of Director Composition and Financial Statement Fraud［J］. Accounting Review，1996：443 – 465．

③　刘祖基．企业内部控制有效性影响因素研究——基于制度环境的经验证据［D］．财政部财政科学研究所，2013．

④　张阳．中国上市公司董事会特征与内部控制有效性的相关性研究［D］．西北大学，2013．

辰，2011）①，低未领取薪酬董事比例对公司绩效有促进作用（谭俊杰，2011）②。

对董事激励的研究，一般实证研究采用"金额最高前三名董事的报酬总额""董事会或董事长的持股比例"这两个指标，结论不统一，有研究显示，金额最高前三名董事的报酬总额与内部控制有效性存在显著关系（张阳，2013）；未领取薪酬的董事比例与盈余质量之间存在显著的相关关系（董文辰，2011），也有学者得出相反的结论：董事薪酬与企业内部控制有效性无关（刘祖基，2013），有研究认为董事持股比例与内部控制有效性负相关（闫贤贤，2011），也有研究认为股权激励（董事会或董事长的持股比例）与内部控制有效性之间关系不显著（张阳，2013）。

（3）董事会运作对内部控制重大缺陷修正的影响。

多数研究认为董事会会议反映了董事会运作和行为的质量，多数研究认为董事开会频率与内部控制有效性正相关（Lipton & Lorsch，1992），换个说法即是董事会会议次数增多，表明董事会成员在积极作为，积极修复内部控制缺陷，内部控制有效性越好③，相对于改变董事会的结构构成，调整董事会会议频率更容易取得好的董事会治理效果（Nikos，1999），相关研究还有，认为董事会会议次数与披露内部控制缺陷正相关（Hoitash et al.，2009）④，与内部控制质量正相关（郭俊丽，2011），与企业内部控制有效性正相关（丁沛文，2014）⑤。然而也有不同的研究结论，有研究显示，董事会会议数量与内部控制重大缺陷修复的时效性并不相关（Goh，2009），也有学者全面深入研究董事会特征与内部控制有效性的关系并构建了中国上市公司内部控制有效性评价模型，检验发现，年度内董事会会议次数和内部控制有效性并无多大

---

① 董文辰. 公司治理结构、盈余质量及其价值相关性［D］. 大连理工大学博士论文，2011.

② 谭俊杰. 产品市场竞争、董事会治理与公司绩效关系的实证研究［D］. 厦门大学，2011.

③ Lipton, M., Lorsch, J. A. Modest Proposal for Improvde Corporate Governance［J］. Business Lawyer，1992，48（1）：59－77.

④ U. Hoitash, R. Hoitash, J. Bedard. Corporate Governance and Internal Control over Financial Reporting：A Comparison of Regulatory Regimes［J］. Accountiong Review，2009（3）：83.

⑤ 丁沛文. 董事会治理结构对企业内部控制的影响探究［J］. 金融经济，2014（11）：130－132.

关系（张阳，2013）[①]。

（4）审计委员会对内部控制重大缺陷修正的影响。

研究公司治理与内部控制缺陷的关系，大多是从审计委员会着手的，规范研究中主要针对审计委员会制度推行情况及探讨审计委员会设立、运转情况，实证研究主要有审计委员会的规模、独立性、勤勉性、专业性等方面，最早提供内部控制缺陷存在的直接证据并证明与审计委员会的质量负相关的学者是克里希南（Krishnan，2005）[②]。

审计委员会制度与内部控制关系方面研究主要在审计委员会制度推行及设立和运转方面。多数学者肯定审计委员会制度的积极作用，审计委员会健全程度对公司的内部控制建设有正向促进作用（林野萌，韩传模，2013），设立审计委员会的上市公司具有更高的信息披露质量，审计委员会有助于董事会实施监管责任（Zahra Pearce，1989）[③]，审计委员是提升董事会对财务报告监督的整体能力的一个重要机制，能缓解代理问题，存在内部控制重大缺陷的公司设置审计委员会的概率更低（Beasley，1996）[④]，设立审计委员会的上市公司信息披露质量更高（蔡卫星、高明华，2009）[⑤]，有学者将样本组与对照组配比发现，当年新成立审计委员会的公司披露内部控制缺陷的可能性更大（刘亚莉、马晓燕、胡志颖，2011）[⑥]，审计委员会的设置和企业内部控制有效性正相关（丁沛文，2014）[⑦]。

然而，不少学者也得出了不同的结论，如谢永珍的研究显示，我国上市公司审计委员会在防止上市公司财务舞弊等方面没有发挥显著作

[①]　张阳. 中国上市公司董事会特征与内部控制有效性的相关性研究［D］. 西北大学，2013.

[②]　Krishnan，J. Audit committee quality and internal control：An empirical analysis［J］. The Accounting Review，2005，80（2）：649 – 675.

[③]　Zahra，Shaker，John A. Pearce. Boards of Directors and Corporate Financial Performance：A Review and Integrative Model［J］. Journal of Management，1989，15（2）：291 – 334.

[④]　Beasley M.，An Empirical Analysis of the Relation between the Board of Director Composition and Financial Statement Fraud［J］. The Accounting Review，1996，71（4）：443 – 465.

[⑤]　蔡卫星，高明华. 审计委员会与信息披露质量：来自中国上市公司的经验证据［J］. 南开管理评论，2009（4）：120 – 127.

[⑥]　刘亚莉，马晓燕，胡志颖. 上市公司内部控制缺陷的披露：基于治理特征的研究［J］. 审计与经济研究，2011（3）：35 – 43.

[⑦]　丁沛文. 董事会治理结构对企业内部控制的影响探究［J］. 金融经济，2014（11）：130 – 132.

用，目前上市公司审计委员会的设置是外部制度约束的结果（谢永珍，2006）①，接着实证研究显示我国上市公司董事会由于独立性差使审计委员会没有对提升董事会监督效率产生积极的作用（谢永珍，2007）②。也有学者认为审计委员会的设立并不能有效增强内部控制有效性（张阳，2013）。

有学者研究了审计委员会的整体特征，与内部控制有效的企业相比，有重大缺陷的企业具有较低的审计委员会的质量（Beneish et al.，2008；Chan et al.，2008；De Franco et al.，2005；Hammersley et al.，2008；Hoitash et al.，2008；Ranghunandan & Rama，2006；Zhang et al.，2007）。如研究发现公司内部控制实质性缺陷披露的频率与审计委员会的质量负相关（Krishnan，2005）；对审计委员会成员来说，其特征变更的可能性随着内部控制缺陷（报表重述）的严重性而增加（Srinivasan，2005）③。也有学者研究结果发现内部控制缺陷的披露与内部审计委员会专业性（人员专业水平）负相关，与分级审计业务及内外审计合作负相关（Lin & Mark et al.，2010）。

有学者研究 SOX 法案通过后审计委员会和审计人员对内部控制缺陷的作用，发现审计委员会会议次数越多，审计委员会中财务专家比例越小，审计师变更越频繁的企业更偏向于报告内部控制缺陷，之前的财务报表重述比例也高，研究结果特别强调治理特征的重要性（Krishnan et al.，2007）④。国内不少学者也实证检验了审计委员会特征对内部控制缺陷的影响，如研究发现，审计委员会独立性、专业性越强，审计委员会职责与权力保障性越高，内部控制存在缺陷的可能性就越小，信息

① 谢永珍. 中国上市公司审计委员会治理效率的实证研究 [J]. 南开管理评论，2006（1）：66 - 73.

② 谢永珍. 中国上市公司董事会独立性与监督效率关系实证研究 [J]. 山东大学学报（哲学社会科学版），2007（4）：72 - 83.

③ Srinivasan, S. Consequences of Financial Reporting Failure for Outside Directors：Evidence from Accounting Restatements and Audit Committee Members [J]. Journal of Accounting Research, 2005, 43（2）：291 - 334.

④ Krishnan, Gopal V. Visvanathan. Gnanakumar Reporting Internal Control Deficiencies in the Post - Sarbanes - Oxley Era：The Role of Auditors and Corporate Governance [J]. International Journal of Auditing, Vol. 11 Issue 2, Jul 2007, pp. 73 - 90.

披露质量就越高（韩传模、刘彬，2012）①，审计委员会的独立性、专业性和勤勉性均与内部控制质量显著正相关，审计委员会制度在非国有上市公司中更好地发挥了作用（张海燕，2014）②。向锐等（2017）以及其他学者研究发现，审计委员会主任的教育水平、薪酬等级、声誉与本地化均与内部控制质量正相关。③

另一重要研究是吴本威（Beng Wee Goh）于 2009 年进行的，他主要是检验公司治理机制是否与重大缺陷修正的及时性相关。研究发现审计委员会规模越大、审计委员会非财务专长越多，重大缺陷的修正更及时。其中审计委员会的有效性的测量，是以其独立程度、财务专长、规模、会议频率作为衡量指标。研究得到如下启示：第一，尽管主要交易所要求审计委员会至少有 3 个董事，但是研究结果表明通过扩大审计委员会规模能够提高对内部控制的监督。第二，关于 SOX 法案 407 条款对财务专长定义的争论，研究结果表明审计委员会成员的非财务专长能够提高对重大缺陷修正的监督。因此，非财务专长是审计委员会成员重要的治理专长。这个发现支持了 SOX 法案的最后条款的规定，即财务专长的定义应包括非财务专长（Beng Wee Goh，2009）④。

从以上看出，审计委员会特征与内部控制缺陷关系方面的研究主要有以下几个方面：审计委员会规模、专业性（财会专长比例）、独立性、勤勉性（会议次数）、审计委员会主任特征等方面进行研究。个别学者还发现，审计委员会的非财务专长能够提高对重大缺陷修正的监督。因此，非财务专长是审计委员会成员重要的治理专长（Beng Wee Goh，2009）。

①审计委员会规模。审计委员会规模方面研究，一种观点是负相关，即认为内部控制缺陷与审计委员会规模呈负相关关系（Yun-Chia

---

① 韩传模，刘彬. 审计委员会特征、内部控制缺陷与信息披露质量［C］. 中国会计学会 2012 年学术年会论文集，2012.

② 张海燕. 审计委员会特征对内部控制质量的影响研究［D］. 北京交通大学硕士学位论文，2014.

③ 向锐，徐玖平，杨雅婷. 审计委员会主任背景特征与公司内部控制质量［J］. 审计研究，2017（4）：73-80.

④ Beng Wee Goh. Audit Committees, Boards of Directors, and Remediation of Material Weaknesses in Internal Control［J］. Singapore Management University Contemporary Accounting Research，2009，26（2）：549-579.

Yan，2007；Beng Wee Goh，2009），另一种观点是无关论，即认为审计委员会规模与内部控制缺陷没有关系，如阿博特等（Abbott et al.，2004），张等（Zhang et al.，2007），霍伊塔什等（Hoitash et al.，2009）。有学者研究得到如下启示：尽管主要交易所要求审计委员会至少有 3 个董事，但是研究结果表明通过扩大审计委员会规模能够提高对内部控制的监督（Beng Wee Goh，2009），审计委员会较小的公司也倾向于不修正缺陷（Jacqueline et al.，2012）。我国学者以 2010 年深市主板上市公司为样本，研究发现审计委员会的规模、独立性、专业性和主任委员的专业性与内部控制缺陷披露存在显著负相关关系（王续伟，2012）。

②审计委员会独立性。研究审计委员会的独立性的研究，主要有以下几种观点，一种是审计委员会独立性（独立委员比例）与内部控制缺陷负相关，如克莱因（Klein，2002）[1]、谢等（Xie et al.，2003）、克里斯南（Krishnan，2005）、布朗森（Bronson，2009）等，研究发现审计委员会独立性越低，公司进行盈余管理的可能性就越大，且被出具非标意见的可能性也越大，也就是说，审计委员会独立性（独立委员比例）与内部控制缺陷负相关。（Carcello & Neal，2000）[2]，一种观点表明审计委员会会议次数、审计委员会独立性与内部控制自愿性信息披露正相关（Owusu – Ansah，Stephen & Ganguli，Gouranga，2010）[3]。还有研究发现审计委员会的独立性与 ICMW 修正的时效性是不相关的（Goh，2009）。

我国学者对审计委员会独立性的研究多数结论与国外类似，即独立董事的比例越高，审计委员会更能发挥作用，存在内控缺陷的可能性越小（王雄元、管考磊，2006；董舟娜、朱志雄；周晓菲；郑艺麟，2012等），上市公司审计委员会独立性与公司内控缺陷负相关（董卉娜、朱

---

① Klein A. Audit Committee，Board of Director Characteristics，and Earnings Management［J］. Journal of Accounting and Economics，2002（33）：375 – 400.

② Carcello J. V. T. L. Neal. Audit Committee Composition and Auditor Reporting［J］. The Accounting Review，2000，75（4）：453 – 467.

③ Owusu – Ansah，Stephen & Ganguli，Gouranga. Fall. Voluntary Reporting on Internal Control Systems and Governance Characteristics：An Analysis of Large U. S. Companies［J］. Journal of Managerial Issues，2010，22（3）：383 – 408.

志雄，2012）[①]。王续伟（2012）研究结果也发现了类似的结论，审计委员会的独立性在 0.01 水平上与内部控制缺陷披露显著负相关。然而，也有一些学者持不同的观点，例如，得出审计委员会独立性与内部控制缺陷（报表重述）之间的关系并不显著的结论；与信息披露质量正相关（杨忠莲、杨振慧，2006）；审计委员会成员的学历水平与信息披露质量显著正相关（王雄元、管考磊，2006）[②]。

③审计委员会专业性。研究一般证实，审计委员会专业性与内控缺陷负相关，即审计委员会中具有财务专长的委员越多，企业存在内控缺陷的概率就越小（Goh，2007；Yun - Chia Yan，2007；Hoitash et al.，2009），有学者检验了 1994~2000 年 128 家存在审计师变更的公司披露内部控制缺陷后发现，审计委员会的专业性越强（拥有财会专长的委员越多），公司存在内部控制缺陷的概率越小（Krishnan，2005）[③]，审计委员会财务专家比例与公司报告的内部控制漏洞负相关，进一步验证了二者负相关的结论（Visvanathan，2005），霍伊塔什等（Hoitash et al.，2009）研究也表明审计委员会或董事会成员中具有财务专长的人员越多，企业存在内控缺陷的可能性就越小[④]。

然而，也有研究证实审计委员会专业性与内控缺陷不呈负相关关系，如张、周和周（Zhang，Zhou & Zhou，2007）选用颁布 SOX 法案后披露内部控制缺陷的公司为样本，发现这些公司更可能有审计委员会，有更少的财务专长[⑤]。李西克等（Lisic et al.，2012）研究显示，随着 CEO 权力的增强，审计委员会专业性在实质上不起作用，仅仅在形式上

---

①　董卉娜，朱志雄. 审计委员会特征对上市公司内部控制缺陷的影响［J］. 山西财经大学学报，2012（1）：114 - 124.

②　王雄元，管考磊. 关于审计委员会特征与信息披露质量的实证研究［J］. 审计研究，2006（6）：42 - 49.

③　Krishnan，J. Audit Committee Quality and Internal Control：An Empirical Analysis［J］. The Accounting Review，2005，80（2）：649 - 675.

④　Hoitash，U.，Hoitash，R.，Bedard，J. C. Corporate Governance and Internal Control over Financial Reporting：A Comparison of Regulatory Regimesf［J］. The Accounting Review，2009（84）：839 - 867.

⑤　Zhang，Y.，J. Zhou，and N. Zhou. Audit Committee Quality，Auditor Independence，and Internal Control Weaknesses［J］. Journal of Accounting and Public Policy，2007，26（3）：300 - 327.

符合规定①。

有学者进一步研究发现，高管权力会干预审计委员会专业性作用的发挥，随着高管权力的增加，审计委员会专业性越容易削弱对内部控制的监控作用（刘焱、姚海鑫，2014）②。这一结论也被国外学者再次证实，首席执行官（CEO）能力在二者关系中起调节作用，CEO能力低时，审计委员会专业性和内部控制缺陷负相关，CEO能力增强时，这种相关性变弱，CEO能力强大到一定程度，审计委员会专业性和内部控制缺陷不再负相关（Lisic L. L. , et al. , 2015）③。有学者通过实证研究发现提高审计委员会专业性能提高外部审计人员的动作效率，这在一定程度上完善了公司内部监督体系，能有效抑制内部控制缺陷（Rustam, Rashid & Zaman，2013）。

关于审计委员会的财务专长对内部控制重大缺陷修正的影响，研究认为，内部控制缺陷的修正与审计委员会的财务专业知识密切相关，有财务专家比例高的委员会更有利于修正内部控制重大缺陷。审计委员会中财会专家与非财会专家相比，具备更好地监督财务报告过程的能力（Dhaliwal et al. , 2010），内部控制重大缺陷修正公司具有更多的审计委员会金融专业知识（Karla et al. , 2011）。对于自首次披露内部控制重大缺陷三年后修正该内部控制重大缺陷的24家公司的研究结果显示，这些公司在一两年之后，其董事会、审计委员会或最高管理层都没有明显变化，但是在修正重大缺陷的年份，这些公司会比以往年份拥有更多的审计委员会财务专家（Karla et al. , 2011）④。

然而也有研究发现，审计委员会中非财务专家具有治理专长也有助于内部控制缺陷修正的监督。对SOX法案302条款和404条款下内部控制缺陷披露与公司治理之间关系的研究显示，在302条款

---

① Lisic，L. L. , Neal，T. L. , Zhang，I. , Zhang，Y. CEO Power, Internal Control Quality, and Audit Committee Effectiveness in Substance vs. in Form. SSRN Working Paper, 2012.

② 刘焱，姚海鑫. 高管权力、审计委员会专业性与内部控制缺陷 [J]. 南开管理评论，2014（2）：4 – 12.

③ Lisic L. L. , Neal T. L. , Zhang I. X. , et al. CEO Power, Internal Control Quality, and Audit Committee Effectiveness in Substance Versus in Form [J]. Contemporary Accounting Research, 2015.

④ Karla Johnstone Chan Li Kathleen Hertz Rupley, Changes in Corporate Governance Associated with the Revelation of Internal Control Material Weaknesses and Their Subsequent Remediation [J]. Contemporary Accounting Research, 2011, 28（1）：331 – 383.

下，内部控制缺陷的披露则与没有会计知识的财务专家相关，即与具有治理专长的治理专家相关（Hoitash et al.，2008），随后的研究也证实了这个结论，即审计委员会中治理专长（非财务专长）委员比例高更有助于内部控制缺陷修正的监督，因此，非财务专长是审计委员会成员重要的治理专长。这个发现支持了 SOX 的最后条款的规定，即财务专长的定义应包括非财务专长（Beng Wee Goh，2009）。

④审计委员会运作。关于审计委员会运作与内部控制缺陷的关系，存在两种观点，一种观点认为审计委员会的勤勉度与内部控制缺陷之间呈负相关关系（McMullen & Raghunandan，1996[①]；Raghunandan et al.，2001[②]；Abbott et al.，2004[③]）。然而，随后的研究得出了相反的结论，审计委员会会议次数与公司披露的内部控制缺陷呈正相关关系（Krishnan，2007）[④]。卡塞罗（Carcello，2008）进一步研究认为会议次数多可能并不反映审计委员会的勤勉，而是与发现内部控制缺陷进行后续处理有关，研究也发现审计委员会会议次数与披露的内部控制缺陷正相关。国内学者研究结果发现披露了内部控制缺陷的公司审计委员会会议次数较多、国有股持股比例高（李育红，2010）[⑤]，审计委员会会议次数与内部控制实质性漏洞显著负相关（田勇，2011）[⑥]，披露了内部控制缺陷的公司审计委员会会议次数较多，这一发现反映了我国对内部控制缺陷的修正整治。

---

① McMullen, D. A., Raghunandan, K. Enhancing Audit Committee Effectiveness [J]. Journal of Accountancy, 1996, 182（8）：79 – 81.

② Raghunandan, K., Read, W. J., Rama, D. V. Audit Committee Composition, Grey Directors, and Interaction with Internal Auditing [J]. Accounting Horizons, 2001, 15（6）：105 – 118.

③ Abbott, L. J., Parker, S., Peters, G. F.. Audit Committee Characteristics and Restatements [J]. Auditing：A Journal of Practice &Theory, 2004, 23（1）：69 – 87.

④ Krishnan, G. V. Visvanathan, G. Reporting Internal Control Deficiencies in the Post – Sarbanes – Oxley Era：The Role of Auditors and Corporate Governance [J]. International Journal of Auditing, 2007, 11：73 – 90.

⑤ 李育红，上市公司内部控制缺陷披露的影响因素的实证分析 [J]. 财会通讯, 2010（12）：86 – 91.

⑥ 田勇. 我国上市公司内部控制缺陷的影响因素研究 [J]. 南方金融, 2011（2）：59 – 63.

（5）其他董事会因素对内部控制重大缺陷修正的影响研究。

多数研究认为董事开会频率与内部控制有效性正相关（Lipton & Lorsch，1992），换个说法即是董事会会议次数增多，表明董事会成员在积极作为，积极修正内部控制缺陷，内部控制有效性越好[①]，相对于改变董事会的结构构成，调整董事会会议频率更容易取得好的董事会治理效果（Nikos，1999），相关研究还有，认为董事会会议次数与披露内部控制缺陷正相关（Hoitash，2009）[②]；与内部控制质量正相关（郭俊丽，2011）；与企业内部控制有效性正相关（丁沛文，2014）[③]。然而也有不同的研究结论，有研究显示，董事会会议数量与内部控制重大缺陷修正的时效性并不相关（Goh，2009），也有学者全面深入研究董事会特征与内部控制有效性的关系并构建了中国上市公司内部控制有效性评价模型，检验发现，年度内董事会会议次数和内部控制有效性并无多大关系（张阳，2013）。

有学者研究董事会成员的特征，也有学者研究了董事长特征，还有学者研究了董事会专门委员会的设立个数等，例如，董事会成员平均年龄和学历水平也不会影响到上市公司内部控制的有效性（张阳，2013）；董事长任职年限越长，企业组织架构缺陷越少（李璇，2013）[④]；随着董事长年龄、任职时间、受教育程度和薪酬水平的提高，内控质量显著提高，董事长的个人素质在内部控制构建中起到了关键作用（陈汉文、王韦程，2014）[⑤]。另外，有学者认为董事会中设置的专门委员会数量与企业内部控制有效性正相关（刘祖基，2013）；董事会中专门委员会的设立个数及年度股东大会股份出席率与内部控制有效性

[①] Lipton，M.，Lorsch，J. A Modest Proposal for Improvde Corporate Governance [J]. Business Lawyer，1992，48（1）：59 - 77.

[②] U. Hoitash，R. Hoitash，J. Bedard. Corporate Governance and Internal Control over Financial Reporting：A Comparison of Regulatory Regimes [J]. Accounting Review，2009（3）：83.

[③] 丁沛文. 董事会治理结构对企业内部控制的影响探究 [J]. 金融经济，2014（11）：130 - 132.

[④] 李璇. 上市公司组织架构内部控制缺陷驱动因素分析——来自中国上市公司的经验证据 [J]. 财会通讯，2013（3）：30 - 33.

[⑤] 陈汉文，王韦程. 董事长特征、薪酬水平与内部控制 [J]. 厦门大学学报，2014（2）：90 - 99.

有显著的正相关关系（宋宝燕，2013）[①]。

　　（6）述评。

　　董事会方面的文献大多研究了董事会特征和公司内部控制之间的关系，涉及的董事会特征因素有：董事会规模、董事会独立性（独立董事的比例）、领导结构的二元性（董事长总经理是否兼任）、董事激励（薪酬和股权激励）等，委员会中涉及较多的是审计委员会。

　　董事会规模方面，有学者研究结论选择 8～9 人，最大不应超过 10 人，如利普顿和洛施（1992），有学者选择 7 个或 8 个，如詹森（Jensen，1993），有学者选择不超过 11 人，如闫贤贤（2011）。适当规模的董事会才能确保公司内部控制的有效性（Yermack，1996；牛建波，2009；王维祝，2007；张阳，2013）。董事会独立性方面，董事会独立性与内部控制缺陷存在显著的负相关关系（Chen et al.，2011；王芸，朱志明，2011）；增加独立董事在董事会中所占比例与内部控制缺陷的修正紧密相关（Beng Wee Goh，2009；Karla et al.，2011）；董事长是否兼任总经理与内部控制有效性呈负相关关系（郭俊丽，2011；刘亚莉等，2011；宋宝燕，2013；刘祖基，2013；张阳，2013）。董事持股比例与内部控制有效性负相关。（闫贤贤，2011；张阳，2013）；薪酬激励（金额最高前三名董事的报酬总额）显著影响着内部控制的有效性（张阳，2013）；未领取薪酬的董事比例与盈余质量显著相关（董文辰 2011），低未领取薪酬董事比例对公司绩效有促进作用（谭俊杰，2011）。

　　国内外对审计委员会制度与内部控制关系方面的研究，其规范性研究主要集中在审计委员会制度推行及设立和运转方面，多数学者肯定审计委员会制度的积极作用，实证研究中对审计委员会特征的研究主要是从审计委员会的规模、独立性、专业性、非专业性（即治理专长）、审计委员会勤勉性等方面进行的。与审计委员会在我国的发展相对应，国内学者利用上市公司实际数据进行实证分析的文献近年也在逐渐增多。结论主要有：①与内部控制缺陷负相关的有，审计委员会规模、独立性、专业性、非专业性、会议次数。②高管权力会干预审计委员会专业性作用的发挥，也有研究证实审计委员会专业性与内控缺陷不呈负相关

---

　　① 　宋宝燕. 民营上市公司治理结构对内部控制有效性的影响研究——基于中小板公司的数据［D］. 河北经贸大学，2013.

关系。③审计委员会会议次数与内控缺陷正相关，审计委员会规模与内部控制缺陷的关系没有一致的研究结论。

2. 监事会对内部控制重大缺陷修复的影响研究

不少学者研究了监事会的有效性，对监事会特征方面的研究主要从监事会规模、监事会激励（持股份额）、监事会会议次数、监事会成员的专业性等方面来分析。

我国目前监事会制度有效性欠缺，监事会作用没有得到强化（王立彦、王靖、刘军霞，2002）①，我国上市公司监事会存在虚化问题，比喻监事会在公司治理中的地位为"尴尬的稻草人"（郑浩昊、罗丽娜，2003）②，监事会制度就是一个无效率的系统（刘名旭、喻强，2005）③，要保证监事会工作不屈服于经营层或董事会的压力，其人员安排只有独立于董事会和经理层（Goldman et al. , 1974;④ Niehols et al. , 1976⑤; Watts et al. , 1983⑥）。

监事会特征方面，有学者认为监事会规模对内部控制的影响相对较小（张先治，戴文涛，2010），有研究却发现监事会规模与内部控制有效性有显著的正相关关系（宋宝燕，2013），关于持股比例，研究发现监事会持股比例与公司绩效显著相关（卿石松，2008），也有研究发现监事薪酬总额和监事持股数量与企业内部控制有效性无关（刘祖基，2013）。研究发现，董监两会的会议次数对内部控制有效性有显著影响（步磊、范亚东，2014）⑦，监事会会议频率可以在一定程度上反映监事

---

① 王立彦，王靖，刘军霞. 内部监控双轨制与公司财务信息质量保障——从案例解析看监事会制度和独立董事制度孰为有效 [J]. 审计研究，2002（6）：34－39.

② 郑浩昊，罗丽娜. 监事会：尴尬的稻草人——我国上市公司监事会虚化问题研究 [J]. 统计与决策，2003（3）：40－41.

③ 刘名旭，喻强. 嫡理论与我国监事会制度 [J]. 天津商学院学报，2005（5）：27－31.

④ Goldman, Ariehand Barlev, Benzion. The Auditor - Firm Conflict of Interests: Its Implication for Independence [J]. The Accounting Review, 1974, 49（4）：18－707.

⑤ Niehols, Donald Rand Priee, Kenneth H. The Auditor - Finn Confliet: An Analysis Using Concepts of Exehange Theory [J]. Accounting Review, 1976, 51（2）：46－335.

⑥ Watts, Ross Land Zimmerman, Jerold L. Ageney Problems, Auditing, and the Theory of the Firm: Some Evidenee [J]. Journal of Law and Economics, 1983, 26（3）：33－613.

⑦ 步磊，范亚东. 公司治理结构对内部控制有效性的影响研究 [J]. 会计之友，2014（8）：42－45.

会的监督力度，会议次数越多，监事会的监督力度就越强（刘名旭，2007），提高公司内部控制的有效性，目前需要加强监事会成员的专业比例，合理安排监事会会议的召开次数，激励监事会成员，增强监事会的持股比例（林思轶，2012）。

从以上文献可看出，监事会的有效性问题我国学者的研究大多认为监事会存在虚化或无效现象（王立彦、刘军霞，2002；郑浩昊、罗丽娜，2003；刘明旭、喻强，2005），监事会特征中，研究结论主要有，监事会规模与内部控制有效性有显著的正相关关系，董监两会的会议次数显著影响内部控制有效性，监事会的持股比例与企业内部控制有效性正相关（林思轶，2012），监事激励（监事薪酬和监事持股）与企业内部控制有效性无关（刘祖基，2013）等。

3. 经理层因素对内部控制重大缺陷修复的影响研究

内部控制的健全与管理层有直接关系（Abbott et al.，2007）[1]，CEO（首席执行官）等治理机制是内部控制重大缺陷修复失败的决定因素（Li et al.，2010[2]；Johnstone et al.，2011）[3]。关于经理层（高管）对内部控制缺陷修复方面的研究，目前主要集中在高管变更（任职时间）、高管激励（高管薪酬和持股）及高管素质（年龄、教育背景等）方面。

（1）经理层变更。

在高管变更研究中，一种观点认为内部控制重大缺陷的披露与高级管理层变更成正相关关系。绝大多数学者都得到了这个结论，例如，与控制公司相比，报表重述的公司中高层的更换率更高，报表重述和高级管理人员的变更是正相关的（Agrawal & Cooper，2007；Desai，Hogan &

---

① Abbott L.，J.，Parker，S.，Peters，G. F. and Rama，D. V. Corporate Governance，Audit Quality，and the Sarbanes – Oxley Act：Evidence from Internal Audit Outsourcing ［J］. The Accounting Review，2007，82（4）：803 – 835.

② Li，C.，L. Sun，and M. Ettredge. Financial Executive Quality，Financial Executive Turnover，and Adverse SOX 404 Opinions ［J］. Journal of Accounting and Economics，2010（50）：93 – 110.

③ Johnstone，K. M.，C. Li，and K. H. Rupley. Changes in corporate governance associated with the revelation of internal control material weaknesses and their subsequent remediation ［J］. Contemporary Accounting Research，2011，28（1）：331 – 383.

Wilkins，2006）①②，内部控制重大缺陷的披露与高级管理层成员（包括 CEOs 和 CFOs）的更换呈正相关关系（Karla et al.，2011）③，预期首席执行官（CEO）变化可能伴随着内部控制重大缺陷的披露（Ockree et al.，2009）。CFO 会凌驾于财务报告之上，任命一个新的 CFO 能够提高财务报告质量（Geiger & North，2006）④。研究证实，会计违规（内部控制缺陷）会导致更高比例的管理者更换（Desai et al.，2006）⑤，研究还发现发生财务丑闻的公司与没有发生财务丑闻的公司相比高管更换概率更高（Agrawal & Cooper，2007）⑥，有学者研究会计违规重述公告前六个月和后六个月时间段内执行官的更换率，发现有49% 的 CEO（首席执行官）和63% 的 CFO（首席财务执行官）在此期间被更换（Hennes et al.，2008）⑦，财务欺诈（重大缺陷）会导致公司在下个年度更高比例的更换高管（Wei Ting，2011）⑧，公司迅速任命新的有经验的 CEO 更可能提高内部控制重大缺陷修复的及时性（Beng Wee Goh，2009）。与此研究相反的另一种观点是，财务报表重述和管

① Agrawal，A.，and T. Cooper. Corporate Governance Consequences of Accounting Scandals：Evidence from Top Management，CFO and Auditor Turnover ［R］. Working Paper，2007，University of Alabama.

② Desai，H.，C. Hogan，and M. Wilkins. The reputational Penalty for Aggressive Accounting：Earnings Restatements and Management Turnover ［J］. The Accounting Review，2006，81（1）：83 – 112.

③ Karla，Johnstone Chan，Li Kathleen Hertz，Rupley. Changes in Corporate Governance Associated with the Revelation of Internal Control Material Weaknesses and Their Subsequent Remediation ［J］. Contemporary Accounting Research，2011，28（1）：331 – 383.

④ Geiger，M.，and D. North. Does hiring a new CFO change things？ An investigation of changes in discretionary accruals ［J］. The Accounting Review，2006，81（4）：781 – 809.

⑤ Desai，H.，Hogan，C. E.，Wilkins，M. S. The Reputational Penalty for Aggressive Accounting：Earnings Restatements and Management Turnover ［J］. Accounting Review，2006（81）：83 – 112.

⑥ Agrawal A.，and Cooper T. Corporate Governance Consequences of Accounting Scandals：Evidence from TopManagement，CFO and Auditor Turnover ［R］. Working Paper，2007.

⑦ Hennes K. and Leone A. and Miller B. TheImportance of Distinguishing Errors from Irregularities in Restatement Research：The Case of Restatements and CEO/CFO Turn over ［J］. The Accounting Review，2008（83）：1487 – 1519.

⑧ Wei Ting，Top Management Turnover and Firm Default Risk：Evidence from the Chinese Securities Market ［J］. China Journal of Accounting Research，2011（4）：81 – 89.

理者的变更之间没有关联（Beneish，1999）[①]。

有学者研究会计违规背景下高管变更中"创始人保护现象"，检验高管变更中的"替罪羊效应"（CEO 不变而 CFO 发生变更）以及"连坐效应"（CEO 与 CFO 同时变更）的影响机制，研究结果发现：会计违规会导致高管更高的更换率，高管变更中存在创始人保护现象，创始人保护会增强"替罪羊效应"[②]、弱化"连坐效应"（瞿旭等，2012）[③][④]。

（2）经理层激励。

对高管激励，一般研究从薪酬激励和股权激励两个方面进行，高管薪酬方面，大多研究认为高管薪酬能对管理层起到激励作用，进而提高内部控制有效性（李育红，2011）[⑤]，CFO 薪酬与内部控制重大缺陷披露呈负相关关系（Hoitash et al.，2012）[⑥]，薪酬激励水平是一种有效的激励措施，会加快总经理做出并购行为的决策（Yim，2013）。内部控制缺陷暴露后高管薪酬显著增加，进一步的验证发现，内部控制缺陷暴露程度与高管薪酬变化显著正相关（朱彩婕、郑晓丽，2014）[⑦]。高管薪酬总额与内部控制缺陷修复正相关（朱彩婕、刘长翠，2017）[⑧] 研究还发现民营企业中经理薪酬对公司盈余水平有影响（Firth et al.，2006）[⑨]。也有研究认为高管薪酬比例对内部控制有效性的影响相对较

---

① Beneish，D. Incentives and Penalties Related to Earnings Overstatements That Violate GAAP [J]. The Accounting Review，1999，74（4）：425 – 57.

② 替罪羊效应，即在发生会计违规后，创始人 CEO 公司中 CEO 保留而 CFO 离职的概率大于非创始人 CEO 公司中的这种高管更换情况.

③ 连坐效应，即在发生会计违规后，创始人 CEO 公司中 CEO 和 CFO 同时离职的概率小于非创始人 CEO 公司中的这种高管更换情况.

④ 瞿旭，杨丹，瞿彦卿，苏斌. 创始人保护、替罪羊与连坐效应——基于会计违规背景下的高管变更研究 [J]. 管理世界，2012（5）：137 – 156.

⑤ 李育红. 公司治理结构与内部控制有效性——基于中国沪市上市公司的实证研究 [J]. 财经科学，2011（2）：69 – 75.

⑥ Rani Hoitash，Udihoitash，Karla M. Johnstone. Internal Control Material Weaknesses and CFO Compensation [J]. Contemporary Accounting Research，2012，29（3）：768 – 803.

⑦ 朱彩婕，郑晓丽. 基于内部控制缺陷暴露视角的公司治理效应变化研究 [J]. 江西财经大学学报，2014（6）：45 – 54.

⑧ 朱彩婕，刘长翠. 公司治理与内部控制缺陷修复的相关性研究——来自于国有上市公司 2010 ~ 2014 年的经验数据 [J]. 审计研究，2017（4）：97 – 105.

⑨ Firth，M.，Fung，P. M. Y. and Rui，O. M. Corporate Performance and CEO Compensation in China [J]. Journal of Corporate Finance，2006，12（4）：693 – 714.

小（张先治、戴文涛，2010），高管实行薪酬激励与内部控制有效性无关（刘斌，2010①；宋宝燕，2013），高管薪酬总额和高管持股数量与企业内部控制有效性无关（刘祖基，2013），高管年度薪酬与内部控制有效性不存在显著的相关性（赵选民、舒琪，2014）。

关于高管股权激励，研究发现管理层持股比例对内部控制有效性有积极作用（步磊、范亚东，2014），高管持股可以使高管的利益与股东趋同，降低代理成本（Jensen & Meckling，1976）②，持股比例与内部控制有效性存在正相关关系随后也得到了证实，学者发现：内部控制的有效性与高管持股比例呈较显著的正相关性（赵选民、舒琪，2014）③。有效的董事会治理会减弱 CEO 自身的波动敏感性，对 CEO 实行股权激励会对内部控制质量的改善起到有利作用（Liu，Xuejiao & Liu，Xiaohong，2017）④ 然而，也有研究提出了不同的观点，认为随着企业高管持股比例的增加，高管控制力就会增强，会导致高管更方便地谋取私人利益，也就是说，高管持股比例的增加会增大代理成本（Stulz，1990）⑤，企业高管持股会在一定程度上促进了企业的财务造假（Erickson，2006；Johnson，2009），上市公司利用股权激励制度向管理层进行不合理的利益输送，影响了证券市场的健康发展。所以，必须加强股权激励制度的监管（刘旭妍、余新培，2011）⑥。

综合上述文献，对于高管薪酬方面的研究，大多认为高管薪酬能对管理层起到激励作用，CFO 薪酬与重大内部控制缺陷披露呈负相关关系（Firth et al.，2006；李育红，2011；Hoitash et al.，2012；Yim，

---

① 刘斌．股权结构——高管薪酬对内部控制有效性影响研究 [D]．重庆理工大学，2010.

② Jensen M. C.，Meckling W. H. Theory of the Firm：Managerial Behavior，Agency Costs and Ownership Structure [J]．Journal of Financial Economics，1976，3（4）：305 - 360.

③ 赵选民，舒琪．高管激励机制对企业内部控制有效性影响的实证研究 [J]．西安石油大学学报（社会科学版），2014（1）：30 - 36.

④ Liu，Xuejiao & Liu，Xiaohong. CEO Equity Incentives and the Remediation of Material Weaknesses in Internal Control [J]．Journal of Business Finance & Accounting. Oct/Nov 2017，Vol. 44 Issue 9/10，pp. 1338 - 1369.

⑤ Stulz R. M. Managerial Discretion and Optimal Financing Policies [J]．Journal of Financial Economics，1990，26：3 - 27

⑥ 刘旭妍，余新培．上市公司股权激励制度与管理层利益输送探析 [J]．江西财经大学学报，2011（5）：28 - 32.

2013），也有研究认为对高管实行薪酬激励与内部控制有效性无关（刘斌，2010；宋宝燕，2013；刘祖基，2013；赵选民、舒琪，2014）。对高管股权激励的研究有不同的结论，国内外都证实为高管持股比例与内部控制有效性正相关，提高高管持股比例对内部控制有效性有利（Jensen & Meckling，1976；郑皓然，2012；赵选民、舒琪，2014；步磊、范亚东，2014）。国外也有结论是高管持股越高，控制力就会越强，高管会更多地谋取私人利益，倾向于财务造假，导致内部控制缺陷（Stulz，1990；Erickson，2006；Johnson，2009）。

（3）经理素质。

近来的研究一致认为高水平、高素质高管更可能修复内部控制重大缺陷。首席财务执行官素质高有助于提高内部控制的质量，CFO 质量的提升与内部控制重大缺陷的修复之间呈正相关关系（Li，Sun & Ettredge，2010）[1]，雇用注册会计师，有会计师业务经验，或者有更多经历的人作为新 CFO 的公司更可能修复重大缺陷（Johnstone et al.，2011）。那些雇用更高水平 CFO 的公司更可能修复重大缺陷，对于初次披露内部控制重大缺陷一年后即纠正（修复）该缺陷的431 家公司进行研究后的结果表明，这些公司拥有更多具备财会经验的首席财务官，财务总监（CFO）的会计经验和工作经验的改善与缺陷的修复正相关（Li et al.，2011）[2]。研究证实财务总监的变动会影响 ICMW 的整治，结果发现如果雇佣一个高能力的财务总监（这些财务总监既拥有多方面的会计知识，也具有工作经验），或者从本公司之外雇用财务总监，将会显著提高 ICMW 修复的可能性（Li et al.，2010）[3]。

高管素质研究主要集中于高管的年龄、教育背景、任职时间及声誉方面，总经理的个人素质直接关系到内部控制的有效性。总经理个人素质越好、能力越强，内部控制有效性就越好。总经理的任期、学历、年

---

[1]　Li，C.，Sun，L. and Ettredge，M. Financial Executive Qualifications，Financial Executive Turnover，and Adverse SOX404 Opinions［J］. Journal of Accounting and Economics，2010，50（1）：93 - 110.

[2]　Li，C.，Y. Xie，and J. Zhou. National Level，City Level Auditor Industry Specialization and Cost of Debt［J］. Accounting Horizons，2011，24（3）：395 - 417.

[3]　Li，C.，L. Sun，and M. Ettredge. Financial Executive Quality，Financial Executive Turnover，and Adverse SOX 404 Opinions［J］. Journal of Accounting and Economics，2010，50（1）：93 - 110.

薪、持股比例与内部控制有效性正相关（郑皓然，2012）[①]。

在高管年龄方面，管理者年龄越大，越能减少决策判断偏差（Forbes，2005）[②]。有学者研究上市公司高管背景特征与财务重述行为的关系，发现管理者的平均年龄对财务报告重述产生了负面影（何威风、刘启亮，2010）[③]。

在高管教育背景方面，高管教育水平的提高可以避免在内部控制实施中的盲目决策及过度自信（Lichtenstein & Fischhoff，1977）[④]，管理者在工作过程中的创新意识、创新能力与受教育水平呈正相关关系（Tihanyi et al.，2000）[⑤]，管理者受教育程度（学历水平）与财务报告重述负相关（何威风、刘启亮，2010）。教育背景好的学历高的管理者具有好的社会资源，易获得专业性的指导和帮助，这有利于公司的内部控制建设（Bhagat，Bolton & Subramanian，2010）[⑥]。李端生、周虹（2017）研究也发现高管平均学历越高，内部控制质量越高。[⑦]

在高管就职时间方面，例如，有学者用审计委员会成员中加入董事会的时间晚于现任总经理的时间的成员比例来衡量，发现高比例的就职时间差异提高了财务报告错报的比例（Cassell et al.，2013）[⑧]。审计委员会成员任职时间长，加入董事会的时间早于现任总经理的公司，在发

---

① 郑皓然. 总经理特征与内部控制有效性研究——基于 2010 年沪市 A 股数据分析 [D]. 山西大学，2012.

② Forbes，D. P. Are Some Entrepreneurs more Overconfident than Others? [J]. Journal of Business Venturing，2005，20（5）：623 – 640.

③ 何威风，刘启亮. 我国上市公司高管背景特征与财务重述行为研究 [J]. 管理世界，2010（7）：144 – 155.

④ Lichtenstein，S.，and Fischhoff，B. Do Those Who Know More Also Know More About How Much They Know？ [J]. Organizational Behavior and Human Performance，1977，20（2）：159 – 183.

⑤ Tihanyi，L.，Ellstrand，A. E.，Daily，C. M.，Dalton，D. R. Composition of the Top Management Team and Firm International Diversification [J]. Journal of Management，2000，26（6）：1157 – 1177.

⑥ Bhagat，S.，Bolton，B.，and Subramanian，A. CEO Education，CEO Turnover，and Firm Performance [J]. University of Colorado – Boulder Working Paper，2010.

⑦ 李端生，周虹. 高管团队特征、垂直对特征差异与内部控制质量 [J]. 审计与经济研究，2017，32（2）：24 – 34.

⑧ Cassell，C.，Myers，L.，Schmardebeck，R.，and Zhou，J. The Monitoring Effectiveness of Co-opted Audit Commit-tees，Available at SSRN 2209135，2013.

现重大错报时，更不可能轻易解雇审计师（Lisic et al.，2013）[1]。总经理的在职年限与公司发生并购行为呈反向关系（Yim，2013）[2]。

对高管声誉的研究，有研究结果显示，首席执行官（CEO）的声誉也与 ICMW 修正相关联，如果该 CEO 从没有任职于 1～3 个董事会变为任职于 1～3 个董事会，该变量等于 1，相反则等于 –1，如果 CEO 没有变化或者新旧 CEO 都任职于 1～3 个董事会，该变量等于 0。结果显示内部控制缺陷修复公司里的 CEO 们具有更好的名声，并且在 CEO 的名声方面在内部控制缺陷修复公司里有所提高，但在非内部控制缺陷修复公司却有所下降（Karla et al.，2011）。

（4）文献述评。

综合经理层（高管）因素方面的文献，目前对高管的研究主要集中在高管变更（任职时间）、高管激励（高管薪酬和持股）及高管素质（年龄、教育背景等）方面。在高管变更研究中，绝大多数学者认为内部控制重大缺陷的披露与高管变更成呈正相关关系。高管薪酬方面的研究，大多认为高管薪酬能对管理层起到激励作用，CFO 薪酬与重大内部控制缺陷披露呈负相关关系。也有研究认为对高管实行薪酬激励与内部控制有效性无关。对高管股权激励的研究中，国内外都证实高管持股比例与内部控制有效性存在正相关关系，高管素质方面研究中，大多认为高水平、高素质高管更可能修复内部控制重大缺陷，对高管素质研究主要集中于高管的年龄、教育背景、任职时间及声誉等方面。

4. 外部审计师对内部控制重大缺陷修复的影响研究

外部独立审计的质量也是保证公司财务信息质量的重要一环，所以，应该强制企业建立有效的公司治理，加强外部审计师的监督作用（黄志忠，2010）。外部审计师质量越高，披露重大缺陷的可能性也就越大（汪涛，2014）[3]。是否存在内部控制缺陷和会计师事务所特征呈显著正相关关系（万晨晨，2012）。披露内部控制缺陷信息的企业聘请

---

① Lisic，L. L.，Myers，L. A. and Zhou，J. Audit Committee Characteristics and the Safeguarding of Auditor Inde-pendence，http：//ssrn. com/abstract＝1946343，2013.

② Yim，S. The Acquisitiveness of Youth：CEO Age and Acquisition behavior［J］. Journal of Financial Economics，2013，108（1）：250–273.

③ 汪涛. 公司治理特征对内部控制缺陷披露的影响研究——基于深市主板上市公司的经验数据［D］. 安徽大学，2014.

的外部审计师的质量更低（熊敏，2012）。对外部审计师方面研究主要有审计师的变更、审计师的规模（是否五大或十大）、审计师出具的财务报表审计意见及是否进行内部控制审计四个方面。

（1）外部审计师的规模。

一般认为，会计师事务所（审计师）的规模越大，专业胜任能力越强，越会全面考虑风险，出具非标准审计意见的可能性就越大，越能在审计时发现并披露内部控制缺陷。如研究发现审计师的规模与声誉与其是否披露内控缺陷密切相关。规模较大、占主导地位的事务所更加注重自己的声誉，能保持更强的独立性，从而在审计的过程中会严格检查，对审计人员的培训投入也多，使得规模较大、占主导地位的会计师事务所更可能在审计时发现并披露内部控制缺陷（Shu，2000）[1]。有研究结论是会计师事务所规模与披露内部控制重大缺陷的概率正相关（Ge & McVay，2005）。研究分析表明，所有类型的重大缺陷的存在和数量都与增长的未来重大缺陷有关，非六大审计师，公司的复杂性也与未来重大缺陷有关（Klamm et al.，2012），报告现有缺陷的概率与大型审计师事务所的存在呈负相关（Rice，Sarahc & Weber，2012）。研究发现实际控制人控制能力越强的公司，聘用的会计师事务所对大股东占用资金越具有监督、抑制作用，这些事务所往往是那些被监管机构赋予专项复核资格的（丁庭选、潘克勤，2008）[2]。

然而，已有的研究中有不同的结论，有学者研究事务所规模对非营利医疗机构内部控制缺陷的影响，发现由四大会计师事务所进行审计的机构比采用规模较小事务所进行审计的机构比较不太可能

披露内部控制缺陷（Lopez et al.，2013）[3]。也有研究发现，事务所的规模与内部控制缺陷并不相关，如有学者从治理特征研究上市公司内部控制缺陷，研究发现，事务所的规模与内部控制缺陷不相关，会计师事务所的变更次数与内部控制缺陷的披露呈正相关，审计意见类型也

---

[1] Zhan Shu，S. Auditor Resignation Srclientele Effects and Legal Liability [J]. Journal of Accounting and Economics，2000（29）：173–205.

[2] 丁庭选，潘克勤. 控制能力、代理成本与独立审计的公司治理效应——中国民营上市公司的经验证据 [J]. 经济学家，2008（2）：81–89.

[3] Lopez，Dennis M. Rich，Kevin T. Smith，Pamela C. Auditor Size And Internal Control Reporting Differences In Nonprofit Healthcare Organizations，Journal of Public Budgeting [J]. Accounting & Financial Management，2013，25（1）：41–68.

与内部控制缺陷不相关（刘亚莉、马晓燕、胡志颖，2011）①，未发现会计师事务所规模对财务报告审计意见有影响（朱彩婕、韩小伟，2013）②。

（2）外部审计师的变更。

审计师变更是企业披露内部控制重大缺陷（实质性漏洞）的主要影响因素，国外的研究大多显示，存在内部控制缺陷的公司审计师更换较多，被审计师出具对公司持续经营能力持疑虑意见的公司更倾向于变更会计师事务所，更换了审计师之后的公司由于后任审计师持保留谨慎的态度（DeFond & Subramanyam，2002）③，公司也较少能从新任审计师手里获得"清洁审计意见"的审计报告（Krishnan & Stephens，1995）④。研究均证实，审计师变更之后都伴随显著的内部控制缺陷披露（Ashbaugh-Skaife et al.，2007）⑤。学者发现预期外部审计师随着内部控制重大缺陷的披露而变化，发现在披露缺陷后的第一年改变审计师的公司显著增加，在披露后的第二年，公司一般不大可能改变外部审计师（Ockree et al.，2009）。随后的研究也证实最初披露内控缺陷的公司更可能辞退审计师（Ettredge et al.，2011）⑥，未成功修复内控缺陷的公司，随着内控缺陷数量的增加，公司审计收费会有更大的增加，审计师辞职的可能性更大（Jacqueline et al.，2012）。

然而国内的研究却得到不同的结论，如有学者发现收到非标审计意见的公司更容易更换审计师，且当上市公司更换审计师后，其收到的审

---

① 刘亚莉，马晓燕，胡志颖 . 上市公司内部控制缺陷的披露——基于治理特征的研究 [J]. 审计与经济研究，2011（3）：35 – 43.

② 朱彩婕，韩小伟 . 内部控制审计对财务报告审计意见的影响研究——来自 2011 年我国 A 股上市公司的经验证据 [J]. 北京工商大学学报（社会科学版），2013（5）：77 – 82.

③ DeFond, M. L. Raghunandan, K. R. Subramanyam. Do Nonaudit Service Fees Impair Auditor Independence? Evidence from Going Concern Audit Opinions [J]. Journal of Accounting Research, 2002, 40: 302 – 330.

④ Krishnan, J. and R. Stephens. Evidence on Opinion Shopping from Audit Opinion Conservatism [J]. Journal of Accounting and Public Policy, 1995, 14: 179 – 201.

⑤ Ashbaugh-Skaife, H. , D. Collins, and W. Kinney. The Discovery and Reporting of Internal Control Deficiencies Prior to SOX – Mandated Audits [J]. *Journal of Accounting and Economics*, 2007, 44（1 – 2）: 166 – 192.

⑥ Ettredge, M. , J. Heintz, C. Li, and S. W. Scholz. Auditor Realignments Accompanying Implementation of SOX 404 ICFR Reporting Requirements [J]. Accounting Horizons, 2011, 25（1）: 17 – 39.

计报告中标准的无保留意见类型显著地多于非标准的无保留意见类型（耿建新、杨鹤，2001）①。

国内研究一般认为，审计师变更与内部控制缺陷显著相关，如学者从审计师变更的角度验证内部控制效率对审计师变更的影响。研究显示审计师变更与内部控制缺陷显著正相关（陈丽蓉、周曙光，2010）②。研究发现上一期为非标准审计意见的上市公司（存在内部控制重大缺陷公司）容易更换审计师，变更审计师后更容易收到标准审计意见（陈淑芳、曹政，2012）③。深入研究发审计师的变更仅与财务报告层面的内部控制缺陷单方面存在着显著的正相关关系（叶陈刚等，2013）④。

（3）外部审计师出具的审计意见的类型。

被出具清洁审计意见的公司往往是内部控制质量越高的公司，且明显存在"报喜不报忧"的披露行为（杨德明等，2009）⑤ 作为外部利益相关者的外部审计师有条件识别和判断企业内部控制缺陷，通过出具非标意见来规避风险（王海滨、于长春，2014）⑥。有研究结果表明内部控制缺陷是影响审计意见类型的重要因素，沪市中非标准审计意见与内部控制缺陷正相关，但不显著，深市中非标准审计意见与内部控制缺陷显著正相关（陈丽蓉、牛艺琳，2010）。有学者研究我国强制性内部控制信息披露对审计意见的影响，发现非标准审计意见与内部控制信息披露程度显著负相关，非标准审计意见与内部控制缺陷显著正相关（李红，2012），未修复缺陷的公司更可能被出具非标准审计意见（Jacquelines et al.，2012）。

然而不同的结论却是发现审计意见类型与内部控制缺陷披露没有显

① 耿建新，杨鹤. 我国上市公司变更会计师事务所情况的分析 [J]. 会计研究，2001（4）：15 – 21.

② 陈丽蓉，周曙光. 上市公司内部控制效率实证研究——基于审计师变更视角的经验证据 [J]. 当代财经，2010（10）：120 – 128.

③ 陈淑芳，曹政. 审计师变更与审计意见变通互动关系研究——基于中国证券市场数据的实证分析 [J]. 统计与信息论坛，2012（10）：71 – 77.

④ 叶陈刚，刘桂春，姜亚凝. 财务报告重述、审计师变更与内部控制缺陷披露——基于深圳主板市场2010年的经验证据 [J]. 经济与管理研究，2013（8）：108 – 115.

⑤ 杨德明，王春丽，王兵. 内部控制、审计鉴证与审计意见 [J]. 财经理论与实践，2009（2）：60 – 66.

⑥ 王海滨，于长春. 内部控制缺陷、信息披露与利益相关者行为研究——基于股主板上市公司的经验证据 [J]. 经济与管理研究，2014（5）：69 – 75.

著关系（黄娅妮，2011），还有学者研究发现，内部控制信息披露程度与审计师出具的非标准审计意见存在显著负相关关系（李红，2012），大多学者认为内部控制缺陷与非标准审计意见具有显著正相关关系，未修复缺陷的公司更可能被出具非标准审计意见（Jacquelines et al.，2012）。

（4）是否进行内部控制审计。

国内外关于内部控制的研究，较少涉及内部控制审计方面，个别文献研究了内部控制审计报告，包括审计报告的内容、价值及信息特征等。

美国虚假财务报告委员会专门委员会[①] 1987 年研究了财务报表舞弊，提出上市公司应当在年度财务报表中披露内部控制自我评价报告。我国在指引发布之前公司出具的是内部控制鉴证报告，研究内部控制鉴证报告发现，在我国的内部控制审计实践中存在审计意见名称不一致、审计意见表述方式有差异、审核对象不一致、鉴证区间不统一及审核标准混乱等一系列问题（袁敏，2008；袁秋云，2009；卢雅婷，2010）。

上市公司在披露审计鉴证意见时，披露审计鉴证意见的公司，其董事会的自我评价报告得到了审计鉴证认可，没有披露审计鉴证意见的公司，董事会均承认公司内部控制存在重大缺陷，即存在明显的"报喜不报忧"的披露行为（杨德明、王春丽、王兵，2009）[②]。学者研究内部控制鉴证与会计盈余质量的关系，结果表明内部控制审计对上市公司会计盈余质量提升是有利因素，且结论具有稳健性，这也说明内部控制审计有助于内部控制缺陷的修复（张龙平等，2010）[③]，研究表明内部控制审计对审计意见存在显著影响（潘芹，2011）。近年来的研究结果表明，内部控制审计与财务报告审计意见显著负相关，此研究结论能为强制性内部控制审计业务的有效开展执行提供指导（朱彩婕、韩小伟，2013）[④]。也有学者检验 SOX 404（a）和（b）的执行效果，2007 年审

---

① 英文全称为：National Tread Way Commission on Fraudulent Financial Reporting。

② 杨德明，王春丽，王兵 . 内部控制、审计鉴证与审计意见 [J]. 财经理论与实践，2009（3）：60 - 66.

③ 张龙平，王军只，张军 . 内部控制鉴证对会计盈余质量的影响研究——基于沪市 A 股公司的数据 [J]. 审计研究，2010（2）：83 - 90.

④ 朱彩婕，韩小伟 . 内部控制审计对财务报告审计意见的影响研究——来自 2011 年我国 A 股上市公司的经验证据 [J]. 北京工商大学学报（社会科学版），2013（5）：77 - 82.

计标准变更后，内部控制审计和管理评估并不都对修复内部控制缺陷，提高内部控制质量是有效的（Schroeder J. H.，Shepardson M. L.，2016）①。

从上述文献可以看出，关于内部控制审计方面的研究，大多属于规范研究，实证研究很少，从内部控制审计的角度研究内部控制缺陷及其修复的文献就更少了，国内对内部控制审计的研究大多持肯定态度，认为内部控制审计有助于上市公司提高会计盈余质量，有助于内部控制缺陷的修复（张龙平等，2010；潘芹，2011；朱彩婕、韩小伟，2013）。

（5）文献述评。

外部审计师，作为内部控制缺陷的外部治理影响因素之一，国内外学者对其进行了大量的研究，得到如下结论：

第一，研究认为，规模较大、占主导地位的会计师事务所更可能在审计时发现并披露内部控制缺陷，是否聘用占主导地位的会计师事务所与内部控制缺陷负相关。然而已有的研究有不同的结论，大规模的事务所也不太可能披露内部控制缺陷，事务所的规模与公司内部控制缺陷并不相关等。第二，国外的研究大多显示存在内部控制缺陷的公司更愿意更换审计师，国内研究大多认为审计师变更与内部控制缺陷显著正相关。第三，大多研究认为内部控制缺陷与非标准审计意见具有显著正相关关系然而也有不同的结论。第四，国内对内部控制审计的研究大多持肯定态度，认为内部控制审计有助于上市公司提高会计盈余质量，有助于内部控制缺陷的修复。

5. 媒体关注对内部控制重大缺陷修正的影响研究

国外学者研究媒体在公司治理中的作用多以欧美上市公司为主，近年来，国内学者也开始研究探讨媒体、法律与资本市场之间的关系，探寻媒体关注对投资者行为、中小投资者保护、独立董事辞职行为、社会责任等的影响。一般研究者持肯定得态度，认为媒体对公司治理发挥着正向积极的作用。

（1）媒体关注对内部控制重大缺陷修正的影响研究。

媒体关注具有治理功能，能更好地保护投资者的利益，媒体关注在

① Schroeder J. H.，Shepardson M. L. Do SOX 404 Control Audits and Management Assessments Improve Overall Internal Control System Quality？［J］. The Accounting Review，2016.

一定程度上能弥补我国当前公司治理机制的许多缺陷（章六红，2011）①。在我国特殊的制度背景下，媒体借助政府这个"路径"容易形成治理功能（杨德明、赵璨，2012）②。媒体关注或为市场中有效的监督力量，能显著降低企业违规发生的频率（周开国等，2016）③。

媒体可以减少获取信息、证实信息的成本，监督政策制定执行者，降低治理层谋取个人私利的行为（Dyck A. et al.，2002）④。媒体传播信息会影响投资者的决策，非机构投资者选择公司股票时往往依赖于他们对其信息的掌握程度（Barber & Odean，2008）⑤。媒体报道对高管薪酬具有治理作用（张玮倩，2012）⑥。也有研究实证表明了对于约束大股东行为，媒体起到了积极的治理作用，此结论为监管机构倡导媒体在资本市场上的作用提供了证据支持（贺建刚、魏明海，2012）⑦。

有学者研究了媒体关注对资本市场、股票价格的影响，媒体对高管的正面报道与公司的价值（托宾 Q 值）正相关，媒体报道与股票回报也存在显著正相关关系（Nguyen，2011）⑧。没有媒体报道的股票比那些拥有较高媒体报道的股票收益率更高（Fang & Peress，2009）⑨。研究发现：控制内生性问题后，媒体关注与管理层盈余操纵显著负相关，表明媒体关注度的提高有助于抑制管理层主观的盈余操纵行为。媒体关注

55

①　章六红. 法经济学视角的媒体关注公司治理：功能与意义 ［J］. 西南政法大学学报，2011（8）：9 – 19.

②　杨德明，赵璨. 媒体关注、媒体治理与高管薪酬 ［J］. 经济研究，2012（6）：116 – 126.

③　周开国，应千伟，钟畅. 媒体监督能够起到外部治理的作用吗？——来自中国上市公司违规的证据 ［J］. 金融研究，2016（6）：193 – 206.

④　Dyck A.，Zingales L. The Corporate Governance Role of the Media ［R］. Working Paper，2002（3）.

⑤　Barber，Brad M. and Terrence Odean. All That Glitters：The Effect of Attention and News on the Buying Behavior of Individual and Institutional Investors ［J］. Review of Financial Studies，2008，21（2）：785 – 818.

⑥　张玮倩. 媒体报道对高管薪酬的治理作用研究 ［D］. 西南财经大学，2012.

⑦　贺建刚，魏明海. 控制权、媒介功用与市场治理效应：基于财务报告重述的实证研究 ［J］. 会计研究，2012（4）：36 – 43.

⑧　Nguyen J. B. D. Is More News Good News? Media Coverage of CEOs，Firm Value，and Rent Extraction ［R］. Working Paper，2011.

⑨　Fang，L. and J. Peress. Media Coverage and the Cross-section of Stock Returns ［J］. The Journal of Finance LXIV，2009（5）：2023 – 2052.

的代理指标用上市公司资讯网新闻条数（权小锋、吴世农，2012）[①]。

也有学者研究了媒体关注发挥作用的途径之一声誉治理，及媒体关注与内部控制质量等。如研究媒体负面报道对独立董事的影响，发现媒体负面报道确实导致了独立董事辞职（李焰、秦义虎，2011）[②]，对董事会无效行为的曝光会使董事会采取积极的纠正行动，如增加独立董事比例、变更 CEO 等（Joe et al.，2009）[③]。大众媒体通过披露上市公司的信息，形成股东和企业声誉，以声誉机制为途径，媒体关注能够有效制约大股东的利益掏空行为（陈红杨等，2014）[④]。学者研究媒体关注对上市公司管理层代理成本的影响，结果表明：不同性质的媒体报道对不同产权背景下企业的监督治理作用不同（彭桃英等，2014）[⑤]。媒体关注度越高，上市公司违规行为发生的可能性越低（杨宜、赵一林，2017）[⑥]。

（2）述评。

可以看出，国内外学者越来越重视媒体报道在公司治理中的作用（Miller，2006；Dyck et al.，2010；权小锋等，2012；彭桃英、汲德雅，2014），相关研究也取得了丰硕的成果。依据内容上看主要研究的是媒体对公司治理机制的影响，如董事会、利益相关者、独立董事、高管及薪酬等，媒体关注的途径是声誉治理，少数学者研究媒体关注与内部控制质量，对于媒体影响内部控制缺陷的修正的机理，几乎没人研究。其次，研究仅限于财经报刊、新闻报道，而网络媒体的报道少。目前网络比报刊更及时、高效地传递信息，对利益相关者的影响更大，已是现在投资者获取财经信息的最主要的渠道。另外，把媒体报道数量作为媒体

---

① 权小锋，吴世农. 媒体关注的治理效应及其治理机制研究［J］. 财贸经济，2012（5）：59－67.

② 李焰，秦义虎. 媒体关注、声誉机制与独立董事辞职行为［J］. 财贸经济，2011（3）：36－60.

③ Joe J.，Louis H.，Robinson D. Managers and Investors Responses to Media Exposure of Board Ineffectiveness［J］. Journal of Financial and Quantitative Analysis，2009（44）：579－605.

④ 陈红杨，鑫瑶，尹树森. 媒体评价、声誉治理与投资者权益保护［J］. 中南财经政法大学学报，2014（1）：104－112.

⑤ 彭桃英，汲德雅. 媒体关注、内部控制质量与管理层代理成本［J］. 财经理论与实践，2014（2）：61－65.

⑥ 杨宜，赵一林. 媒体类型、媒体关注与上市公司违规行为——基于倾向得分匹配法的研究［J］. 现代经济探讨，2017（12）：60－69.

关注治理的替代变量，很少关注媒体报道的标题和内容，缺乏研究深度。

6. 法律规制对内部控制重大缺陷修正的影响研究

虽然我国发布了 50 多项关于内部控制方面的法规，但研究法律规制对内部控制缺陷修正影响的文献很少，有学者研究了在我国执法资源不足的条件下法律法规的执行效力。

国外已有学者研究不同国家的法规是否会影响内部控制重大缺陷披露。结果表明，被列为法律强国的国家不太可能披露内部控制重大缺陷，被分类为法治薄弱的国家更可能披露内部控制重大缺陷。此外，在法治强国中，向证交会提交的财务报表使用国际财务报告准则编制的公司更不可能披露内部控制重大缺陷。在法治薄弱的国家，采用国际财务报告准则的公司和内部控制重大缺陷的披露之间没有显著关系（Wilford A. L.，2016）[1]。我国学者通过研究也发现，法律环境较好的地区，内部控制与每股盈余价值相关性强于法律环境较差的地区[2]。

对外部投资者来说，不同的法源地区其法律保护程度不同，存在系统性差异（La Porta et al.，1998）[3]。法律监管差异和市场化程度影响上市公司内部控制自评报告信息的披露，其中，法律环境的差异会影响企业行为的各个方面（杨有红等，2011）[4]。审计师出具审计意见时会考虑自身承受的法律风险因素，综合公司是否亏损、是否频繁更换审计师以及是否经常收到"非标"的审计意见等因素最终权衡后再做出决定（尚兆燕，2009）[5]。

有学者研究企业内部控制相关规章制度的执行和实施效果，实证研究表明，审计师能够准确地识别企业内部控制的执行程度和实施效果

---

① Wilford A. L. Internal Control Reporting and Accounting Standards：A Cross-country Comparison ［J］. Journal of Accounting and Public Policy，2016，35（3）：276 – 302.

② 李虹，田马飞. 内部控制，媒介功用，法律环境与会计信息价值相关性［J］. 会计研究，2015，6：9.

③ La Porta，R.，Lopez-de–Silanes，F.，Shleifer，A.，and Vishny，R. Law and finance ［J］. Journal of Political Economy，1998，106：1113 –1155.

④ 杨有红，何玉润，王茂林. 市场化程度、法律环境与企业内部控制自我评估报告的披露——基于沪市 A 股上市公司的数据分析［J］. 上海立信会计学院学报，2011（1）：9 – 16.

⑤ 尚兆燕. 法律对会计师审计意见的影响：实证检验［J］. 审计与经济研究，2009（5）：22 –33.

（张川等，2009）①。我国证券市场法律法规在执法资源不足的情形下执行效力尚佳，内部控制缺陷越多的上市公司被诉讼和违规受到处罚的概率越大（单华军，2010）②。上市公司违规行为受监管部门处罚后，公司董事会和 CEO 更可能发生变更（李维安等，2017）③。高质量的内部控制能显著降低上市公司发生未决诉讼的可能性，同时降低未决诉讼的涉诉频率和涉诉金额（刘慧、张俊瑞，2018）④。我国政府一直试图改善公司治理和外部审计质量。为评估规章制度变化的影响，进行因素分析后发现改善内部控制导致公司更加遵守披露要求，另外，外部治理环境，制度发展程度对公司服从披露要求有正面影响（Lei Gao & Gerhard Kling，2012）⑤，政府控制层级的提升和制度环境的改善能够弱化高管权力对公司治理效率的负面影响（刘星等，2012）⑥，我国《内部控制配套指引》发布后，学者以 2008～2012 年深市主板 A 股调查结果显示，深市主板上市公司几乎全部披露了内部控制自评报告，披露情况较好；同时，聘请会计师事务所对内部控制进行审计的公司数量也逐渐增加，说明《内部控制配套指引》发挥了作用（王琴、黄丹、杨爱伦，2014）⑦。近年国外也有学者检验 SOX404（a）和（b）的执行效果，发现 2007 年审计标准 5 号变更后，内部控制审计和管理评估并不都对修正内部控制缺陷，提高内部控制质量是有效的（Schroeder J. H.，Shep-

① 张川，沈红波，高新梓. 内部控制的有效性、审计师评价与企业绩效［J］. 审计研究，2009（6）：79-86.

② 单华军. 内部控制、公司违规与监管绩效改进——来自 2007～2008 年深市上市公司的经验证据［J］. 中国工业经济，2010（11）：140-148.

③ 李维安，李晓琳，张耀伟. 董事会社会独立性与 CEO 变更——基于违规上市公司的研究［J］. 管理科学，2017，30（2）：94-105.

④ 刘慧，张俊瑞. 政府干预，内部控制与公司未决诉讼［J］. 管理评论，2018，30（10）：207-220.

⑤ Lei Gao, Gerhard Kling. The Impact of Corporate Governance and External Audit on Compliance to Mandatory Disclosure Requirements in China：Journal of International Accounting［J］. Auditing and Taxation Volume，2012，21（1）：17-31.

⑥ 刘星，代彬，郝颖. 高管权力与公司治理效率——基于国有上市公司高管变更的视角［J］. 会计研究，2012（1）：1-12.

⑦ 王琴，黄丹，杨爱伦. 内部控制信息披露现状分析——基于深交所 2008～2012 年的研究［J］. 税务与经济，2014.

ardson M. L.，2016)[1]，更有研究发现它的执行削弱了董事会的独立性对内部控制缺陷的影响[2]。

从以上文献看出，国内外学者肯定法律法规的作用，不同的法源地区其法律保护程度不同，存在系统性差异，法律环境的差异会影响企业行为的各个方面，虽然我国执法资源紧张，法律法规的执行效力不够理想，但是法律法规对公司规范自身行为，服从披露要求有正面影响，能促进外部治理环境的改善。

7. 其他因素对内部控制重大缺陷修正的影响研究

有学者研究监事会，认为我国目前监事会制度有效性欠缺，监事会作用没有得到强化（王立彦等，2002)[3]，我国上市公司监事会存在虚化问题，比喻监事会在公司治理中的地位为"尴尬的稻草人"（郑浩昊、罗丽娜，2003)[4]，监事会制度就是一个无效率的系统（刘名旭、喻强，2005)[5]，

还有学者研究证实，会计违规（内部控制缺陷）会导致更高比例的管理者更换（Desai et al.，2006)[6]，公司迅速任命新的有经验的 CEO 更可能提高内部控制重大缺陷修正的及时性（Beng Wee Goh，2009)。内部控制缺陷暴露程度与高管薪酬变化显著正相关（朱彩婕、郑晓丽，2014)[7]，内部控制的有效性与高管持股比例呈较显著的正相关性（赵

---

① Schroeder J. H.，Shepardson M. L. Do SOX 404 Control Audits and Management Assessments Improve Overall Internal Control System Quality？[J]. The Accounting Review，2016.

② Chen Y.，Knechel W. R.，Marisetty V. B.，et al. Board Independence and Internal Control Weakness：Evidence from SOX 404 Disclosures [J]. Auditing：A Journal of Practice and Theory，2016.

③ 王立彦，王靖，刘军霞. 内部监控双轨制与公司财务信息质量保障——从案例解析看监事会制度和独立董事制度孰为有效 [J]. 审计研究，2002（6）：34－39.

④ 郑浩昊，罗丽娜. 监事会：尴尬的稻草人——我国上市公司监事会虚化问题研究 [J]. 统计与决策，2003（3）：40－41.

⑤ 刘名旭，喻强. 熵理论与我国监事会制度 [J]. 天津商学院学报，2005（5）：27－31.

⑥ Desai，H.，Hogan，C. E.，Wilkins，M. S. The Reputational Penalty for Aggressive Accounting：Earnings Restatements and Management Turnover. Accounting Review，2006（81）：83－112.

⑦ 朱彩婕，郑晓丽. 基于内部控制缺陷暴露视角的公司治理效应变化研究 [J]. 江西财经大学学报，2014（6）：45－54.

选民、舒琪，2014）①。雇用注册会计师，有会计师业务经验，或者有更多经历的人作为新 CFO 的公司更可能修正重大缺陷（Johnstone et al.，2011）。

会计师事务所规模与披露内部控制重大缺陷的概率正相关（Ge & McVay，2005）。公司的复杂性也与未来重大缺陷有关（Klamm et al.，2012），随后的研究也证实最初披露内控缺陷的公司更可能辞退审计师（Ettredge et al.，2011）②，未成功修正内控缺陷的公司，随着内控缺陷数量的增加，公司审计收费会有更大的增加，审计师辞职的可能性更大（Jacquelines et al.，2012）。

研究发现，非标准审计意见与内部控制缺陷显著正相关（李红，2012），未修正缺陷的公司更可能被出具非标准审计意见（Jacquelines et al.，2012）。内部控制审计与财务报告审计意见显著负相关，此研究结论能为强制性内部控制审计业务的有效开展执行提供指导（朱彩婕、韩小伟，2013）③，2007 年审计标准变更后，内部控制审计和管理评估并不都对修正内部控制缺陷、提高内部控制质量是有效的（Schroeder J. H.，Shepardson M. L.，2016）④。

8. 内部控制重大缺陷修正的影响因素研究述评

学者们对影响内部控制缺陷修正的内部治理因素进行了大量的研究，规范和实证研究都已不少，取得了丰硕的成果，相比来说国内研究较少，从国内文献来看，从内部控制缺陷暴露后的视角的研究很少，专门针对内部控制重大缺陷修正的研究更少，迄今为止的研究更多的是关于内部控制缺陷披露或产生的影响因素方面的，主要集中于公司治理特征方面，聚焦于董事会和审计委员会。

---

① 赵选民，舒琪. 高管激励机制对企业内部控制有效性影响的实证研究 [J]. 西安石油大学学报（社会科学版），2014（1）：30 – 36.

② Ettredge，M.，J. Heintz，C. Li，and S. W. Scholz. Auditor Realignments Accompanying Implementation of SOX 404 ICFR Reporting Requirements [J]. Accounting Horizons，2011，25（1）：17 – 39.

③ 朱彩婕，韩小伟. 内部控制审计对财务报告审计意见的影响研究——来自 2011 年我国 A 股上市公司的经验证据 [J]. 北京工商大学学报（社会科学版），2013（5）：77 – 82.

④ Schroeder J. H.，Shepardson M. L. Do SOX 404 Control Audits and Management Assessments Improve Overall Internal Control System Quality？[J]. The Accounting Review，2016.

（1）董事会方面。

董事会特征的文献大多研究了董事会特征和公司内部控制之间的关系，涉及的董事会特征因素包括董事会规模、独立性、总经理董事长是否兼任（领导结构的二元性）、董事会会议频率、董事激励等。主要结论有：

适度的董事会规模能确保公司内部控制的有效性；内部控制缺陷和董事会独立性显著负相关；内部控制缺陷的修正与增加独立董事在董事会中所占比例紧密相关；董事长兼任总经理与内部控制有效性负相关；董事会会议次数与内部控制缺陷正相关；董事薪酬激励（金额最高的前三名董事的报酬总额）显著影响着内部控制有效性；股权激励（董事持股比例）与内部控制有效性负相关。

审计委员会制度与内部控制关系方面研究主要在审计委员会制度推行及设立和运转方面。多数学者肯定审计委员会制度的积极作用，设立审计委员会的上市公司信息披露质量更高。关于审计委员会特征与内部控制缺陷关系的研究，主要是从审计委员会规模、独立性、专业性、勤勉性等方面进行的研究。主要结论有：审计委员会的独立性、专业性、会议次数与内部控制缺陷负相关；审计委员会规模与内部控制缺陷的关系没有形成一致的结论；审计任期和审计费用与披露的内部控制缺陷没有显著的关系。

（2）监事会方面。

不少学者研究了监事会的有效性，对监事会特征方面的研究主要从监事会规模、监事会激励（持股份额）、监事会会议次数、监事会成员的专业性等方面来分析。

监事会的有效性问题我国学者的研究大多认为监事会存在虚化或无效现象（王立彦、刘军霞，2002；郑浩昊、罗丽娜，2003；刘明旭、喻强，2005），监事会特征中，研究结论主要有，监事会规模与内部控制有效性有显著的正相关关系，董监两会的会议次数显著影响内部控制有效性，监事会的持股比例与企业内部控制有效性正相关（林思轶，2012），监事激励（监事薪酬和监事持股）与企业内部控制有效性无关（刘祖基，2013）；等等。

（3）经理层方面。

关于经理层（高管）对内部控制缺陷修复方面的研究，目前主要集中在高管变更（任职时间）、高管激励（高管薪酬和持股）及高管素质（年龄、教育背景等）等方面。主要结论如下：

在高管变更研究中，绝大多数学者认为内部控制重大缺陷的披露与高管变更呈正相关关系；高管薪酬与内部控制重大缺陷披露负相关；高管持股比例与内部控制有效性存在正相关关系；高水平、高素质高管更可能修复内部控制重大缺陷。薪酬机制对管理层能起激励作用，声誉惩罚机制对经理层有约束作用。另外，有研究发现内控缺陷的披露与内部控制人力资源投资的比例存在负相关关系，还有学者研究发现有条件的"保守主义"与内部控制缺陷正相关。

（4）外部审计师方面。

研究认为，规模较大、占主导地位的会计师事务所更可能在审计时发现并披露内部控制缺陷，然而已有的研究有不同的结论，大规模的事务所也不太可能披露内部控制缺陷，事务所的规模与公司内部控制缺陷并不相关等等；国外的研究大多显示存在内部控制缺陷的公司更愿意更换审计师，国内研究大多认为审计师变更与内部控制缺陷显著正相关；大多研究认为内部控制缺陷与非标准审计意见具有显著正相关关系，然而也有不同的结论；国内对内部控制审计的研究大多持肯定态度，认为内部控制审计有助于上市公司提高会计盈余质量，有助于内部控制缺陷的修复。

（5）媒体关注方面。

可以看出，国内外学者越来越重视媒体报道在公司治理中的作用（Dyck et al.，2010；彭桃英、汲德雅，2014），从内容上看主要研究的是媒体对公司治理机制的影响，少数学者研究媒体关注与内部控制质量，对于媒体影响内部控制缺陷的修正的机理，几乎没人研究。

对媒体的研究仅限于财经报刊、新闻报道，把媒体报道数量作为媒体关注治理的替代变量，很少关注媒体报道的标题和内容，缺乏研究深度。

（6）法律规制方面。

国内外学者大多肯定法律法规的作用，法律存在系统性差异，法律环境的差异会影响企业的行为，法律法规对企业行为具有强制约束力，虽然我国执法资源紧张，法律法规的执行效力不够理想，但是法律法规对公司规范自身行为，服从披露要求有正面影响，能促进外部治理环境的改善。

　　另外，还有学者探究了对内部控制缺陷有影响的其他因素，如监事会特征、高管变更、激励等，外部审计师因素、内部控制审计、被出具的审计意见类型等，大都认为这些因素和内部控制缺陷有关。

2.2.3　内部控制重大缺陷修正措施与效果

1. 内部控制重大缺陷修正整改措施的相关研究进展

　　不同学者从不同的角度提出了内部控制缺陷的整改措施，有的从治理的角度，有的从缺陷类型的角度，有的学者从动机的角度等，有关文献如下：

　　内部控制缺陷的出现可能促使公司采取治理措施，因为缺陷公司更易受监管机构和大众的关注，为了重塑声誉更有动力去改善公司治理结构（Goh，2007）[1]。卡拉等（Karla et al.）按照 COSO 中的五大元素划分内部控制重大缺陷（material weakness in internal control，ICMW）的类型进行研究，其中控制活动类型的 ICMW，55% 是可以被治理的，风险评估类型的 ICMW，75% 是可以被治理的，控制环境类型的 ICMW，66% 是可以被治理的，信息与沟通类型的 ICMW，53% 是可以被治理的，监控类型的 ICMW，58% 是可以被治理的。当公司存在一般的 ICMWs 时，相对于具体的内部控制缺陷，ICMWs 的整体修正率可能较低（Karla et al.，2011）。

　　认为高管层具有披露的"动机选择"倾向，这种"动机选择"决定了内部控制信息披露偏离内部控制质量的偏差（崔志娟，2011）[2]，有学者选择案例研究，针对现状提出改善企业内部控制环境、减少内部控制缺陷的改进建议（康志敏、余霞，2011[3]；孙慧慧，2012[4]，单华

① Goh B. W. Internal Control Failures and Corporate Governance Structures：A Post Sarbanes - Oxley Act（SOX）Analysis ［D］. Georgia Institute of Technology，2007.
② 崔志娟. 规范内部控制的思路与政策研究——基于内部控制信息披露"动机选择"视角的分析 ［J］. 会计研究，2011（11）：52 - 56.
③ 康志敏，余霞. 内部控制缺陷改进与分析——基于中捷股份的案例 ［J］. 现代商贸工业，2011（5）：22 - 23.
④ 孙慧慧. 我国上市公司内部控制缺陷的现状分析及改进建议——基于我国 2010 年上市公司年报 ［J］. 经济研究导刊，2012（2）：122 - 123.

军，2010①）。杨国莉、郭宏（2012）建议注重内部控制具体制度设计和公司治理结构的互补，加强信息披露的外部监管，颁布实施内部控制信息披露质量指标体系以提高对嵌合治理框架的实际运转效果②。适度设置独董比例，进一步完善监事会和审计委员制度（朱彩婕、韩小伟，2013）③，提高内部控制人力资源投入的比例可以协助内部控制缺陷的治理修正，内控缺陷的披露与内控人力资源投入负相关（Choi et al.，2013）④。

2. 内部控制重大缺陷修正效果的相关研究

国外已有学者研究内部控制缺陷修正的效应及效果，如研究发现，有很多公司披露了内部控制重大缺陷（ICMW），但在随后的几年修正了这些内部控制重大缺陷。测试修正后公司价值的结果表明，在这三年中的每一年，内部控制缺陷的修正都对公司的价值有显著的积极影响，研究也测试了盈余管理和内部控制重大缺陷修正之间的相互作用，发现，当存在应计费用和 ICMW 修正有显著关联时，它们之间的互动关系是微不足道的，这些结果表明，内部控制重大缺陷修正能提高公司价值但不影响经理人的盈余管理行为（Jia Wu et al.，2011）⑤，还有学者研究发现，按照 SOX 法案第 404 条款，披露内部控制缺陷公司同非披露内部控制缺陷公司相比，公司估值低 13%，在当年纠正修正内部控制缺陷的公司在随后的一年有更好的股值表现（Yu J.，Zhang Z.，Zheng S. X.，2016）⑥。研究发现，公司层面缺陷和治

---

① 单华军. 上市公司内部控制缺陷数据分析与政策建议 [J]. 商业会计，2010 (13)：45－46.

② 杨国莉，郭宏. 内部控制、内部控制信息披露及公司治理——嵌合治理框架的建构 [J]. 工业技术经济，2012 (8)：67－72.

③ 朱彩婕，韩小伟. 基于治理视角的内部控制信息披露研究——来自农业上市公司 2006～2010 年的经验证据 [J]. 山东社会科学，2013 (12)：110－114.

④ Choi J. S.，Choi C.，Hogan, et al. The Effect of Human Resource Investment in Internal Control on the Disclosure of Internal Control Weaknesses [J]. Auditing: A Journal of Practice & Theory In-Press，2013.

⑤ Jia Wu, Linxiao, Liu, Jones, Frederick Firm Value And Earnings Management After Internal Control Weakness Remediation [J]. International Journal of Business Research，2011，11 (5)：111－122.

⑥ Yu J.，Zhang Z.，Zheng S. X. The Effect of Internal Control Weakness on Firm Valuation: Evidence from SOX Section 404 Disclosures Author-Name: Li, Yingqi [J]. Finance Research Letters，2016，17 (C)：17－24.

理环境有关，并且比其他缺陷更加严重（COSO，1994）[①]。这些缺陷的影响是系统的并且它们的修正需要更多的资源。这些缺陷可能引起对管理者运营公司的能力和管理者出具可靠财务报表的能力的关注（Doss & Jonas，2004）[②]。有学者认为公司层面缺陷的出现和重大缺陷修正的可能性之间没有关联（Li et al.，2010），公司层面缺陷的出现预示着将有一些但不是全部的重大缺陷会被修正（Johnstone et al.，2011）[③]。发现公司层面缺陷的出现预示着将有一些但不是全部的重大缺陷会被修正[④]。

　　然而，国内的研究大多是研究内部控制缺陷披露后的效果，而非内部控制缺陷修正后的效果，内部控制缺陷的暴露是企业的一项不利或负面信息，当公司出现内部控制缺陷时，股东对财务报告结果的信任会降低（Nicolaisen，2004[⑤]；Niemeier，2004[⑥]；Countryman，2005；Pickard，2005[⑦]；Sinnett，2005[⑧]），穆迪评级表明存在持续的内部控制缺陷会对公司产生持续的消极影响（Moody's，2006），这些缺陷也会破坏公司以权责发生制为基础编制的财务报告的质量（Ashbaugh et al.，

65

①　五大要素是控制环境、风险评估、控制活动、信息与沟通及监督（COSO1994）。

②　Doss, M., and G. Jonas. Section 404 Reports on Internal Control: Impact on Ratings Will Depend on Nature of Material Weaknesses Reported. New York, NY: Moody's Investors Service, Global Credit Research, 2004.

③④　Johnstone K., Li C., Rupley K. H. Changes in Corporate Governance Associated with the Revelation of Internal Control Material Weakness and Their Subsequent Remediation [J]. Contemporary Accounting Research, 2011（1）: 331–383.

⑤　Nicolaisen, D. T. Keynote Speech at 11th Annual Midwestern Financial Reporting Symposium. Chicago, IL（October 7）. 2004. Available at: http://www.sec.gov/news/speech/spch100704dtn.htm.

⑥　Niemeier, C. D. The Value of Integrity. Speech Delivered at the AICPA National Conference on Current SEC and PCAOB Developments. Washington, D. C.（December7）. 2004. Available at: http://pcaobus.org/News/Speech/Pages/12072004_NiemeierValueIntegrity.aspx.

⑦　Pickard, G. In the public interest, part one: A Conversation with the Chief Accountant of the SEC. Journal of Accountancy, 2005, 199（1）. Available at: http://www.journalofaccountancy.com/Issues/2005/Jan/InThePublicInterestPartOne.htm.

⑧　Sinnett, W. M. Section 404 compliance. Telling it like it is. Financial Executive, 2005, 21（1）. Available at: http://connection.ebscohost.com/c/articles/15595171/section–404–compliance-telling-like-is.

2006）①，研究也已证实内部控制重大缺陷的披露会产生负面的市场反应（De Franco et al., 2005②；Gupta & Nayar, 2007③；Hammersley et al., 2008④），内部控制缺陷能导致高层管理者舞弊（Donelson et al., 2015）⑤。内部控制重大缺陷的披露和资本成本正相关（Ashbaugh-Skaife et al., 2009）以及股东的不满意度正相关（Ye & Krishnan, 2008）和审计成本正相关（Raghunandan & Rama, 2006；Hogan & Wilkins, 2008）和之后的审计师辞任正相关（Ettredge et al., 2008）。道尔（Doyle, 2007）发现，公司层面的内部控制缺陷可能会导致盈利质量下降和应计质量下降。此外，债权人利用内部控制缺陷信息对资本进行定价和配置（Jonas, 2007）⑥，非上市公司获得资金和与投资者及供应商建立关系都会受到内部控制缺陷的影响（Badal & Dvorak, 2006）⑦。有学者从公司治理的角度考察内部控制缺陷暴露后上市公司的治理效应是否有变化，研究结果：内部控制缺陷暴露后高管薪酬显著增加，董事会规模显著变小，进一步通过线性回归验证内部控制缺陷暴露程度与高管薪酬变化显著正相关，与董事会规模的变化负相关但不显著（朱彩婕、郑晓丽，2014）⑧。

---

① Ashbaugh S. H., Daniel W. C., William R, et al. The discovery and reporting of internal control deficiencies prior to SOX – mandated audits [J]. Journal of Accounting and Economics, 2006, 10 (1): 1 – 3.

② De Franco, G. D., Y. Guan, and H. Lu. The Wealth Change and Redistribution Effects of Sarbanes – Oxley Internal Control Disclosures. Working paper, University of Toronto, 2005.

③ Gupta, P., and N. Nayar. Market Reaction to Control Deficiency Disclosures under the Sarbanes – Oxley Act: The Early Evidence [J]. International Journal of Disclosure and Governance, 2007, 4 (1): 3 – 23.

④ Hammersley, J., L. Myers, and C. Shakespeare. Market Reactions to the Disclosure of Internal Control Weakness and to the Characteristics of Those Weaknesses under Section 302 of the Sarbanes Oxley Act of 2002 [J]. Review of Accounting Studies, 2008, 13 (1): 141 – 65.

⑤ Donelson D C, Ege M, McInnis J M. Internal Control Weaknesses and Financial Reporting Fraud [J]. Available at SSRN 2449287, 2015.

⑥ Jonas, G. The Third Year of Section 404 Reporting on Internal Control. New York, NY: Moody's Investors Service, Global Credit Research, 2007.

⑦ Badal, J., and P. Dvorak. Sarbanes – Oxley Gains Adherents. Wall Street Journal (August 14), 2006: B3.

⑧ 朱彩婕，郑晓丽. 基于内部控制缺陷暴露视角的公司治理效应变化研究 [J]. 江西财经大学学报，2014 (6): 45 – 54.

3. 述评

我国学者多以一系列公司或某一公司为例，分析影响公司披露内控缺陷的因素及内控重大缺陷不同类型在不同公司的分布情况，具体改进措施都是根据之前分析的问题提出的，但不细致，不系统。

对内部控制缺陷修正整治效果方面的研究，有助于探究企业披露内部控制缺陷的动机以及认知内控缺陷披露对利益相关者的影响，可以帮助人们认识内部控制缺陷修正的产生机理，监管部门也可通过识别重点监管对象以节约监管成本（Ashbaugh，2006[①]；Franklin，2007[②]）。关于内部控制的修正效果方面文献很少，国外已有学者进行了相关研究，证实内部控制缺陷的修正对公司价值有显著的积极影响（Jia Wu et al.，2011；Yu J et al.，2016），公司层面的缺陷是严重的，且修正很难，不是全部的重大缺陷会被修正（Johnstone et al.，2011），甚至有研究得出公司层面缺陷的出现和重大缺陷修正的可能性之间没有关联的结论（Li et al.，2010）。

然而，国内的研究大多是研究内部控制缺陷披露后的效果，而非内部控制缺陷修正的效果，国内几乎没有关于内部控制缺陷修正的市场效应方面的文献，发现的一篇文献研究了控制权、媒介功用与市场修正效应的关系，个别学者考察内部控制缺陷暴露后上市公司从治理的角度是否采取整改修正措施，以及这些整改修正措施对提高内控有效性是否有积极效应（吕慧，2012）。有学者验证内部控制缺陷暴露后上市公司存在积极的治理效应，如内部控制缺陷暴露后董事会规模显著变小，高管薪酬显著增加（朱彩婕、郑晓丽，2014）。

2.2.4　内部控制重大缺陷修复公司特征因素研究

1. 内部控制缺陷公司的特征研究

存在内部控制缺陷公司的特征和修复内部控制缺陷公司的特征应该

[①]　Ashbaugh S. H.，Daniel W. C.，William R.，et al. The discovery and reporting of internal control deficiencies prior to SOXmandated audits [J]. Journal of Accounting and Economics，2006，10（1）：1 – 3.

[②]　Franklin M. Sarbanes Oxley Section 404：can material weakness be predicted and modeled? an examination of the ZETA model in prediction of material weakness [D]. Walden University，2007.

是相吻合的。关于内部控制缺陷公司特征的研究，国外研究已较成熟，如研究发现有较严重公司层面缺陷的公司往往规模更小，更年轻和财务状况更差，而缺陷不太严重的企业，比如存在一些具体账户缺陷的企业虽然也有复杂、多样化的业务反倒财务状况良好（Doyle et al.，2007）[1]。公司在高速增长时期，随着公司规模的扩张、经营的复杂性和存货的增多，其内部控制出现问题的概率就越大（Ashbaugh-Skaife et al.，2007）。学者研究日本企业在 2006 年金融工具交易法下的内部控制重大缺陷的披露，发现存在内部控制重大缺陷的公司可能是成立时间不长的公司，有更好的发展前景，有易变不稳定的经营环境，存在财务困境和薄弱的治理结构（Chernobai et al.，2013）[2]。

国内近几年也有学者开始研究内部控制缺陷公司的特征，如研究发现，与没有披露内控缺陷的企业相比，披露内控缺陷的企业经营业务更加复杂，上市时间更短，近期经历了兼并重组或审计师变更，经历了更多的财务报告重述，对内部控制建设投入的资源更少，聘请的外部审计师的质量更低（齐保垒、田高良，2010）[3]。有学者通过问卷调查发现影响企业内部控制有效性的因素有企业的发展阶段、财务状况、管理的集权化程度、资产规模、管理层的诚信和道德价值观及企业文化等（张颖、郑洪涛，2010）[4]。

国内外对内部控制缺陷公司特征的研究主要集中在以下几个方面：公司规模（资产规模）、存续时间（上市时间）、财务状况（财务困境）、经营复杂性、企业的发展阶段、成长性（发展状况）、组织变革（兼并重组）等。

（1）股权结构特征。

①研究进展。我国上市公司的股权结构是影响内部控制质量水平的

---

① Doyle, Jeffrey, Ge, Weili, McVay, Sarah. Determinants of Weaknesses in Internal Control over Financial Reporting [J]. Journal of Accounting & Economics, 2007, 44 (1–2): 193–223.

② Chernobai, AnnaYasuda, Yukihiro. Disclosures of Material Weaknesses by Japanese Firms after the Passage of the 2006 Financial Instruments and Exchange Law [J]. Journal of Banking & Finance, 2013, 37 (5): 1524–1542.

③ 齐保垒，田高良. 财务报告内部控制缺陷披露影响因素研究——基于深市上市公司的实证分析 [J]. 山西财经大学学报，2010 (4): 114–120.

④ 张颖，郑洪涛. 我国企业内部控制有效性及其影响因素的调查与分析 [J]. 审计研究，2010 (1): 75–81.

一个重要因素（吴益兵等，2009）[①]。很少有学者直接研究股权结构特征对内部控制缺陷修复的影响。搜集到的唯一一篇文献是米特拉（Mitra）等在 2012 年研究企业所有权特征与在 SOX 法案 404 条款下财务报告内部控制缺陷的及时修复之间的关系，这是第一次对股权属性与公司层面和账户层面的内部控制缺陷的修复之间的关系做了一个单独的详细分析，两种类型控制缺陷修复的股权治理效果对财务报告的质量有不同的影响（Mitra et al.，2013）[②]。

更多学者研究的是股权结构特征对内部控制有效性的影响，主要集中于股权制衡度、股权集中度、机构投资者持股及控制人等方面，研究文献丰富，研究成果成熟，主要研究结论如下：通过案例研究股权设置与公司治理效率的关系，认为股权制衡模式并不比"一股独大"更有效率（朱红军、汪辉，2004）[③]，"一股独大"并非坏事，用股权制衡来替代"一股独大"的思路未必奏效（赵景文、于增彪，2005）[④]，第一大股东有能力和动机去监督管理层（李育红，2011）。机构投资者较集中的公司披露内部控制缺陷的可能性较小（Nate M. Stephens，2008）[⑤]；国有控股、股权集中度对企业内部控制产生了负面影响（戴文涛，2010）；终极控股股东可以通过金字塔股权结构来选择和影响内部控制有效性水平，从而攫取控制权私人收益，终极控制股东的现金流权与控制权的分离程度越大，上市公司内控有效性越低；金字塔层级越多，终极控股股东控制的董事比例越高，上市公司内控有效性越低（储成兵，2013）[⑥]。

有学者研究控制人类型对内部控制有效性的影响，与非国有企业相

① 吴益兵，廖义刚，林波. 股权结构对企业内部控制质量的影响分析——基于 2007 年上市公司内部控制信息数据的检验 [J]. 当代财经，2009（9）：110 – 114.

② Mitra，Santanu Hossain，Mahmud Marks，Barry R. Corporate Ownership Characteristics and Timeliness of Remediation of Internal Control Weaknesses [J]. Managerial Auditing Journal，2013，27（9）：846 – 877.

③ 朱红军，汪辉. 股权制衡可以改善公司治理吗？——宏智科技股份有限公司控制权之争的案例研究 [J]. 管理世界，2004（10）：114 – 140.

④ 赵景文，于增彪. 股权制衡与公司经营业绩 [J]. 会计研究，2005（12）：59 – 64.

⑤ Nate M. Stephens. Corporate Governance Quality and Internal Control Reporting under SOX Section 302 [D]. A Dissertation Submitted to the University of Arizona，2008.

⑥ 储成兵. 金字塔股权结构对内部控制有效性的影响——基于上市公司的经验数据 [J]. 中央财经大学学报，2013（3）：78 – 83.

比，国有企业内控质量的改善更能抑制代理成本和提高代理效率，在治理环境较好的地区此作用更加明显（郑军等，2014）[1]，在实际控制人为国有时，引入国有制衡股东仅微弱地优于无制衡股东的高度集中的内部控制状态，且两者并不明显，而引入非国有制衡股东能达到较优的内部控制状态（俞俊利、李颖琦，2012）[2]。

还有学者探索股权结构对内部控制有效性的影响机理，沿着结构—行为—有效性的逻辑思路，先分析不同股权结构下内部控制主体的行为，结合动机理论，分析了不同股权结构下董事会与总经理的动机选择（赵建凤，2013）[3]。外部股东的监管也是降低管理者机会主义行为的有效措施（黄志忠，2010）。

②述评。从以上研究成果可以看出，关于股权结构特征对内部控制有效性的研究已形成大量文献，研究成果也较成熟，研究内容主要集中于股权集中制衡度、机构投资者持股比例及控制人等方面，也有学者开始进一步探索股权结构特征对内部控制有效性的影响机理，探索影响的技术路线，主要结论有：第一，企业股权特征对于及时修正内部控制缺陷、提高财务信息的可靠性起着关键作用（Mitra et al.，2012）。第二，上市公司的股权结构影响内部控制质量水平（吴益兵等，2009），股权制衡模式并不比"一股独大"更有效率（朱红军、汪辉，2004；赵景文、于增彪，2005）。第三，保持合理的股权集中度和相应的股权制衡度有利于提高内部控制的有效性（刘斌，2010）。国有控股、股权集中度对企业内部控制产生了负面影响（张先治、戴文涛，2010）；股权集中度与内部控制有效性有显著的负相关关系（宋宝燕，2013）；机构投资者较集中的公司披露内部控制缺陷的可能性较小（Nate M. Stephens，2008）。第四，终极控股股东可以通过金字塔股权结构来选择和影响内部控制有效性水平，从而攫取控制权私人收益（储成兵，2013），国有股占总股本比例与企业内部控制有效性呈负相关关系（刘祖基，2013）。第五，个别学者研究了影响机理路径，外部股东的监管也是降

---

① 郑军，林钟高，彭琳. 产权性质、治理环境与内部控制的治理效应——来自中国上市公司的经验证据 [J]. 财经理论与实践，2014（3）：73 - 78.

② 俞俊利，李颖琦. 股权制衡与内部控制有效性——基于 2008 ~ 2010 年酿酒类上市公司的案例分析 [J]. 会计研究，2012（2）：50 - 56.

③ 赵建凤. 上市公司股权结构对内部控制有效性的影响研究 [D]. 首都经济贸易大学，2013.

低管理者机会主义行为的有效措施。

（2）公司规模。

①研究进展。公司的规模是影响内部控制缺陷的因素（蔡丛光，2010）①，对内部控制缺陷信息的披露产生影响（倪利，2011；蔡丛光，2010），对公司的内部控制建设有正向促进作用（林野萌，韩传模，2013）。关于公司规模与内部控制缺陷的关系的研究中，并没有形成一致的意见，主要有负相关、正相关和倒"U"形关系三种观点。

一种观点认为，公司规模与内部控制缺陷负相关，披露内部控制实质性缺陷的公司具有规模小、风险高的特征（Stephen et al.，2005）②，具有内控缺陷特别是重大缺陷的公司具有规模小、盈利低、经营业务复杂、上市时间短、增长速度快或正在经历重组兼并等特点（Weili Ge & Sarah McVay，2005）③，规模小的公司由于资源有限相对规模大的公司更容易出现内控缺陷的情况（Hollis Ashbaugh-Skaife，Collins & Kinney，2007）④，还有学者支持内部控制缺陷与公司规模负相关研究结论（McVay，2005；Doyle et al.，2007；Elbannan，Mohamed A.，2009）；报告现有缺陷的概率与企业规模呈负相关（Rice，Sarah C. & Weber，David P.，2012）。更有研究从阐述内控控制缺陷的理论根源入手，认为中小型企业相对于大型企业更容易出现内部控制缺陷问题（Akhtaruddin，M.，2016）⑤。近年来国内的研究也有负相关的观点，由于规模小的公司没有足够的资源投入内控或对制度的较大改动缺乏动力，致使内部控制制度落后或运行无效（刘兰馨，2011），公司规模与内部控制缺陷呈负相关关系（王芸、朱志明，2011），规模越大的企业越不容易

①　蔡丛光. 内部控制缺陷信息披露的影响因素分析 ［J］. 财务与金融，2010（4）：33－38.

②　Stephen H.，Bryan and Steven B.，Lilien. Characteristics of Firms with Material Weaknesses in Internal Control：An Assessment of Section 404 of Sarbanes Oxley ［C］. Working Paper Series, Wake Forest University and City University of New York，2005.

③　Weili Ge, Sarah McVay. The Disclosure of Material Weaknesses in Internal Control after the Sarbanes － Oxley Act ［J］. Accounting Horizons，2005，19（3）：137 － 158.

④　Hollis Ashbaugh-Skaife，Daniel W. Collins，William R. Kinney Jr. The Discovery and Reporting of Internal Control Deficiencies prior to SOX － mandated Audits ［J］. Journal of Accounting and Economics，2007（44）：166 － 192.

⑤　Akhtaruddin M.，Ohn J. Internal Control Deficiencies，Investment Opportunities，and Audit Fees ［J］. International Journal of Accounting & Finance，2016，6（2）：127.

出现组织架构缺陷（李璇，2013）。

然而，也有研究得出相反的结论，认为公司规模与内部控制缺陷正相关，研究认为规模越大的公司，发生诉讼的可能性越大，由于信号传递作用，公司越有可能披露真实的内部控制缺陷（Carcello & Palmrose，1994；Palmrose & Schol，2004），大规模的上市公司资金充裕，披露信息的成本比较低，内控缺陷信息披露的水平要显著高于规模小的公司（李颖琦等，2013）①。

另外，还有研究发现公司的规模与内部控制缺陷呈倒"U"形关系，在不同的生命周期公司的规模不同，应将公司规模分段考虑（Andrew J. Leone，2007）②。得出此结论的还有谢永珍等人，认为公司规模与内部控制缺陷修复成倒"U"形关系（谢永珍、朱彩婕，2016）③。还有一些研究发现二者之间并无显著关系，如吉和麦克维（Ge & McVay，2005）研究 SOX 法案颁布后的样本公司，发现上市公司是否披露内部控制缺陷和公司规模没有多大关系。

②述评。公司规模与内部控制缺陷的关系的研究没有形成统一的结论，多数学者得出了负相关结论，如布莱恩和莉莉安（Bryan & Lilien），吉和麦克维（Weili Ge & Sarah McVay），道尔等（Doyle et al.），阿什巴夫·斯卡伊夫、柯林斯和金妮（Ge Ashbaugh-Skaife，Collins & Kinney，2007），艾尔班南和穆罕默德（Elbannan & Mohamed A.，2009），李育红（2010），刘兰馨、王芸、朱志明（2011），莱斯（Rice），萨拉（Sarah C.），韦伯和大卫（Weber，David P.，2012）。研究得出正相关结论的，如卡塞罗和帕姆莱斯（Carcello & Palmrose，1994），帕姆莱斯和斯科尔（Palmrose & Schol，2004）。得出倒"U"形关系结论的如安德鲁·莱昂（Andrew J. Leone，2007），谢永珍（2016）。另外个别研究者得出二者之间没有显著关系的结论（Ge & McVay，2005）。总之几乎所有研究都表明，公司规模是影响内部控制缺陷的重要因素。

---

① 李颖琦，陈春华，俞俊利. 我国上市公司内部控制评价信息披露：问题与改进——来自 2011 年内部控制评价报告的证据 [J]. 会计研究，2013（8）：62 – 68.

② Andrew J. Leone. Factors Related to Internal Control Disclosure：Adiscussion of Ashbaugh，Collins，and Kinney（2007）and Doyle，Ge，and McVay（2007）[J]. Journal of Accounting and Economics，2007（44）：224 – 237.

③ 谢永珍，朱彩婕. 董事会治理对内部控制重大缺陷修复影响的验证——基于媒体监督的调节作用 [J]. 山东大学学报（哲学社会科学版），2016，1（2）：61 – 69.

（3）公司经营的复杂性。

①研究进展。研究证实公司经营复杂性程度是影响内部控制缺陷的因素（Franklin，2007①；Ji X.，Lu W.，Qu W.，2015）②，报告年度分部（子公司）数目是影响内部控制缺陷的因素（蔡丛光，2010）③。国内外的大多文献研究的要么是关于公司经营复杂性对内部控制缺陷的影响，要么经营复杂性是内部控制缺陷公司的特征之一，真正研究公司经营复杂性对缺陷修复影响的文献不多。

研究发现出现内控缺陷的公司存在运营复杂、发展速度快等特征，上市公司内部控制缺陷的披露与公司经营业务复杂性正相关（Ge & McVay，2005；Leone，2007），多样化经营的公司比较容易出现内部控制缺陷（Doyle et al.，2007）。安德鲁·莱昂（Andrew J. Leone，2007）专门披露内部控制缺陷的公司经营也更复杂（Ashbaugh-Skaife，2007）。分析表明，公司经营的复杂性也与未来重大缺陷有关（Klamm et al.，2012）。公司拥有的子公司数目越多，经营越复杂，越可能出现内部控制缺陷（DeFond et al.，2011）④，那些存在内部控制缺陷的公司，一般经营更复杂，会计风险更高，内部控制建设更不完善（齐堡垒、田高良，2012），兼并重组现象较为频繁（韩丽荣等，2013）⑤。交叉上市公司能更及时地披露内部控制存在的缺陷并修复（方红星、孙篙，2010）⑥，经营环境复杂性、被 ST 与其内部控制缺陷呈正相关关系（王芸、朱志明，2011）。企业子公司数量越多，越不容易出现组织架构缺陷（李璇，2013）。

① Franklin, Mitchell. Sarbanes – Oxley Section 404：Can Material Weakness Be Predicted and Modeled? An Examination of the ZETA Model in Prediction of Material Weakness ［J］. Doctoral Dissertation, 2007（1）.

② Ji X., Lu W., Qu W. Determinants and Economic Consequences of Voluntary Disclosure of Internal Control Weaknesses in China ［J］. Journal of Contemporary Accounting & Economics, 2015, 11（1）：1 – 17.

③ 蔡丛光. 内部控制缺陷信息披露的影响因素分析 ［J］. 财务与金融, 2010（4）：33 – 38.

④ Mark L. DeFond, Clive S. Lennox. The Effect of SOX on Small Auditor Exits and Audit Quality ［J］. Journal of Accounting and Economics, 2011（52）：21 – 40.

⑤ 韩丽荣, 盛金. 自愿性披露时期内部控制缺陷影响因素的实证分析——以我国制造业 A 股上市公司样本为例 ［J］. 吉林大学社会科学学报, 2013（53）：132 – 140.

⑥ 方红星, 孙篙. 交叉上市公司内部控制缺陷披露的影响因素与市场反应——基于竞州煤业的案例研究 ［J］. 上海立信会计学院学报, 2010（1）：28 – 36.

关于针对内部控制缺陷修复的影响，研究发现，如果公司存在更严重的重大缺陷，更低的盈利能力，更复杂的营运状况，都可能降低重大缺陷修复的及时性（Beng Wee Goh，2009），杰奎琳等（Jacquelines et al.）研究修复先前披露的内部控制重大缺陷失败的公司，分析了修复重大缺陷失败对公司的影响，并对比了修复成功（最初披露了内部控制重大缺陷，但随后修复了这些缺陷）和修复失败（连续两个会计年度披露了相同重大缺陷）两组公司的公司特征。发现：当披露的缺陷更加普遍时（例如，当缺陷是整个公司层面的，或当有更多个体缺陷时），或当公司运营更加复杂时（例如有更多分部并且有国外经营业务），公司更倾向于不修复这些缺陷（Jacqueline S. et al.，2012）①。

②述评。国内外研究主要有三类观点，第一类是关于公司经营复杂性对内部控制缺陷或缺陷存在的影响，如安德鲁·莱昂（Andrew J. Leone，2007）、富兰克林（Franklin，2007）、克莱姆（Klamm et al.，2012）、齐堡垒田高良（2012）。公司经营复杂性与内部控制缺陷或缺陷存在之间是正相关关系，如吉和麦克维（Ge & McVay，2005）、王芸、朱志明（2011），德丰等（DeFond et al.，2012）。第二类观点是经营复杂性是内部控制缺陷公司的特征之一，如道尔等（Doyle et al.，2007）、阿什巴夫·斯卡伊夫（Ashbaugh-Skaife，2007）、方红星和孙篸（2010）、李育红（2010）、倪利（2011）、刘兰馨（2011）、韩丽荣等（2013）。第三类观点是公司运营更加复杂时公司更倾向于不修复这些缺陷，暗含着公司经营复杂性和内部控制缺陷修复是负相关关系，如吴本威（Beng Wee Goh，2009）、杰奎琳等（Jacquelines et al.，2012）。

公司经营复杂性的衡量，研究中有这样几个指标：公司拥有的子公司数目；或者有更多分部；并且有国外经营业务；是否交叉上市；是否具有海外业务；是否海外上市；是否存在非外币调整额等。

（4）公司的财务状况。

①研究进展。关于公司财务状况对内部控制缺陷的影响，现有研究没有形成一致的结论，有研究认为，公司财务状况与内部控制缺陷披露

---

① Jacqueline S. Hammersley, Linda A. Myers, and Jian Zhou. The Failure to Remediate Previously Disclosed Material Weaknesses in Internal Controls ［J］. Auditing: A Journal of Practice & Theory American Accounting Association, 2012, 31（2）: 73 – 111.

正相关，如王芸等（2011），实证检验发现，财务状况好的公司才自愿披露内控缺陷信息（Doyle et al.，2007），存在重大会计差错的公司其内部控制质量较低（杨有红等，2009）①，发现低内部控制质量的公司（存在重大缺陷的公司）更可能有信用评级较低、规模更小、较低的盈利能力、更少的经营活动产生的现金流量（Elbannan，Mohamed A，2009），较差的收益质量会使公司更容易出现内部控制缺陷（林野萌、韩传模，2013）。

也有研究认为二者存在负相关关系，如研究发现，大部分出现内控重大缺陷的公司财务状况不好，出现缺陷较多的账户有应收账款、应付账款和存货（Ge & McVay，2005），认为财务状况欠佳的公司倾向披露内部控制缺陷信息（Bryan & Lilien，2005；Franklin et al.，2007），也发现存在内部控制缺陷的公司是经常披露亏损的公司（Ashbaugh-Skaife，2007），财务状况亏损的公司，更可能披露内部控制缺陷（Collins & Kinney，2008），较低的盈利能力，也与未来重大缺陷有关（Klamm et al.，2012）分析表明。

②述评。关于公司财务状况与内部控制缺陷的披露的研究，出现两种相反的观点，一种观点认为二者存在正相关关系（Hermanson，2000；Doyle et al.，2007；杨有红等，2009；钟杰，2011）。而另外一种观点认为二者存在负相关关系（Ge & McVay，2005；Bryan & Lilien，2005；Ashbaugh-Skaife，2007；Collins & Kinney，2008；Klamm et al.，2012）。另外，关于代替财务状况使用的指标，有这样几种：会计风险、奥特曼 Z（AltmanZ）、盈利能力、偿债能力、营运能力、流动性等指标。

（5）组织结构变革。

①研究进展。多数研究认为公司组织结构变革，比如兼并、重组等会增加公司出现内部控制缺陷的可能性，如安德鲁·莱昂（2007）发现公司重要组织变更（兼并或重组）是影响内部控制缺陷披露的重要因素，道尔等（Doyle et al.，2007）发现公司如果近期经历了兼并或重组等组织结构变革，其内部控制存在缺陷的概率大，富兰克林（Franklin，2007）也认为组织结构的变革也会影响公司内部控制缺陷的披露。

---

①　杨有红，陈凌云 . 2007 年沪市公司内部控制自我评价研究［J］. 会计研究，2009（6）：58–64.

也有学者发现反向并购公司和对照样本相比较易存在内部控制缺陷，此类公司也倾向于披露这种缺陷（Mao J.，Ettredge M.，2015）[1]。现有的研究得出的结论较为一致。

有学者识别和分析了与内部控制重大缺陷披露相关的 5 个外部结果和 4 个内部反应。研究结论之一是：与所有公开上市交易的公司相比，投资组合公司的并购活动明显增加，或从股市摘牌。这种现象潜在原因包括消除 SOX 相关上市公司信息披露的要求，公司并购机会或一般的商业失败（Ockree et al.，2009）[2]，披露内部控制缺陷的企业近期更多的经历了兼并重组（熊敏，2012），这类公司对内部控制资源投入的较少，企业日常经营中兼并重组现象较为频繁（韩丽荣等，2013），较差的收益质量、经历兼并重组及更换事务所等因素，导致公司更容易出现内部控制缺陷（林野萌、韩传模，2013）。

②述评。现有研究形成的结论较为一致。多数研究认为公司组织结构变革，比如兼并、重组等会增加公司出现内部控制缺陷的概率，重要组织变革是影响内部控制缺陷的重要因素，如德肖和吉（Dechow & Ge，2005）、安德鲁·莱昂（Andrew Leone，2007）、道尔（Doyle et al.）、富兰克林（Franklin，2007）、倪利（2011）、林野萌和韩传模（2013）。

内部控制缺陷上市公司存在兼并重组现象，如奥克雷（Ockree et al.，2009）、雅泽（Yazawa，2010）、李育红（2010）、熊敏（2012）、韩丽荣等（2013）。

（6）其他特征。

其他特征的研究有，内部控制建设状况、存货状况、不同控股股东的类型、公司的上市年限、销售收入、财务报表重述特征、销售收入等，如认为业绩较差的公司不是很重视内部控制建设，存在内部控制缺陷的概率较大（De Fond，2002），公司的存货状况与内部控制缺陷之间存在着显著的正相关关系（Dechow & Ge，2006）。国有控股、股权集中度对企业内部控制产生了负面影响见（张先治、戴文涛，2010）[3]，

---

① Mao J.，Ettredge M. Internal Control Deficiency Disclosures among Chinese Reverse Merger Firms [J]. Available at SSRN 2319653，2015.

② Ockree，Kanalis，Martin，James. An Analysis of External and Internal Responses to Material Weaknesses [J]. CPA Journal，2009，79（7）：42 - 47.

③ 张先治，戴文涛. 公司治理结构对内部控制影响程度的实证分析 [J]. 财经问题研究，2010（7）：89 - 95.

对于海外上市公司,投资者保护越弱、控股股东越是管理者则越有可能隐瞒内部控制的缺陷(Gong et al.,2012)[①]。我国国有上市公司占据多数的特殊背景下,内部控制和产权性质之间具有一定的互补效应。进一步研究发现,随着治理环境的改善,内部控制在国有上市公司和非国有上市公司的作用差异会弱化(赵璨等,2013)[②]。

上市时间较短的公司相比较长的公司而言整体内控水平要好(深圳市迪博企业风险管理技术有限公司,2008)[③]。内部控制资源充裕、成长速度快、设置了内审部门的公司更愿意披露内部控制鉴证报告,而财务状况差、上市时间长、组织变革程度高及发生违规舞弊的公司更不愿意披露内部控制鉴证报告(林斌、饶静,2009)[④]。

也有学者研究了财务报表重述特征,研究显示披露内部控制实质性缺陷的公司通常发生了财务报告重述等重大事件(Bryan & Lilien,2005)。还有学者研究了销售收入,如,研究表明企业内部控制状况较大地受到销售收入的影响,当销售收入增长较快时,企业容易出现会计风险,其内部控制存在缺陷的可能性也大大提高(Kinney,1989)[⑤]。

内部控制重大缺陷的修复受当时社会政治关系、市场、文化等的影响,也受行业、区域等的影响,这些因素是公司本身不能改变的因素,只能适应并接受。例如,市场状况往往采用产品市场竞争程度来表示,用郝芬因德指数(HHI)来衡量,研究发现交叉上市公司受到更严格的市场监管和外部审计监督,能更及时地披露内部控制存在的缺陷和漏洞并加以补救(方红星、孙篙,2010)[⑥],金融市场化程度和股权集中度

77

① Gong, G., Ke, B. and Yu, Y. Home Country Investor Protection, Ownership Structure and Cross-listed Firms' Compliance with SOX – mandated Internal Control Deficiency Disclosures [J]. Contemporary Accounting Research, 2012, 30 (4): 1490 – 1523.

② 赵璨,曹伟,朱锦余. 治理环境、产权性质与内部控制治理效应——基于公司违规视角的研究 [J]. 会计与审计研究, 2013 (6): 124 – 131.

③ 深圳市迪博企业风险管理技术有限公司. 中国上市公司 2008 内部控制白皮书摘要等资料. 中国证券报, 2008 – 6 – 24.

④ 林斌,饶静. 上市公司为什么自愿披露内部控制鉴证报告? ——基于信号传递理论的实证研究 [J]. 会计研究, 2009 (2): 45 – 52.

⑤ Kinney Jr, WR. Characteristics of firm correcting Previously reported quarterly earnings [J]. Journal of Accounting and Economics, 1989 (11): 71 – 93.

⑥ 方红星,孙篙. 交叉上市公司内部控制缺陷披露的影响因素与市场反应——基于兖州煤业的案例研究 [J]. 上海立信会计学院学报, 2010 (1): 28 – 36.

对企业内部控制有效性存在显著的正向影响，相对于股权集中度较高的公司，金融市场化对股权集中度较低公司的内部控制有效性提升作用更强（李志斌、卢闯，2013）[①]。

董事会治理显著推动了公司的内部控制建设；在董事会治理与内部控制的关系中，产品市场竞争变动发挥了反向调节作用（周婷婷，2014）[②]。不同的行业其内部控制状况不同，研究的结论也不同（朱彩婕、韩小伟，2013）[③]。注册会计师对内部控制存在重大缺陷的企业收取的审计费用较高，且与非国有企业相比，该现象在国有企业更加显著（李越冬等，2014）[④]。在国有企业和非国有企业，内部控制质量与高管薪酬之间的关系不同，国有企业中存在显著的正相关关系；而在非国有企业，这种正相关关系并不显著（池国华、郭菁晶，2015）[⑤]。

2. 文献述评

国外学者对存在内部控制缺陷公司的特征做了大量的研究，得到如下结论：

第一，企业股权特征对于及时修正内部控制缺陷、提高财务信息的可靠性起着关键作用，保持合理的股权集中度和适应的股权制衡度有利于提高内部控制有效性水平，国有控股、股权集中度与内部控制有效性有显著的负相关关系。

第二，公司规模是内部控制缺陷的重要影响因素，关于公司规模与内部控制缺陷之间关系的研究，并没有形成统一的结论，有正相关、负相关、U 形关系三种结论，多数学者认同负相关观点。

第三，研究认为公司经营的复杂性是内部控制缺陷公司的特征之一，公司经营复杂性与内部控制缺陷或缺陷存在之间是正相关关系，公

① 李志斌，卢闯. 金融市场化、股权集中度与内部控制有效性——来自中国 2009—2011 年上市公司的经验证据［J］. 中央财经大学学报，2013（9）：85 - 90.

② 周婷婷. 董事会治理、环境动态性与内部控制建设［J］. 山西财经大学学报，2014（10）：111 - 124.

③ 朱彩婕，韩小伟. 基于治理视角的内部控制信息披露研究——来自农业上市公司 2006—2010 年的经验证据［J］. 山东社会科学，2013（12）：110 - 114.

④ 李越冬，张冬，刘伟伟. 内部控制重大缺陷、产权性质与审计定价［J］. 审计研究，2014（2）：45 - 52.

⑤ 池国华，郭菁晶. 内部控制质量影响高管薪酬吗？——基于中国 A 股上市公司的经验证据［J］. 南京审计学院学报，2015（1）：21 - 30.

司运营更加复杂时公司更倾向于不修复这些缺陷，预示公司经营复杂性和内部控制缺陷修复呈负相关关系。

第四，关于公司财务状况与内部控制缺陷之间关系的研究，出现两种相反的观点，一直观点认为二者存在正相关关系，另一种是负相关关系。

第五，多数研究认为公司组织结构变革，比如兼并、重组等会增加公司出现内部控制缺陷的可能性。

综合以上研究，在内部控制缺陷公司特征因素中，公司的规模，公司的财务状况与内部控制缺陷之间的关系没有形成统一的结论；公司经营的复杂性，是否经历组织结构变革和财务报表重述与内部控制缺陷正相关；内部控制建设情况、上市年限与内部控制缺陷负相关。另外，盈利能力、存货量、是否经历财务报告重述、是否被 ST、是否国有企业、是否存在诉讼风险与内部控制缺陷正相关。

存在内部控制实质性漏洞的公司更可能是成立时间短（更年轻）、规模小、财务状况较差（盈利更低）、增长迅速、业务复杂或正在经历重组的公司；实际控制人为国有的反而不利于内部控制的有效实施；适度集中的股权结构有利于公司建立良好的内部控制；第一大股东有能力和动机去监督管理层；交叉上市公司能更及时地披露内部控制缺陷并加以修复，对内部控制建设投入的资源，与内部控制缺陷负相关。

2.3　文献述评与研究趋势

2.3.1　文献述评

国外内部控制缺陷的相关研究可以分为两个阶段：第一阶段是 SOX 法案颁布前的研究，这一阶段内部控制缺陷的披露属于自愿性的，所以相关研究除了影响内部控制缺陷的因素外，还有学者研究了公司自愿披露内部控制缺陷的动机，也有学者综合考虑这两个方面进行研究。第二个阶段是 SOX 法案颁布后的研究，主要是研究影响内部控制缺陷的因素，由于强制披露内部控制缺陷的要求，所以不再研究披露动机。

国外内部控制缺陷的相关研究在数量、广度及深度上都超过我国，研究成果颇为丰富，主要有内部控制缺陷公司特征、影响企业内部控制缺陷的因素、内部控制缺陷披露的经济后果、内部控制实质性缺陷及修正等方面。我国这方面研究刚刚起步，近年来我国学者才开始关注，所以成果非常少，视角也较为狭窄，主要关注点在于内部控制缺陷披露的影响因素上，对其修正及修正效果的研究也不多。从实证研究来看，美国内部控制的大量实证研究出现是在 2002 年 SOX 法案实施之后，我国的实证研究出现在 2011 年应用指引实施之后。

（1）从研究范式上看，在国内近两年逐渐见多的内部控制缺陷的影响因素的研究中，大多研究沿用了"输入—输出"的主流研究范式，即主要关注治理结构特征对内部控制目标的影响，试图在两者之间建立直接联系，没有考虑过程、情境及行为因素的影响。

（2）从研究内容上看，早期内部控制的文献是关于银行的，内部控制配套指引发布之后，披露内部控制缺陷的样本增加了，尤其在内部控制配套指引的带动下，开始出现实证研究，研究内容主要聚焦于影响内部控制缺陷的因素、内部控制缺陷划分等方面，研究范围比较狭窄。影响内部控制缺陷的因素主要有公司内部治理因素、公司特征因素和外部监管三方面，研究成果较为成熟。研究还发现，我国企业的内部控制有效性较差，会计人员更可能提供虚假会计信息，管理层更容易凌驾于内部控制之上。

（3）从研究方法上看，指引颁布以前，理论分析占主导地位，大都是规范研究，采用个案研究或定性分析的方法，个别研究采用问卷调查与实验研究的方法，2010 年以后由于有了上市公司的数据，国内实证研究逐渐增多，国外也开始出现多案例研究，如阿库（Akuh）于 2018 年进行的多案例分析①。

（4）研究设计上仍然存在许多不足，研究设计是在研究内部控制缺陷时最需要关注的，依研究的不同，应把内部控制缺陷按照不同的标准分类，分类的恰当性直接影响到模型的稳健性测试，技术含量也较强。

（5）在样本量采集方面，很多研究采用主板上市公司样本，在研

---

① Akuh, C. Occupational Fraud Prevention in Small Businesses: Multiple Case Study. Proceedings for the Northeast Region Decision Sciences Institute (NEDSI), 2018: 116–117.

究时也只是采用了一年或两年的样本，说服力较差。由于数据的难以获得没考虑中小板和创业板，但是，随着配套指引的强力推动，目前已具备了很好的实证研究的条件。

总之，目前内部控制缺陷修正方面的研究较少。很少有研究从内部控制缺陷暴露之后的视角，研究治理行为主体行为的改善对已有的内部控制缺陷如何进行修正，也很少有研究从内部控制缺陷暴露后的视角，研究其市场反应，研究缺陷对公司后续发展、业绩改善及公司利益相关者产生什么样的影响。

2.3.2　研究趋势

通过对内部控制缺陷实证研究领域相关文献进行综述发现，该领域呈现出新的发展趋势：

（1）研究视角上，由公司内部治理因素对内部控制缺陷的影响研究向外部治理因素转移。外部治理因素除了外部审计师外，还有媒体关注、法律规制等。

（2）研究内容从事前预防向事后行为变化及修正整治方向转移。鉴于事前影响因素的研究太多太细，目前研究开始向事后转移，研究内部控制缺陷披露后的治理行为的变化，治理行为的变化如何影响内部控制缺陷的修正及修正的效果。

（3）探索考虑外部治理因素，考虑外部的调节效应，抛弃沿用"输入—输出模型"的主流研究范式，建立"输入—过程（调节）—输出模型"，从治理主体的认知特征、行为动机及主要治理主体之间的互动关系等方面切入，探究公司治理运作的规律。再考虑运作的规律对输出变量的影响。

（4）研究层面由公司层面向资本市场层面转移。也就是说，公司内部控制与资本市场有效结合将会成为未来的研究趋势；随着我国内部控制配套指引的有效实施，执行内部控制配套指引后的中国资本市场研究给我国学者提供了思路和方向指引。

总之，国外学者关于内部控制缺陷的研究无论在理论还是实务方面成果均颇丰。我国学者的相关研究还比较少，对缺陷识别确认也不统一，研究内容主要集中在影响内部控制缺陷的因素等方面，对于内部控制重大缺陷修正的研究还尚未开展。所以，如何从内部控制缺陷暴露后的视角，探索企业内部控制重大缺陷修正的影响作用机理，从源头上寻找原因，从原因方面入手探究修正整治内部控制缺陷的措施，对于促进企业建立完善的内部控制制度，实现内部控制的目标，提高政府监管部门的监管力度具有重要的意义。

2.4 本 章 小 结

本章阐述了本书的理论依据，主要有委托代理理论、信息不对称理论、信号传递理论、声誉理论等。梳理了相关研究进展及进行了文献述评，文献梳理从三个方面进行：一是内部控制重大缺陷识别方面；二是内部控制重大缺陷修正的影响因素方面；三是内部控制重大缺陷修正措施与效果方面。

通过对内部控制重大缺陷识别方面的文献梳理，关于内部控制缺陷认定方面的系统研究国内外均缺乏。国内内部控制缺陷的认定缺乏科学和统一的标准，存在内控缺陷认定困境，比如，内控缺陷的概念不明确，对缺陷的严重程度没有明确的量化标准，缺乏细化的可操作性的明确规定等。

研究内容大多是内部控制重大缺陷的影响因素，专门针对重大缺陷修正方面的研究很少，迄今为止的现有研究更多的是关于导致内部控制缺陷披露或发生的影响因素。董事会特征的文献大多研究了董事会特征和公司内部控制之间的关系，涉及的董事会特征因素包括董事会规模、独立性、领导结构、董事激励等。主要结论有：适度的董事会规模能确保公司内部控制的有效性；内部控制缺陷和董事会独立性之间存在显著的负相关关系；内部控制缺陷的修正与增加独立董事在董事会中所占比例紧密相关；董事长是否兼任总经理与内部控制有效性负相关；董事薪酬激励显著影响着内部控制有效性；股权激励与内部控制有效性负相关。审计委员会制度与内部控制的研究主要在审计委员会制度设置、特征与运行方面。主要结论如下：审计委员会的独立性、专业性、会议次数与内部控制缺陷负相关；审计委员会规模与内部控制缺陷之间的关系并没有形成统一的结论；国内外学者越来越重视媒体报道在公司治理中的作用，从内容上看主要研究的是媒体对公司治理机制的影响，对于媒体影响内部控制缺陷的修正的机理，几乎没人研究。对媒体的研究仅限于财经报刊、新闻报道，很少关注媒体报道的标题和内容，缺乏研究深度；国内外学者大多肯定法律法规的作用，法律法规对公司规范自身行为，服从披露要求有正面影响，能促进外部治理环境的改善。

关于修正措施及效果方面研究，国外已证实内部控制缺陷的修正对公司价值有显著的积极影响，但不是全部的重大缺陷都会被修正。国内的研究大多是研究内部控制缺陷披露后的效果，而非内部控制缺陷修正后的效果，个别学者考察内部控制缺陷暴露后上市公司从治理的角度是否采取整改修正措施，以及这些整改修正措施对提高内控有效性是否有积极效应。

国外针对内部控制缺陷的研究不论在文献数量上还是研究的广度和深度上都超过我国已有的研究，但是关于内部控制缺陷修正及效果的研究较少。很少有人从内部控制缺陷暴露之后的视角，研究治理主体行为的改善对已有的内部控制缺陷修正的影响。已有研究方法上大都是规范研究，采用个案研究或定性分析的方法，个别研究采用问卷调查与实验研究的方法。研究设计上仍然存在许多不足，在样本量采集方面受诸多限制，说服力较差。

通过对相关文献综述发现该领域新的发展趋势：（1）研究视角上，由内部控制缺陷与公司内部治理因素的研究向外部治理因素转移。（2）研究内容从事前预防向事后行为变化及修正整治方向转移。（3）探索考虑外部治理因素，考虑外部的影响因素在修正过程中的调节作用。（4）研究层面由公司向资本市场层面转移。

第3章 内部控制重大缺陷修正的影响机理分析

董事会负责内部控制的建立健全和有效实施①，董事会通过履行决策职能和监督职能，以降低代理成本，确保决策科学。内部控制是公司治理一个重要组成部分，两者相互影响、相互包含。研究结果表明，公司治理强度与内部控制的质量正相关（Elbannan，Mohamed A.，2009），有效的公司治理，关键在于建立和维持对财务报告强有力的内部控制（Klamm et al.，2012），内部控制是出发点，内部控制信息披露承担连接枢纽，成为董事会治理的桥梁（杨国莉、郭宏，2012）②。董事会对公司的内部控制建设具有正向促进作用（林野萌、韩传模，2013）③，有效的董事会能够防止管理者欺诈行为和美国证券交易委员会（SEC）执法诉讼（Beasley，1996④；Dechow，Sloan & Sweeney，1996）⑤，董事会在总体缺陷及控制环境方面重大缺陷的修正中起着更重要的作用（Karla et al.，2011）。

谢永珍（2013）、赵琳（2014）等学者认为董事会的重要职能是战略职能和监督职能。董事会职能通过董事会行为来履行，董事会扮演着

---

① 《基本规范》第十二条规定，董事会负责内部控制的建立健全和有效实施。监事会对董事会建立与实施内部控制进行监督。经理层负责组织领导企业内部控制的日常运行。

② 杨国莉，郭宏. 内部控制、内部控制信息披露及公司治理—嵌合治理框架的建构 [J]. 工业技术经济，2012（8）：67－72.

③ 林野萌，韩传模. 上市公司内部控制缺陷形成诱因研究——基于沪市上市公司的经验证据 [J]. 现代财经，2013（7）：83－95.

④ Beasley，M. An Empirical Analysis of the Relation Between the Hoard of Director Composition and Financial Statement Fraud [J]. The Accounting Review，1996，71（4）：443－465.

⑤ Dechow，P.，R. Sloan，and A. Sweeney. Causes and Consequences of Eamings Manipulation：An Analysis of Firms Subject to Enforcement Actions by the SEC [J]. Contemporary Accounting Research，1996，13（1）：1－36.

双重角色：战略决策与监督控制，董事会行为也分为战略决策行为和监督控制行为，履行内部控制战略职能的目标是提高公司内部控制有效性，进行内部控制缺陷的修正。董事会规模、独立性、董事激励及审计委员会对促进内部控制缺陷的修正具有重要影响。内部控制重大缺陷的修正与董事会、审计委员会的特征及变化正相关（Karla et al.，2011①）。从 COSO 内部控制五大要素看，在控制环境和信息与沟通两大方面内部控制重大缺陷的修正与董事会特征的改善紧密相关，与审计委员会特征改善最相关的内部控制重大缺陷的修正是在控制活动和内部监督方面。

受股东委托，董事会指导和监督公司内的一切内部控制活动，经理层为代理人，在董事会授权范围内具体负责日常的管理，执行相应的决策计划，董事会执行监督职能，审计委员会在监督内部控制方面起到重要作用（Karla et al.，2011），作为信托责任的一部分，董事会会增加对内部控制的监督责任。管理者由于利己主义的诱惑往往不会为实现股东最大化而努力。当发现内部控制缺陷，管理人员可能不愿意投资时间和资源修正这些缺陷，有效地审计委员会和董事会能通过监督控制行为督促管理者去努力修正缺陷。

85

3.1 董事会规模、独立性对内部控制重大缺陷修正的影响

3.1.1 董事会规模对内部控制重大缺陷修正的影响

1. 董事会规模与行为

董事会结构变量决定其战略决策和监督控制的水平和性质（Zahra &

---

① Karla Johnstone Chan Li Kathleen Hertz Rupley, Changes in Corporate Governance Associated with the Revelation of Internal Control Material Weaknesses and Their Subsequent Remediation [J]. Contemporary Accounting Research, 2011, 28 (1): 331 – 383.

Pearce，1989)①，董事会规模在董事会结构中是被重点关注的指标，对董事会行为具有重要的影响（Forbes & Milliken，1999)②。合理的董事会规模应以较低的成本获取较高的决策监督效率（王维祝，2007)③。影响董事会规模的因素很多，例如，公司规模、环境因素、行业性质、大股东性质、领导权结构、CEO 偏好、外部压力、前期财务业绩以及董事会结构等。

适度的董事会规模，能提供董事会决策与监督行为所需的知识、社会资本等资源。扎姆和皮尔斯（Zahra & Pearce，1989）认为，大的董事会具有广泛的专业基础，对争辩和讨论公司任务、目标和战略是有益的，有利于董事会战略参与行为。但董事会规模过大，沟通协调成本高，容易导致低的董事会治理行为效率；规模过小不能获取充分的资源信息，不能利用外部董事的社会资源，对决策行为不利。

2. 董事会规模通过行为的传导对内部控制缺陷修正的影响

研究已经证实，董事会规模与内部控制有效性相关（张阳，2013）。董事会规模对内部控制缺陷修正的影响并非简单直接，而是通过行为的传递产生影响，合理的董事会规模是确保其决策监督行为的前提和基础，董事会的人数多少影响其获取资源的能力，从而对其战略行为和监督行为强度均具有影响。依据信号传递理论和声誉理论，内部控制重大缺陷暴露后，合理的董事会规模能保证董事会履行战略决策和监督控制行为所需的资源，从而能及时进行内部控制重大缺陷的修正，内部控制缺陷的修正程度就是其行为的绩效体现。

大规模的董事会由于增加的代理成本，可能削弱管理层对董事会的信任，很容易造成董事会被管理层控制（Jensen，1993)，越容易导致内部控制失效（张先治，2010）。但董事会规模太小，则可能因董事会人力资源不足或者董事会治理能力低而影响董事会对内部控制缺陷修正

① Zahra S. A. , Pearce J. A. Boards of Directors and Corporate Financial Performance：A Review and Integrative Model［J］. Journal of Management，1989，15（2）：291－334.

② Forbes D. P. , Milliken F. J. Cognition and Corporate Governance；Understanding Boards of Directors as Strategic Decision-Making Groups［J］. Academy of Management Review，1999，24（3）：489－505.

③ 王维祝. 中国上市公司董事会规模决定要素的实证研究［J］. 山东大学学报（哲学社会版）2007（5）：84－91.

的作用。合理的董事会规模既不能太大，也不能太小，要能以较低的治理成本获取较多的治理收益（谢永珍，2006）①。

3.1.2　董事会独立性对内部控制重大缺陷修正的影响

1. 董事会独立性与行为

独立董事在内部控制体系的建设过程中发挥着积极的作用，并与内部控制有效性正相关（Johnstone，2011）②。我国独立董事制度实行较晚，2001 年指导意见发布后才开始引入，要求董事会成员至少 1/3 是独立董事③，董事会独立性一般用董事会中独立董事的比例来衡量，独立董事的引入改变了董事会的结构。独立董事被赋予监督的职责，独立董事的加入有助于降低公司管理层和董事合谋的可能性，降低管理者对公司利益的侵害（Fama，1993）。独立董事多的董事会能与外部建立广泛的联系，获取更多的资源，加上本身知识的丰富能提供更好的服务。

依据代理理论，董事会实施内部控制监督行为的目的是为了降低代理成本，防止管理层的机会主义行为和投机行为，及时进行缺陷的修正，提高内部控制有效性。独立的董事会能够使股东与经理层之间的代理成本最小（Baysinger，Kosnik & Turk，1991）。董事的独立性是其实施有效监督行为的重要前提条件（Chancharat，Chandrasekhar & Gary，2012）。

2. 董事会独立性通过行为的传导对内部控制缺陷修正的影响

独立董事的行为与内部控制重大缺陷相关，如已有研究证实独立董事主动辞职与公司内部控制重大缺陷显著正相关，独立董事主动辞职的公司当年收到非标准审计意见的可能性会显著提高，这说明独立董事的

87

---

①　谢永珍. 基于治理成本与治理收益的董事会规模研究 [J]. 南开学报（哲学社会科学版），2006（4）.

②　Johnstone K.，Li C.，Rupley K. H. Changes in Corporate Governance Associated with the Revelation of Internal Control Material Weakness and Their Subsequent Remediation [J]. Contemporary Accounting Research，2011（1）：331 – 383.

③　我国 2001 年证监会发布《关于在上市公司建立独立董事制度的指导意见》，指导意见规定上市公司董事会成员中应当至少包括 1/3 独立董事，并在董事会中下设专业委员会，各专业委员会必须有明确的目标和职责，经常举行会议，并定期向董事会提交工作报告。

行为确实传递了公司内部控制存在重大缺陷的信号①。

　　由于独立董事与公司之间不存在重大的利益关系与利益冲突，能协调所有者与管理者的利益，所以大比例的独立董事在董事会中话语权、监督权就大，能影响整个董事会的决策监督行为，独立董事本身又具有外部资源，能降低公司治理的代理成本，能改善监督效率，通过行为的改善和治理能力的提高来促进内部控制缺陷的修正，所以内部控制缺陷的修正与增加独立董事在董事会中所占比例紧密相关。独立董事在董事会中所占比例越大，董事会独立性越强，董事会通过增加独立董事在董事会中的比例来优化治理能力，通过监督行为的履行，如执行财务审计工作、监督信息披露过程、监督关联交易决策、降低代理成本、改善内部控制信息披露质量和规避违规等行为，促进内部控制重大缺陷的修正。董事会独立性越强，内部控制重大缺陷的修正越及时（Beng Wee Goh，2009②；Karla et al.，2011③）。研究也显示对内部控制缺陷采取修正措施的公司有较大比例的独立董事持股（Karla et al.，2011）。

3.2　领导结构、董事激励对内部控制 重大缺陷修正的影响

3.2.1　领导结构对内部控制重大缺陷修正的影响

1. 董事会领导结构与行为

委托—代理理论倡导董事长与总经理两职分离，两职分设有助于董

---

　　① 尚兆燕，扈唤. 独立董事主动辞职、内部控制重大缺陷及非标审计意见——来自中国上市公司的经验证据 [J]. 审计研究，2016（1）：94-100.

　　② Beng Wee Goh，Audit Committees，Boards of Directors，and Remediation of Material Weaknesses in Internal Control [J]. Singapore Management University Contemporary Accounting Research，2009，26（2）：549-579.

　　③ Karla Johnstone Chan Li Kathleen Hertz Rupley，Changes in Corporate Governance Associated with the Revelation of Internal Control Material Weaknesses and Their Subsequent Remediation [J]. Contemporary Accounting Research，2011，28（1）：331-383.

事会对管理层的制衡，避免董事会被经理层控制并影响其监督决策职能的局面。当董事长和总经理两职合一时，董事会可能会提高警惕（Finkelstein & Daveni，1994）①，虽然有利于战略参与能力，具有一定的创新自由度，但董事会不能有效执行其监督职能（Jensen，1993），这种监督与被监督的平衡就会被打破，很容易造成董事会被内部人控制，保证董事会监督行为能力的方法之一就是董事长与总经理的两职分离。

2. 领导结构通过行为的传导对内部控制缺陷修正的影响

董事会的领导结构是影响内部控制缺陷修正的重要因素，两职分离强化了董事会的独立性，可以避免总经理借助董事长的职位限制董事会活动（Jensen，1993）②，保证了其监督行为的发挥，有利于内部控制缺陷的修正。然而董事长与总经理两职分设也可能因为制衡而导致风险事件发生。

董事长和总经理两职合一对其创新自由度有利，是其战略决策行为的保证。我国董事长兼任总经理的比重很低，董事长与总经理大部分处于分离的状态。内部控制重大缺陷披露后，总经理需要迅速集结资源，沟通协商成本越低越有利，所以两职合一，总经理有更大的自由决策权，能保证迅速决策，有利于总经理自由发挥其作用，促进内部控制重大缺陷及时修正。但是已有研究证实董事长与总经理两职合一的公司报告内部控制缺陷的可能性更大（刘亚莉等，2011），董事长与总经理两职合一与内部控制有效性有显著的负相关关系（宋宝燕、张阳、刘祖基，2013）。董事长兼任总经理容易导致企业出现组织架构缺陷（李璇，2013）。总之董事会领导结构通过决策和监督行为的履行对内部控制缺陷的修正有重要影响。

89

---

① Finkelstein，S.，and R. D'aveni. CEO Duality as A Double-edged Sword：How Boards of Directors Balance Entrenchment Avoidance and Unity of Command［J］. Academy of Management Journal，1994，31（5）：1079–1108.

② Jensen，M. C. The Modem IndusUial Revolution，Exit and the Failure of Intemal Control Systems［J］. The Journal of Finance，1993，48（3）：831–880.

3.2.2　董事激励对内部控制重大缺陷修正的影响

1. 董事激励与行为

委托—代理理论中有两种途径解决代理问题：一是建立有效的激励机制，通过对高管的激励促进高管与股东利益趋于一致。二是建立有效的监督体系，避免企业高管的短期行为。由于监督成本过大，所以大多数选择健全激励机制。董事本身也是代理人，需要被激励，才能更有效履行职能，适当的激励是提高董事会监督绩效的方式。董事的激励是保障董事会决策与监督行为能力的重要因素，对董事实行激励能调动其行为的积极性。希尔曼和达尔齐尔（Hillman & Dalziel，2003）认为，对董事进行股权激励能使董事长期与股东利益绑在一起，激励董事积极履行提供资源的行为。

2. 董事激励通过行为的传导对内部控制缺陷修正的影响

薪酬及股权激励的高低与其独立性和积极性紧密相关，对董事适当激励能提高董事会行为的效率和效果（Beasley，1996），这些行为的履行有利于内部控制重大缺陷的修正。董事长在内部控制修正过程中起关键作用。

董事薪酬激励显著影响着内部控制有效性。董事会持股即股权激励将强化董事对内部控制缺陷的长期关注，股票期权能使董事关注公司长期发展，加大董事会战略的参与程度，股权激励使董事与企业长远业绩捆绑在一起（潘淑清，2007）[1]。尤其当内部控制出现重大缺陷时，为了尽可能降低不利消息给公司带来的负面影响，股权股份的董事将采取积极的行动，从而修正内部控制缺陷、改善内部控制的质量。另外，研究也证实未领取薪酬的董事比例与盈余质量之间存在显著的相关关系（董文辰，2011）[2]，公司未领取薪酬董事往往由于其决策的无效影响董事会的有效性，这些董事不能对自己的行为很好的负责任，低的未领取

---

[1]　潘淑清. 高新技术企业经营者股权激励机制设计［J］. 江西财经大学学报，2007（1）：45–63.

[2]　董文辰. 公司治理结构、盈余质量及其价值相关性［D］. 大连理工大学，2011.

薪酬董事比例对公司内部控制有效性有促进作用（谭俊杰，2011），有利于内部控制重大缺陷的修正。

3.3　审计委员会对内部控制重大缺陷修正的影响

3.3.1　审计委员会设置对内部控制重大缺陷修正的影响

1. 审计委员会设置与行为

审计委员会是公司治理的重要组成部分，有助于确保财务报告的质量。审计委员会履行监督行为对内部控制起作用。例如，美国证券交易委员会（SEC，1979）强调"审计委员会能够确保董事会更好地完成对于会计发行人、财务报告和控制的义务"。研究表明审计委员会成员把对内部控制的监督作为他们的责任（Carcello，Hermanson & Neal，2002[①]；DeZoort，1997[②]），管理机构要求加强审计委员会对内部控制的作用。例如，美国证券交易委员会（SEC，2003b）要求所有的公司会计等资料都要提供给审计委员会，包括"对于内部控制的观察和建议报告"。美国的 SOX 法案扩大了审计委员会的职能，提高了审计委员会在公司治理中的地位，对审计委员会制度走向成熟起了推动作用。

我国 2002 年发布的《上市公司治理准则》首次提出建设审计委员会的概念，该准则明确提出上市公司可据自身情况在董事会下设立审计委员会，其成员中至少一名独立董事是会计专家，该准则明确了审计委

91

[①]　Carcello, J. , D. Hermanson, and T. Neal. Disclosures in Audit Committee Charters and Reports [J]. Accounting Horizons, 2002, 16（4）：291 –304.

[②]　DeZoort, F. T. An Investigation of Audit Committees' Oversight Responsibilities [J]. Abacus, 1997, 33（2）：208 –227.

员会的主要职责①，大体可以概括为对公司的财务报告、内部控制和审计过程提供持续的监督，这为我国审计委员会制度的开展提供了依据②。2018 年修订的《上市公司治理准则》要求独立董事的召集人必须是财务专家，把审计委员会的设立作为公司的一项义务。③ 我国 2008 年《企业内部控制基本规范》明确指出，审计委员会承担审查企业内部控制、协调内部控制审计、监督内部控制有效实施等职责④，审计委员会对内部控制中暴露出的缺陷就应给予应有的关注并监督企业恰当披露。《规范》还规定了审计委员会负责人的素质，如独立性、专业胜任能力、职业操守等的规定。可见，审计委员会作为一种制度安排，在公司治理中发挥积极的作用（董弈娜、朱志雄，2012），审计委员会的核心治理绩效表现为缓解股东和管理层之间的契约的不完备，发挥监督职能，完善内部控制的执行效果，卡拉等（Karla et al.，2011）认为审计委员会与控制活动、监督方面的重大缺陷的修正有密切关系。

2. 审计委员会设置通过行为的传导对内部控制缺陷修正的影响

公司通过董事会及下属的审计委员会加强对经理层及内部控制方面的监督，促进董事会和公司管理层不断加强公司内部控制缺陷的修正，但管理者对内部控制的恰当执行负最终责任。因为内部控制的修正是高成本的，而且也会转移对核心业务的注意力，管理层可能不愿意对内控缺陷的修正积极应对。研究表明，有效的审计委员会对管理者有较强的

① 2002 年 1 月 7 日，中国证监会和国家经贸委正式颁布《上市公司治理准则》，该准则规定了审计委员会的主要职责包括：①提议聘请或更换外部审计机构；②监督公司内部审计制度及其实施；③负责内部审计与外部审计之间的沟通；④审核公司的财务信息及其披露；⑤审查公司的内部控制制度。

② 《上市公司治理准则》（2002）第五十二条 上市公司董事会可以按照股东大会的有关决议，设立战略、审计、提名、薪酬与考核等专门委员会。专门委员会成员全部由董事组成，其中审计委员会、提名委员会、薪酬与考核委员会中独立董事应占多数并担任召集人，审计委员会成员中至少应有一名独立董事是会计专业人士。

③ 专门委员会成员全部由董事组成，其中审计委员会、提名委员会、薪酬与考核委员会中独立董事应当占多数并担任召集人，审计委员会的召集人应当为会计专业人士。

④ 《企业内部控制基本规范》（2008）第十三条 企业应当在董事会下设立审计委员会。审计委员会负责审查企业内部控制，监督内部控制的有效实施和内部控制自我评价情况，协调内部控制审计及其他相关事宜等。

影响力，例如约束管理者的盈余操纵（Klein，2002）[1]，促使管理者雇佣专业性强的审计师（Abbott & Parker，2000）[2]。

有效的审计委员会通过审查内部控制程序和对财会人员的控制，及时对企业内部控制监督。当发现重大缺陷时，有效的审计委员会更可能第一时间就如何修正重大缺陷问题与内部和外部审计师讨论并采取措施。通过勤勉跟踪提出建议提高内部控制，监督修正进度，使得有效的审计委员会更可能及时地修正内部控制重大缺陷。审计委员会质量与内部控制质量是相关的（Zahra，Pearce，1989；Beasley，1996；王雄元、管考磊，2006；蔡卫星、高明华，2009）。有效的审计委员会将会确保重大缺陷的及时修正，以维持内部控制的有效性。

因此，本书认为有效的审计委员会能够对管理者施加强大的影响使其投入时间和资源修正缺陷。一个有效的审计委员会更可能质疑管理者是否足够勤勉确保内部控制的有效实施。通过显示其权威性，审计委员会设置了一个强大的"高层基调"，以提高管理者对重大缺陷修正的积极性。审计委员会的有效性应该从独立性、专业性、规模、勤勉性（会议次数）来衡量。

3.3.2　审计委员会的规模、独立性对内部控制重大缺陷修正的影响

1. 审计委员会的规模、独立性与行为

大规模的审计委员会监督力度会更大，更能监督公司管理层进行重大缺陷的及时修正，大规模的审计委员会因为其人员多，更有精力频繁接触内控系统具体操作人员，这些行为反过来加快内控重大缺陷修正的速度，研究已证实审计委员会的规模与内部控制重大缺陷修正的时效性正相关（Karla et al.，2011）。尽管主要交易所要求审计委员会至少有3个董事，但是研究结果表明通过扩大审计委员会规模能够提高对内部控

---

[1]　Klein，A. Audit Committee，Board of Director Characteristics，and Earnings Management [J]. Journal of Accounting and Economics，2002，33（3）：375 – 400.

[2]　Abbott，L. J.，and S. Parker. Auditor Selection and Audit Committee Characteristics [J]. Auditing：A Journal of Practice & Theory，2000，19（2）：47 – 66.

制的监督（Beng Wee Goh，2009）[①]。

独立性是审计的灵魂，审计委员的独立性对其监督作用的执行是非常重要的。审计委员会只有由独立成员组成时才可以实现监督的重要职责，为了维护财务报表的质量，《萨班斯法案》要求所有审计委员会完全由独立董事组成（McMullen & Raghunandari，1996；Abbott et al.，2004）。研究表明审计委员会中独立董事所占的比例越高，财务报告质量也越高，所以具备更大影响力、竞争力的审计委员会更能有效地履行监督行为，实现监督职责。

2. 审计委员会的规模、独立性通过行为的传导对内部控制缺陷修正的影响

审计委员会的规模与内部控制重大缺陷修正是相关的（Karla et al.，2011），审计委员会人数越多，规模越大，就越能有效地履行监督行为，越有利于内部控制缺陷的修正。吴本威（Beng Wee Goh，2009）研究发现审计委员越独立，重大缺陷的修正越及时。我国多数学者的研究结果也显示，独立董事的比例越高，审计委员会更能发挥独立性监督作用，通过监督行为的传导，从而更能提高财务报告信息披露的质量（董舟娜，2011；周晓菲，2012；郑艺麟，2012；等等），独立的成员通常比内部董事更关注自己的声誉，因此他们会更加积极地履行监督职责，审计委员会中独立董事所占的比重越大，审计委员会越独立，越不受干扰，就越有利于其独立地履行监督行为，越容易发现内部控制缺陷，也越有利于内部控制缺陷的修正。

然而，大量证据表明，即使在《萨班斯法案》颁发之后，审计委员会并不总是代表股东利益，而有时会退化为名义角色。大量样本数据表明，由于 CEO 和审计委员会成员之间的亲密关系，大约有 39% 的审计委员会不完全独立（Liesbeth et al.，2014）。CEO 和审计委员会之间的社会关联可能会降低审计委员会的监督质量，虽然与 CEO 具有亲密关系的审计委员会似乎是独立于外界，但他们几乎没有起到监督作用。CEO 从自己社交圈中委任审计委员会成员这一事实会降低其有效性。比

① Beng Wee Goh，Audit Committees，Boards of Directors，and Remediation of Material Weaknesses in Internal Control ［J］. Singapore Management University Contemporary Accounting Research，2009，26（2）：549－579.

斯利（Beasley et al.）也间接证明审计委员会成员和 CEO 之间的关系会影响审计委员会的决策，里斯贝特（Liesbeth et al.，2014）也认为公司无法识别内部控制的重大缺陷的可能性与审计委员会中关联董事的比例呈正相关关系[①]。尽管许多公司希望审计委员会提供广泛的监督，但一些审计委员会仅仅提供一个正式的角色，一些受访者表明他们的审计委员会只是参与制定和评估重大会计政策的最小参与者，仅仅当管理者需要他们的时候才会被咨询（Beasley et al.，2009）[②]。

3.3.3　审计委员会专业性对内部控制重大缺陷修正的影响

1. 审计委员会专业性与行为

专业性是指审计委员会成员是财会专家，有财会知识和经验，有素质有能力履行职能，审计委员会作为内部监督机构，其职责之一是与公司内部、外部审计进行沟通，审计委员会专业性强调对内部控制的审查监督行为。审计委员会专业性强，具有财务背景的专家多，更能广泛利用专家资源，更能履行对内部控制的审查监督职责。

2. 审计委员会的专业性通过行为传导对内部控制缺陷修正的影响

研究发现，具有财务专业知识的审计委员会不太可能与内控披露的实质性缺陷及报告相联系（Krishnan，2005），这说明具有较好专业性的审计委员会通过监督行为的履行，能保证公司的内部控制效果，能防止公司出现实质性重大缺陷。

克里斯南（Krishnan，2005）和张等（Zhang et al.，2007）发现如果审计委员会的财务专长比例较低更可能产生内部控制缺陷，如果审计委员会拥有的财务专业知识较少，公司将更有机会有存在内部控制重大缺陷。审计委员会中有财务专长的成员比例与内部控制重大缺陷修正的

95

---

① Liesbeth Bruynseels & Eddy Cardinaels. The Audit Committee：Management Watchdog or Personal Friend of the CEO? ［J］. The Accounting Review，2014，89（1）：113 - 145.

② Beasley，M. S，J. V. Carcello，D. R. Hermanson，and T. L Neal. The Audit Committee Oversight Process ［J］. Contemporary Accounting Research，2009，26（1）：65 - 122.

及时性正相关（Beng Wee Goh，2009）①。研究还发现，对于初次披露一个内部控制重大缺陷一年后即纠正（修正）该缺陷的431家公司的研究表明，这些公司拥有具有更多的审计委员会财务专业知识的人员（Karla et al.，2011）②。

另有研究表明非财会专长的审计委员会成员也是重要的组成部分（Beng Wee Goh，2009）。非会计财务专长是指通过对财务报告负责并监督与公司业绩有关的人员的经验获得的专长，而不是专门的会计财务专长，因此，有效地履行监督行为，具备监督审查内部控制重大缺陷修正过程的能力可能比特定的财会专业专长对重大缺陷的修正影响更大。

3.3.4 审计委员会的运作对内部控制重大缺陷修正的影响

1. 审计委员会会议与行为

审计委员会的运作强度一般用审计委员会会议次数来反映，此指标也用来衡量审计委员会的勤勉性，勤勉性是审计委员会成员对待工作的态度。特雷德韦（Treadway）曾提出，审计委员会必须对财务报告的编制过程进行有效的监督，至少应在每次财务报告申报和公开披露前召开会议，必要时应当召开临时特别会议。美国《商业周刊》认为审计委员会每年至少要开4次会议。

一般认为，审计委员会会议次数越多，越表明审计委员会成员在积极作为，积极履行其监督责任，成员之间能有效沟通，能提高审计委员会监督行为正确性，有利于公司内部控制缺陷的有效修正。由于审计委员会是董事会中最重要的委员会，董事会会议基本上涵盖了审计委员会会议的内容，董事会会议次数与治理效率具有积极的关系（Lipton & Lorch，1992；Nikos，1999）。

---

① Beng Wee Goh. Audit Committees, Boards of Directors, and Remediation of Material Weaknesses in Internal Control [J]. Singapore Management University Contemporary Accounting Research, 2009, 26（2）：549 - 579.

② Karla, et al. Changes in Corporate Governance Associated with the Revelation of Internal Control Material Weaknesses and Their Subsequent Remediation [J]. Contemporary Accounting Research, 2011（28）：331 - 383.

2. 审计委员会的运作通过行为的传导对内部控制缺陷修正的影响

审计委员会会议次数代表其运作行为，审计委员会会议次数的多少代表其运作行为的强度，审计委员会通过召开会议实现监督职能，这些行为的履行有利于内部控制重大缺陷的修正。

审计委员会行为强度不是越大越好，为了更好地进行内部控制重大缺陷的修正，需要合理召开审计委员会会议，现有研究有不同的观点，一种观点认为审计委员会会议次数与公司披露内部控制缺陷呈正相关关系（Krishnan，2007①；Carcello，2008；李育红，2010②），然而也有研究持相反的观点，认为审计委员会会议次数与内部控制缺陷披露之间呈负相关关系（McMullen & Raghunandan 1996③；Raghunandan et al.，2001④；Abbott et al.，2004⑤；田勇，2011⑥）。有研究表明，发现重大缺陷后召开更多的会议可能仅仅反映公司缺陷问题的数量（Krishnan，2005；Zhang et al.，2007）。因此，无法准确预测审计委员会开会次数与内部控制质量之间的关系。但过多的会议可能导致工作效率低下，应保持一个合理的度。为了保证大多数审计委员会成员能按时出席董事会议，并获得较高的审计委员会会议效率，一个适当的会议次数安排非常重要，审计委员会会议次数应保持一个合理的度。

本书认为，公司重大缺陷发生后，审计委员会会积极作为，积极召开审计委员会会议，商讨应对策略和解决办法，即进行缺陷的修正。但是年度内过多的会议容易造成对问题推诿扯皮，影响效率，导致沟通成

---

① Krishnan, G. V. Visvanathan, G. Reporting Internal Control Deficiencies in the Post – Sarbanes – Oxley Era: The Role of Auditors and Corporate Governance [J]. International Journal of Auditing, 2007 (11): 73 – 90.

② 李育红. 上市公司内部控制缺陷披露的影响因素的实证分析 [J]. 财会通讯, 2010 (36): 86 – 87 + 91.

③ McMullen, D. A., Raghunandan, K. Enhancing Audit Committee Effectiveness [J]. Journal of Accountancy, 1996, 182 (8): 79 – 81.

④ Raghunandan, K., Read, W. J., Rama, D. V. Audit Committee Composition, Grey Directors, and Interaction with Internal Auditing [J]. Accounting Horizons, 2001, 15 (6): 105 – 118.

⑤ Abbott, L. J., Parker, S., Peters, G. F.. Audit Committee Characteristics and Restatements [J]. Auditing: A Journal of Practice & Theory, 2004, 23 (1): 69 – 87.

⑥ 田勇. 我国上市公司内部控制缺陷的影响因素研究 [J]. 南方金融, 2011 (2): 59 – 63.

本过高，反而不利于问题的解决，不利于内部控制重大缺陷的修正，审计委员会会议需要保持一个合理的度。

3.4　监事会对内部控制重大缺陷修正的影响

在委托代理理论下，为了降低代理成本，需要对经营管理者实施有效的监督和约束，于是公司监事会制度作为公司内部重要的监督机制便应运而生了，尽管各界对监事会的存在价值还有很多异议，但监事会在内部控制建设维护和运行中的作用也被不少研究证实。监事会对董事会建立与实施内部控制进行监督。国内学者通过对监事会的实证研究也证实监事会在当前仍然发挥着不可替代的重要监督作用，正向地影响着上市公司的财务安全系数（李维安和王世权，2005）。刘明旭（2007）研究发现，监事会对公司的业绩还是有一定的影响，但不显著。

在我国，虽然公司法中明确规定了监事会的职能①，可以列席董事会会议，其地位和董事会的地位是平行的。但是监事会在我国未能有效发挥监督作用，董事会权力集中，监事多由董事会或高管提名，凡事都是董事会做最后决策，监事会成为董事会下属的一个分支机构。监事会主席一般由副职担任，监事会成员甚至有一般员工，监事的素质普遍偏低，致使监事会形同虚设。我国缺乏相关法律保障监事的权力实施，更没有考评监事监督绩效的措施，监事会监督动力缺乏，其保障性和运行有效性无法得到发挥，这也影响内部控制目标的实现。

---

①　公司法赋予监事会以下职能：（1）检查公司财务；（2）对董事高级管理人员执行公司职务的行为进行监督，对违反法律、行政法规、公司章程或者股东会决议的董事、高级管理人员提出罢免的建议；（3）当董事、高级管理人员的行为损害公司的利益时，要求董事、高级管理人员予以纠正；（4）提议召开临时股东会会议，在董事会不履行公司法规定的召集和主持股东会会议职责时召集和主持股东会会议；（5）向股东会会议提出提案；（6）依照公司法的规定，对董事、高级管理人员提起诉讼；（7）公司章程规定的其他职权。同时明确监事可以列席董事会会议。

3.5　经理层对内部控制重大 缺陷修复的影响

委托代理理论中有两种途径解决代理问题：一种是建立有效的激励机制，通过对高管的激励促进高管与股东利益趋于一致。二是建立有效的监督体系，避免企业高管的短期行为。由于监督成本过大，所以大多数选择健全激励机制。

本书所指的经理层在此仅表示公司的 CEO 和 CFO，经理层能力是一种综合性能力，消除障碍、克服阻力达成自身意愿的能力。芬克尔斯坦（Finkelstein，1992）指出经理权力是使他人行为表现自身意愿的能力，利用可以获取的一切机会培养自己的力量[1]。卡拉等（2011）认为最高管理层在内部控制框架所有类型的内部控制重大缺陷的修复中都发挥着重要作用[2]。经理层能力包括参与决策能力、创新能力和激励能力。贾文等（Jarvinen et al.，2016）发现，内部控制存在重大缺陷时管理层更倾向实施真实的盈余管理活动。[3]

3.5.1　经理层变更对内部控制重大缺陷修复的影响

公司内部控制重大缺陷披露后是否会变更高管是一个大家关注的问题。本书用 CEO 是否变更（变 1，否 0）、高管董事化比例来衡量经理层参与决策的能力。优秀的高管是公司重要的人力资源，高级管理层的更换对于上市公司而言是十分重大的事，谢赖佛和维什尼（Sh-leifer &

①　Finkelstein S. Power in Top Management Teams：Dimensions，Measurement，and Validation [J]. The Academy of Management Journal，1992，35（3）：505 –538.

②　谢永珍，赵琳，王维祝. 治理行为、治理绩效：内涵、传导机理与测量 [J]. 山东大学学报（哲学社会科学版），2013（11）：1 – 12.

③　Jarvinen T.，Myllumali E. Real Earnings Management before and after Reporting SOX 404 Material Weaknesses [J]. Accounting Horizons，2016，30（1）：119 – 141.

Vishny，1989）研究发现创始人 CEO 存在"壕沟效应"①，任何一家公司在做出高管层更换的决定时都是格外谨慎，依据信号传递理论，该事件可以传递给投资者，影响其投资决策和股价。安德鲁·莱昂（2010）研究表明当公司存在内部控制缺陷，如会计违规时，创始人 CEO 的更换率比非创始人 CEO 的更换率更低，同时 CFO 的更换率在有创始人 CEO 的公司中比没有创始人 CEO 的公司中更高②。

依据信号传递理论，内部控制缺陷暴露事件可以传递给投资者，影响其投资决策和股价，企业为尽早挽回声誉修正缺陷，采取更换高管的行为。会计违规会导致更高的管理者更换（Desai et al.，2006③；Agrawal & Cooper，2007④）。财务报表重述会导致高管更换（Hennes et al.，2008）⑤，财务欺诈会导致下个年度更高比例的高管更换（Wei Ting，2011）⑥。财务报表重述会导致高管更换（Hennes et al.，2008）⑦，财务欺诈会导致下个年度更高比例的高管更换（Wei Ting，2011）⑧。在内部控制缺陷暴露后，企业为尽早挽回声誉修复缺陷，采取更换高管的行为，可以看出高管的更换和内部控制缺陷的修复存在一定的关系。

3.5.2　经理层结构对内部控制重大缺陷修复的影响

董事长和总经理两职合一对其创新自由度有利，我国董事长兼任总经理的比重很低，董事长与总经理大部分处于分离的状态，内部控制重

---

① "壕沟效应"表示创始人 CEO 由于其特殊的身份和地位，以及拥有的对公司发展重要的特定资本所形成的对自身的一种保护机制。

② Andrew J. Leone, and Michelle Liu. Accounting Irregularities and Executive Turnover in Founder‒Managed Firms［J］. The Accounting Review, 2010（85）: 287‒314.

③ Desai, H., Hogan, C. E., Wilkins, M. S. The Reputational Penalty for Aggressive Accounting: Earnings Restatements and Management Turnover［J］. Accounting Review, 2006（81）: 83‒112.

④ Agrawal A., and Cooper T. Corporate Governance Consequences of Accounting Scandals: Evidence from Top Management, CFO and Auditor Turnover, Working Paper, 2007.

⑤⑦ Hennes K., and Leone A., and Miller B. The Importance of Distinguishing Errors from Irregularities in Restatement Research: The Case of Restatements and CEO/CFO Turnover［J］. The Accounting Review, 2008（83）: 1487‒1519.

⑥⑧ Wei Ting. Top Management Turnover and firm Default Risk: Evidence from the Chinese Securities Market［J］. China Journal of Accounting Research, 2011（4）: 81‒89.

大缺陷披露后，总经理需要迅速集结资源，沟通协商成本越低越有利，所以两职合一，能保证迅速决策，有利于总经理自由发挥其作用，有利于内部控制缺陷的修复。

委托—代理理论倡导董事长与总经理两职分离，当董事长和总经理两职合一时，董事会不能有效执行其监督职能（Jensen，1993）①。董事长与总经理两职合一的公司报告内部控制缺陷的可能性更大（刘亚莉等，2011），董事长与总经理两职合一与内部控制有效性有显著的负相关关系（宋宝燕；张阳；刘祖基，2013）。两职分设也可能因为制衡而导致风险事件的发生。

3.5.3　经理层激励对内部控制重大缺陷修复的影响

内部控制缺陷被披露或被识别后，公司除了通过更换高管等措施来促进内部控制缺陷的修复外，还可对高管（经理层）施行激励措施，促使其迅速采取行动，进行内部控制缺陷的修复，经理层激励能力的发挥通过薪酬激励和股权激励来激发，我国法规明确规定对高管实行年薪激励考核并逐步引入长期激励机制②。研究发现激励薪酬具有正面效应，操纵性薪酬具有负面效应（权小锋等，2010）③，管理层控制的企业高管权力更大，CEO 薪酬增长更快，高管持股可以降低企业的代理成本（Warfield，1995）④。然而有研究认为随着企业高管持股比例的增加，控制权的增加，会在一定程度上倾向于财务造假，谋取私人利益（Erickson，2006；Johnson，2009）。这点国内的研究也有证实，股权激励对高管有正向作用，但同时存在高管的自利行为（吴育辉，2010）⑤，

101

---

① Jensen，M. The Modern Industrial Revolution，Exit and the Failure of Internal Control Systems［J］. Journal of Finance，1993（48）：831 – 880.

② 2004 年 1 月 1 日实施的《中央企业负责人经营业绩考核暂行办法》对中央直属企业高级管理人员（以下简称高管）开始实行年薪激励考核，并逐步引入长期激励机制。2008 年 5 月初，中国证监会出台了《股权激励有关事项备忘录 1 号》及《股权激励有关事项备忘录 2 号》文件。这两个文件的出台是对 2005 年底颁布的《上市公司股权激励管理办法（试行）》的有益补充。

③ 权小锋，吴世农，文芳. 管理层权力、私有收益与薪酬操纵——来自中国国有上市企业的实证证据［J］. 经济研究，2010（11）：29 – 33.

④ Warfield T. D.，Wild J. J.，Wild K. L. Managerial Ownership，Accounting Choices，and Informativeness of Earnings［J］. Journal of Accounting and Economics，1995（20）：61 – 91.

⑤ 吴育辉. 高管薪酬：激励还是自利［J］. 会计研究，2010（11）：20 – 25；吴育辉. 企业高管自利行为及其影响因素研究［J］. 管理世界，2010（5）：60 – 66.

股权激励很可能成为管理层谋求个人利益最大化的渠道。研究发现经营者责任制及年薪制鼓励经营者的短期努力，而股权激励使经营者与企业长远业绩捆绑在一起（潘淑清，2007）[①]。

高管持股比例作为一种激励手段，在提升企业业绩方面所起的作用相当重要（Jensen & Murphy，1990），1993 年我国企业万科率先实施股权激励，接着 1997 年上海推出了企业高管股权激励分配方案，使公司出现内部控制缺陷的可能性变小。我国国有企业的股权激励仍然处于发展阶段，51.78% 的国有企业没有实施股权激励。但是也可以看到，我国股权激励改革也正稳步发展。

高管薪酬作为公司的一种激励政策，对公司内部治理有积极作用。覃蕾蕾（2011）认为高管薪酬与内部控制有效性正相关。相比西方市场经济发达国家已形成了一整套比较成熟的激励与约束相对称、短期与长期相配套的企业家薪酬制度。目前，我国的企业高级管理者的薪酬结构中缺乏中长期激励机制。大部分企业经营管理者收入水平与他们所承担的责任、做出的贡献和企业效益的增长明显不相关，并且其收入水平较低，增长缓慢。

内部控制缺陷被披露或被识别后，经理层通过改善公司治理行为特征，对内部控制缺陷进行修复整改。公司要调动经理层的创新能力和激励能力，保障其参与决策的能力，确保努力修复内部控制缺陷，进而实现其公司目标。

3.6 媒体关注与法律规制对内部控制重大缺陷修正的调节

3.6.1 媒体关注对内部控制重大缺陷修正的调节

委托—代理理论认为激励和监督是解决代理问题的方法，这里的监督指的是内部监督，而媒体无疑可以成为外部监督的一种手段。当前我国法律制度薄弱，媒体关注发挥着治理功能，戴克等（Dyck et al.,

---

① 潘淑清. 高新技术企业经营者股权激励机制设计 [J]. 江西财经大学学报，2007（1）：45 - 63.

2008）研究发现媒体曝光能促使企业改正自己的不好行为，如侵害投资者利益[1]。乔等（Joe et al.，2009）研究认为媒体曝光能促使董事会采取积极的纠正行动。我国也有学者发现了媒体关注具有治理效应（李培功、沈艺峰，2010）[2]。

内部控制重大缺陷的披露是负面消息（Gupta & Nayar，2007；Heintz，Li & Scholz，2008；Ashbaugh-Skaife et al.，2009），依据信号传递理论，媒体对负面消息的报道不仅本身（通过影响经理人等内部人的声誉）直接发挥董事会治理作用，同时将通过改善其他治理机制的功能来间接发挥治理作用。研究已证实，媒体报道在董事会治理中起非常重要的作用（Miller，2006；Joe et al.，2009；Fang & Peress，2009；Dyck et al.，2010；李培功、沈艺峰，2010；张玮倩，2012；权小锋、吴世农，2012；彭桃英、汲德雅，2014）。因而，媒体报道成为资本市场发展可以借助的改善董事会治理重要的法律外制度[3]。适度的媒体曝光有助于间接的起到监督的作用，从而促进公司的发展。

媒体发挥治理作用是通过行政治理路径和经理人声誉治理路径来实现的。在当前法律制度不健全的情况下，媒体治理作用的发挥，是通过揭示财经领域种种欺骗、误导投资者、严重侵害公众利益的行为，影响公司及治理层声誉，进而引起行政部门的关注来实现。行政部门的介入提高了违规成本，从而促使这些公司改正违规行为（李培功、沈艺峰，2009），行政治理可以成为一种保障投资者利益的替代机制（陈冬华等，2008）。

声誉治理是媒体发挥董事会治理职能的新途径，依据声誉理论，媒体对上市公司违规事件的曝光，使上市公司声誉受影响[4]，使上市公司管理层违规操作的声誉成本加大，深度报道、曝光内容如对投资者构成严重侵害的报道能表现出显著的治理效果。媒体作为法律外的治理机制

---

① Dyck，A.，Volchkova，N.，Zingales，L. The Corporate Governanance Role of the Media：Evidence from Russia ［J］. Journal of Finance，2008，63（3）：537 - 600.

② 李培功，沈艺峰. 媒体的公司治理作用：中国的经验证据 ［J］. 经济研究，2010（4）：14 - 27.

③ 郑志刚，丁冬，汪昌云. 媒体的负面报道、经理人声誉与企业业绩改善——来自我国上市公司的证据 ［J］. 全新研究，2011（12）：175.

④ 《辞海》中对声誉的定义为：声望名誉。近代形式的声誉是指和这种个人的内部发展相适应的外部荣誉。声誉是指声望、名誉，经营者的声誉是指对经营者能力、经营业绩、公众关系以及履行承诺契约水平和社会地位的评价。

对我国上市公司内部控制重大缺陷的修正具有重要的意义。确保媒体报道与企业纠正修正内部控制缺陷两者之间的因果关系，在媒体曙光前识别出违规企业（Dyck et al.，2000），媒体再通过信息制造、信息的再披露，引导公众舆论，减少信息不对称。对公司管理层的不尽责行为进行负面报道和评论，不好的信息会影响公司声誉，导致公司形象下降，股价下跌，致使投资者做出新的投资决策，进而引起行政介入，这些行政压力迫使公司进行内部控制重大缺陷的调整和修正，所以媒体关注在董事会治理对内部控制重大缺陷修正的过程中起重要调节作用。

3.6.2　法律规制对内部控制重大缺陷修正的调节

法律规制是指政府运用公共权力通过制定并执行一系列法律法规来干预公司、个体等的行为。国家之间由于法律法规不同，其公司的内部控制重大缺陷的报告也不同，2010 年以来研究已证实除美国以外的国家其公司更有可能报告内部控制重大缺陷，被列为法律强国的国家披露内部控制重大缺陷的可能性更小。此外，在法律强国中，财务报表使用国际财务报告准则编制的公司更不可能披露内部控制重大缺陷，而在法治薄弱的国家，采用国际财务报告准则的公司和内部控制重大缺陷的披露之间没有显著关系（Wilford A. L. 2016）[1]。已有研究评估规章制度变化的影响，研究表明外部治理环境、制度发展程度对公司服从披露要求有正面影响，公司改善内部控制使其更加遵守法律规定（Lei Gao et al.，2012）[2]。PCAOB 监督检查力度在报告内部控制重大缺陷公司中起积极作用（DeFond et al.，2015）[3]。

我国政府一直试图改善公司治理和内部控制环境，从 1993 年发布《公司法》以来，为对公司内部控制行为进行调控陆续发布内部控制方面法规 60 多项。财政部等五大部委 2008 年 6 月 28 日联合发布了《企

---

① Wilford A. L. Internal Control Reporting and Accounting Standards: A Cross-country Comparison [J]. Journal of Accounting and Public Policy，2016，35（3）：276－302.

② Lei Gao, Gerhard Kling. The impact of corporate governance and external audit on compliance to mandatory disclosure requirements in China, Journal of International Accounting, Auditing and Taxation，2012，2（1）：17－31.

③ DeFond M. L.，Lennox C S. Do PCAOB Inspections Improve the Quality of Internal Control Audits？[J]. Available at SSRN 2574506，2015.

业内部控制基本规范》（以下简称规范），2010 年 4 月 26 日，又发布系列《企业内部控制配套指引》（以下简称指引）。我国在有限的执法资源约束条件下内部控制法律法规具有一定的执行效力，受诉讼和违规处罚的概率越大的公司，其存在的内部控制缺陷越多。公司实际控制人的差异决定了他们在受到违规惩戒时存在着监管部门处罚不一的事实（单华军，2010）[①]。不同的法源地区其法律保护程度不同，存在系统性差异（La Porta et al.，1998）。法律监督差异和市场化程度影响上市公司内部控制自评报告信息的披露，法律环境差异会影响上市公司内部控制信息的披露，影响企业董事会的行为（杨有红等，2011）[②]，这对公司规范自身行为，服从披露要求有正面影响，能促进外部治理环境的改善，进而影响企业内部控制缺陷的修正。所以法律规制在董事会治理对内部控制重大缺陷修正过程中起调节作用。

3.7　其他因素对内部控制重大缺陷修正的影响

依据信号传递理论，上市公司选择什么样的审计师，其行为即是向投资者传递关于公司价值的信号。投资者相信高质量的审计服务能获得更为准确可靠和有效的会计信息，其内部控制缺陷及修正方面信息也真实，更能让人信服，投资者据此做出投资决策。审计师因素是影响上市公司内部控制效率高低的因素（陈丽蓉，周曙光，2010）。审计师规模与内部控制重大缺陷有关（Klamm et al.，2012；Lopez et al.，2013[③]）。未修正缺陷的公司更可能被出具非标审计意见（Jacqueline S. et al.，2012）[④]，外部审计师有条件识别和判断企业内部控制缺陷，通过出具

①　单华军. 内部控制、公司违规与监管绩效改进——来自 2007～2008 年深市上市公司的经验证据 [J]. 中国工业经济，2010（11）：140-148.

②　杨有红，何玉润，王茂林. 市场化程度、法律环境与企业内部控制自我评估报告的披露——基于沪市 A 股上市公司的数据分析 [J]. 上海立信会计学院学报，2011（1）：9-16.

③　Lopez, Dennis M. Rich, Kevin T. Smith, Pamela C. Auditor Size and Internal Control Reporting Differences in Nonprofit Healthcare Organization [J]. Journal of Public Budgeting, Accounting & Financial Management, 2013, 25（1）：41-68.

④　Jacqueline S. Hammersley, Linda A. Myers, and Jian Zhou. The Failure to Remediate Previously Disclosed Material Weaknesses in Internal Controls [J]. A Journal of Practice & Theory American Accounting Association, 2012, 31（2）：73-111.

非标意见来规避风险（王海滨、于长春，2014）[1]。因此是否进行内部控制审计、事务所规模、出具的财务报告审计意见等指标都影响到内部控制重大缺陷的修正。

合理的股权结构直接影响到公司控制权的安排，是上市公司内部控制缺陷产生的决定性因素，世界各地普遍存在着在公司中占据主导地位的大股东（La Prota et al.，1999）[2]。股东之间治理问题主要表现为大股东对中小股东利益的侵害。如股东之间缺乏有效制衡，机构投资者等其他股权比例过少，良性的控制权竞争机制难以形成，导致大股东对公司的完全控制和关联交易、内部人控制等行为，导致违规、财务报表重述、舞弊等行为发生，研究认为国有控股股东的公司比个人控股股东的公司更容易出现组织架构缺陷（李璇，2013）。依据声誉效应理论，国有企业控股的上市公司更有可能修复内部控制缺陷。

克莱姆（Klamm et al.，2012）研究发现很多内控缺陷案例都预测到了未来的内控缺陷。他发现内控缺陷公司往往具有一些共同特征：像竞争局势激烈、财务状况恶劣、低质量公司治理结构。这些特征影响了重大缺陷修复的过程[3]。学者研究发现具有内控缺陷特别是重大缺陷的公司具有规模小、上市时间短、财务状况不好、经营业务复杂、增长速度过快或是正在经历兼并重组等特征（Weili Ge & Sarah McVay，2005[4]；Yazawa，2010）。认为存在内部控制缺陷的公司规模小、业务复杂、盈利能力差、成长性弱或是正在经历重组。披露了内部控制缺陷的公司往往规模小、业务较复杂、正经历组织变革、国有股持股比例高（李育红，2010）[5]。股权结构、公司资源（公司规模和财务困境）、上市时间、公司重组兼并情况（组织结构变革）、公司业务复杂性、是否在海外上市等因素也影响内部控制缺陷的修正。

---

① 王海滨，于长春. 内部控制缺陷、信息披露与利益相关者行为研究——基于股主板上市公司的经验证据 [J]. 经济与管理研究，2014（5）：69－75.

② La Prota, R., Lopez-de-Silanes, F., Shleifer, A., Vishn, R. Corporate Ownership Around the World [J]. Jounal of Finance, 1999（54）：471－571.

③ Klamm, B. K. W. Kobelsky and M. W. Watson. Determinants of the Persistence of Internal Control Weakness [J]. Accounting Horizons, 2012, 26（2）：307－333.

④ Weili Ge, Sarah McVay. The Disclosure of Material Weaknesses in Internal Control after the Sarbanes-Oxley Act [J]. Accounting Horizons, 2005, 19（3）：137－158.

⑤ 李育红. 上市公司内部控制缺陷披露的影响因素的实证分析 [J]. 财会通讯，2010（36）：86－87＋91.

3.8   综合影响机理

董事会对公司的内部控制缺陷修正负有直接责任（林野萌等，2013），尤其是审计委员会（Karla et al.，2011）[①]。董事会战略监督职能的履行通过行为来体现，表现为战略决策行为和监督控制行为，通过这些行为的传导对行为的绩效即内部控制重大缺陷修正产生影响。当出现内部控制缺陷时管理层可能不会主动采取积极的修正措施。有效的董事会及审计委员会能参与战略获取资源并监督管理层及时进行内部控制重大缺陷的修正，董事会规模及独立性、领导结构及董事激励、审计委员会对董事会改进决策监督行为、优化董事会治理具有重要影响，董事会的行为传导到内部控制治理绩效即内部控制重大缺陷修正，内部控制重大缺陷修正与董事会，审计委员会的特征及变化密切相关。

在董事会治理对内部控制重大缺陷修正的影响过程中，媒体关注和法律规制共同起作用，媒体通过声誉治理和行政治理的路径来实现监督功能，按照信号传递理论，媒体对上市公司负面事件的曝光，使上市公司声誉受到影响，导致公司形象下降、股价下跌等，影响投资决策，进而引起行政介入，这种内部的压力和外部行政压力迫使公司进行内部控制重大缺陷的调整和修正。确保媒体报道与企业改正两者之间的因果关系，媒体再通过信息制造、信息的再披露，引导公众舆论，促使董事会治理主体改善董事会治理结构和采取修正行动，在这些行为过程中，媒体关注和法律规制起着调节作用。

另外，高管（经理层）、外部审计师、内部控制审计，被出具的审计意见也影响到内部控制重大缺陷的修正，公司特征因素也对内部控制重大缺陷修正有影响，如，股权结构、公司规模、盈利能力、增长速度、公司重组兼并情况（组织结构变革）、公司业务复杂性、上市时间等因素。

董事会治理对内部控制重大缺陷修正的影响机理，如图 3 - 1 所示。

[①]   Karla John stone，et al.，Changes in Corporate Governance Associated with the Revelation of Internal Control Material Weaknesses and Their Subsequent Remediation［J］. Contemporary Accounting Research，2011（28）：331 - 383.

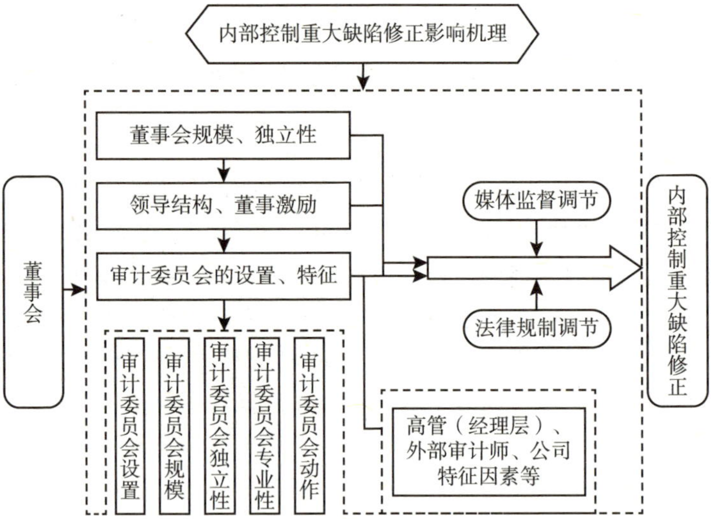

图 3 - 1　内部控制重大缺陷修正的影响机理图

3.9　本 章 小 结

本章沿着"董事会治理—行为（调节）—内部控制重大缺陷修正"的分析思路，阐述了董事会治理对内部控制重大缺陷修正的影响机理，重点分析的治理主体是董事会及其所属的审计委员会：董事会，分析了董事会的规模、独立性、领导结构、董事激励对内部控制重大缺陷修正的影响；审计委员会，分析了其设置、特征及运作对内部控制重大缺陷修正的影响。

董事会对公司的内部控制缺陷修正负有直接责任，尤其是其审计委员会。董事会战略监督职能的履行通过行为来体现，董事会行为表现为对内部控制的战略决策行为和监督控制行为，通过这些行为的传导对内部控制重大缺陷修正产生影响。有效的董事会及审计委员会能参与战略获取资源并监督管理层及时进行内部控制重大缺陷的修正，董事会规模及独立性、领导结构及董事激励、审计委员会对董事会改进决策监督行为、优化董事会治理具有重要影响。

媒体关注和法律规制在董事会治理对内部控制重大缺陷修正影响过程中起调节作用，另外本书还分析了审计师、内部控制审计等治理因素对内部控制重大缺陷修正的影响。在法律法规的强制规制下，在媒体通过声誉治理和行政治理的监督下，董事会及其审计委员会采取积极的修正措施，通过履行战略决策和监督控制行为，促进内部控制重大缺陷的及时修正。

第4章 研究假设与理论模型构建

4.1 研究假设

4.1.1 董事会规模、独立性对内部控制重大缺陷修正影响的研究假设

依据代理理论，随着董事会的规模增大，其监控能力也会增加。但是由此带来的代理成本也随之增加，成员的沟通和协调变得困难，不仅容易产生"搭便车"行为，而且可能削弱管理层对董事会的信任，从而降低修正内部控制的能力。大规模的董事会的低效率，很容易造成董事会被管理层控制和欺骗，威胁到股东的利益（Jensen，1993）。董事会规模越大，越容易产生导致内部控制失效（Chtouroul，2001；程晓陵，2008；张先治，2010）。但董事会规模太小，则可能因董事会人力资源不足或者董事会治理能力低而影响董事会对内部控制缺陷修正的作用。合理的董事会规模应在一定的范围之内，既不能太大，也不能太小，以不超过8人为佳（Jensen，1993）；或8～9人（Lipton & Lorsch，1992）；或12～17人（Tricker，1995）。要能以较低的治理成本获取较多的治理收益，从而使企业获得更大价值（谢永珍，2006）①。因此，提出假设 H1 −1。

H1 −1：董事会规模与公司内部控制重大缺陷修正呈倒"U"形

---

① 谢永珍. 基于治理成本与治理收益的董事会规模研究［J］. 南开学报（哲学社会科学版），2006（4）.

关系。

依据委托—代理理论，独立董事被赋予监督的职责，独立董事的加入有助于降低公司管理层和董事合谋的可能性，降低管理者对公司利益的侵害（Fama，1993）。董事会独立性与重大缺陷修正及时性存在显著正相关关系（Beng Wee Goh，2009），董事会独立性越强，越有助于内部控制缺陷的修正。卡拉等（2011）对于初次披露一个内部控制重大缺陷一年后即纠正（修正）该缺陷的431家公司进行研究的结果表明，这些公司拥有更加独立的董事，更加可能拥有一个独立的董事会主席，拥有更大比例的同时为其他公司董事会服务的独立董事。由此推导出，董事会独立性越强，越有利于内部控制缺陷的修正。据此，提出假设H1－2。

H1－2：董事会独立性与内部控制重大缺陷修正正相关。

4.1.2　领导结构、董事激励对内部控制重大缺陷修正影响的研究假设

依据委托—代理理论，董事长与总经理两职分设，有助于董事会对管理层的制衡。如果董事长和总经理两职合一，这种监督与被监督的平衡就会被打破，很容易造成董事会被内部人控制，不利于内部控制缺陷的修正。研究显示，我国上市公司的领导权结构出现逐步向分离过渡的趋势，董事长与总经理两职分设的制衡作用效果显著[①]。莫尔茨（Molz，1988）的研究也证实两职合一会造成董事会被经理层控制的局面，董事会可能会提高警惕（Finkelstein & D'aveni，1994）[②]。增强内部控制有效性的方法之一就是董事长与总经理的两职分离（Molz，1988），两职分离强化了董事会的独立性，可以避免CEO借助董事长的职位限制董事会活动（Jensen，1993）[③]，是及时修正内部控制缺陷的有效的补救措施

①　谢永珍. 中国上市公司领导权结构与公司治理监督效率的实证观察［J］. 中央财经大学学报，2006（5）：57－63.

②　Finkelstein，S.，and R. D'aveni. CEO Duality as a Double-edged Sword：How Boards of Directors Balance Entrenchment Avoidance and Unity of Command［J］. Academy of Management Journal，1994，31（5）：1079－1108.

③　Jensen，M. C. The Modem indus Uial Revolution，Exit and the Failure of Internal Control Systems［J］. The Journal of Finance，1993，48（3）：831－80.

（Mitra et al.，2013）[1]，董事长与总经理两职兼任不利于公司内部控制重大缺陷的修正，据此，提出假设 H2-1。

H2-1：董事长与总经理两职兼任与内部控制重大缺陷修正负相关。

合理的董事激励有助于提高董事会的效果（Beasley，1996）[2]，董事报酬显著影响着内部控制有效性（张阳，2013）。持股将强化董事对内部控制的关注，尤其当内部控制出现重大缺陷时，为了尽可能降低不利消息给公司带来的负面影响，股权股份的董事将采取积极的行动，从而达到改善内部控制的质量。卡拉等（2011）的研究显示采取修正措施的公司有较大比例的独立董事持股。另外，公司未领取薪酬董事比例高，对董事会战略控制职能不利，因为这些董事不能对自己的行为很好的负责任，不利于保证董事会的有效性。研究也证实未领取薪酬的董事比例与盈余质量之间存在显著的相关关系（董文辰，2011）[3]，低未领取薪酬董事比例对公司绩效有促进作用（谭俊杰，2011）[4]。公司未领取薪酬董事越多，越可能造成过多的无效决策，影响董事会的有效性，不利于内部控制重大缺陷的修正。据此，提出假设 H2-2。

H2-2：董事激励对内部控制重大缺陷修正具有积极影响。

4.1.3 审计委员会对内部控制重大缺陷修正影响的研究假设

审计委员会是专司内部控制监督的机构，董事会通过审计委员会对经理层及内部控制实施监督，进行内部控制缺陷的修正。有效的审计委员会有助于促使管理者雇用专业性强的审计师（Abbott & Parker，

① Mitra，Santanu Hossain，Mahmud Marks，Barry R. Corporate ownership characteristics and timeliness of remediation of internal control weaknesses [J]. Managerial Auditing Journal，2013，27（9）：846-877.

② Beasley，M. S. An Empirical Analysis of the Relation Between the Board of Director Composition and Financial Statement Fraud [J]. Accounting Review，1996：443-465.

③ 董文辰. 公司治理结构、盈余质量及其价值相关性 [D]. 大连理工大学，2011.

④ 谭俊杰. 产品市场竞争、董事会治理与公司绩效关系的实证研究 [D]. 厦门大学，2011.

2000）①，约束管理者的盈余操纵（Klein，2002）②。大量实证研究证实，审计委员会质量与内部控制质量存在显著的相关性，较低的审计委员会质量伴随着较大的内部控制缺陷（Krishnan，2007③；Bedard & Hoitash et al.，2008④；王雄元、管考磊，2006⑤；蔡卫星、高明华，2009⑥；等等）。据此，提出假设 H3 - 1。

H3 - 1：审计委员会设置对公司内部控制重大缺陷的修正有积极影响。

公司拥有更大的审计委员会可能更及时修正重大缺陷。拥有更大的审计委员会公司更可能监督公司管理人员进行重大缺陷修正的努力，更可能频繁接触内控系统操作人员，这些工作会反过来加快内控重大缺陷修正的速度。研究已证实审计委员会的规模与内部控制重大缺陷修正的时效性正相关（Karla et al.，2011）。尽管主要交易所要求审计委员会至少有 3 个董事，但是研究结果表明通过扩大审计委员会规模能够提高对内部控制的监督（Beng Wee Goh，2019）⑦。据此，提出假设 H3 - 2。

H3 - 2：审计委员会的规模与公司内部控制重大缺陷的修正正相关。

具备更大影响力、竞争力和激励机制的审计委员会应该更有效地进行监督和管理。研究发现独立的审计委员会与具有财务专业知识的审计

---

①　Abbott, L. J., and S. Parker. Auditor Selection and Audit Committee Characteristics [J]. Auditing: A Journal of Practice & Theory, 2000, 19 (2): 47 - 66.

②　Klein, A. Audit Committee, Board of Director Characteristics, and Earnings Management [J]. Journal of Accounting and Economics, 2002, 33 (3): 375 - 400.

③　Krishnan, Gopal V. Visvanathan. Gnanakumar Reporting Internal Control Deficiencies in the Post - Sarbanes - Oxley Era: The Role of Auditors and Corporate Governance [J]. International Journal of Auditing, 2007, 11 (2): 73 - 90.

④　Bedard, J. C., R. Hoitash, and U. Hoitash. Audit Pricing and Internal Control Disclosures Among Nonaccelerated Filers [J]. Research in Accounting Regulation, 2008, 20: 103 - 126.

⑤　王雄元，管考磊. 关于审计委员会特征与信息披露质量的实证研究 [J]. 审计研究，2006 (6): 42 - 49.

⑥　蔡卫星，高明华. 审计委员会与信息披露质量：来自中国上市公司的经验证据 [J]. 南开管理理论，2009 (4): 120 - 127.

⑦　Beng Wee Goh, Audit Committees, Boards of Directors, and Remediation of Material Weaknesses in Internal Control [J]. Singapore Management University Contemporary Accounting Research, 2019 (26): 549 - 579.

委员会不太可能与内控披露的实质性缺陷及报告相联系（Krishnan, 2005），ICMWs 对那些拥有资深的会计和财务监管资质审核委员会成员的审计委员会的公司不太起作用（Hoitash et al.，2009）①。如果审计委员会拥有更少的财务专业知识，公司将更有机会有 ICMWs（Zhang et al.，2007）。研究发现，对于初次披露一个内部控制重大缺陷一年后即纠正（修正）该缺陷的431家公司进行研究的结果表明，这些公司拥有具有更多的审计委员会金融专业知识的人员（Karla et al.，2011）②。可见审计委员会成员中拥有财务专长的比例与重大缺陷修正及时性密切相关。据此，提出假设 H3 – 3。

H3 – 3：审计委员会专业性与内部控制重大缺陷修正正相关。

委员会会议频率常用来衡量审计委员会的勤勉度，虽然有观点认为审计委员会会议次数与公司披露内部控制缺陷呈正相关关系（Visvanathan，2005；Krishnan，2007③；Carcello，2008；李育红，2010④），然而也有很多研究持相反的观点，认为审计委员会会议次数与内部控制缺陷披露之间呈负相关关系（McMullen & Raghunandan，1996⑤；Raghunandan et al.，2001⑥；Abbott et al.，2004⑦；Farber，2006；田勇，2011⑧）。本书认为，公司重大缺陷发生后，审计委员会会积极作为，积极召开审计委员会会议，商量对策，进行缺陷的修正。但是年度内过

---

① Hoitash, et al. , Corporate Governance and Internal Control over Financial Reporting: A Comparison of Regulatory Regimes [J]. The Accounting Review, 2009 (84): 839 – 867.

② Karla, et al. , Changes in Corporate Governance Associated with the Revelation of Internal Control Material Weaknesses and Their Subsequent Remediation [J]. Contemporary Accounting Research, 2011 (28): 331 – 383.

③ Krishnan, G. V. Visvanathan, G. Reporting Internal Control Deficiencies in the Post – Sarbanes – Oxley Era: The Role of Auditors and Corporate Governance [J]. International Journal of Auditing, 2007, 11: 73 – 90.

④ 李育红. 上市公司内部控制缺陷披露的影响因素的实证分析 [J]. 财会通讯, 2010 (36): 86 – 87 + 91.

⑤ McMullen, D. A. , Raghunandan, K. Enhancing Audit Committee Effectiveness [J]. Journal of Accountancy, 1996, 182 (8): 79 – 81.

⑥ Raghunandan, K. , Read, W. J. , Rama, D. V. Audit Committee Composition, Grey Directors, and Interaction with Internal Auditing [J]. Accounting Horizons, 2001, 15 (6): 105 – 118.

⑦ Abbott, L. J. , Parker, S. , Peters, G. F. . Audit Committee Characteristics and Restatements [J]. Auditing: A Journal of Practice & Theory, 2004, 23 (1): 69 – 87.

⑧ 田勇. 我国上市公司内部控制缺陷的影响因素研究 [J]. 南方金融, 2011 (2): 59 – 63.

多的会议容易造成对问题推诿扯皮，影响效率，导致沟通成本过高，反而不利于问题的解决，不利于内部控制重大缺陷的修正。审计委员会会议需要保持一个合理的度。据此，提出假设 H3 - 4。

H3 - 4：审计委员会会议次数与内部控制重大缺陷修正呈倒 "U" 形关系。

4.1.4　媒体关注对内部控制重大缺陷修正影响的调节假设

依据信号传递和声誉理论，内部控制重大缺陷的披露是负面消息（Ettredge，Heintz，Li，& Scholz，2008；Ashbaugh-Skaife，Collins，& LaFond，2009），媒体对负面消息的报道对内部治理结构的完善发挥着重要的约束作用。媒体可以减少获取信息、证实信息的成本，监督政策制定执行者，降低治理层谋取个人私利的行为（Dyck A. et al.，2002）[①]。董事会无效行为的曝光会使董事会采取积极的纠正行动，如增加独立董事比例、变更 CEO 等（Joe et al.，2009）[②]，媒体负面报道成为约束上市公司行为，改善公司治理的重要外部环境（郑志刚、丁冬、汪昌云，2011）[③]，媒体是重要的内部控制手段（Dyck et al.，2010；吴世农，2012；彭桃英、汲德雅，2014；等等）。所以，媒体在董事会和外部治理因素对内部控制重大缺陷修正过程中起调节作用。据此，提出假设 H4。

H4：媒体关注在董事会治理对内部控制重大缺陷修正过程中起调节作用。

4.1.5　法律规制对内部控制重大缺陷修正影响的调节假设

我国有限的执法资源约束条件下证券法律法规的执行效力尚佳，内部控制缺陷越多的上市公司，受到诉讼和违规处罚的可能性就越大（单

---

① Dyck A.，Zingales L. The Corporate Governance Role of the Media［R］. Working Paper，2002（3）.

② Joe J.，Louis H.，Robinson D. Managers and Investors Responses to Media Exposure of Board Ineffectiveness［J］. Journal of Financial and Quantitative Analysis，2009，4（44）：579 - 605.

③ 郑志刚，丁冬，汪昌云. 媒体的负面报道、经理人声誉与企业业绩改善——来自我国上市公司的证据［J］. 全新研究，2011（12）：175.

华军，2010）①。学者通过研究也发现，法律环境较好的地区，内部控制与每股盈余价值相关性强于法律环境较差的地区②。法律环境差异会影响上市公司内部控制自我评估报告信息的披露，其中法律环境的差异会影响到企业行为（杨有红等，2011）③。外部治理环境，制度发展程度对公司服从披露要求有正面影响，改善内部控制将导致公司更加遵守披露要求（Lei Gao et al.，2012）④。法律法规对外部治理环境的改善有正面影响，对公司规范自身行为，进行内部控制重大缺陷的修正，服从披露要求有正面影响，据此，提出假设 H5。

H5：法律规制在董事会治理对内部控制缺陷修正过程中起调节作用。

另外，研究证实公司迅速任命新的有经验的 CEO 更可能提高修正及时性，而如果公司存在更严重的重大缺陷、更低的盈利能力、更复杂的营运状况，都可能降低重大缺陷修正的及时性（Beng Wee Goh，2009），我们预测 CEO 变更与内部控制重大缺陷修正正相关；激励能有效缓解代理问题，克服经理人短视现象，在公司出现内部控制缺陷时，能促使经理人有动机去修正缺陷。我们预测经理层薪酬激励（高管前三名薪酬）与内部控制重大缺陷修正正相关；大型事务所更加重视自己的名誉更有可能提供高质量的财务报告审计，并且对内部控制进行系统的检查（DeAngelo，1981；Shu，2000），所以会计师事务所规模（是否四大、八大）与内部控制缺陷修正正相关；信号传递理论为公司进行内部控制审计提供了一种可能的理论解释，内部控制审计对上市公司内部控制缺陷的修正起积极作用（张龙平，2010）；内部控制缺陷是影响审计意见的重要因素，未修正缺陷的公司更可能被出具非标审计意见（Jac-

---

① 单华军．内部控制、公司违规与监管绩效改进——来自 2007～2008 年深市上市公司的经验证据［J］．中国工业经济，2010（11）：140－148.

② 李虹，田马飞．内部控制，媒介功用，法律环境与会计信息价值相关性［J］．会计研究，2015，6：9.

③ 杨有红，何玉润，王茂林．市场化程度、法律环境与企业内部控制自我评估报告的披露——基于沪市 A 股上市公司的数据分析［J］．上海立信会计学院学报，2011（1）：9－16.

④ Lei Gao，Gerhard Kling. The Impact of Corporate Governance and External Audit on Compliance to Mandatory Disclosure Requirements in China，Journal of International Accounting［J］．Auditing and Taxation，2012，2（1）：17－31.

queline S. et al.，2012）[①]，外部审计师有条件识别和判断企业内部控制缺陷，通过出具非标意见来规避风险（王海滨、于长春，2014）[②]，我们预测审计师出具的财务报告审计意见与内部控制缺陷修正显著正相关

　　另外，我们用重组活动存在的变化来代表组织机构变革情况，如公司正在进行组织结构变革就越难修正内部控制缺陷，我们假设是否兼并重组变量与内部控制缺陷修正负相关；速动比率反映资产的流动性，资产流动性越强，回报率越高，公司越有条件进行缺陷的修正，本书假设速动比率与内部控制缺陷修正正相关；存在违规的，存在财务报表重述的，更能引起董事会的关注，董事会会及时进行修正或纠正处理，假设与内部控制缺陷修正正相关。

4.2　变量选取与衡量

4.2.1　内部控制重大缺陷修正的测度

117

1. 内部控制重大缺陷的认定标准

　　内部控制缺陷的认定是其有效性评价的核心（蒋伟伟，2012）。《规范》发布以前，由于缺乏强制性要求很多公司选择不披露内部控制缺陷，或披露很少的内部控制内容。2010 年《企业内部控制配套指引》发布之后，对内部控制缺陷披露有了明确的格式和要求，所以 2011 年之前可以说是处于自愿披露阶段，学者们研究内部控制，一般从三种披露途径寻找样本：①上市公司的年度报告；②上市公司的内控自评报告[③]；③独立第三方出具的内部控制鉴证报告。在上市公司年度报告

---

①　Jacqueline S. Hammersley，Linda A. Myers，and Jian Zhou. The Failure to Remediate Previously Disclosed Material Weaknesses in Internal Controls［J］. Auditing：A Journal of Practice & Theory American Accounting Association，2012，31（2）：73 – 111.

②　王海滨，于长春. 内部控制缺陷、信息披露与利益相关者行为研究——基于股主板上市公司的经验证据［J］. 经济与管理研究，2014（5）：69 – 75.

③　对于董事会出具的评价报告，有"内部控制评价报告""内部控制自我评价报告""内部控制自评报告"等多种名称，本书统称内部控制自评报告。

中，可在其正文的"公司治理结果"重点关注"内部控制存在的缺陷及整改情况"，在内控自我评价报告中，可关注其"重点控制活动中的不足及改进计划"部分，在内部控制鉴证报告中，可关注其"鉴证结论"，若存在内部控制设计或运行方面的缺陷，则可将其认定为内部控制存在缺陷的样本。

2010年《企业内部控制配套指引》发布后，评价指引和审计指引对内部控制缺陷认定及审计有了明确的要求，评价指引对内部控制缺陷划分了三种类型①：重大缺陷、重要缺陷②和一般缺陷③。重大缺陷，是指一个或多个缺陷的组合可能导致企业严重偏离控制目标。这是从性质上进行的划分，但是重大缺陷和重要缺陷的界限不是特别清楚，从外部审计人员的角度来看，"重要性"和"重大性"的定义是模糊的，因此很难对重大性进行判断，这在曾经披露过重大错报的公司中表现得尤为明显（Bedard & Graham，2011）④。

另外，内部控制缺陷对外披露不是一个简单的事项，是公司内外部利益相关者相互博弈的结果，存在的内部控制缺陷并不一定都能被发现（A. Skaife et al.，2007）⑤。存在且被发现的内部控制还需要管理层对外披露的意愿或被外部强制披露，即未披露内部控制缺陷的公司不一定不存在内部控制缺陷，我们筛选时只是筛选披露了内部控制缺陷的公司。

鉴于国内外并没有形成统一的内部控制缺陷界定标准，也没有制定明的内部控制缺陷分类标准，而且我国上市公司在信息披露中较少谈及内部控制缺陷。因此，本书据2010年《企业内部控制审计指引》第

---

① 《企业内部控制评价指引》第十七条：企业在日常监督、专项监督和年度评价工作中，应当充分发挥内部控制评价工作组的作用。内部控制评价工作组应当根据现场测试获取的证据，对内部控制缺陷进行初步认定，并按其影响程度分为重大缺陷、重要缺陷和一般缺陷。

② 重要缺陷，是指一个或多个控制缺陷的组合，其严重程度和经济后果低于重大缺陷，但仍有可能导致企业偏离控制目标。

③ 一般缺陷，是指除重大缺陷、重要缺陷之外的其他缺陷。

④ Bedard, J. C. , and L. Graham. Detection and Severity Classifications of Sarbanes – Oxley Section 404 Internal Control Deficiencies [J]. The Accounting Review, 2011, 86 (3): 825 – 855.

⑤ Ashbaugh-Skaife, Collins H. , Kinney D. The Discovery and Reporting of Internal Control Deficiencies Prior to SOX – mandated Audit s [J]. Journal of Accounting and Economics, 2007 (44): 166 – 192.

二十二条列示的内部控制可能存在重大缺陷的四种迹象来判断的①，确定筛选标准，然后赋值打分进行量化。依据这四个迹象，我们确定的筛选标准如表 4 - 1 所示。

表 4 - 1　　　　　　　　内部控制重大缺陷筛选标准

四大迹象	筛选标准	信息来源
注册会计师发现董事、监事和高级管理人员舞弊	被四部门（证监会、财政部、深交所、上交所）采取谴责、罚款、警告、禁入市场、批评以及其他处罚方式的公司	国泰安重大违规数据库
	剔除仅发布公司公告、提示性公告、自我整改报告、行政监督决策决定书以及尚处于立案侦查期的情况	
企业更正已经发布的财务报表	发布财务报表更正公告的公司	深交所、上交所网站重述公告
	剔除缺失更正说明，以及会计政策变更、估计变更、新准则的采用和说明性文字错误而引起重述的情况	
注册会计师发现当前财务报表存在重大错报，而内部控制在运行过程中未能发现该错报	被外部审计师出具非标准审计意见的公司	国泰安数据库审计意见类型
	剔除由于持续经营能力、由于客观原因使审计范围受到限制、尚在调查期还没有形成结论而被出具非标意见的情况	
企业审计委员会和内部审计机构对内部控制的监督无效	自评报告披露重大缺陷的公司、在年报中对非财务报告进行更正的公司以及被出具了行政监督决定书的公司	国泰安数据库审计意见类型、国泰安数据库内控评价报告信息表
	剔除自评报告无法获得，或者无法判断缺陷类型的情况；剔除年报的非财务项目中明显由于编制人员疏忽所造成的细小错误	

---

①《企业内部控制审计指引》第二十二条　表明内部控制可能存在重大缺陷的迹象，主要包括：（一）注册会计师发现董事、监事和高级管理人员舞弊。（二）企业更正已经公布的财务报表。（三）注册会计师发现当期财务报表存在重大错报，而内部控制在运行过程中未能发现该错报。（四）企业审计委员会和内部审计机构对内部控制的监督无效。

2. 内部控制重大缺陷的衡量

内部控制重大缺陷赋值情况如表 4 – 2 所示。

表 4 – 2　　　　　　　　　　内部控制重大缺陷赋值说明

四大迹象	赋值	赋值原因说明
注册会计师发现董事、监事和高级管理人员舞弊	4	受到四部门罚款、禁入市场
	3	被四部门谴责和警告
	2	收到四部门批评
	1	其他，如四部门仅提出整改措施等
企业更正已经发布的财务报表	3	重大会计差错（对多项财务数据产生影响，或单项差错金额占所有者权益超过 3%），补交重大税款，对报表项目影响重大
	2	存在会计差错（单项财务报表错报金额占所有者权益的比重介于 1% 与 3% 之间）对会计准则理解有误、计算错误，对报表项目影响较大
	1	会计差错较小（单项财务数据错报金额占所有者权益的比重小于 1%），疏忽造成的漏字、错行等差错，对报表项目影响较小
注册会计师发现当前财务报表存在重大错报	4	否定意见
	3	无法表示意见
	2	保留意见
	1	无保留意见带解释性说明
企业审计委员会和内部审计机构对内部控制的监督无效。	3	被出具了行政监管措施决定书
	2	自评报告中公司层面的缺陷，年报中关联方交易、应收账款、控股股东等方面存在更正，统计出错，年报摘要中的财务数据
	1	自评报告中账户层面缺陷，年报中存在公司治理结构等说明性文字的更正，疏忽造成

3. 内部控制重大缺陷修正的衡量

按《企业内部控制评价指引》中对重大缺陷的定义，按缺陷的严重程度，对重大缺陷分类型打分，并计算总分，用下一年得分减去前一年得分差值予以衡量，表示内部控制重大缺陷修正的效果。

4.2.2　媒体关注和法律规制的测度

1. 媒体关注的衡量

关于媒体关注的衡量，贺建刚、魏明海（2012）对媒介功用的衡量采用 2008 年的喻国明的传媒发展指数，吴超鹏、叶小杰和吴世农（2012）直接使用 2010 年的喻国明的"中国传媒发展指数"（CMDI）衡量各地区媒体关注程度①。

大部分的文献采用手工收集媒体报道的数量的方式，如采用"标题"和"关键词"两次检索、媒体对上市公司"天价"高管薪酬的报道数量（张玮倩，2012）。有学者通过 CNKI《中国重要报纸全文数据库》检索媒体在一定时间段内的负面报道，用负面报道的数量来衡量媒体关注程度（吴超鹏等，2012）。有学者把媒体关注的代理指标用上市公司资讯网新闻条数（用 MR 表示）衡量，这一数据通过上市公司资讯网手工整理得来，具体做法是在该网站逐个键入上市公司代码，在深度数据"新闻报道"栏中对单个公司的新闻报道分时段搜索和整理，以搜索结果中的新闻媒体条数作为"媒体关注"的测度指标。考虑到媒体关注的时间增长趋势及数据异常值的影响，对每年上市公司的媒体关注度取十分位数（RMR）（权小锋、吴世农，2012）②。余玉苗、张建平、梁红玉（2013）采用的媒体关注数据来自中国资讯行的中国商业报告库手工收集而成③。也有学者采用的媒体关注数据来自中国资讯行

121

①　吴超鹏，叶小杰，吴世农. 媒体关注、政治关联与高管变更——中国的经验证据［J］. 经济管理，2012（2）：57 – 65.

②　权小锋，吴世农. 媒体关注的治理效应及其治理机制研究［J］. 财贸经济，2012（5）：59 – 67.

③　余玉苗，张建平，梁红玉. 媒体关注影响审计师的审计意见决策吗？——来自中国证券市场的实证证据［J］. 审计与经济研究，2013（1）：26 – 36.

经济新闻库，手工搜集经济新闻库中关于上市公司的新闻报道，采用媒体报道数量作为媒体关注的替代衡量指标（彭桃英，2014)[1]。

　　研究媒体关注对上市公司影响时，大多数学者考虑到报道被转载、引用的情况，将搜集到的媒体报道次数加 1 后取对数作为媒体关注的量化方式。（李培功、沈艺峰，2010；王鹏等 2012；余玉苗等，2013)。为使研究结论更加可靠，也有学者采用两种量化方式进行稳健性检验：第一种是媒体报道数量；第二种是媒体报道数量加 1 后取自然对数。

　　由于喻国明的 2013 年"中国传媒发展指数"（CMDI）用的是 2011年的数据，数据具有滞后性。再有谢耘耕的针对企业的媒体与网民关注度指数（2014)[2]，来源于影响较大的企业舆情事件的行业分布表[3]，此指数分不同行业计算出均值，同一行业不同年度是一个均值，也具有局限性，所以本书采用了媒体负面报道的数量来衡量媒体关注程度，利用中国重要报纸全文数据库、上市公司资讯网等信息，搜集公司负面报道的条数。按照媒体的辐射力度，一条负面新闻被网络媒体报道的次数多的话，其被电视、微信等媒介报道的力度也大，次数也多，关注度也高。

2. 法律规制的衡量

　　把我国不同部门、不同时间颁布的内部控制方面法律法规，按制定或颁布机构的权威性（法律效力）赋值打分，其赋值标准如表 4 - 3 所列，然后计算本年得分，并累计往年得分，计算出法律规制的量化分值。按照赋值标准计算的法律规制得分如表 4 - 4 所示。

表 4 - 3　　　　　　　　　法律规制的赋值标准

制定颁布机构	赋值
全国人大常委会	20
财政部、证监会、审计署、银监会、保监会（5 部委联合发布）	10

---

　　① 彭桃英，汲德雅. 媒体关注、内部控制质量与管理层代理成本 [J]. 财经理论与实践，2014（2)：61 - 65.
　　② 谢耘耕（2014）媒体与网民关注度指数，来源于《影响较大的企业舆情事件的行业分布表》，《中国社会舆情与危机管理报告》2014 版.
　　③ 谢耘耕主编. 中国社会舆情与危机管理报告，2014：94.

续表

制定颁布机构	赋值
财政部、国资委、银监会、证监会、中国人民银行	2
中注协、上交所、深交所	0.5

表 4 - 4　　　　　　　　　　　　法律规制得分表

年份	发布机构	名称	分值	累计得分
1993	全国人大常委会	中华人民共和国公司法	20	20
1996	中注协	独立审计具体准则第 9 号——内部控制与审计风险	0.5	20.5
1997	中国人民银行	加强金融机构内部控制的指导原则	2	22.5
1997	中国人民银行	中国人民银行关于进一步完善和加强金融机构内部控制建设的若干意见	2	24.5
1999	全国人大常委会	中华人民共和国证券法	20	44.5
1999	证监会	关于上市公司做好各项资产减值准备等有关事项的通知	2	46.5
2000	证监会	公开发行证券公司信息披露编报规则第 1 号、第 3 号、第 5 号	2	48.5
2000	全国人大常委会	会计法	20	68.5
2001	证监会	证券公司内部控制指引	2	70.5
2001	证监会	公开发行证券的公司信息披露内容与格式准则第 1 号——招股说明书	2	72.5
2001	证监会	公开发行证券的公司信息披露内容与格式准则第 11 号——上市公司发行新股招股说明书	2	74.5
2001	财政部	内部会计控制规范——基本规范（试行）和内部会计控制规范——货币资金（试行）	2	76.5
2001	证监会	关于做好证券公司内部控制评审工作的通知	2	78.5
2002	证监会	上市公司治理准则	2	80.5

年份	发布机构	名称	分值	累计得分
2002	中注协	企业内部控制审核指导意见	0.5	81
2002	中国人民银行	商业银行内部控制指引	2	83
2002	财政部	内部会计控制规范——采购付款与销售收款（试行）	2	85
2002	证监会	证券投资基金管理公司内部控制指导意见	2	87
2003	证监会	关于开展2003年基金公司内部控制执行情况检查的通知	2	89
2003	财政部	内部会计控制规范——工程项目（试行）	2	91
2003	财政部	内部会计控制规范——预算（征求意见稿）	2	93
2003	证监会	证券公司治理准则（试行）	2	95
2003	证监会	关于加强证券公司营业部内部控制若干措施的意见	2	97
2004	财政部	内部会计控制规范——固定资产、存货、筹资（征求意见稿）	2	99
2004	财政部	内部会计控制规范——担保、对外投资（试行）	2	101
2004	银监会	商业银行内部控制评价试行办法	2	103
2004	国资委	中央企业内部审计管理暂行办法	2	105
2004	中注协	独立审计具体准则第29号——了解被审计单位及其环境并评估重大错报风险（征求意见稿）	0.5	105.5
2004	银监会	商业银行市场风险管理指引	2	107.5
2005	证监会	关于提高上市公司质量的意见	2	109.5
2005	国资委	关于加强中央企业内部审计工作的通知	2	111.5
2006	中注协	中国注册会计师审计准则第1411号——考虑内部审计工作	0.5	112
2006	证监会	首次公开发行股票并上市管理办法	2	114
2006	上交所	上海证券交易所上市公司内部控制指引	0.5	114.5

年份	发布机构	名称	分值	累计得分
2006	证监会	证券投资基金管理公司治理准则（试行）	2	116.5
2006	深交所	深圳证券交易所上市公司内部控制指引	0.5	117
2006	国资委	中央企业全面风险管理指引	2	119
2006	证监会	上市公司章程指引（2006 年修订）	2	121
2006	证监会	上市公司股东大会规则	2	123
2007	证监会	上市公司信息披露管理办法	2	125
2007	国资委	中央企业财务内部控制评价工作指引（2006 年度试点用）	2	127
2007	财政部	企业内部控制规范——基本规范（征求意见稿）	2	129
2007	银监会	商业银行操作风险管理指引	2	131
2007	银监会	商业银行内部控制指引	2	133
2007	证监会	上市公司监督管理条例（征求意见稿）	2	135
2007	深交所	关于做好上市公司 2007 年年度报告工作的通知	0.5	135.5
2008	上交所	关于做好上市公司 2007 年年度报告工作的通知	0.5	136
2008	财政部等 5 部委	企业内部控制基本规范①	10	146
2008	财政部	三个"企业内部控制配套指引"（征求意见稿）	2	148
2008	上交所	上海证券交易所股票上市规则	0.5	148.5
2009	国资委	关于进一步加强中央企业金融衍生业务监管通知	2	150.5
2009	证监会	首次公开发行股票并在创业板上市管理暂行办法	2	152.5
2009	深交所	深圳证券交易所创业板股票上市规则	0.5	153
2009	证监会	创业板两项征求意见稿	2	157
2009	深交所	深圳证交所创业板上市公司规范运作指引	0.5	157.5

年份	发布机构	名称	分值	累计得分
2010	财政部等5部委	企业内部控制应用指引、审计指引、评价指引②	10	167.5
2011	中注协	关于印发《企业内部控制审计指引实施意见》	0.5	168
2012	财政部	关于印发企业内部控制规范体系实施中相关问题解释第1号通知	2	170
2012	财政部	关于印发企业内部控制规范体系实施中相关问题解释第2号的通知	2	172
2012	财政部	行政事业单位内部控制规范（试行）	2	174
2014	财政部	《财政部内部控制基本制度（试行）》	2	176
2015	财政部	关于加强财政内部控制工作的若干意见	2	178
2015	国家发改委等22部委	《关于对违法失信上市公司相关责任主体实施联合惩戒的合作备忘录》（简称《备忘录》）	10	188
2015	财政部	财政部关于全面推进行政事业单位内部控制建设的指导意见	2	190
2016	财政部	关于加强政府采购活动内部控制管理的指导意见	2	192
2017	财政部	关于印发《行政事业单位内部控制报告管理制度（试行）》的通知	2	194
2018	财政部	关于开展2018年度行政事业单位内部控制报告编报工作的通知	2	196

注：①财政部等5部委于2008年6月联合发布了《企业内部控制基本规范》，共七章五十条，要求上市公司于2009年7月1日起开始实施，要求上市公司，应当对本公司内部控制的有效性进行自我评价，披露年度自我评价报告，并可聘请具有证券、期货业务资格的中介机构对内部控制的有效性进行审计。

②2010年4月26日，财政部、证监会、审计署、银监会、保监会联合发布了关于印发企业内部控制配套指引的通知，2011年1月1日境内外同时上市的公司施行，2012年1月1日上海证券交易所、深圳证券交易所主板上市公司施行，为我国的内部控制体系的建立构建了框架，也指明了方向。

在计算得分及累计得分时，删除了一些不属于内部控制方面的法规，如2009年国资委发布的《关于进一步加强中央企业金融衍生业务监管的通知》，删除了特殊企业性质公司，如《商业银行操作风险管理指引》《商业银行内部控制指引》《行政事业单位内部控制规范》《证券公司治理准则》《试行关于开展2003年基金管理公司内部控制执行情况检查的通知》等。

4.2.3　变量选取及说明

1. 变量选取

（1）被解释变量。

依据4.2.1节，本书采用内部控制重大缺陷修正作为被解释变量，代表内部控制重大缺陷修正的效果。参考《企业内部控制评价指引》中对重大缺陷的定义，按缺陷的严重程度，对重大缺陷分类型打分，并计算总分，用下一年得分减去前一年得分差值予以衡量，表示内部控制重大缺陷修正的效果或修正的程度。

（2）解释变量。

本书研究董事会治理对内部控制重大缺陷修正的影响，所以解释变量采用董事会的相关指标，董事会中最重要的机构是审计委员会。根据前面文献综述的情况和机理分析，借鉴前人研究，采用董事会规模与独立性，董事会领导结构与激励指标，审计委员会特征及运作等指标作为解释变量。

（3）调节变量。

依据4.2.2节媒体关注和法律规制的测度：①媒体关注：本书采用了报纸负面报道的数量来衡量媒体关注程度，按照媒体的辐射力度，一条负面新闻被报纸报道的次数多的话，其被网络、电视、微信等媒介报道的力度也大，次数也多。②法律规制：国家发布的企业内部控制方面的法规，依据发表机构的权威性赋值，计算各年的总分，并累计往年得分。

（4）控制变量。

为了更准确分析董事会治理对内部控制重大缺陷修正的影响，本书尽可能控制了对内部控制重大缺陷修正可能有影响的各种干扰因素，借鉴以往的研究，将以下指标作为控制变量，主要有监事会、高管、外部审计师、公司特征指标等。

①监事会会议次数。

虽然我国目前监事会制度有效性欠缺，监事会作用没有得到强化

（王立彦、王靖、刘军霞，2002）①，但是监事会的会议次数对内部控制有效性有显著影响（步磊、范亚东，2014）②，监事会会议频率可以在一定程度上反映监事会的监督力度，会议次数越多，监事会的监督力度就越强（刘名旭，2007），提高公司内部控制的有效性，目前需要加强监事会成员的专业比例，合理安排监事会会议的召开次数（林思轶，2012）。

②前三名高管薪酬。

大多研究认为高管薪酬能对管理层起到激励作用，进而提高内部控制有效性（李育红，2011）③，CFO 薪酬与内部控制重大缺陷披露呈负相关关系（Hoitash et al.，2012）④，薪酬激励水平是一种有效的激励措施，会加快总经理做出并购行为的决策（Yim，2013）⑤。内部控制缺陷暴露后高管薪酬显著增加，进一步的验证发现，内部控制缺陷暴露程度与高管薪酬变化显著正相关（朱彩婕、郑晓丽，2014）⑥。研究还发现民营企业中经理薪酬对公司盈余水平有影响（Firth et al.，2006）⑦。

③CEO 变更。

管理层作为股东权益（Gillan，2006）的代理人，它是公司治理的主要驱动力（Cohen，Krishnamoorthy & Wright，2002；Cohen，Krishnamoorthy & Wright，2009）。如果一家公司控制环境存在缺陷，比如存在"高层口径"或能力问题，更换 CEO 或 CFO 可能迅速导致缺陷修正。研究证实公司任命新的有经验的 CEO 更可能提高修正及时性，内部控制缺陷暴露会导致公司变更高管，会计违规会导致更高的管理者更换

① 王立彦，王靖，刘军霞. 内部监控双轨制与公司财务信息质量保障——从案例解析看监事会制度和独立董事制度孰为有效 [J]. 审计研究，2002（6）：34 – 39.

② 步磊，范亚东. 公司治理结构对内部控制有效性的影响研究 [J]. 会计之友，2014（8）：42 – 45.

③ 李育红. 公司治理结构与内部控制有效性——基于中国沪市上市公司的实证研究 [J]. 财经科学，2011（2）：69 – 75.

④ Rani Hoitash，Udihoitash，Karla M. Johnstone. Internal Control Material Weaknesses and CFO Compensation [J]. Contemporary Accounting Research，2012，29（3）：768 – 803.

⑤ Yim，S. The acquisitiveness of youth：CEO age and acquisition behavior [J]. Journal of Financial Economics，2013，108（1）：250 – 273.

⑥ 朱彩婕，郑晓丽. 基于内部控制缺陷暴露视角的公司治理效应变化研究 [J]. 江西财经大学学报，2014（6）：45 – 54.

⑦ Firth，M.，Fung，P. M. Y. and Rui，O. M. Corporate performance and CEO compensation in China [J]. Journal of Corporate Finance，2006，12（4）：693 – 714.

（Desai et al. ，2006①；瞿旭等，2012；Agrawal & Cooper，2007②）。财务报表重述会导致高管更换（Hennes et al. ，2008）③，财务欺诈会导致下个年度更高比例的高管更换（Wei Ting，2011）④。内部控制重大缺陷的披露与之后高管人员（包括 CEOs 和 CFOs）的更换呈正相关关系（Karla et al. ，2011）。

④会计师事务所规模。

根据信号传递理论，上市公司会选择规模大、声誉好的会计师事务所进行审计。大规模的事务所有着较强的专业胜任能力和独立性，不用过分担心审计收入，客户变更审计师的成本损失小（DeAngelo，1981）⑤。大型事务所更重视自己的声誉，更可能提供高质量的财务报告审计（DeAngelo，1981；Shu，2000）。所以，会计师事务所规模越大出具的审计结论越令人信服，如内部控制缺陷被审计师鉴定确认后，依据声誉效应理论，公司管理层会努力扭转局势，进行内部控制缺陷的修正，减轻负面效应。

⑤是否进行内控审计。

内部控制审计有助于上市公司提高会计盈余质量，有助于内部控制缺陷的修正。学者研究内部控制鉴证与会计盈余质量的关系，结果表明内部控制审计对上市公司会计盈余质量提升是有利因素，且结论具有稳健性。这也说明内部控制审计有助于内部控制缺陷的修正（张龙平等，2010）⑥，研究表明内部控制审计对审计意见存在显著影响（潘芹，2011）。2010 年以来的研究结果表明，内部控制审计与财务报告审计意

129

① Desai, H. , Hogan, C. E. , Wilkins, M. S. The Reputational Penalty for Aggressive Accounting：Earnings Restatements and Management Turnover ［J］. Accounting Review, 2006 (81)：83 – 112.

② Agrawal A. , and Cooper T. Corporate Governance Consequences of Accounting Scandals：Evidence from Top Management, CFO and Auditor Turnover ［R］. Working Paper, 2007.

③ Hennes K. , and Leone A. , and Miller B. The Importance of Distinguishing Errors from Irregularities in Restatement Research：The Case of Restatements and CEO/CFO Turnover, The Accounting Review, 2008 (83)：1487 – 1519.

④ Wei Ting. Top Management Turnover and Firm Default Risk：Evidence from the Chinese Securities Market ［J］. China Journal of Accounting Research, 2011 (4)：81 – 89.

⑤ DeAngelo. Audit Size and Audit Quality ［J］. Journal of Accounting and Economics, 1981, 3 (3)：183 – 199.

⑥ 张龙平，王军只，张军. 内部控制鉴证对会计盈余质量的影响研究——基于沪市 A 股公司的数据 ［J］. 审计研究, 2010 (2)：83 – 90.

见显著负相关，此研究结论能为强制性内部控制审计业务的有效开展执行提供指导（朱彩婕、韩小伟，2013）①。也有学者检验 SOX 404（a）和（b）的执行效果，2007 年审计标准变更后，内部控制审计和管理评估并不都对修正内部控制缺陷，提高内部控制质量是有效的（Schroeder J. H., Shepardson M. L., 2016）②。

⑥审计意见类型。

内部控制缺陷是影响审计意见类型的因素，研究发现，被出具清洁审计意见的公司往往是内部控制质量较高的公司，且明显存在"报喜不报忧"的披露行为（杨德明等，2009）③，未修正缺陷的公司更可能被出具非标审计意见（Jacqueline S. et al.，2012）④。国内的研究表明非标审计意见与内部控制缺陷正相关（陈丽蓉、牛艺琳，2010）⑤，外部审计师有条件识别和判断企业内部控制缺陷，通过出具非标意见来规避风险（王海滨、于长春，2014）⑥。

⑦股权制衡度。

企业股权特征作为治理机制的一部分，通过影响企业决策，并最终对于及时修正内部控制缺陷、提高财务信息的可靠性起着一定作用（Mitra et al.，2012）。虽然有研究认为股权制衡模式并不比"一股独大"更有效率（朱红军、汪辉，2004），用股权制衡来替代"一股独大"的思路未必奏效（赵景文、于增彪，2005）。但是保持合理的股权集中度以及与之相适应的股权制衡度有利于提高内部控制有效性，且这在非国有控股的公司中最明显（刘斌，2010），适度的股权制衡能约束

① 朱彩婕，韩小伟. 内部控制审计对财务报告审计意见的影响研究——来自 2011 年我国 A 股上市公司的经验证据 [J]. 北京工商大学学报（社会科学版），2013（5）：77 – 82.

② Schroeder J. H., Shepardson M. L. Do SOX 404 Control Audits and Management Assessments Improve Overall Internal Control System Quality? [J]. The Accounting Review, 2016.

③ 杨德明，王春丽，王兵. 内部控制、审计鉴证与审计意见 [J]. 财经理论与实践，2009（2）：60 – 66.

④ Jacqueline S. Hammersley, Linda A. Myers, and Jian Zhou. The Failure to Remediate Previously Disclosed Material Weaknesses in Internal Controls [J]. Auditing: A Journal of Practice & Theory American Accounting Association, 2012, 31（2）：73 – 111.

⑤ 陈丽蓉，牛艺琳. 上市公司内部控制缺陷对审计意见影响的实证研究 [J]. 财会月刊，2010（20）：67 – 70.

⑥ 王海滨，于长春. 内部控制缺陷、信息披露与利益相关者行为研究——基于股主板上市公司的经验证据 [J]. 经济与管理研究，2014（5）：69 – 75.

大股东的行为，有利于及时进行内部控制缺陷的修正。

⑧资产是否重组、兼并。

安德鲁·莱昂（2007）发现公司重要组织变更（兼并或重组）是影响内部控制缺陷披露的重要因素。公司如果近期经历了兼并或重组等组织结构变革，其内部控制存在缺陷的概率大（Doyle et al.，2007）。富兰克林（Franklin，2007）也认为组织结构的变革也会影响公司内部控制缺陷的披露。也有学者发现反向并购公司和对照样本相比较易存在内部控制缺陷，此类公司也倾向于披露这种缺陷（Mao J.，Ettredge M.，2015）①。我国学者也分析披露内部控制缺陷的企业近期更多的经历了兼并重组，经历兼并重组导致公司更容易出现内部控制缺陷（林野萌、韩传模，2013）。

⑨速动比率。

研究显示，财务状况好的公司才自愿披露内控缺陷信息（Doyle et al.，2007）；存在重大会计差错的公司其内部控制质量较低（杨有红等，2009）②；低内部控制质量的公司（存在重大缺陷的公司）更可能有信用评级较低、较低的盈利能力、更少的经营活动产生的现金流量（Elbannan，Mohamed A.，2009）；较差的收益质量会使公司更容易出现内部控制缺陷（林野萌、韩传模，2013）；财务状况欠佳的公司倾向披露内部控制缺陷信息（Bryan & Lilien，2005；Franklin et al.，2007）；较低的盈利能力，也与未来重大缺陷有关（Klamm et al.，2012）；公司披露内部控制重大缺陷与其盈利能力负相关③。

⑩公司规模。

公司的规模是影响内部控制缺陷的因素，对内部控制缺陷信息的披露产生影响（倪利，2011；蔡丛光，2010④），对公司的内部控制建设有正向促进作用（林野萌、韩传模，2013）。关于公司规模与内部控制

---

① Mao J.，Ettredge M. Internal control deficiency disclosures among Chinese reverse merger firms [J]. Available at SSRN 2319653，2015.

② 杨有红，陈凌云.2007 年沪市公司内部控制自我评价研究 [J]. 会计研究，2009（6）：58 - 64.

③ Weili Ge，Sarah McVay. The Disclosure of Material Weaknesses in Internal Control after the Sarbanes - Oxley Act [J]. Accounting Horizons，2005，19（3）：137 - 158.

④ 蔡丛光. 内部控制缺陷信息披露的影响因素分析 [J]. 财务与金融，2010（4）：33 - 38.

缺陷的关系的研究中，并没有形成一致的意见，主要有负相关、正相关和倒"U"形关系三种观点。多数学者得出了负相关结论，例如，阿什巴夫、柯林斯和金（Ashbaugh-Skaife，Collins & Kinney，2007）[1]；穆罕默德（Elbannan，Mohamed A.，2009）；李育红（2010）；刘兰馨、王芸、朱志明（2011）；莱斯、萨拉、韦伯和大卫（Rice，Sarah C.；Weber，David P.，2012）。研究得出正相关结论的，如李颖琦等（2013）[2]；威廉姆斯等（William et al.，2004）[3]。得出倒"U"形关系结论的，如安德鲁·莱昂（2007）[4]；谢永珍等（2016）[5]。总之几乎所有研究都表明，公司规模是影响内部控制缺陷的因素。

另外，赫芬达尔指数按照行业大类将样本分类，计算公式 = $\sum$（公司主营业务收入/主营业务收入之和）^{2} 来衡量公司产品的市场化程度。研究发现交叉上市公司受到更严格的市场监管和外部审计监督，能更及时地披露内部控制存在的缺陷和漏洞并加以补救（方红星、孙篙，2010）[6]。金融市场化程度和股权集中度对企业内部控制有效性存在显著的正向影响，相对于股权集中度较高的公司，金融市场化对股权集中度较低公司的内部控制有效性提升作用更强（李志斌、卢闯，2013）[7]。

上市时间较短的公司相比较长的公司而言整体内控水平要好（深圳

① Hollis Ashbaugh-Skaife，Daniel W. Collins，William R. Kinney Jr. The Discovery and Reporting of Internal Control Deficiencies prior to SOX – mandated Audits [J]. Journal of Accounting and Economics，2007（44）：166 – 192.

② 李颖琦，陈春华，俞俊利. 我国上市公司内部控制评价信息披露：问题与改进——来自2011 年内部控制评价报告的证据 [J]. 会计研究，2013（8）：62 – 68.

③ William R. Kinney JR. Zoe – Vonna Palmrose Susan Scholz. Auditor Independence and Non-auditor Services：What do Restatement Suggest？ [J]. Journal of Accounting Reseach，2004，4（42）：561 – 588.

④ Andrew J. Leone. Factors related to internal control disclosure：Adiscussion of Ashbaugh，Collins，and Kinney（2007）and Doyle，Ge，and McVay（2007）[J]. Journal of Accounting and Economics，2007，44：224 – 237.

⑤ 谢永珍，朱彩婕. 董事会治理对内部控制重大缺陷修正影响的验证——基于媒体关注的调节作用 [J].《山东大学学报》（哲学社会科学版），2016，1（2）：61 – 69.

⑥ 方红星，孙篙. 交叉上市公司内部控制缺陷披露的影响因素与市场反应——基于兖州煤业的案例研究 [J]. 上海立信会计学院学报，2010（1）：28 – 36.

⑦ 李志斌，卢闯. 金融市场化、股权集中度与内部控制有效性——来自中国2009 ~ 2011 年上市公司的经验证据 [J]. 中央财经大学学报，2013（9）：85 – 90.

市迪博企业风险管理技术有限公司，2008）[①]。而上市时间长及发生违规舞弊的公司更不愿意披露内部控制鉴证报告（林斌、饶静，2009）[②]。布莱恩和莉莉安（Bryan & Lilien，2005）研究显示披露内部控制实质性缺陷的公司通常发生了财务报告重述等重大事件。根据以往研究，本书还采用公司违规情况作为本文的控制变量，因为公司违规的严重程度直接影响到内部控制缺陷的修正效果。

各变量的选取汇总情况详见表4-5。

表4-5　　　　　　　　　　变量的选取及定义

变量类型	名称	定义	符号
被解释变量	内部控制重大缺陷修正的效果	按缺陷严重程度的变化，对重大缺陷分类型打分，计算总分，然后用下一年的总分减去前一年的总分的差值。$\Delta ICMWXF(1i) = ICMW(1_i + 1) - ICMW(1_i)$，$i = 0, 1, 2, 3, 4$	$\Delta ICMWXF$
解释变量	董事会规模	董事会人数	Dsize
	独立董事例比例	独立董事人数/董事会人数	Ddb
	董事长与总经理两职兼任	存在两职合一取1，分立则取0	JRen
	金额最高前三名董事报酬	金额最高的前三名董事的报酬总额	lnDSala
	董事会持股比例	董事会持股数量/公司总股数	DGB
	未领取薪酬董事比例	未领取薪酬董事人数/董事总人数	NoSala
	审计委员会设置	设置为1，不设为0	AB
	审计委员会规模	审计委员会成员的数量	ABsize
	审计委员会专业性	审计委员会成员中具备财务专长的比例	ABzhuan
	审计委员会会议次数	年度内审计委员会中会议次数	Ameetings
	监事会会议次数	年度内召开监事会会议的次数	JMeetings
	高管薪酬	高管前三名薪酬	lnGSalar
	CEO 变更	变更为1，不变更0	CEO

①　深圳市迪博企业风险管理技术有限公司.中国上市公司2008内部控制白皮书摘要等资料.中国证券报，2008-6-24.

②　林斌，饶静.上市公司为什么自愿披露内部控制鉴证报告？——基于信号传递理论的实证研究［J］.会计研究，2009（2）：45-52.

变量类型	名称	定义	符号
调节变量	媒体关注	年媒体负面报道条数＼按权威性累计打分	Median
	法律规制	国家发布的企业内部控制法规按发布机构权威性赋值	Legal
	会计师事务所类型	公司由八大会计师事务所审计时等于1，否则为0	B1G8
	内部控制审计	是否进行，是1否0	Control Audit
	审计意见类型	被外部审计师出具的审计意见	Opinion
	股权制衡度	第一大股东与第二到第五大股东持股比例之和之比	GZH
	存货状况	存货占总资产的比率	CunH
	速动比率	速动资产/流动负债	Sudong
	重组、兼并	公司经历了资产重组时取1，否则取0	ChZu
	净利润增长率	（本年净利润 – 期初净利润）/期初净利润	Growth1
	总资产增长率	（期末总资产 – 期初总资产）/期初总资产	Growth2
	违规	公司违规程度分值	Wei
	财务报表重述	公司更正已发布的财务报表内容的严重程度分值	Repeat
	公司规模	公司资产的自然对数 ln	lnSize
	上市年限	截至 t 年底公司上市的年数	Age

2. 变量说明

（1）董事会规模、独立性指标说明。

①董事会规模：采用董事会总人数衡量，董事会规模越大，预期做出的决策更理性。②独立董事比例：独立董事人数占董事总人数的比例反映董事会的独立性。独立董事比重越大，其监督作用更能发挥。

（2）董事会领导结构、董事激励指标说明。

①董事长与总经理两职合一：存在两职合一取 1，否则取 0。②前三名董事报酬总额：前三名董事报酬额相加，适度的薪酬水平能有效促进董事履行职责的积极性，能够降低公司治理风险。③董事会持股比例：董事会持股数量/股本总数（包括兼任的情况），对董事进行股权激励有利于公司长远发展。④未领取薪酬董事比例：未领取薪酬董事人数/董事总人数，此比例越高，说明董事的无效决策越多。

（3）审计委员会特征及运作指标说明。

①审计委员会的设置：设置为 1，否则为 0。②审计委员会规模：在审计委员会名单中，任职期间在 2010 年 1 月 1 日~2013 年 12 月 31 日的人数汇总。当存在接任情况时，无论接任几次，均按一名审计委员会成员计算；当存在无接任就卸任时，若当年任职期间超过 6 个月，则将其视为审计委员会成员，若当年任职期不满 6 个月，则不认为其属于当年的审计委员会成员。③审计委员会专业性：审计委员会成员中有财务专长的比例[1]。④审计委员会运作：一个会计年度内审计委员会会议召开次数。

（4）监事会及高管指标说明。

①监事会会议次数：反映监督强度的大小和强弱。②前三名高管薪酬：测度经理人的激励水平。③CEO 变更：总经理变更，赋值 1；否则为 0[2]。

（5）调节变量指标说明。

①媒体关注：表示报纸负面报道数量。②法律规制：据发表机构的权威性赋值计算的各年的累计得分，代表不同的法律效力。

（6）主要控制变量指标说明。

①会计师事务所是否为八大：是八大时，赋值 1；否则为 0。②是否进行内控审计：进行内控审计，赋值 1，否则为 0。③审计意见类型：标准无保留是为 0，否则为 1。④股权制衡度：本书选取第一大股东与

---

[1]　参考德丰等（Defond et al.，2005）对审计委员会专业性的衡量使用了两个定义。AC-CEXP 代表有财务专长的审计委员会成员的比例；就是说，专长通过 SEC 报告的与财务相关的经验取得。

[2]　我们在此所指的 CEO 更换表示 CEO 的非正常离职，根据 CSMAR 数据库里的分类标准，主要包括个人原因、工作调动、辞职、解聘、涉案。

第二到第五大股东持股比例之和之比。⑤存货状况：存货净额/总资产；公司规模：公司资产的自然对数 lnGSize。⑥资产重组兼并：进行重组兼并，赋值 1，否则为 0。⑦产品竞争程度：赫芬因德指数，按照行业大类将样本分类，计算公式 = $\sum$（公司主营业务收入/主营业务收入之和）^{2} 来衡量公司产品的市场化程度①。

4.3　理论模型构建

4.3.1　加入调节变量前的理论模型

根据前述假设与变量，构建多元回归模型如下：

$$\Delta ICMWXF = a + b_i \sum_{i=1}^{n} boardgovernance + b_{d1} \times (Bsize)^2 + b_{d2}$$

$$\times (Ameetings)^2 + C_i \sum_{i=1}^{n} Control\ variables + \zeta$$

其中，a 是常量，b_i 为各解释变量的系数，b_{d1}、b_{d2} 为各交二次项的系数，C_i 为各控制变量的系数，b_{d1}，b_{d2} 为各二次项系数，ζ 为随机误差项。

4.3.2　加入媒体关注调节变量后的理论模型

加入媒体关注调节变量后，构建多元回归模型 1 和模型 2 如下：
模型 1：

$$\Delta ICMWXF = a + b_i \sum_{i=1}^{n} board\ governance + b_{d1} \times (Bsize)^2 + b_{d2}$$

$$\times (Ameetings)^2 + b_{d3} \times (Median)^2 + b \times Median$$

$$+ C_i \sum_{i=1}^{n} Control\ variables + \zeta$$

---

① 很多学者采用樊纲等（2010）统计的 2005 年至 2007 年我国分地区市场化相对指数。本文考虑数据滞后性，没有采纳。

模型 2：

$$\Delta ICMWXF = a + b_{1i} \sum^{n} board\ governance + b_{d1} \times (Bsize)^2 + b_{d2}$$
$$\times (Ameetings)^2 + b_{d3} \times (Median)^2 + b \times Median$$
$$+ b_{2i} \sum^{n} board\ governance \times Median$$
$$+ C_i \sum^{n} Control\ variables + \zeta$$

其中，a 是常量，b_{1i} 为各解释变量的系数，b_{2i} 为各交互项的系数，C_i 为各控制变量的系数，b_{d1}、b_{d2}、b_{d3} 为各二次项系数，ζ 为随机误差项。

4.3.3　加入法律规制调节变量后的理论模型

加入法律规制调节变量后，构建多元回归模型 1 和模型 2 如下：

模型 1：$\Delta ICMWXF = a + b_i \sum_{i=1}^{n} board\ governance + b_{d1} \times (Bsize)^2 +$

$b_{d2} \times (Ameetings)^2 + b \times Legal + C_i \sum_{i=1}^{n} Control\ variables + \zeta$

模型 2：$\Delta ICMWXF = a + b_{1i} \sum^{n} board\ governance + b_{d1} \times (Bsize)^2 +$

$b_{d2} \times (Ameetings)^2 + b \times Legal + b_{2i} \sum^{n} board\ governance \times Legal +$

$C_i \sum^{n} Control\ variables + \zeta$

其中，a 是常量，b_{1i} 为各解释变量的系数，b_{2i} 为各交互项的系数，C_i 为各控制变量的系数，b_{d1}、b_{d2} 为各二次项系数，ζ 为随机误差项。

4.3.4　媒体关注和法律规制综合调节理论模型

加入媒体关注和法律规制调节变量后，构建多元回归模型 1 和模型 2 如下：

模型 1：

$$\Delta ICMWXF = a + b_i \sum_{i=1}^{n} board\ governance + b_{d1} \times (Bsize)^2$$

$$+ b_{d2} \times (\text{Ameetings})^2 + b_1 \times \text{Median} + b_2 \times \text{Legal}$$

$$+ C_i \sum_{i=1}^{n} \text{Control variables} + \zeta$$

模型 2：

$$\Delta\text{ICMWXF} = a + b_{1i} \sum^{n} \text{board governance} + b_{d1} \times (\text{Bsize})^2$$

$$+ b_{d2} \times (\text{Ameetings})^2 + b_1 \times \text{Median} + b_2 \times \text{Legal}$$

$$+ b_{2i} \sum^{n} \text{board governance} \times \text{Legal} \times \text{Median}$$

$$+ C_i \sum^{n} \text{Control variables} + \zeta$$

其中，a 是常量，b_{1i} 为各解释变量的系数，b_{2i} 为各交互项的系数，C_i 为各控制变量的系数，b_{d1}、b_{d2} 为各二次项系数，ζ 为随机误差项。

4.4　本章小结

本章提出研究假设，进行了变量选取和衡量并构建了理论模型，在研究假设中，首先提出董事会规模、独立性、董事会领导结构、激励对内部控制重大缺陷修正影响的研究假设，主要有 H1－1：董事会规模与公司内部控制重大缺陷修正呈倒"U"形关系；H1－2：董事会独立性与内部控制重大缺陷修正正相关；H2－1：董事长与总经理两职兼任与内部控制重大缺陷修正负相关；H2－2：董事激励对内部控制重大缺陷修正具有积极影响；接着提出了审计委员会设置、特征及运作对内部控制重大缺陷修正影响的研究假设，主要有 H3－1：审计委员会设置对公司内部控制重大缺陷的修正有积极影响；H3－2：审计委员会的规模与公司内部控制重大缺陷的修正正相关；H3－3：审计委员会专业性与内部控制重大缺陷修正正相关；H3－4：审计委员会会议次数与内部控制重大缺陷修正呈倒"U"形关系。再提出了媒体关注和法律规制的研究假设，H4：媒体关注在董事会治理对内部控制重大缺陷修正过程中起调节作用；H5：法律规制在董事会治理对内部控制缺陷修正过程中起调节作用。

在变量选取和衡量部分，进行了内部控制重大缺陷的测度，据 2010 年《企业内部控制审计指引》第二十二条列示的内部控制可能存在重大缺陷的四种迹象来判断的，确定筛选标准，然后赋值打分进行量化衡量，然后用下一年得分减去前一年得分差值来衡量内部控制重大缺陷修正，它代表内部控制重大缺陷修正的效果或修正的程度。

本章进行了法律规制的测度和媒体关注的衡量，按内部控制法律法规制定或颁布机构的法律效力（权威性），把国家不同部门不同时间颁布的法律法规赋值打分，并累计得分，计算出法律规制的量化得分。本书采用手工搜集的报纸负面报道的数量来衡量媒体关注的程度。

确定选取了本书的变量并对选取变量进行解释说明，被解释变量（内部控制重大缺陷修正）、解释变量（董事会及其审计委员会的 10 个指标）、调节变量（媒体关注和法律规制两个）、控制变量，最后分加入调节变量前后分别构建了理论模型。

第 5 章 描述统计与单变量统计分析

5.1 数据来源及样本选择

5.1.1 数据来源

本书的大部分数据来自 CSMAR 数据库、锐思 RESSET 金融研究数据库、中国重要报纸全文数据库（CNKI）以及证交所官方网站。其中：度量审计委员会专业性等指标据 CSMAR 数据库信息手工整理所得、部分指标来自新浪财经和公司年报等，靠手工搜集获取；媒体关注（媒体负面报道条数）的数据是手工搜集获取的，来自中国重要报纸全文数据库、上市公司咨询网等相关信息，个别数据来自巨潮资讯网。

5.1.2 样本选择及说明

1. 样本选择

依据 4.2.1 所确定的内部控制重大缺陷的筛选标准，本书选取 2010 ~ 2014 年深市、沪市、中小板和创业板存在内部控制重大缺陷的上市公司为样本进行研究，并做了以下剔除：（1）参照大多数研究，剔除了金融保险业的公司，因其会计制度及营运模式等与其他公司不同。（2）剔除了同时发行 B 股和 H 股的上市公司，因其治理环境与只发行 A 股的公司不同。最后得到了 197 个样本公司，5 年共 985 个观测样本，作为本书的研究对象。并且本书选取不存在重大缺陷的公司作为对照样本，选取标准首先是确保不存在重大缺陷，兼顾行业、资产总额、上市板块、上市年限等因素。最后也得到了 197 个样本公司，5 年共 985 个观测值。本部分所用软件为 SPSS21.0。

由于 ΔICMWXF 是用下一年的内部控制重大缺陷总分减去前一年的内部控制重大缺陷得分的差值，所以此指标通过计算有 2011～2014 年 4 年的数据，而各个解释变量、控制变量则有 2010～2014 年 5 年的数据。

2. 选择原因说明

2002 年 SOX 法案颁布后，我国也逐步建立健全内部控制法规，2010 年内部控制配套指引的颁布，标志着我国内部控制法规的健全。为了更好地验证内部控制配套指引对我国公司治理的影响和实施效果，有效规避后续法律法规对内部控制缺陷修正的影响，本书刻意选择 2010 年存在重大缺陷的样本，观察其随后 4 年的变化。再者 2015～2016 年我国资本市场的大幅回落，造成大量数据不实，也缺乏政策时效性，不利于解释内部控制指引对企业的指导作用。《我国上市公司实施企业内部控制规范体系情况分析报告》最后一期也截至 2015 年。从 2015 年起我国基本把内部控制的关注点转移到行政事业单位，且发布了行政事业单位内部控制规范实施的指导意见[①]。因而本书的时间序列仅包含 2010～2014 年。

5.2 被解释变量描述统计与方差分析

5.2.1 内部控制重大缺陷

内部控制缺陷指标是对内部控制缺陷严重程度进行的衡量。本书根

---

① 《关于全面推进行政事业单位内部控制规范实施的指导意见》（简称《指导意见》）。

据 2010 年五大部委发布的《企业内部控制审计指引》第二十二条列示的内部控制可能存在重大缺陷的四大迹象,对内部控制缺陷严重程度进行量化打分。其确认打分及赋值方法见 4.2.1 节。

1. 不同年份内部控制重大缺陷及其显著性比较

本书对 2010 ~ 2014 年间上市公司的内部控制缺陷进行观察发现(见表 5 - 1),内部控制缺陷均值存在明显的逐年下降的趋势,其中 2010 年均值为 3.12 分, 2013 年则下降为 0.56 分。这说明 2010 年以来我国的内部控制制度正在逐年完善, 2014 年出现缺陷值增高的现象,推测是外部审计师、媒体等的影响及法规严格执行的结果,随着法律法规的健全和外界媒体的监督,使得披露内部控制重大缺陷的公司逐年增多①。

表 5 - 1   不同年份内部控制重大缺陷及其显著性比较

年份	均值	中值	标准差	最小值	最大值	样本数	显著性
2010	3.12	2.00	2.86	1.00	16.00	197	
2011	1.28	0.00	2.42	0.00	15.00	197	
2012	0.98	0.00	2.27	0.00	17.00	197	0.00
2013	0.56	0.00	1.37	0.00	7.00	197	
2014	1.94	1.00	1.65	1.00	7.00	197	

2. 不同控制人内部控制重大缺陷及显著性比较

通过对样本中不同控制人类型的内部控制重大缺陷指标进行统计分析发现(见表 5 - 2),国有企业的内部控制缺陷值为 1.24 分,略微低于非国有企业的内部控制缺陷 1.35 分。这可能是因为国有企业组织机构比较健全,内部控制执行相对规范,所以内部控制缺陷较少。而非国

---

① 披露内部控制重大缺陷的上市公司占比逐年上升。2012 年仅 0.16% 上市公司披露内部控制重大缺陷,2013 年上升至 0.36%,2014 年上升至 1.50%。迪博企业风险管理技术有限公司发布的《中国上市公司 2014 年内部控制白皮书》。

有企业公司参差不齐，内部控制制度相对不健全。两组样本间不存在显著差异。

表 5-2 　　　　　不同控制人类型内部控制重大缺陷及显著性比较

控制人	均值	中值	标准差	最小值	最大值	样本数	显著性
国有	1.2466	0.00	2.3486	0.00	17.00	365	0.485
非国有	1.3548	0.00	2.3498	0.00	17.00	620	

3. 不同行业内部控制重大缺陷及显著性比较

如表 5-3 所示，房地产业的内部控制缺陷值最高，为 1.85 分。这可能与我国 2010 年左右房地产业发展过快有关。制造业、零售与批发业和采矿业的内部控制缺陷情况基本持平，分别为 1.42 分、1.43 分和 1.50 分。交通运输、仓储和邮政业的内部控制缺陷分数最低，为 0.83 分，这可能是由于交通运输业和邮政业内部控制制度执行较严格有关。

表 5-3 　　　　　不同行业内部控制重大缺陷及显著性比较

行业 *	均值	中值	标准差	最小值	最大值	样本数	显著性
制造业	1.42	0.00	2.41	0.00	16.00	645	0.65
房地产业	1.85	0.00	2.82	0.00	10.00	65	
零售与批发业	1.43	0.50	2.67	0.00	13.00	50	
采矿业	1.50	1.00	2.05	0.00	7.00	35	
信息、计算机和软件业	1.18	0.00	2.21	0.00	8.00	35	
交通运输、仓储和邮政	0.83	0.00	1.24	0.00	3.00	30	

注：* 行业分类是按照证监会行业门类分类标准对样本进行的分类，仅选取数量较多的六个行业分析，分别是制造业、房地产业、批发和零售业、采矿业、信息传输计算机服务和软件业以及交通运输仓储和邮政业，后面各指标的行业分类与此相同。

4. 不同缺陷迹象内部控制重大缺陷及显著性比较

根据存在重大缺陷的四大迹象进行分类①，对内部控制缺陷值进行描述性统计，发现企业审计委员会和内部审计机构对内部控制的监督无效所暴露出的内部控制缺陷值最高，为 0.65 分。注册会计师发现董事、监视和高级管理人员舞弊所暴露出的内部控制缺陷值，为 0.61 分。注册会计师发现当前财务报表发生重大错报所暴露出的缺陷值最低，为 0.02 分（见表 5 - 4）。这说明通过财务报表审计来发现内部控制缺陷并不是一个很好的方法，而通过发现高管舞弊及审计委员会和内部控制监督无效更能有效地发现企业中存在的内部控制缺陷。

表 5 - 4 　　　　　　不同缺陷迹象内部控制重大缺陷及显著性比较

缺陷迹象	均值	中值	标准差	最小值	最大值	样本数	显著性
注册会计师发现董事、监视和高级管理人员舞弊	0.61	0.00	1.33	0.00	12.00	985	
企业审计委员会和内部审计机构对内部控制的监督无效	0.65	0.00	1.77	0.00	15.00	985	0.00
注册会计师发现当前财务报表发生重大错报	0.02	0.00	0.25	0.00	4.00	985	
企业更正已发布的财务报表	0.18	0.00	0.92	0.00	11.00	985	

5.2.2 内部控制重大缺陷修正

本部分采用 2011 ~ 2014 年 4 年的数据，由于 ICMWXF 是用下一年的内部控制重大缺陷得分减去前一年得分的差值，所以此指标通过计算有 2011 ~ 2014 年 4 年的数据（ICMWXF11 = ICMW11 - ICMW10，ICM-

---

① 2010 年《企业内部控制审计指引》，第二十二条列示的内部控制可能存在重大缺陷的四大迹象——注册会计师发现董事监视和高级管理人员舞弊、企业审计委员会和内部审计机构对内部控制的监督无效、注册会计师发现当前财务报表发生重大错报、企业更正已发布的财务报表。

WXF12 = ICMW12 – ICMW11，ICMWXF13 = ICMW13 – ICMW12，ICM-WXF14 = ICMW14 – ICMW13）。差值为负，说明缺陷的修正有好的积极的效果；差值为正，从修正的角度考虑则表明缺陷越来越严重，修正措施产生了副作用；差值为 0，说明内部控制缺陷的修正无效。

1. 不同年度内部控制重大缺陷修正状况及其比较

表 5 – 5 显示，内部控制重大缺陷修正效果各年均值均为负值，表明样本公司重大缺陷的修正具有积极的效果。各年在上一年基础上采取的修正措施都是有效的，2011 年的修正效果最好，可能是由于我国 2010 年内部控制指引颁布当年的制度约束的结果；各年标准差均大于均值，消除平均数的影响后，各年上市公司重大缺陷修正效果存在较大差异。2014 年的均值与变异系数显示该年各上市公司的内部控制重大缺陷修正的程度均比较低，表现了较差的修正效果，但并不表明修正没有效果，出现此现象可能的原因是，随着法律法规的健全和外界媒体关注等的推动力披露内部控制重大缺陷的公司逐年增多的结果①。极值显示，部分上市公司内部控制重大缺陷的修正效果很显著，但也有部分上市公司的修正无效。

表 5 – 5　　　　不同年份内部控制重大缺陷修正状况及其比较

被解释变量	均值	标准差	变异系数	最小值	最大值	样本数	显著性
ICMWXF2011	– 1.8274	3.04568	– 0.60000	– 16	12	197	
ICMWXF2012	– 0.3046	2.82457	– 0.10784	– 13	11	197	
ICMWXF2013	– 0.4112	2.44292	– 0.16832	– 17	7	197	0.00
ICMWXF2014	0.1269	1.64724	0.07704	– 6	6	197	
合计均值	– 0.6041	2.49010	– 0.19978	– 13	9	788	

---

① 披露内部控制重大缺陷的上市公司占比逐年上升。2012 年仅 0.16% 上市公司披露内部控制重大缺陷，2013 年上升至 0.36%，2014 年上升至 1.50%。迪博企业风险管理技术有限公司发布的《中国上市公司 2014 年内部控制白皮书》。

2. 不同控制人内部控制重大缺陷修正状况及其比较

通过对样本中不同控制人类型的内部控制缺陷指标进行统计分析发现（见表5-6），国有企业与非国有企业的内部控制缺陷差值基本相同，分别为1.16分和1.15分，这可能是因为国有企业组织机构一般较为庞大，修正措施实施起来更为困难，想要修正缺陷所需时间更长所导致的。

表5-6　　不同控制人类型内部控制重大缺陷修正状况及其比较

控制人类型	均值	中位数	标准差	最小值	最大值	样本数	显著性
国有	1.16	2.00	2.79	-14.00	12.00	292	0.80
非国有	1.15	2.00	2.91	-15.00	14.00	496	

3. 不同行业内部控制重大缺陷修正状况及其比较

如表5-7所示，各行业内部控制缺陷都得到了一定程度的修正。其中信息传输、计算机服务和软件业以及房地产业修正效果最为明显，分别为0.76分和0.92分。这可能是因为这两个行业2010年以来发展较快，受关注较多，公司为维持声誉及时进行缺陷的修正有关。

表5-7　　　　不同行业内部控制重大缺陷修正状况及其比较

行业	均值	中位数	标准差	最小值	最大值	样本数	显著性
制造业	1.19	2.00	2.69	-14.00	12.00	591	
房地产业	0.92	2.00	3.38	-8.00	11.00	60	
零售批发业	1.47	2.00	3.31	-6.00	14.00	40	
采矿业	1.43	2.00	2.75	-5.00	8.00	33	0.44
信息、计算机和软件业	0.76	2.00	2.64	-6.00	5.00	33	
交通运输、仓储和邮政	1.82	2.00	1.41	-1.00	4.00	28	

4. 不同缺陷迹象内部控制重大缺陷修正状况及其比较

对内部控制缺陷差值进行描述性统计发现，如表 5 – 8 所示，企业对"企业审计委员会和内部审计机构对内部控制的监督无效"这一缺陷的修正效果最好，平均为 1.60 分。其次是"注册会计师发现董事、监视和高级管理人员舞弊"的修正效果，平均为 1.73 分。企业修正效果最差的为"注册会计师发现当前财务报表发生重大错报"这一缺陷，差值为 2.01 分，不但没有得到修正，内部控制缺陷得分反而有所上升。

表 5 – 8　　　不同缺陷迹象内部控制重大缺陷修正状况及其比较

缺陷迹象	均值	中位数	标准差	最小值	最大值	样本数	显著性
注册会计师发现董事、监视和高级管理人员舞弊	– 1.73	2.00	1.77	– 9.00	12.00	985	
企业审计委员会和内部审计机构对内部控制的监督无效	– 1.60	2.00	2.21	– 12.00	12.00	985	0.00
注册会计师发现当前财务报表发生重大错报	– 2.01	2.00	0.34	– 2.00	6.00	985	
企业更正已发布的财务报表	– 1.82	2.00	1.10	– 9.00	8.00	985	

5.3　解释变量描述统计与方差分析

5.3.1　董事会

1. 不同年份董事会特征及其比较

董事会特征及其比较如表 5 – 9 所示。

表 5 - 9 不同年份董事会特征及其比较

指标	年份	样本	均值	中位数	标准差	最小值	最大值	样本数	显著性
董事会人数（人）	2010	1	8.79	9.00	1.81	5.00	15.00	197	0.435
		0	8.94	9.00	1.78	5.00	18.00	197	
	2011	1	8.75	9.00	1.90	5.00	15.00	197	0.223
		0	8.98	9.00	1.73	5.00	18.00	197	
	2012	1	8.74	9.00	1.84	5.00	15.00	197	0.204
		0	8.98	9.00	1.77	5.00	17.00	197	
	2013	1	8.52	9.00	1.75	5.00	15.00	197	0.009
		0	9.00	9.00	1.79	5.00	18.00	197	
	2014	1	8.53	9.00	1.65	5.00	15.00	197	0.084
		0	8.84	9.00	1.83	5.00	18.00	197	
	合计	1	8.66	9.00	1.80	5.00	15.00	985	0.001
		0	8.95	9.00	1.78	5.00	18.00	985	
	Sig.	1	0.384						
		0	0.901						
独立董事比例（%）	2010	1	36.85	33.33	5.10	25.00	57.14	197	0.909
		0	36.90	33.33	5.74	25.00	57.14	197	
	2011	1	37.66	33.33	5.84	30.00	66.70	197	0.129
		0	36.67	33.33	6.04	3.70	60.00	197	
	2012	1	37.69	36.36	5.79	30.00	66.67	197	0.079
		0	36.59	33.33	6.01	4.69	60.00	197	
	2013	1	38.41	36.36	6.02	33.33	60.00	197	0.005
		0	36.68	33.33	5.98	4.69	66.67	197	
	2014	1	37.85	33.33	6.08	25.00	62.50	197	0.086
		0	36.82	33.33	5.45	25.00	57.14	197	
	合计	1	37.69	36.36	5.79	25.00	66.67	985	0.000
		0	36.73	33.33	5.84	3.70	66.67	985	
	Sig	1	0.120						
		0	0.987						

续表

指标	年份	样本	均值	中位数	标准差	最小值	最大值	样本数	显著性
董事长与总经理两职合一比例（%）	2010	1	0.24	0.00	0.43	0.00	1.00	197	0.401
		0	0.21	0.00	0.41	0.00	1.00	197	
	2011	1	0.24	0.00	0.43	0.00	1.00	197	0.394
		0	0.21	0.00	0.41	0.00	1.00	197	
	2012	1	0.24	0.00	0.43	0.00	1.00	197	0.554
		0	0.21	0.00	0.41	0.00	1.00	197	
	2013	1	0.22	0.00	0.41	0.00	1.00	197	0.629
		0	0.24	0.00	0.43	0.00	1.00	197	
	2014	1	0.23	0.00	0.42	0.00	1.00	197	0.719
		0	0.24	0.00	0.43	0.00	1.00	197	
	合计	1	0.23	0.00	0.42	0.00	1.00	985	0.518
		0	0.22	0.00	0.42	0.00	1.00	985	
	Sig.	1	0.971						
		0	0.842						
董事前三名薪酬（元）	2010	1	1042782	700000	1371267	0	15306600	197	0.039
		0	1429709	923000	2205996	24000	23022300	197	
	2011	1	1230454	879750	1413308	0	14171700	197	0.145
		0	1499565	996700	2114471	34400	19660000	197	
	2012	1	1344731	940384	1671918	0	18195500	197	0.135
		0	1695400	1153477	2833048	45000	35780000	197	
	2013	1	1373399	1022400	1188124	0	6576800	197	0.022
		0	1772580	1218200	2164002	60000	21700000	197	
	2014	1	1603217	1112407	1668979	63200	12727200	197	0.248
		0	1867123	1266350	2444381	115000	25496000	197	
	合计	1	1318338	936000	14824295	0	18195500	985	0.000
		0	1651783	1128250	2367805	24000	35780000	985	
	Sig	1	0.004						
		0	0.318						

149

指标	年份	样本	均值	中位数	标准差	最小值	最大值	样本数	显著性
董事会持股比例（%）	2010	1	8.15	0.00	17.63	0.00	68.31	197	0.000
		0	2.19	0.00	7.46	0.00	47.93	197	
	2011	1	7.52	0.00	16.74	0.00	66.12	197	0.000
		0	2.15	0.00	7.22	0.00	47.93	197	
	2012	1	7.45	0.00	16.37	0.00	65.80	197	0.000
		0	2.33	0.00	7.53	0.00	50.57	197	
	2013	1	6.82	0.00	15.33	0.00	65.90	197	0.000
		0	2.28	0.00	7.16	0.00	47.93	197	
	2014	1	6.34	0.00	14.11	0.00	64.73	197	0.000
		0	2.35	0.00	6.98	0.00	44.71	197	
	合计	1	7.26	0.00	16.06	0.00	68.31	985	0.000
		0	2.26	0.00	7.26	0.00	50.57	985	
	Sig	1	0.831						
		0	0.998						
未领取薪酬董事比例（%）	2010	1	23.73	22.22	19.09	0.00	75.00	197	0.245
		0	25.98	25.16	19.20	0.00	66.67	197	
	2011	1	22.24	22.22	18.57	0.00	66.70	197	0.021
		0	26.42	28.57	19.35	0.00	66.67	197	
	2012	1	20.86	22.22	19.49	0.00	66.67	197	0.099
		0	24.01	22.22	19.65	0.00	66.67	197	
	2013	1	20.72	18.18	19.76	0.00	77.78	197	0.064
		0	24.22	22.22	19.86	0.00	66.67	197	
	2014	1	20.22	16.67	18.69	0.00	66.67	197	0.029
		0	24.06	22.22	19.89	0.00	66.67	197	
	合计	1	21.55	22.22	19.16	0.00	77.78	985	0.000
		0	24.94	25.00	19.58	0.00	66.67	985	
	Sig	1	0.358						
		0	0.592						

注：时间栏内的 Sig 表示年度方差分析，代表年度间的显著性水平。对照样本栏，1 代表重大缺陷公司；0 代表非重大缺陷公司。本章下表同。

（1）董事会人数。

缺陷公司与对照样本董事会规模均符合公司法 5～19 人的规定[①]，重大缺陷公司的董事会规模显著低于非重大缺陷公司，董事会规模可能是影响内部控制重大缺陷修正的因素之一。自 2010 年至 2014 年，重大缺陷公司与非重大缺陷公司的董事会人数的中位数与最小值均相同，分别为 9.00 次及 5.00 次。重大缺陷公司的董事会人数的平均值随时间呈现逐渐递减的趋势，其中 2013 年董事会人数均值最小仅为 8.52 人。而正与此相反非重大缺陷公司的平均董事会人数呈现随时间上升的趋势，2013 年董事会人数平均值最高为 9.00 人，到 2014 年降下来，达到低点，说明董事会人数并不是越多越好。此指标总体上存在显著差异，2013 年度、2014 年度该指标也存在显著差异，说明董事会规模对内部控制缺陷修正具有一定的影响。

（2）独立董事比例。

重大缺陷公司和非重大缺陷公司的独立董事比例处于 36%～38%，虽符合指导意见不低于 1/3 的规定[②]，但比例均较低。重大缺陷公司平均独立董事比例为 37.69%，非重大缺陷公司的平均独立董事比例为 36.73%，相对于非重大缺陷公司，缺陷公司的独立董事比例略高。除了 2011 年，两组样本的独立董事比例总体上呈现显著差异，重大缺陷公司独立董事比例显著高于非重大缺陷公司，缺陷公司各年度有显著增加趋势。说明独立董事在重大缺陷修正中没有充分作为，这和个别研究发现独董比例并非与企业内部控制有效性呈正相关关系（丁沛文，2014）[③] 的结论基本吻合。究其原因在于我国独立董事的作用没有受到重视，董事会次级委员会的独立性较差（王维祝，2007）[④]，独立董事多数由大股东推荐或董事会提名产生，难保独立性。且我国上市公司独立

---

① 《公司法》第 109 条规定股份有限公司一律设董事会，其成员为 5～19 人。

② 2001 年 8 月 16 日证监会发布《关于在上市公司建立独立董事制度的指导意见》中规定"上市公司应当建立独立董事制度，在二〇〇二年六月三十日前，董事会成员中应当至少包括 2 名独立董事；在二〇〇三年六月三十日前，上市公司董事会成员中应当至少包括 1/3 独立董事。"

③ 丁沛文. 董事会治理结构对企业内部控制的影响探究 [J]. 金融经济，2014（11）：130－132.

④ 王维祝. 中国上市公司董事会规模决定要素的实证研究 [J]. 山东大学学报（哲社版），2007（5）：84－91.

董事多由某领域的专家学者担任，他们身兼数职，没有充足的时间和经验去行使独立董事的职责。再加上我国独立董事履行责任也缺乏相应的法律保障，因而限制了其作用的发挥。该指标两组样本年度间均不存在显著差异，除2013年、2014年度该指标存在显著差异外，其他年度均不存在显著差异，说明独立董事比例多少是影响内部控制重大缺陷修正的因素。

（3）董事长与总经理兼任情况。

重大缺陷公司在职位的设立上76%进行两职的分离，非重大缺陷公司在职位的设立上78%进行了职位的分离，表明上市公司偏向于将董事长和总经理两职位分离，以提高企业整体的效率。两职合一的董事会领导结构不利于企业内部控制缺陷的披露（周兰等，2014）①。此指标总体上不存在着显著的差异，两组样本年度间以及个别年度内均不存在着显著差异。在2010年存在内部控制重大缺陷之后的3年里，缺陷公司董事长与总经理兼任情况整体呈基本不变趋势，直到2013年、2014年才有所下降。2010年为0.24%，2011年为0.24%，2012年为0.24%，2013年为0.22%。可能原因是缺陷发生后4年里，公司最终还是进行了两职分离或兼任设置上的变更，更多的公司进行了两职分离。对于两职合一的企业而言，内控缺陷披露提高了的两职分离变更率，但并没有真正起到促进两职人员分离的治理效应（周兰，2014）。说明此指标可能是影响内部控制重大缺陷修正的因素。

（4）董事前三名薪酬。

合理的激励，有利于增强董事的受托责任，提高董事会工作效率。董事激励通常采用金额最高的前三名董事报酬总额等指标表示。表中数据显示，金额最高前三名董事报酬在两组样本间及各组样本在不同年度间呈现显著差异，两类公司董事激励均呈现显著增长趋势，但缺陷公司的董事激励较低。

具体来说，相对于非重大缺陷公司的薪酬，重大缺陷公司董事前三名薪酬要低得多，2010年董事前三名薪酬最低，随后呈现逐年递增的趋势，2014年董事前三名薪酬最高，且重大缺陷公司中出现"零报酬"现象，从而说明了重大缺陷公司虽然加大了对董事的薪酬激励，但对董事的激励性还明显不足。此指标两组样本总体上存在着显著差异，2010

---

① 周兰，何安亿，李志军. 我国上市公司内部控制缺陷披露的治理效应研究——基于董事会领导结构的经验分析 [J]. 云南财经大学学报，2014（3）：141-146.

年和 2013 年度内两组样本存在显著差异，从另一方面也说明了董事前三名薪酬指标是影响内部控制缺陷修正的因素之一。

（5）董事会持股比例。

董事持有一定的所有权份额可在董事、股东和管理者之间形成一种更强的利益联盟。数据显示，重大缺陷公司的董事会持股比例较非重大缺陷公司的持股比例大，但两类公司董事会持股比例均比较低。重大缺陷公司自 2010 年起此指标整体呈现下降趋势，2010 年董事会持股比例最大，2010~2014 年期间均有"零持股"现象出现，说明上市企业报酬机制甚合理，董事持股比例过低。从另一方面说明了重大缺陷公司的董事会持股比例结构不合理，同时又存在"零持股"现象，我国上市公司的持股比例过低对董事的激励不够，不能起到很好的激励作用。

此指标两组样本年度间均不具有显著差异，总体存在显著差异，个别年度内亦存在显著差异，说明董事会持股比例对于内部控制重大缺陷有一定的显著影响。

（6）未领取薪酬董事比例。

两类公司平均未领取薪酬比例均较高，虽然自 2010 年起整体呈现下降趋势，2014 年下降为 20.22%，但是该指标过高说明上市公司的董事激励结构不甚合理，过多的未领取薪酬董事不能充分发挥作用。2011 年度、2014 年度该指标两组样本存在显著差异，总体上也存在着显著性差异，也说明未领取薪酬比例对于内部控制重大缺陷的修正具有一定的影响。

2. 不同控制人董事会特征及其比较

不同控制人董事会特征及其比较如表 5-10 所示。

表 5-10　　　　　　　　不同控制人董事会特征及其比较

指标	控制人	样本	均值	中位数	标准差	最小值	最大值	样本数	显著性
董事会人数（人）	国有	1	9.30	9.00	2.03	5.00	15	365	0.969
		0	9.30	9.00	1.77	6.00	18	535	
	非国有	1	8.29	9.00	1.52	5.00	15	620	0.097
		0	8.53	9.00	1.70	5.00	15	450	
	合计	1	8.66	9.00	1.80	5.00	15	985	0.001
		0	8.95	9.00	1.78	5.00	18	985	
	Sig	1	0.000						
		0	0.000						

指标	控制人	样本	均值	中位数	标准差	最小值	最大值	样本数	显著性
独立董事比例（%）	国有	1	36.80	33.33	5.74	25.00	62.50	365	0.516
		0	36.67	33.33	5.58	25.00	66.67	535	
	非国有	1	38.21	36.36	5.76	25.00	66.67	620	0.000
		0	36.81	33.33	6.13	3.70	60.00	450	
	合计	1	37.69	36.36	5.79	25.00	66.67	985	0.000
		0	36.73	33.33	5.84	3.70	66.67	985	
	Sig	1	0.000						
		0	0.718						
董事长与总经理两职合一比例（%）	国有	1	0.11	0.00	0.31	0.00	1.00	365	0.063
		0	0.15	0.00	0.36	0.00	1.00	535	
	非国有	1	0.31	0.00	0.46	0.00	1.00	620	0.771
		0	0.31	0.00	0.46	0.00	1.00	450	
	合计	1	0.23	0.00	0.42	0.00	1.00	985	0.518
		0	0.22	0.00	0.42	0.00	1.00	985	
	Sig	1	0.000						
		0	0.000						
董事前三名薪酬总额（元）	国有	1	1259018	865500	1720305	0	18195500	365	0.005
		0	1820667	1118000	30462141	24000	35780000	535	
	非国有	1	1353373	969200	1322267	0	12727200	620	0.009
		0	1451232	1140500	1087042	32200	8049300	450	
	合计	1	1318338	936000	14824294	0	18195500	985	0.000
		0	1651783	1128250	2367805	24000	35780000	985	
	Sig	1	0.335						
		0	0.015						

续表

指标	控制人	样本	均值	中位数	标准差	最小值	最大值	样本数	显著性
董事会持股比例（％）	国有	1	0.11	0.00	0.46	0.00	5.20	365	0.685
		0	0.13	0.00	0.63	0.00	5.62	535	
	非国有	1	11.46	0.06	19.03	0.00	68.31	620	0.000
		0	4.80	0.00	10.16	0.00	50.57	450	
	合计	1	7.26	0.00	16.06	0.00	68.31	985	0.000
		0	2.26	0.00	7.26	0.00	50.57	985	
	Sig	1	0.000						
		0	0.000						
未领取薪酬董事比例（％）	国有	1	29.07	33.33	19.35	0.00	77.78	365	0.120
		0	30.89	33.33	18.78	0.00	66.67	535	
	非国有	1	17.14	12.50	17.63	0.00	66.67	620	0.684
		0	17.87	14.29	18.12	0.00	66.67	450	
	合计	1	21.55	22.22	19.16	0.00	77.78	985	0.000
		0	24.94	25.00	19.58	0.00	66.67	985	
	Sig	1	0.000						
		0	0.000						

注：控制人栏内的 Sig 表示不同控制人间的显著性水平。对照样本栏，1 代表重大缺陷公司；0 代表非重大缺陷公司。

（1）董事会规模。

我国国有控股与非国有控股上市公司在董事会治理方面表现出了不同的特征（刘璐，2013）[1]。国有上市公司董事会规模要高于非国有，但非国有上市公司董事会规模波动较小，且相对于非重大缺陷公司而言，后者董事会人数偏低，不利于董事会的科学决策和对经理层的监督。此指标不同控制人两组样本间存在显著差异。

（2）独立董事比例。

对于存在缺陷的公司，国有上市公司的独立董事比例略低于非国有企业的独董比例，这和实证结论相吻合。研究发现股权性质与独立比例显著负相关，国有控股公司独立董事比例更低（储一昀、谢香兵，2008）[2]，重

① 刘璐. 不同股权性质下董事会特征对财务重述的影响研究 [D]. 重庆：重庆理工大学，2013.

② 储一昀，谢香兵. 业务复杂度、股权特征与董事会结构 [J]. 财经研究，2008（3）：132 - 143.

大缺陷公司和非重大缺陷公司的独立董事比例均在36%～38%，不同控制人类型下此指标均符合《关于在上市公司建立独立董事制度的指导意见》的1/3的要求。相对于非重大缺陷公司，重大缺陷公司的独立董事比例略高，从一方面说明了独立董事对于缺陷治理的作用。对于国有企业，该指标两组样本不存在显著差异，而非国有企业具有显著性差异，这从另一方面说明独立董事比例是影响内部控制重大缺陷修正的因素。

（3）董事长与总经理兼任情况。

国有企业相对于非国有企业而言，进行董事长与总经理两职分离的比例更高，尤其是国有企业，职权分设的个数大约是完全兼任的8倍。虽然《公司法》规定国有企业董事长可以在特殊情况下兼任总经理，但样本中上市公司董事长和总经理分设程度比较高，董事会独立性较强，这将有助于强化董事会对管理层的监督与控制，规避高管利益侵占等机会主义行为。此指标总体上存在着显著的差异，国有企业两组样本间存在显著差异，说明此指标是影响内部控制重大缺陷修正的因素。

（4）董事前三名薪酬。

国有企业此指标低于非国有企业，非国有企业较国有企业薪酬高，但是差异不大。这可能是由于随着政府相关政策的提出，国有企业与非国有企业都均面向了市场，使得管理者报酬与企业的利润相挂钩，国企与非国企高管薪酬就没有实质性的激励差异。分析发现，无论国有非国有企业，上市公司前三名薪酬总额均存在"零报酬"现象，说明我国上市公司高级管理人员的报酬结构不甚合理，董事不能得到很好的激励，致使他们的作用难以发挥。此指标国有非国有企业两组样本间均具有显著差异，说明此指标也是影响内部控制重大缺陷修正整治的因素。

（5）董事会持股比例。

国有企业的上市公司董事会持股比例要远低于非国有的上市公司的董事会持股比例。国有董事持股比例最大仅为5.20%，而非国有董事会的持股比例最高达到了68.31%，最低为"零持股"，浮动较大。说明我国国有企业对董事的激励不够，不能起到很好的激励作用。另一方面也说明了董事会持股比例结构不合理，存在"零持股"现象。此指标不同控制人的两组样本均具有显著差异，说明董事会持股比例对于内部控制重大缺陷有一定的显著影响。

（6）未领取薪酬董事比例。

国有企业的上市公司董事会未领取薪酬最大比例达到了 77.78%，非国有企业中，无论是重大缺陷公司还是非重大缺陷公司，未领取薪酬比例均低于国有企业。这说明国有企业不作为董事较多，也说明了上市公司的董事激励结构不甚合理，对董事的薪酬激励不够。另外观察到此指标值集中在 20% 左右，但有随时间下降的趋势，此指标两组样本存在显著性差异。

3. 不同行业董事会特征及其比较

不同行业董事会特征及其比较如表5–11所示。

表 5–11　　　　　　　不同行业董事会特征及其比较

指标	行业	样本	均值	中位数	标准差	最小值	最大值	样本数	显著性
董事会人数（人）	制造业	1	8.53	9.00	1.62	5.00	15	645	0.000
		0	8.94	9.00	1.70	5.00	18	645	
	房地产业	1	8.25	9.00	1.44	5.00	12	65	0.961
		0	8.26	9.00	1.58	5.00	11	65	
	零售与批发业	1	9.44	9.00	2.02	7.00	13	50	0.053
		0	8.78	9.00	1.40	6.00	11	50	
	采矿业	1	10.60	11.00	2.02	6.00	15	35	0.015
		0	9.40	9.00	2.25	6.00	14	35	
	信息计算机和软件业	1	8.12	8.50	1.72	5.00	11	35	0.822
		0	8.23	9.00	1.22	5.00	11	35	
	交通运输仓储邮政业	1	8.87	9.00	1.01	7.00	11	30	0.000
		0	10.53	10.00	2.05	8.00	15	30	
	合计	1	8.66	9.00	1.80	5.00	15	860	0.001
		0	8.95	9.00	1.78	5.00	18	860	
	Sig	1	0.000						
		0	0.000						

指标	行业	样本	均值	中位数	标准差	最小值	最大值	样本数	显著性
独立董事比例（%）	制造业	1	37.77	33.33	6.04	25.00	66.67	645	0.000
		0	36.46	33.33	6.04	3.70	66.67	645	
	房地产业	1	37.36	36.36	4.74	33.33	50.00	65	0.346
		0	38.27	36.36	5.53	30.00	50.00	65	
	零售与批发业	1	37.06	36.36	4.17	30.00	50.00	50	0.730
		0	37.45	34.85	5.39	33.33	50.00	50	
	采矿业	1	34.97	33.33	2.09	33.33	41.67	35	0.001
		0	38.66	38.46	5.65	28.57	50.00	35	
	信息计算机和软件业	1	36.95	34.85	4.55	33.33	50.00	35	0.406
		0	36.13	33.33	4.06	33.33	50.00	35	
	交通运输仓储邮政业	1	37.08	33.33	5.11	33.33	50.00	30	0.166
		0	35.43	34.85	2.37	33.33	40.00	30	
	合计	1	37.69	36.36	5.79	25.00	66.67	860	0.000
		0	36.73	33.33	5.84	3.70	66.67	860	
	Sig	1	0.102						
		0	0.029						
董事长与总经理两职合一比例（%）	制造业	1	0.27	0.00	0.45	0.00	1.00	645	0.624
		0	0.26	0.00	0.44	0.00	1.00	645	
	房地产业	1	0.23	0.00	0.43	0.00	1.00	65	0.553
		0	0.18	0.00	0.39	0.00	1.00	65	
	零售与批发业	1	0.24	0.00	0.43	0.00	1.00	50	0.019
		0	0.06	0.00	0.24	0.00	1.00	50	
	采矿业	1	0.14	0.00	0.36	0.00	1.00	35	1.000
		0	0.14	0.00	0.36	0.00	1.00	35	
	信息计算机和软件业	1	0.00	0.00	0.00	0.00	0.00	35	0.000
		0	0.40	0.00	0.50	0.00	1.00	35	
	交通运输仓储邮政业	1	0.07	0.00	0.25	0.00	1.00	30	0.161
		0	0.00	0.00	0.00	0.00	0.00	30	
	合计	1	0.23	0.00	0.42	0.00	1.00	860	0.518
		0	0.22	0.00	0.42	0.00	1.00	860	
	Sig	1	0.001						
		0	0.000						

续表

指标	行业	样本	均值	中位数	标准差	最小值	最大值	样本数	显著性
董事前三名薪酬总额（元）	制造业	1	1247537	900050	1251879	0	12727200	645	0.011
		0	1433821	1028400	1319972	24000	12197200	645	
	房地产业	1	1068972	645000	1082783	0	5344400	65	0.020
		0	3051104	1053700	6504077	84400	35780000	65	
	零售与批发业	1	2018860	1947200	1228648	0	5300500	50	0.163
		0	1667551	1410700	813237	240000	3860000	50	
	采矿业	1	2703958	1248100	4440972	0	18195500	35	0.012
		0	963420	689888	870791	32200	3402000	35	
	信息计算机和软件业	1	1145272	1111000	701593	231400	3176741	35	0.001
		0	2688454	2014000	2312995	9220000	9800000	35	
	交通运输仓储邮政业	1	982063	1033100	445064	400000	1728000	30	0.000
		0	1369604	1450000	476902	216000	2147600	30	
	合计	1	1318338	936000	1482429	0	18195500	860	0.000
		0	1651783	1128250	2367805	24000	35780000	860	
	Sig	1	0.000						
		0	0.000						
董事会持股比例（%）	制造业	1	10.25	0.00	18.75	0.00	68.31	645	0.000
		0	1.95	0.00	6.09	0.00	34.30	645	
	房地产业	1	0.14	0.01	0.33	0.00	2.22	65	0.022
		0	2.99	0.00	9.88	0.00	36.82	65	
	零售与批发业	1	0.12	0.00	0.29	0.00	1.16	50	0.076
		0	0.04	0.00	0.07	0.00	0.28	50	
	采矿业	1	1.59	0.00	3.74	0.00	12.07	35	0.623
		0	2.35	0.00	7.82	0.00	28.80	35	
	信息计算机和软件业	1	4.34	0.00	9.50	0.00	28.82	35	0.000
		0	17.53	14.32	17.31	0.00	50.57	35	
	交通运输仓储邮政业	1	1.34	0.00	3.56	0.00	18.99	30	0.048
		0	0.00	0.00	0.00	0.00	0.00	30	
	合计	1	7.26	0.00	16.06	0.00	68.31	860	0.000
		0	2.26	0.00	7.26	0.00	50.57	860	
	Sig	1	0.000						
		0	0.000						

指标	行业	样本	均值	中位数	标准差	最小值	最大值	样本数	显著性
未领取薪酬董事比例（%）	制造业	1	20.82	20.00	18.47	0.00	77.78	645	0.001
		0	24.49	22.22	19.54	0.00	66.67	645	
	房地产业	1	30.12	37.50	22.16	0.00	66.67	65	0.001
		0	18.90	11.11	21.89	0.00	66.67	65	
	零售与批发业	1	22.27	22.22	18.41	0.00	57.14	50	0.001
		0	32.50	29.29	16.73	0.00	62.50	50	
	采矿业	1	32.34	33.33	22.75	0.00	66.67	35	0.721
		0	30.80	28.57	20.78	0.00	66.67	35	
	信息计算机和软件业	1	24.98	23.61	17.78	0.00	55.56	35	0.000
		0	14.56	18.19	13.28	0.00	40.00	35	
	交通运输仓储邮政业	1	15.41	5.56	20.32	0.00	55.56	30	0.000
		0	41.36	38.46	11.38	27.27	66.67	30	
	合计	1	21.55	22.22	19.16	0.00	77.78	860	0.000
		0	24.94	25.00	19.58	0.00	66.67	860	
	Sig	1	0.000						
		0	0.000						

注：行业栏内的 Sig 表示不同行业间的显著性水平。对照样本栏，1 代表重大缺陷公司；0 代表非重大缺陷公司。

（1）董事会规模。

采矿业的董事会规模最大，批发和零售业的董事会规模次之，信息传输计算机服务和软件业最低。除房地产业及信息传输业不具有显著差异外，采矿业、零售与批发业、交通运输业尤其是最具代表性的制造业均具有显著差异，两组样本行业间存在显著差异，说明董事会规模是影响内部控制重大缺陷修正的关键因素。

（2）独董比例。

制造业的独董比例最高，高于房地产业和批发零售业，独董比例最低的是采矿业，但也高于《关于在上市公司建立董事制度的指导意见》的 1/3 独立董事的要求。这可能是因为采矿业对自然环境的依赖程度较高，因此对董事会的要求相对降低，而制造业主要依靠高层的政策决策，因此对高层的决策要求有效的监督。该指标两组样本存在显著差异，且最具代表性的行业制造业具有显著差异，采矿业也存在显著差异。

（3）董事长和总经理两职兼任。

六大行业董事会与总经理两职完全分离的个数要远大于兼任职位的个数，六大行业董事长和总经理两职完全分设的样本点都超过各行业样本点的一半以上，尤其是信息传输计算机服务和软件业在二者职位的分离上更是达到了100%。由此可见不同行业上市公司在领导权结构上还是偏向于两职的分离。此指标除零售批发行业以及信息传输行业具有显著差异外，其他四个行业均不存在着显著差异，但两组样本行业间均存在着显著差异，说明董事长与总经理两职合一状况影响内部控制重大缺陷的修正。

（4）董事前三名薪酬。

采矿业的董事前三名薪酬最高，批发和零售业次之，房地产业最低。上市公司董事在某些行业具有较高的薪酬激励，但有些行业激励性不足，这可能与上市公司所在行业的盈利水平和行业特色有关。但是就房地产行业而言，董事薪酬却是最低的，其结果与日常的认识是不同的。重大缺陷公司中，制造业、房地产业、批发和零售业、采矿业中此指标均存在"零报酬"现象，说明我国上市公司报酬结构不甚合理，董事不能得到很好的激励，从而使得他们的作用难以发挥。除了个别行业，此指标两组样本间存在显著差异，每组样本行业间具有显著差异。

（5）董事会持股比例。

缺陷样本中制造业董事会持股比例最大，非缺陷样本公司中信息传输计算机服务和软件业最大，批发零售业最低。这可能是因为批发零售业这类服务市场竞争性较强，技术复杂程度较低，因此面临较紧的预算约束和竞争压力，制造业企业的董事会更具备战略决策能力。

分析发现董事会持股比例有逐年下降的趋势，存在"零持股"现象，并且各个行业之间差距明显。我国上市公司董事会持股比例过低，结构不合理，对董事的激励不能起到很好的作用。此指标两组样本行业间具有显著差异，总体上两组样本间均存在显著差异，最具代表性的制造业、房地产业以及信息传输和交通运输业均具有显著差异。

（6）未领取薪酬董事比例。

此指标各个行业均存在偏高现象，采矿业未领取薪酬比例最高，其次为房地产业。交通运输仓储和邮政业未领取薪酬比例最低。可知行业之间也存在着一定的差距，与不同年度维度分析的一样，薪酬结构存在着一定的不合理，激励程度有缺陷。采矿业未领取薪酬比例高于其他行业可能是因为采矿业对自然环境的依赖程度较高，因此对股东的要求相对降低。未领取薪酬的董事比例较高，不作为的董事较多，而交通运输业需要依靠高层的政策决策，因此需要股东有所作为。

此指标两组样本行业间存在显著差异，除采矿业外，其他行业尤其是具有代表性的制造业内两组样本间均存在显著差异。

5.3.2 审计委员会

1. 不同年份审计委员会特征及其比较

审计委员会特征及其比较如表 5 - 12 所示。

表 5 - 12　　　　　　　不同年份审计委员会特征及其比较

指标	年份	样本	均值	中位数	标准差	最小值	最大值	样本数	显著性
审计委员会设置	2010	1	0.78	1.00	0.42	0.00	1.00	197	0.000
		0	0.37	0.00	0.48	0.00	1.00	197	
	2011	1	0.89	1.00	0.31	0.00	1.00	197	0.000
		0	0.69	1.00	0.46	0.00	1.00	197	
	2012	1	0.91	1.00	0.29	0.00	1.00	197	0.275
		0	0.87	1.00	0.33	0.00	1.00	197	
	2013	1	0.96	1.00	0.20	0.00	1.00	197	0.493
		0	0.94	1.00	0.23	0.00	1.00	197	
	2014	1	0.96	1.00	0.19	0.00	1.00	197	0.207
		0	0.98	1.00	0.12	0.00	1.00	197	
	合计	1	0.90	1.00	0.30	0.00	1.00	985	0.000
		0	0.77	1.00	0.42	0.00	1.00	985	
	Sig	1	0.000						
		0	0.000						

续表

指标	年份	样本	均值	中位数	标准差	最小值	最大值	样本数	显著性
审计委员会规模（人）	2010	1	2.71	3.00	1.67	0.00	7.00	197	0.000
		0	1.26	0.00	1.82	0.00	7.00	197	
	2011	1	3.11	3.00	1.36	0.00	7.00	197	0.000
		0	2.42	3.00	1.93	0.00	8.00	197	
	2012	1	3.17	3.00	1.32	0.00	7.00	197	0.720
		0	3.22	3.00	1.70	0.00	9.00	197	
	2013	1	3.33	3.00	1.14	0.00	7.00	197	0.004
		0	3.73	3.00	1.62	0.00	9.00	197	
	2014	1	3.60	3.00	1.14	1.00	7.00	197	0.968
		0	3.47	3.00	1.21	0.00	9.00	197	
	合计	1	3.16	3.00	1.39	0.00	7.00	985	0.000
		0	2.82	3.00	1.89	0.00	9.00	985	
	Sig	1	0.000						
		0	0.000						
审计委员会专业性比例（%）	2010	1	35.00	33.00	31.01	0.00	1.00	197	0.000
		0	18.00	0.00	27.00	0.00	1.00	197	
	2011	1	39.00	33.00	30.00	0.00	1.00	197	0.009
		0	31.01	33.00	28.02	0.00	1.00	197	
	2012	1	38.03	33.00	29.00	0.00	1.00	197	0.828
		0	39.00	33.00	24.00	0.00	1.00	197	
	2013	1	42.00	33.00	30.00	0.00	1.00	197	0.462
		0	40.01	33.00	22.01	0.00	1.00	197	
	2014	1	46.00	33.00	25.03	0.00	1.00	197	0.000
		0	59.01	66.66	25.03	0.00	1.00	197	
	合计	1	40.02	33.00	29.00	0.00	1.00	985	0.000
		0	37.00	33.00	29.00	0.00	1.00	985	
	Sig*	1	0.003						
		0	0.000						

续表

指标	年份	样本	均值	中位数	标准差	最小值	最大值	样本数	显著性
审计委员会会议次数（次）	2010	1	7.30	8.00	4.93	0.00	21	197	0.000
		0	3.27	0.00	4.73	0.00	26	197	
	2011	1	8.97	9.00	4.76	0.00	25	197	0.000
		0	6.08	7.00	4.97	0.00	27	197	
	2012	1	8.93	9.00	4.32	0.00	22	197	0.012
		0	7.89	8.00	4.36	0.00	22	197	
	2013	1	9.16	9.00	3.88	0.00	24	197	0.007
		0	8.16	8.00	3.87	0.00	24	197	
	2014	1	9.86	9.00	3.59	4.00	22	197	0.062
		0	9.17	9.00	3.91	2.00	35	197	
	合计	1	9.62	9.00	3.50	3.00	25	985	0.000
		0	8.77	8.00	3.40	2.00	35	985	
	Sig*	1	0.065						
		0	0.164						

注：*表示年度方差分析，代表年度间的显著性水平。对照样本栏，1代表重大缺陷公司；0代表非重大缺陷公司。

（1）审计委员会设置。

SOX法案及《上市公司治理准则》[①] 明确要求上市公司设置审计委员会，在我国，审计委员会的设置处于自愿阶段。可以看出，2010～2014年间，存在重大缺陷的公司设立审计委员会均值都高于非重大缺陷公司，且二者的均值均呈逐年递增之势。不同年份设立审计委员会的公司数量呈逐年上升趋势，其所占比例也不断提高，总体上重大缺陷公司90%设立了审计委员会，非重大缺陷公司77%设立了审计委员会。表明绝大多数上市公司认识到了审计委员会的重要性，对审计委员会的重视程度越来越高。存在重大缺陷上市公司更希望通过设立审计委员会来对公司财务状况和经营状况进行制约和监督。

① 我国2002年的《上市公司治理准则》规定上市公司董事会中可以设立审计委员会，其中至少包括一名财务专家，独立董事必须占主导地位。

此指标两组样本总体及年度间均存在显著差异，2010 年和 2011 年两组样本存在显著差异。表明审计委员会的设立有助于修正内控缺陷，上市公司通过设立审计委员会监督公司运营和治理，加强内部控制，特别是存在重大缺陷的公司更加注重审计委员会对内部控制的作用。

（2）审计委员会规模。

2010~2014 年，两类上市公司审计委员会规模最小值均为 0，除了没有设立审计委员会的公司外，各年度均值在 3 人左右，最多达到 8 人或 9 人，符合相关规定对于审计委员会人数的要求；不同年份审计委员会规模逐年上升，这表明，公司审计委员会的人数呈不断增加的趋势，公司对审计委员会的重视程度越来越高，审计委员会的规模对上市公司内部控制产生了积极的影响（Aloke Ghosh et al.，2010）。

此指标两组样本总体及年度间均存在显著差异，各年度内除 2012 年、2014 年不存在显著差异外，其他年份均存在显著差异，表明审计委员会规模的扩大有助于内控缺陷的修正。审计委员会人数影响内部控制重大缺陷的修正，审计委员会人数多可以从更多领域对公司的内控起到规范和指导作用。

（3）审计委员会专业性比例。

审计委员会中较高的财务专家比例可以有效地对经理人和外部审计师进行监督。分析发现，不同年份内两类公司审计委员会专业性比例总体呈逐年上升趋势，相比非重大缺陷公司，重大缺陷公司的比例略高，为 40%，表明在上市公司审计委员会中财务专长的专家比例均逐年增加，审计委员会中具有财务专长的人员越多，企业存在内控缺陷的可能性就越小（Hoitash et al.，2009[①]）。有财务专长的审计委员会成员可以加强对公司运营状况的指导和监督，减少审计合谋，促进企业内部治理。重大缺陷公司的财务专家比例略高，缺陷公司在缺陷发生后，调整增加了财务专业人员，进行了重大缺陷的修正整治，这与卡拉等（2011）的研究相吻合[②]。从另一方面，非重大缺陷公司的审计委员会专

[①] Hoitash，U.，Hoitash，R.，Bedard，JC. Corporate Governance and Internal Control over Financial Reporting：A Comparison of Regulatory Regimesf［J］. The Accounting Review，2009（84）：839－867.

[②] Karla Johnstone Chan Li Kathleen Hertz Rupley，Changes in Corporate Governance Associated with the Revelation of Internal Control Material Weaknesses and Their Subsequent Remediation［J］. Contemporary Accounting Research，Vol. 28 No. 1（Spring 2011），pp. 331－383.

业性比例要低，这意味着非财务专家可能对缺陷治理更具有积极的影响，这与德丰等（DeFond et al.，2005）① 以及吴本威（Beng Wee Goh.，2009）的研究结论基本一致。非财务专长是审计委员会成员重要的治理专长（DeFond et al.，2005）②，审计委员会非财务专长专家越多，重大缺陷的修正更及时，更有利于内部控制缺陷的修正（Beng Wee Goh，2009）③。

此指标两组样本总体存在显著差异，年度间存在显著差异，个别年度内的两组样本，2010 年、2011 年、2014 年存在显著差异。审计委员会中专业人才越多，越能充分发挥审计委员会的作用，从更多角度加强内部控制，实证结果表明审计委员会成员的独立性和会计专业背景对内部控制的有效性有积极的影响（Scarbrough et al.，2001）。

（4）审计委员会会议次数。

审计委员会次数主要用来衡量其勤勉度，会议的频率在一定程度上表明成员工作和履行职责的积极性。自 2010 年至 2014 年，重大缺陷公司和非重大缺陷公司的审计委员会会议次数都逐年上升，非重大缺陷公司上升比例高于重大缺陷公司，大多数公司召开的会议次数在 8~9 次，最高达到 35 次。重大缺陷公司召开审计委员会会议的次数明显高于非重大缺陷公司，且均值都远高于公司法对上市公司董事会每年至少召开四次定期会议或例会的规定。这表明上市公司审计委员会积极作为，在一定程度上表明重大缺陷公司缺陷发生后，审计委员会从自身出发，积极召开会议，商量对策应对公司内部控制和经营管理中的问题。

此指标两组样本总体及个别年度内均存在显著差异，表明召开审计委员会议对内部控制重大缺陷修正起到积极作用。这与麦克穆伦和拉格兰登等（McMullen & Raghunandan et al.，1996）④ 的研究相吻合。

---

① 德丰等（DeFond et al.，2005）发现，非财务专长成为审计委员会重要的治理专长；Beng Wee Goh.（2009）证实，审计委员会非财务专长专家越多，重大缺陷的修正更及时，更有利于内部控制缺陷的修正。

② DeFond, M. L. Raghunandan, K. R. Suhramanyam. Do Nonaudit Service Fees Impair Auditor Independence? Evidence from Going Concern Audit Opinions [J]. Journal of Accounting Research, 2005（40）：302 – 330.

③ Beng Wee Goh, Audit Committees, Boards of Directors, and Remediation of Material Weaknesses in Internal Control [J]. Singapore Management University Contemporary Accounting Research Vol. 26 No. 2（Summer 2009），pp. 549 – 579.

④ Raghunandan et al.（1996）认为上市公司审计委员会运作越有效率，其盈余管理行为就越少，提供的财务信息也就越可靠。

2. 不同控制人审计委员会特征及其比较

不同控制人审计委员会特征及其比较如表 5 – 13 所示。

表 5 – 13　　　　　　　　不同控制人审计委员会特征及其比较

指标	控制人	样本	均值	中位数	标准差	最小值	最大值	样本数	显著性
审计委员会设置	非国有	1	0.89	1.00	0.31	0.00	1.00	620	0.158
		0	0.83	1.00	0.37	0.00	1.00	449	
	国有	1	0.92	1.00	0.28	0.00	1.00	365	0.000
		0	0.72	1.00	0.45	0.00	1.00	536	
	合计	1	0.90	1.00	0.30	0.00	1.00	985	0.000
		0	0.77	1.00	0.42	0.00	1.00	985	
	Sig	1	0.164						
		0	0.000						
审计委员会规模（人）	非国有	1	3.03	3.00	1.32	0.00	7.00	620	0.000
		0	2.94	3.00	1.64	0.00	8.00	449	
	国有	1	3.43	3.00	1.40	0.00	7.00	365	0.000
		0	2.72	3.00	2.08	0.00	9.00	536	
	合计	1	3.03	3.00	1.96	0.00	7.00	985	0.000
		0	2.94	3.00	1.64	0.00	8.00	985	
	Sig	1	0.000						
		0	0.075						
审计委员会专业性比例（%）	非国有	1	39.00	33.33	30.00	0.00	1.00	620	0.135
		0	38.00	33.33	27.01	0.00	1.00	449	
	国有	1	43.01	40.00	27.01	0.00	1.00	365	0.000
		0	37.02	33.33	30.00	0.00	1.00	536	
	合计	1	40.00	33.33	29.01	0.00	1.00	985	0.017
		0	38.01	33.33	29.01	0.00	1.00	985	
	Sig	1	0.021						
		0	0.634						

续表

指标	控制人	样本	均值	中位数	标准差	最小值	最大值	样本数	显著性
审计委员会会议次数（次）	非国有	1	9.73	9.00	3.51	3.00	25	620	0.004
		0	8.98	9.00	3.32	4.00	22	450	
	国有	1	9.43	9.00	3.48	3.00	25	365	0.000
		0	8.58	8.00	3.45	2.00	35	535	
	合计	1	9.62	9.00	3.50	3.00	25	985	0.000
		0	8.77	8.00	3.40	2.00	35	985	
	Sig	1	0.200						
		0	0.065						

注：控制人栏内的 Sig 表示不同控制人间的显著性水平。对照样本栏，1 代表重大缺陷公司；0 代表非重大缺陷公司。

（1）审计委员会设置。

分析看出，不论是国有还是非国有控制人，重大缺陷公司的均值要略高于非重大缺陷公司。国有控制人中的重大缺陷公司的均值最高，为0.92，国有企业设立审计委员会的公司所占比例要高于非国有企业。这表明，国有企业较为重视审计委员会的设立。这和国有企业治理结构较为规范是分不开的。

此指标两组样本总体和各控制人内均存在显著差异，上市公司通过设立审计委员会来监督高管人员，加强内部控制，特别是存在重大缺陷的公司更加注重审计委员会设置。

（2）审计委员会规模。

在国有和非国有控制人的上市公司中，重大缺陷公司和非重大缺陷公司的审计委员会规模中值均为3，最多达到8人或9人，各年度的均值在3人左右。不论是国有还是非国有的控制人，重大缺陷公司的审计委员会人数要高于非重大缺陷公司，国有企业的审计委员会规模要高于非国有企业，说明国有企业对审计委员会更为重视。此指标两组样本总体及不同控制人间均存在显著差异，国有上市公司内部也存在显著性差异。

（3）审计委员会专业性比例。

重大缺陷公司的审计委员会专业性比例要高于非重大缺陷公司，缺陷公司中，国有企业的审计委员会专业性比例要高于非国有企业的专业性比例，并且国有企业的波动性更低。这表明，国有企业审计委员会的规范化程度较非国有企业要高。

该指标两组样本总体存在显著差异，两组样本不同控制人间重大缺陷公司存在显著差异，非重大缺陷公司不存在显著差异，国有企业内部两组样本间存在显著差异，表明有财务专长的审计委员会成员更有助于内控缺陷的治理，尤其是国有企业，这与达利瓦等（Dhaliwal et al.，2010）的研究结论一致。

（4）审计委员会会议次数。

不同控制人类型中重大缺陷公司的审计委员会会议次数要高于非重大缺陷公司，总体上也是如此，远高于公司法对上市公司董事会每年至少召开4次定期会议或例会的规定。也说明重大缺陷公司缺陷发生后，审计委员会积极作为，频繁召开审计委员会会议，商量对策。

此指标两组样本无论总体及不同控制人类型内均存在显著差异，非重大缺陷公司内不同控制人间存在显著性差异，表明审计委员会会议次数是影响内部控制缺陷发生与修正的关键因素之一。重大缺陷公司通过频繁召开审计委员会会议，积极应对公司内部控制和经营管理中的问题。

3. 不同行业审计委员会特征及其比较

不同行业审计委员会特征及其比较如表5-14所示。

表5-14　　　　　不同行业审计委员会特征及其比较

指标	行业	样本	均值	中位数	标准差	最小值	最大值	样本数	显著性
审计委员会设置	制造业	1	0.89	1.00	0.3	0.00	1.00	645	0.000
		0	0.79	1.00	0.41	0.00	1.00	645	
	交通运输、仓储和邮政业	1	0.83	1.00	0.38	0.00	1.00	30	0.161
		0	0.70	1.00	0.47	0.00	1.00	30	
	采矿业	1	0.97	1.00	0.17	0.00	1.00	35	0.000
		0	0.66	1.00	0.48	0.00	1.00	35	

续表

指标	行业	样本	均值	中位数	标准差	最小值	最大值	样本数	显著性
审计委员会设置	房地产业	1	0.95	1.00	0.21	0.00	1.00	65	0.007
		0	0.79	1.00	0.41	0.00	1.00	65	
	信息、计算机和软件业	1	0.89	1.00	0.32	0.00	1.00	35	1.000
		0	0.89	1.00	0.32	0.00	1.00	35	
	零售与批发业	1	0.94	1.00	0.24	0.00	1.00	50	0.001
		0	0.64	1.00	0.48	0.00	1.00	50	
	合计	1	0.90	1.00	0.30	0.00	1.00	860	0.000
		0	0.77	1.00	0.42	0.00	1.00	860	
	Sig*	1	0.200						
		0	0.037						
审计委员会规模（人）	制造业	1	3.14	3.00	1.39	0.00	7.00	645	0.000
		0	2.81	3.00	1.82	0.00	9.00	645	
	交通运输、仓储和邮政业	1	2.77	3.00	1.52	0.00	5.00	30	0.946
		0	2.80	3.00	2.16	0.00	6.00	30	
	采矿业	1	4.27	4.00	1.35	0.00	7.00	35	0.006
		0	2.71	3.00	2.28	0.00	8.00	35	
	房地产业	1	3.32	3.00	1.20	0.00	6.00	65	0.013
		0	2.66	3.00	1.68	0.00	8.00	65	
	信息、计算机和软件业	1	3.06	3.00	1.47	0.00	6.00	35	0.801
		0	3.17	3.00	1.65	0.00	7.00	35	
	零售与批发业	1	3.38	3.00	1.26	0.00	7.00	50	0.121
		0	2.80	3.00	2.39	0.00	8.00	50	
	合计	1	3.20	3.00	1.39	0.00	7.00	860	0.000
		0	2.81	3.00	1.87	0.00	9.00	860	
	Sig	1	0.000						
		0	0.876						

续表

指标	行业	样本	均值	中位数	标准差	最小值	最大值	样本数	显著性
审计委员会专业性比例（%）	制造业	1	0.40	0.33	0.29	0.00	1.00	645	0.919
		0	0.40	0.33	0.29	0.00	1.00	645	
	交通运输、仓储和邮政业	1	0.40	0.33	0.27	0.00	1.00	30	0.057
		0	0.29	0.33	0.24	0.00	0.80	30	
	采矿业	1	0.44	0.33	0.26	0.00	1.00	35	0.002
		0	0.30	0.33	0.27	0.00	0.80	35	
	房地产业	1	0.38	0.33	0.28	0.00	1.00	65	0.946
		0	0.38	0.33	0.29	0.00	1.00	65	
	信息、计算机和软件业	1	0.44	0.67	0.27	0.00	0.70	35	0.118
		0	0.33	0.33	0.24	0.00	1.00	35	
	零售与批发业	1	0.47	0.33	0.30	0.00	1.00	50	0.018
		0	0.32	0.33	0.29	0.00	1.00	50	
	合计	1	0.40	0.33	0.29	0.00	1.00	860	0.158
		0	0.38	0.33	0.29	0.00	1.00	860	
	Sig	1	0.443						
		0	0.060						
审计委员会会议次数（次）	制造业	1	9.16	9.00	2.97	3.00	19	645	0.000
		0	8.46	8.00	3.16	2.00	27	645	
	交通运输、仓储和邮政业	1	8.77	8.00	2.53	4.00	14	30	0.006
		0	6.93	7.00	1.87	4.00	11	30	
	采矿业	1	11.37	10.00	4.97	5.00	25	35	0.025
		0	9.29	9.00	2.14	5.00	15	35	
	房地产业	1	10.75	10.00	4.68	3.00	25	65	0.345
		0	9.92	9.00	5.22	4.00	35	65	

续表

指标	行业	样本	均值	中位数	标准差	最小值	最大值	样本数	显著性
审计委员会会议次数（次）	信息、计算机和软件业	1	9.83	9.00	4.36	4.00	22	35	0.550
		0	9.31	9.00	2.08	4.00	13	35	
	零售与批发业	1	9.72	9.00	3.41	4.00	22	50	0.659
		0	10.04	9.00	4.09	4.00	20	50	
	合计	1	9.62	9.00	3.50	3.00	25	860	0.000
		0	8.77	8.00	3.40	2.00	35	860	
	Sig	1	0.000						
		0	0.000						

注：行业栏内的 Sig 表示不同行业间的显著性水平。对照样本栏，1 代表重大缺陷公司；0 代表非重大缺陷公司。

（1）审计委员会设置。

六大行业重大缺陷公司设立审计委员会的比例均高于非重大缺陷公司，而且中值均为1，绝大多数行业设立了审计委员会，表明各行业上市公司均认识到了审计委员会的重要性。采矿业设立审计委员会的公司所占比例最高，其次是房地产业，交通运输、仓储和邮政业最低。这表明，采矿业对审计委员会的设立最为重视。交通运输、仓储和邮政业公司可能较多精力放在公司业务上面，对公司机构的设置重视度偏低。

此指标两组样本总体存在显著差异，制造业、采矿业、房地产业、零售与批发业存在显著差异。审计委员会的设立是影响内部控制重大缺陷修复的因素，上市公司通过设立审计委员会行施监督职能，加强内部控制缺陷修正。

（2）审计委员会规模。

采矿业的审计委员会规模最高，批发与零售业次之，交通运输、仓储和邮政业最低，为2.63人。不同行业对审计委员会的重视程度不同，这和行业性质有关。数据结果与前面数据也保持了高度一致性。除信息计算机服务和软件业外，其他五大行业重大缺陷公司的审计委员会人数高于非重大缺陷公司。除了没有设立审计委员会的公司外，绝大多数公司其规模超过 3 人，最多达到 8 人或 9 人，审计委员会规模越大，上市公司发生报表重述的概率越低（Abbott et al.，2007）[①]。

此指标两组样本总体存在显著差异，制造业、采矿业、房地产业存在显著差异，审计委员会人数的多少影响到内部控制重大缺陷的修正。

（3）审计委员会专业性比例。

在各行业之间和总体上，重大缺陷公司的此指标均值高于非重大缺陷公司。批发和零售业的审计委员会专业性比例最高，接近为 50%，信息传输、计算机服务和软件业次之，房地产业最低，这些行业可能把较多精力放在公司业务上，对审计委员会重视程度不够，导致其规范化程度不高，这和前面的数据也是一致的。

该指标的两组样本总体存在显著差异，除个别行业不存在显著差异外，其他行业均存在显著差异。说明此指标是影响内部控制重大缺陷修正的重要因素，

（4）审计委员会会议次数。

不同行业的重大缺陷公司召开审计委员会次数在 8 ~ 9 次，要高于非重大缺陷公司，且远高于公司法对上市公司董事会每年至少召开两次定期会议或例会的规定。此指标两组样本总体存在显著差异，重大缺陷公司不同行业间存在显著差异，除信息传输、计算机服务和软件业和零售批发业不存在显著差异外，其他行业均存在显著差异。

5.3.3　监事会

1. 不同年份年监事会特征及其比较

不同年份监事会特征及其比例如表 5 - 15 所示。

[①]　Abbott L.，J.，Parker，S.，Peters，G. F. and Rama，D. V. Corporate governance，audit quality，and the Sarbanes - Oxley Act：Evidence from internal audit outsourcing ［J］. The Accounting Review，2007，82（4）：803 - 835.

表 5 - 15   不同年份监事会特征及比较

指标	年份	配对样本	均值	中位数	标准差	最小值	最大值	样本数	显著性
监事会规模（人）	2010	1	3.65	3.00	1.14	2.00	9.00	197	0.019
		0	3.91	3.00	1.14	3.00	8.00	197	
	2011	1	3.65	3.00	1.14	2.00	9.00	197	0.041
		0	3.86	3.00	1.14	2.00	8.00	197	
	2012	1	3.64	3.00	1.17	2.00	9.00	197	0.029
		0	3.89	3.00	1.13	3.00	8.00	197	
	2013	1	3.61	3.00	1.18	2.00	9.00	197	0.011
		0	3.92	3.00	1.18	2.00	9.00	197	
	2014	1	3.59	3.00	1.13	2.00	9.00	197	0.006
		0	3.88	3.00	1.10	3.00	9.00	197	
	合计	1	3.63	3.00	1.15	2.00	9.00	985	0.000
		0	3.89	3.00	1.14	2.00	9.00	985	
	Sig	1	0.818						
		0	0.989						
未领取薪酬监事比例（%）	2010	1	33.67	33.33	31.21	0	100	197	0.561
		0	36.34	33.33	27.15	0.00	100	197	
	2011	1	32.82	33.33	29.16	0	100	197	0.463
		0	35.23	33.33	28.35	0.00	100	197	
	2012	1	28.80	33.33	28.37	0	100	197	0.001
		0	39.07	40.23	28.26	0.00	100	197	
	2013	1	27.99	33.33	28.12	0	100	197	0.00
		0	37.14	33.33	29.38	0	100	197	
	2014	1	29.16	33.33	28.15	0	100	197	0.018
		0	35.27	33.33	28.17	0	100	197	
	合计	1	30.46	33.33	29.23	0	100	985	0.000
		0	36.35	33.33	28.27	0	100	985	
	Sig	1	0.520						
		0	0.633						

续表

指标	年份	配对样本	均值	中位数	标准差	最小值	最大值	样本数	显著性
监事会持股比例（%）	2010	1	0.32	0	1.52	0	16.84	197	0.022
		0	0.05	0.00	0.50	0.00	8.06	197	
	2011	1	0.27	0	1.47	0	16.64	197	0.053
		0	0.10	0.00	0.60	0.00	10.01	197	
	2012	1	0.27	0	1.44	0	16.62	197	0.021
		0	0.25	0.00	0.30	0.00	13.00	197	
	2013	1	0.22	0	1.20	0	13.98	197	0.036
		0	0.12	0.00	0.30	0.00	10.12	197	
	2014	1	0.20	0	1.20	0	13.96	197	0.041
		0	0.18	0.00	0.10	0.00	11.26	197	
	合计	1	0.25	0.00	1.20	0.00	16.42	985	0.000
		0	0.16	0.00	0.16	0.00	8.38	985	
	Sig	1	0.698						
		0	0.801						
监事会会议次数（次）	2010	1	5.10	5.00	1.72	2.00	11.00	197	0.139
		0	4.87	4.00	1.52	1.00	12.00	197	
	2011	1	5.45	5.00	1.94	1.00	12.00	197	0.017
		0	5.05	5.00	1.61	2.00	13.00	197	
	2012	1	4.78	4.00	2.30	1.00	14.00	197	0.039
		0	5.24	5.00	1.82	2.00	11.00	197	
	2013	1	4.85	5.00	2.23	1.00	12.00	197	0.162
		0	5.12	5.00	1.66	2.00	11.00	197	
	2014	1	5.69	5.69	0.78	1.00	10.00	197	0.000
		0	5.07	5.07	0.96	1.00	10.00	197	
	合计	1	5.07	5.00	1.89	1.00	14.00	985	0.989
		0	5.07	5.00	1.54	1.00	13.00	985	
	Sig	1	0.623						
		0	0.758						

注：行业栏内的 Sig 表示不同年份间的显著性水平。对照样本栏，1 代表重大缺陷公司；0 代表非重大缺陷公司。

（1）监事会规模。

非重大缺陷公司每年监事会人数大于重大缺陷公司监事会人数，绝大多数公司监事会的人数超过 2 人，有的已经达到 8 人或 9 人，所以基本符合公司法的规定。重大缺陷样本公司中，2010～2014 年监事会的规模呈缓慢下降的态势，其中 2010 年和 2011 年监事会总规模为 3.65 人，2012 年和 2013 年平均为 3.64 人和 3.61 人，变化不明显。其中各年度的最小值和最大值分别为 2 人和 9 人，该指标总体存在显著差异，两组样本年度间都不存在显著差异，但各个年度内两组样本均存在显著差异。这说明监事会的规模会影响内部控制重大缺陷的修复。

（2）未领取薪酬监事比例。

未领取薪酬监事比例是衡量监事是否在公司内领取薪酬情况的一项指标，公司的未领取薪酬监事比例越低，所对应的公司效率越高，即公司的内部控制制度也相对完善。由于上市公司薪酬一般是由公司的大股东支付，其更容易受到大股东的控制，所以上市公司的未领取薪酬监事比例越低，代表该监事会工作越容易展开，越不容易受到来自大股东的压力，对控股股东的监事效应越好。

2010 年至 2013 年每年重大缺陷公司的未领取薪酬监事比例均低于非重大缺陷公司的未领取薪酬监事比例，这说明重大缺陷公司正逐步改善公司治理结构，加大监事会的监督作用，分析发现，重大缺陷公司未领取薪酬监事比例有缓慢下降的趋势，特别是从 2012 年开始，重大缺陷公司的未领取薪酬监事比例低于 30%，说明监事会受股东的影响越小，监事会能够有足够的票数对董事会决议产生重大影响。

该指标总体存在显著差异。重大缺陷公司样本年度间不存在显著差异，非重大缺陷公司样本年度间也不存在显著差异。再比较个别年度，除 2010 年、2011 年外，其余各个年度内两组样本均存在显著差异。这说明未领取薪酬的监事比例对公司内部控制有重要影响。

（3）监事会持股比例。

对样本数据分析发现，两组样本的监事会比例都偏低，但非重大缺陷公司的监事会持股比例略高于重大缺陷公司的监事会持股比例，重大缺陷公司此指标呈现明显下降趋势，其中"零持股"现象比较严重，这可能是由于随着公司经营时间增加，公司价值和竞争力都得到明显的提高，吸引了外部投资者进行投资，使监事会持股比例下降。

该指标总体存在显著差异，两组样本年度间不存在显著差异，个别年度内两组样本均存在显著差异。通过对配对样本的分析说明监事会持股比例对于内部控制重大缺陷的修复具有一定影响。

（4）监事会会议次数。

从样本数据分析，重大缺陷公司监事会会议次数略低于非重大缺陷公司监事会会议次数，这是由于监事会的会议次数反映治理层参与程度。开会次数越多，一方面能够及时做出重大决策，完善内部控制体制；另一方面，相对于由某个人或少数人做出的决策而言，开会所做出的决策更有效。对于存在内部控制重大缺陷公司，监事会的会议次数变化无规律的，但大体上呈现缓慢下降的趋势，其中 2011 年最高，平均为 5.45 次，2010 年、2012 年和 2013 年的会议次数分别为 5.10 次、4.78 次和 4.85 次，变化不显著。

该指标总体不存在显著差异。这说明我国上市公司监事会制度尚未能发挥其应有的价值功效。监事会应该通过监事会会议形成决策和行使职权，以完成其内部监督的职责。重大缺陷公司年度间存在显著差异，非重大缺陷公司年度间不存在显著差异。此指标在个别的年度内存在显著差异。通过对样本数据的分析可以得出监事会会议次数是影响内部控制重大缺陷修复的重要因素。

2. 不同控制人监事会特征及其比较

不同控制人监事会特征及其比较如表 5 – 16 所示。

表 5 – 16 　　　　按照控制人类型分类监事会指标的

描述性统计及方差分析表

指标	控制人	配对样本	均值	中位数	标准差	最小值	最大值	样本数	显著性
监事会规模（人）	国有类型	1	4.10	4.10	1.22	2.00	9.00	536	0.424
		0	4.16	4.16	1.21	2.00	9.00	536	
	非国有类型	1	3.35	3.00	0.77	2.00	6.00	620	0.000
		0	3.57	3.00	0.80	2.00	7.00	620	
	合计	1	3.63	3.00	1.15	2.00	9.00	985	0.000
		0	3.89	3.00	1.14	2.00	9.00	985	
	Sig	1	0.058						
		0	0.000						

续表

指标	控制人	配对样本	均值	中位数	标准差	最小值	最大值	样本数	显著性
未领取薪酬监事比例（%）	国有类型	1	40.25	40.00	23.12	0.00	100	536	0.174
		0	42.14	40.00	26.00	0.00	100	536	
	非国有类型	1	29.43	33.33	30.71	0	100	620	0.000
		0	29.83	33.33	28.41	0.00	100	620	
	合计	1	29.57	33.33	28.45	0	100	985	0.000
		0	36.53	33.33	28.80	0.00	100	985	
	Sig	1	0.081						
		0	0.000						
监事会持股比例（%）	国有类型	1	0.29	0	1.53	0	16.64	536	0.000
		0	0.07	0.00	1.64	0.00	38.00	536	
	非国有类型	1	0.24	0	1.22	0	16.84	620	0.000
		0	0.08	0.00	0.59	0.00	7.51	620	
	合计	1	0.23	0	1.27	0	16.64	985	0.000
		0	0.08	0.00	1.27	0.00	38.00	985	
	Sig	1	0.000						
		0	0.005						
监事会会议次数（次）	国有类型	1	4.58	4.58	1.40	1.00	11.00	536	0.000
		0	5.04	5.00	1.54	1.00	13.00	536	
	非国有类型	1	5.35	5.35	1.94	1.00	14.00	620	0.007
		0	5.10	5.10	1.31	1.00	11.00	620	
	合计	1	5.07	5.00	1.89	1.00	14.00	985	0.989
		0	5.07	5.00	1.54	1.00	13.00	985	
	Sig	1	0.002						
		0	0.618						

注：行业栏内的 Sig 表示不同控制人间的显著性水平。对照样本栏，1 代表重大缺陷公司；0 代表非重大缺陷公司。

（1）监事会规模。

通过对配对样本数据进行比较分析，不论是国有类型还是非国有类型的公司，其监事会规模一般都在 2 人以上，有的公司其监事会人数达到了 9 人，非重大缺陷公司的监事会规模大于重大缺陷公司的监事会规模。国有企业的监事会规模大于非国有企业，这是由于 2010 年以来，国有企业改革成效显著，企业的内部治理结构各方面更成熟。

该指标总体具有显著差异，在按控制人类型进行分类时，重大缺陷公司和非缺陷公司存在着显著差异，在国有类型两组样本不存在显著差异，非国有类型的两组样本存在显著差异。通过对样本的数据分析说明监事会人数越多越有利于公司内部控制的完善。非缺陷公司监事会人数多于重大缺陷公司的人数，这也说明监事会规模对公司内部控制缺陷的修复有重要影响。

（2）未领取薪酬监事比例。

未领取薪酬监事比例是反映上市公司监事会特征的指标，未领取薪酬监事比例越低，越不容易受大股东的控制，监事会监督力度也越强。

通过对不同控制人类型企业的未领取薪酬监事比例观察发现，缺陷公司国有企业和非国有企业的未领取薪酬监事比例分别为 40% 和 29%，国有企业的未领取监事比例高于非国有企业，这可能是因为非国有企业最近几年发展比较好，公司的治理结构也会越来越完善。

该指标总体具有显著差异，在按控制人进行分类时，重大缺陷公司和非缺陷公司存在显著差异，在国有类型两组样本不存在显著差异，非国有类型的两组样本存在显著差异，这说明未领取薪酬监事会比例与公司内部控制缺陷有重要关系。

（3）监事会持股比例。

通常来说，监事会持股比例越大，监事对公司各项事务进行监督的积极性也就越高，公司出现内部控制缺陷的可能性也就越小（宋宝燕，2013）。通过分析样本数据，国有上市企业和非国有上市企业的监事会持股比例差别不大国有企业的监事会持股比例也略高于非国有企业，这可能与国有企业发展成熟有关，也说明监事会比例越高有利于完善公司内部控制。

该指标总体具有显著差异，在按控制人类型进行分类时，重大缺陷公司和非缺陷公司存在着显著差异，并且在国有类型和非国有类型两组样本均存在显著差异，这说明监事会持股比例对公司内部控制缺陷的修复有重要影响。

（4）监事会会议次数。

监事会会议频率可以一定程度反映监事会的监督力度，因此会议次数越多监事会的监督力度就越强，从而有效促进公司绩效。通过分析样本数据，国有企业和非国有企业的监事会会议次数无明显差异。非国有类型企业监事会会议次数略大于国有类型，可能由于2010年以来非国有类型的企业逐步发展，企业不断加强完善内部治理结构。

该指标总体不存在显著差异，在按控制人类型进行分类时，重大缺陷公司存在着显著差异，非重大缺陷公司不存在显著差异，并且在国有类型两组样本不存在显著差异，非国有类型的两组样本存在显著差异，这说明公司召开监事会会议对公司的内部控制及公司治理有积极作用。

3. 不同行业监事会特征及其比较

不同行业监事会特征及其比较如表5-17所示。

表5-17　　按照行业分类监事会指标的描述性统计及方差分析表

指标	行业	配对样本	均值	中位数	标准差	最小值	最大值	样本数	显著性
监事会规模（人）	制造业	1	3.46	3.00	0.87	2.00	7.00	649	0.000
		0	3.84	3.00	1.09	2.00	7.00	649	
	房地产业	1	3.14	3.00	0.56	2.00	5.00	65	0.062
		0	3.38	3.00	0.78	3.00	5.00	65	
	批发和零售业	1	4.58	5.00	1.61	3.00	9.00	51	0.013
		0	3.80	3.00	1.02	3.00	6.00	51	
	采矿业	1	5.77	7.00	1.48	3.00	7.00	35	0.001
		0	4.29	3.00	1.92	3.00	9.00	35	
	信息计算机和软件业	1	3.59	3.00	0.91	3.00	5.00	35	0.040
		0	4.07	4.07	0.94	3.00	5.00	35	
	交通运输仓储邮政业	1	4.30	3.50	1.51	3.00	7.00	30	0.000
		0	5.50	5.00	0.80	4.00	7.00	30	
	合计	1	3.63	3.00	1.11	2.00	9.00	856	0.000
		0	3.88	3.00	1.15	2.00	9.00	856	
	Sig	1	0.000						
		0	0.000						

续表

指标	行业	配对样本	均值	中位数	标准差	最小值	最大值	样本数	显著性
未领取薪酬监事比例（%）	制造业	1	28.05	28.33	28.39	0.00	100	649	0.000
		0	33.62	33.33	28.14	0.00	100	649	
	房地产业	1	44.37	40.67	25.30	0.00	66.67	65	0.565
		0	47.13	60.00	26.04	0.00	100	65	
	批发和零售业	1	40.40	40.00	28.44	0	100	51	0.187
		0	44.79	50.00	22.73	0.00	100	51	
	采矿业	1	45.71	33.67	36.37	0.00	100	35	0.926
		0	35.41	37.50	25.18	0.00	66.67	35	
	信息计算机和软件业	1	40.74	33.33	25.37	0.00	100	35	0.012
		0	37.68	60.00	31.78	0.00	100	35	
	交通运输仓储邮政业	1	27.78	0.00	35.91	0.00	100	30	0.003
		0	50.19	57.14	17.72	0.00	80.00	30	
	合计	1	31.15	33.33	29.38	0.00	100	856	0.000
		0	36.33	33.33	27.86	0.00	100	856	
	Sig	1	0.010						
		0	0.000						
监事会持股比例（%）	制造业	1	0.32	0	1.56	0	16.84	649	0.000
		0	0.03	0.00	0.42	0.00	7.51	649	
	房地产业	1	0.01	0	0.02	0	0.06	65	0.168
		0	0.00	0.01	0.00	0.00	0.02	65	
	批发和零售业	1	0.02	0	0.05	0	0.22	51	0.041
		0	0.00	0.00	0.01	0.00	0.03	51	
	采矿业	1	0.32	0	0.84	0	2.96	35	0.030
		0	0.00	0.00	0.00	0.00	0.00	35	
	信息计算机和软件业	1	1.22	0	3.00	0	8.80	35	0.183
		0	0.35	0.00	0.91	0.00	4.10	35	

指标	行业	配对样本	均值	中位数	标准差	最小值	最大值	样本数	显著性
监事会持股比例（%）	交通运输仓储邮政业	1	0.03	0	0.08	0	0.28	30	0.034
		0	0.00	0.00	0.00	0.00	0.00	30	
	合计	1	0.27	0.00	1.01	0.00	16.84	856	0.000
		0	0.04	0.00	0.42	0.00	7.51	856	
	Sig	1	0.002						
		0	0.009						
监事会会议次数（次）	制造业	1	5.27	5.27	1.94	1.00	14.00	649	0.113
		0	5.11	5.00	1.56	1.00	13.00	649	
	房地产业	1	4.80	4.80	1.70	1.00	10.00	65	0.540
		0	4.63	4.63	1.27	2.00	9.00	65	
	批发零售	1	4.59	4.59	1.96	1.00	11.00	51	0.012
		0	5.35	5.35	1.25	3.00	9.00	51	
	采矿业	1	5.04	5.00	1.27	3.00	9.00	35	0.208
		0	4.69	4.69	0.91	3.00	7.00	35	
	信息计算机和软件业	1	4.72	4.72	1.68	1.00	9.00	35	0.016
		0	5.58	5.58	1.64	2.00	11.00	35	
	交通运输仓储邮政业	1	4.00	4.00	1.60	2.00	8.00	30	0.017
		0	5.04	4.00	1.61	4.00	10.00	30	
	合计	1	5.11	5.00	1.90	1.00	14.00	856	0.733
		0	5.08	5.00	1.52	1.00	13.00	856	
	Sig	1	0.010						
		0	0.776						

注：行业栏内的 Sig 表示不同行业间的显著性水平。对照样本栏，1 代表重大缺陷公司；0 代表非重大缺陷公司。

（1）监事会规模。

通过对上述样本的分析，各个行业监事会规模普遍在 3 人以上，有的行业已经达到 9 人，比较不同行业，采矿业和交通运输仓储和邮政业监事会规模相对较大，可能与这两个行业发展相对较好有关。

通过对数据的显著性水平进行分析，此指标总体存在显著差异，两组样本行业之间存在显著差异，在个别行业如制造业、批发和零售业、采矿业以及交通运输仓储和邮政业这几个行业也存在显著差异。通过以上数据分析说明监事会规模对于企业内部控制缺陷有重大影响。

（2）未领取薪酬监事比例。

通过对不同行业的未领取薪酬监事比例统计分析发现，房地产业的未领取薪酬监事比例比其他行业高，而制造业和交通运输、仓储和邮政业比较低，这可能由于房地产业 2010 年以来发展太过迅猛，出现房地产泡沫现象，所以该行业监事会监督力度小，内部控制制度存在缺陷。

该指标总体存在显著差异，重大缺陷公司和非重大缺陷公司样本在行业间存在显著差异，个别行业如制造业和交通运输仓储和邮政业两组样本均存在显著差异。通过对样本的分析说明了未领取薪酬监事比例这一指标对公司的内部控制有重要影响。

（3）监事会持股比例。

通过对不同行业上市企业的监事会持股比例统计分析发现，信息传输、计算机服务和软件业的监事会持股比例最高，其次是制造业和采矿业，但是信息传输、计算机服务和软件业的监事会持股比例波动性最大，最不稳定。信息传输计算机服务和软件业此指标比其他行业高的原因可能由于当今社会对信息技术的需求越来越大，所以该行业发展也越来越迅猛，就会使这个行业的公司治理结构相对较完善。

该指标总体具有显著差异，重大缺陷公司和非重大缺陷公司样本在行业间存在显著差异，个别行业如制造业存在着显著差异，这说明监事会持股比例对于内部控制重大缺陷的修复具有一定影响。

（4）监事会会议次数。

通过对上述样本数据分析，重大缺陷公司监事会会议次数少于非重大缺陷公司的监事会会议次数，制造业和信息传输计算机服务和软件业的监事会会议次数比其他行业多，说明这两个行业发展比较成熟，内部控制制度比较完善。各个行业之间无明显差异。

该指标总体不具有显著差异，重大缺陷公司在各行业间存在显著差异，非重大缺陷公司在行业间不存在显著差异，其中个别行业如交通运输仓储和邮政业存在显著差异。重大缺陷公司通过召开监事会会议，商议公司的治理结构，这对公司内部控制缺陷的修复有重要作用。

5.3.4 高管

1. 不同年份高管特征及其比较

不同年份高管特征及比较如表 5 – 18 所示。

表 5 – 18　　　　不同年份高管特征指标的描述性统计及方差分析

指标	年份	配对样本	均值	中位数	标准差	最小值	最大值	样本数	显著性
高管董事化比例（%）	2010	1	60.54	60.00	10.001	29.00	100	197	0.002
		0	57.46	58.33	9.52	26.47	80.00	197	
	2011	1	59.89	60.00	13.169	36.00	182	197	0.046
		0	57.53	56.25	10.11	27.59	100	197	
	2012	1	59.51	58.82	13.707	32.00	200	197	0.020
		0	56.70	56.89	9.61	21.21	80	197	
	2013	1	58.35	58.82	10.861	29.00	146	197	0.258
		0	57.06	57.24	10.56	27.59	100	197	
	2014	1	59.66	60.00	8.90	37.93	82.35	197	0.061
		0	57.78	57.14	10.21	25.81	80.00	197	
	合计	1	59.59	60.00	11.47	29.17	200	985	0.000
		0	57.30	57.14	10.00	21.21	100	985	
	Sig	1	0.666						
		0	0.854						

续表

指标	年份	配对样本	均值	中位数	标准差	最小值	最大值	样本数	显著性
CEO是否变更（是1，否0）	2010	1	0.17	0.00	0.37	0.00	1.00	197	0.681
		0	0.18	0.00	0.39	0.00	1.00	197	
	2011	1	0.20	0.00	0.40	0.00	1.00	197	0.160
		0	0.15	0.00	0.36	0.00	1.00	197	
	2012	1	0.17	0.00	0.38	0.00	1.00	197	0.601
		0	0.19	0.00	0.40	0.00	1.00	197	
	2013	1	0.21	0.00	0.41	0.00	1.00	197	0.907
		0	0.21	0.00	0.41	0.00	1.00	197	
	2014	1	0.24	0.00	0.43	0.00	1.00	197	0.319
		0	0.20	0.00	0.40	0.00	1.00	197	
	合计	1	0.20	0.00	0.40	0.00	1.00	985	0.457
		0	0.19	0.00	0.39	0.00	1.00	985	
	Sig	1	0.345						
		0	0.583						
高管前三名薪酬总额（元）	2010	1	1153672.43	818000.00	1251471.32	32200.00	11244200	197	0.007
		0	1612502.82	1028400.00	2047707.57	72000.00	20537000	197	
	2011	1	1372453.18	1020000.00	1431808.61	90000.00	11848000	197	0.043
		0	1729633.17	1192068.00	2055292.36	60400.00	16930000	197	
	2012	1	1440114.26	1100000.00	1516261.74	140000.00	13941300	197	0.024
		0	1928036.91	1320000.00	2631251.63	75100.00	30680000	197	
	2013	1	1487399.39	1121200.00	1233661.72	156000.00	10043500	197	0.001
		0	2104291.91	1440000.00	2300449.17	247000.00	19310000	197	
	2014	1	1736105.64	1234000.00	1620482.18	144000.00	12727200	197	0.017
		0	2251102.89	1539000.00	2589956.46	298700.00	22325000	197	
	合计	1	1437948.98	1056900.00	1428209.51	32200.00	13941300	985	0.000
		0	1925113.54	1320000.00	2345387.69	60400.00	30680000	985	
	Sig	1	0.036						
		0	0.043						

指标	年份	配对样本	均值	中位数	标准差	最小值	最大值	样本数	显著性
高管持股比例（%）	2010	1	8.81	0.01	18.73	0.00	71.901	197	0.001
		0	1.23	0.00	5.41	0.00	48.76	197	
	2011	1	8.60	0.00	18.31	0.00	72.25	197	0.002
		0	1.22	0.00	5.19	0.00	48.59	197	
	2012	1	7.97	0.00	17.31	0.00	72.86	197	0.002
		0	1.40	0.00	5.57	0.00	48.73	197	
	2013	1	7.27	0.00	16.06	0.00	65.99	197	0.004
		0	1.28	0.00	5.14	0.00	45.46	197	
	2014	1	3.27	0.00	9.73	0.00	61.65	197	0.007
		0	1.28	0.00	4.77	0.00	42.24	197	
	合计	1	8.1625	0.00	12.92	0.00	72.86	985	0.000
		0	1.28	0.00	5.22	0.00	48.76	985	
	Sig	1	0.822						
		0	0.918						

注：行业栏内的 Sig 表示不同时间（年份）的显著性水平。对照样本栏，1 代表重大缺陷公司；0 代表非重大缺陷公司。

（1）高管董事化比例。

本书对 2010 年存在内部控制重大缺陷公司的高管董事化比例进行观察发现，在 2010 年存在内部控制重大缺陷之后的 3 年里，高管董事化比例整体呈下降趋势，但下降幅度很小，2010 年为 61%，2013 年下降到 58%，但是都超出了规定的 1/2 的要求，高管董事化比例越高，股东越难对其行为进行有效监督。表中数据说明高管董事化的现象会越来越少，产生这种现象的原因是由于内部控制规范力度的加大，国家法律法规以及相关部门对内部控制要求的提高，促使公司不断加强公司内部控制，降低内部人控制程度，维护股东权益。

通过对配对样本的比较分析发现，重大缺陷公司的高管董事化比例高于非重大缺陷公司的高管董事化比例，这是由于非重大缺陷的公司内部控制规范力度大，公司不断加强公司内部控制，降低内部人控制程度，提高公司的独立性，维护股东权益。

该指标总体存在显著差异，比较分析两组样本显著性水平，重大缺陷公司和非缺陷公司样本年度间不存在显著差异，个别年度内两组样本均存在显著差异。高管董事化比例会影响内部控制重大缺陷的修复。

（2）CEO 是否变更。

本研究对 2010 年存在内部控制重大缺陷公司的 CEO 是否变更进行观察发现，所有公司 CEO 变更属于小概率事件，变更的较少，不论缺陷公司还是非缺陷公司此指标均值有上升趋势。这可能是由于宏观经济形势发生变化（信贷政策、融资成本）导致某些年度企业的业绩难以维持或出现较大程度的滑坡。并从一定程度上说明变更公司 CEO 对公司的内部管理有消极影响。

通过对配对样本的比较分析，重大缺陷公司 CEO 变更的比例高于非重大缺陷 CEO 变更的比例，说明公司变更 CEO 会造成公司治理结构的不稳定，很容易造成内部控制缺陷问题。

该指标总体不存在显著差异，比较分析配对样本的显著性水平，重大缺陷公司和非重大缺陷公司本年度间不存在显著差异，并且各个年度内两组样本均不存在显著差异。通过分析说明 CEO 经常变更会影响到公司内部控制缺陷的修复。

（3）高管前三名薪酬总额。

本书对 2010 年存在内部控制重大缺陷公司的高管前三名薪酬总额进行观察发现，在 2010 年存在内部控制重大缺陷之后的 3 年里，高管前三名薪酬总额整体呈上升趋势，2010 年约为 115 万元，在其后的两年中持续上升，到 2014 年达到 173 万元。非缺陷公司也存在上升趋势。高管薪酬呈上升趋势的原因可能与公司的企业发展情况有关，企业发展迅速，激励机制也随着不断完善，那么就会导致高管的薪酬不断增加。

通过对配对样本的比较分析，重大缺陷公司的高管薪酬低于非重大缺陷公司的高管薪酬，是由于非重大缺陷公司发展好，激励机制也相对完善，也说明高管薪酬作为一种绩效评价，其金额越高，越有利于公司内部治理。

该指标总体存在显著差异，重大缺陷公司样本年度间存在显著差异，非重大缺陷公司样本年度间不存在显著差异，并且各个年度内两组样本均存在显著差异。通过分析说明对高管实施有效的激励政策对于完善公司的内部控制有重要作用。

（4）高管持股比例。

本书对 2010 年存在内部控制重大缺陷公司的高管持股比例进行观察发现，高管持股比例有逐年下降的趋势，从 2010 年的 8.8% 一直走低，到 2014 年的 3% 左右。重大缺陷公司的高管持股比例高于非重大缺陷公司的高管持股比例，过高的高管持股容易造成内部人控制局面不利于公司治理，但过低的持股也不利有把公司利益和高管利益长期结合，容易造成高管短视现象，因此需要合理持股，完善公司治理结构。高管持股在一定程度上可以有效修复内部控制的缺陷。我国国有企业的股权激励仍然处于发展阶段，51.78% 的国有企业没有实施股权激励。但是也可以看到，我国股权激励改革也正稳步发展。适当的高管持股比例会增强高管工作的积极性，对公司的治理越有效。

该指标总体存在显著差异，重大缺陷公司和非重大缺陷公司样本年度间不存在显著差异，并且各个年度内两组样本均存在显著差异。通过对样本的分析说明高管持股比例作为一项激励对策对公司的内部结构管理有重要。

2. 不同控制人类型高管特征及其比较

不同控制人高管指标的描述性统计及方差分析如表 5 - 19 所示。

表 5 - 19　　　　不同控制人高管指标的描述性统计及方差分析

指标	控制人	配对样本	均值	中位数	标准差	最小值	最大值	样本数	显著性
高管董事化比例（%）	国有类型	1	58.07	57.14	15.273	29.00	200	536	0.000
		0	55.36	55.00	9.06	21.21	100	536	
	非国有类型	1	60.46	60.00	9.547	36.00	100	620	0.056
		0	59.65	60.00	10.71	22.22	100	620	
	合计	1	59.27	58.57	12.41	29.00	200	985	0.000
		0	57.32	57.14	10.07	21.21	100	985	
	Sig	1	0.208						
		0	0.000						

续表

指标	控制人	配对样本	均值	中位数	标准差	最小值	最大值	样本数	显著性
CEO是否变更（是1,否0）	国有类型	1	0.18	0.00	0.32	0.00	1.00	536	0.516
		0	0.20	0.00	0.40	0.00	1.00	536	
	非国有类型	1	0.21	0.00	0.41	0.00	1.00	620	0.072
		0	0.17	0.00	0.32	0.00	1.00	620	
	合计	1	0.20	0.00	0.40	0.00	1.00	985	0.460
		0	0.19	0.00	0.39	0.00	1.00	985	
	Sig	1	0.392						
		0	0.292						
高管前三名薪酬总额（元）	国有类型	1	1501643.03	1501643.03	1218982.77	162000.00	13941300	536	0.000
		0	2170137.85	1436100.00	2864652.70	72000.00	30680000	536	
	非国有类型	1	1400451.67	980350.00	1398029.25	32200.00	12727200	620	0.002
		0	1632612.36	1632612.36	1240081.35	60400.00	11374000	620	
	合计	1	1437948.98	1056900.00	1428209.51	32200.00	13941300	985	0.000
		0	1925113.54	1320000.00	2345387.69	60400.00	30680000	985	
	Sig	1	0.031						
		0	0.000						
高管持股比例（%）	国有类型	1	0.153	0.00	0.66	0.00	7.18	536	0.977
		0	0.10	0.00	0.44	0.00	5.79	536	
	非国有类型	1	12.88	0.09	20.80	0.00	72.86	620	0.000
		0	2.52	0.00	7.37	0.00	48.76	620	
	合计	1	6.5165	0.045	10.73	0	72.86	985	0.000
		0	1.20	0.00	5.13	0	48.76	985	
	Sig	1	0.000						
		0	0.000						

注：行业栏内的 Sig 表示不同控制人的显著性水平。对照样本栏，1 代表重大缺陷公司；0 代表非重大缺陷公司。

（1）高管董事化比例。

通过对样本中不同控制人类型的高管董事化比例进行统计分析发

现，不论国有非国有企业高管董事化比例均超过 50%，国有企业的高管董事化比例要低于非国有企业，但非国有企业的高管董事化比例波动比国有企业大，并不稳定。国有企业高管董事化比例底的原因可能是企业内部控制监管严格，公司的规范化程度高，这说明公司高管董事化比例越高，越不利于公司内部控制缺陷的修复。

该指标总体存在显著差异，公司按控制人类型进行分类，重大缺陷公司和非重大缺陷公司存在显著差异，国有类型和非国有类型公司的两组样本均不存在显著差异。通过对配对样本数据的分析说明高管董事化比例与公司的内部控制缺陷状况紧密相关。

（2）CEO 是否变更。

通过对样本中不同控制人类型的 CEO 是否变更进行统计分析发现，CEO 变更在国有企业和非国有企业都是小概率事件，缺陷公司中，国有企业 CEO 变更少于非国有企业，这说明国有企业的内部治理结构相对稳定。

该指标总体不存在显著差异，按控制人类型进行分类，重大缺陷公司和非重大缺陷公司不存在显著差异，并且国有类型和非国有类型公司两组样本均不存在显著差异。样本数据从一定程度上说明变更公司 CEO 对公司的内部治理有消极影响。

（3）高管前三名薪酬总额。

通过对样本中不同控制人类型的高管前三名薪酬总额进行统计分析发现，指标均值缺陷公司均低于非缺陷公司，国有企业的高管前三名薪酬总额均值略高于非国有企业的均值。这一方面是由于 2010 年以来，国企改革成效显著，在整体上提升了国企高管的平均薪酬；另一方面是由于非国有上市公司高管持股数量明显多于国有上市公司。但总体说国有企业相对于非国有企业激励机制更为完善，所以高管的薪酬总额也相对略高。

该指标总体存在显著差异，按控制人类型进行分类，重大缺陷公司不存在显著差异，而非重大缺陷公司存在显著差异，国有类型和非国有类型公司的两组样本均存在显著差异，这说明内部控制完善的公司经营状况相对好，高管的薪酬相对就高。

（4）高管持股比例。

通常来说，高管持股比例高的公司，其公司的内部控制制度会相对完善。李维安（2006）实证检验了高管持股与公司绩效的正向关系，并指出这一关系受到第一大股东持股比例的影响，通过对样本中不同控制人类型的高管持股比例进行统计分析发现，缺陷公司高于非缺陷公司，说明存在内部人控制现象，国有企业的高管持股比例大大低于非国有企业，这说明非国有企业的激励机制更完善，但非国有企业的此指标波动很大，并不稳定，也说明高管持股比例作为一项激励政策对企业内部控制的完善有重要影响。

该指标总体存在显著差异，按控制人类型进行分类，重大缺陷公司和非重大缺陷公司均存在显著差异，国有类型公司两组样本不存在显著差异，非国有类型公司两组样本存在显著差异，这说明高管持股比例对内部控制缺陷的公司有积极作用。

3. 不同行业高管特征及其比较

不同行业高管特征及其比较如表 5 – 20 所示。

表 5 – 20　　按照行业分类的高管特征指标描述性统计及方差分析

指标	行业	配对样本	均值	中位数	标准差	最小值	最大值	样本数	显著性
高管董事化比例（%）	制造业	1	59. 14	60. 00	10. 299	29. 00	100	640	0. 000
		0	57. 00	56. 52	9. 70	21. 21	100	640	
	房地产业	1	63. 08	61. 81	6. 904	50. 00	80. 00	65	0. 008
		0	59. 45	58. 58	9. 16	33. 33	75. 00	65	
	批发和零售业	1	58. 61	58. 33	7. 503	41. 00	73. 00	50	0. 006
		0	54. 52	53. 33	9. 18	36. 00	73. 33	50	
	采矿业	1	51. 38	51. 00	6. 835	38. 00	69. 00	35	0. 357
		0	50. 23	47. 50	11. 01	26. 47	66. 67	35	
	信息计算机和软件业	1	60. 48	60. 79	5. 948	50. 00	71. 00	35	0. 097
		0	58. 93	58. 82	10. 15	40. 00	100	35	

指标	行业	配对样本	均值	中位数	标准差	最小值	最大值	样本数	显著性
高管董事化比例（%）	交通运输仓储邮政业	1	53.72	55.56	5.911	38.00	62.00	30	0.599
		0	55.20	58.82	9.24	35.71	68.42	30	
	合计	1	59.74	59.91	7.23	29	100	852	0.000
		0	56.87	56.25	9.77	21.21	100	852	
	Sig	1	0.032						
		0	0.031						
CEO是否变更（是1，否0）	制造业	1	0.19	0.00	0.40	0.00	1.00	640	0.690
		0	0.19	0.00	0.39	0.00	1.00	640	
	房地产业	1	0.23	0.00	0.42	0.00	1.00	65	0.279
		0	0.15	0.00	0.36	0.00	1.00	65	
	批发和零售业	1	0.16	0.00	0.37	0.00	1.00	50	0.642
		0	0.13	0.00	0.33	0.00	1.00	50	
	采矿业	1	0.20	0.00	0.41	0.00	1.00	35	0.800
		0	0.23	0.00	0.43	0.00	1.00	35	
	信息计算机和软件业	1	0.17	0.00	0.38	0.00	1.00	35	0.768
		0	0.14	0.00	0.36	0.00	1.00	35	
	交通运输仓储邮政业	1	0.07	0.00	0.25	0.00	1.00	30	0.652
		0	0.04	0.00	0.18	0.00	1.00	30	
	合计	1	0.19	0.00	0.39	0.00	1.00	852	0.426
		0	0.18	0.00	0.38	0.00	1.00	852	
	Sig	1	0.412						
		0	0.344						

续表

指标	行业	配对样本	均值	中位数	标准差	最小值	最大值	样本数	显著性
高管前三名薪酬总额（元）	制造业	1	1324526.27	974850.00	1359278.52	32200.00	12727200	640	0.000
		0	1752690.81	1261100.00	1659498.64	72000.00	15597200	640	
	房地产业	1	1284421.49	1097300.00	887269.63	320900.00	4196000	65	0.024
		0	2889145.14	1238000.00	5533267.15	60400.00	30680000	65	
	批发和零售业	1	2148041.10	1894526.00	1266562.87	471200.00	5300500	50	0.125
		0	2580047.92	2325000.00	1255133.05	837600.00	5780000	50	
	采矿业	1	2835773.09	1429258.00	3188599.97	650800.00	13941300	35	0.000
		0	1072128.63	874600.00	896786.41	75100.00	3084000	35	
	信息计算机和软件业	1	1411075.89	1249200.00	642087.09	462200.00	2788806	35	0.006
		0	2676855.97	1837600.00	2275959.26	977000.00	9800000	35	
	交通运输仓储邮政业	1	1453136.00	1415718.00	566094.18	671900.00	2678200	30	0.000
		0	1453136.00	1415718.00	566094.18	671900.00	2678200	30	
	合计	1	1425115.03	1055900.00	1446461.48	32200.00	13941300	852	0.000
		0	1887855.79	1341800.00	2210663.68	60400.00	30680000	852	
	Sig	1	0.000						
		0	0.000						
高管持股比例（%）	制造业	1	11.40	0.00	20.458	0	72.86	640	0.000
		0	0.97	0.00	3.81	0.00	31.43	640	
	房地产业	1	0.13	0.00	0.32	0	1.89	65	0.074
		0	1.03	0.00	4.16	0.00	19.77	65	
	批发和零售业	1	0.25	0.00	0.49	0	1.59	50	0.884
		0	0.11	0.00	0.48	0.00	2.85	50	

指标	行业	配对样本	均值	中位数	标准差	最小值	最大值	样本数	显著性
高管持股比例（%）	采矿业	1	2.664	0.00	6.44	0	19.96	35	0.236
		0	3.30	0.00	9.13	0.00	28.80	35	
	信息计算机和软件业	1	05.73	0.00	12.89	0	37.62	35	0.000
		0	8.29	0.92	15.41	0.00	48.76	35	
	交通运输仓储邮政业	1	0.86	0.00	1.37	0	5.09	30	0.327
		0	0.00	0.00	0.00	0.00	0.01	30	
	合计	1	3.51	0	6.99	0	72.86	852	0.000
		0	1.34	0.00	5.44	0.00	48.76	852	
	Sig	1	0.000						
		0	0.000						

注：行业栏内的 Sig 表示不同行业间的显著性水平。对照样本栏，1 代表重大缺陷公司；0 代表非重大缺陷公司。

（1）高管董事化比例。

通过分析发现重大缺陷公司的高管董事化比例高于非重大缺陷公司的高管董事化比例，房地产业的高管董事比例高于其他行业，零售与批发业最低这是由于房地产业多为家族企业，由内部人控制企业，所以高管董事化的比例高。

将公司按行业进行划分，该指标总体存在显著差异，重大缺陷公司样本在行业间存在显著差异，非重大缺陷公司样本在行业间不存在显著差异，个别行业如制造业两组样本存在显著差异。通过比较分析说明高管董事化比例对公司的内部控制缺陷产生一定影响。

（2）CEO 是否变更。

通过对样本数据分析，重大缺陷公司 CEO 变更的比例略高于非重大缺陷公司 CEO 变更的比例。制造业、采矿业 CEO 变更比例较高可能是由于这些行业 2010 年左右发展不景气，公司效益不好，会出现 CEO 经常离职的现象。也说明 CEO 的变更会对公司治理产生影响。

　　该指标总体不存在显著差异，公司按行业划分，重大缺陷公司和非重大缺陷公司样本在行业间不存在显著差异，各个行业两组样本也不存在显著差异。通过分析说明，CEO 变更会影响公司的内部控制，CEO 经常变更会导致公司内部结构不够稳定，不利于公司内部控制的完善。

　　（3）高管前三名薪酬总额。

　　与其他行业相比，批发和零售业的高管薪酬相对较高，这可能与当前的经济形势发展有关，由于不同行业面临的外部经营风险不同，行业利润率不同，而行业利润率不同使公司的经营业绩不同，从而导致董事薪酬水平不同。分析还发现房地产行业董事薪酬很低，这与日常的认识是不同的，可能与当前政府干预有一定的关系。

　　该指标总体存在显著差异，公司按行业划分后，两类公司样本在行业间都存在着显著差异，个别行业如制造业、房地产业、采矿业等存在显著差异。这说明高管薪酬对公司内部控制缺陷有一定的影响。

　　（4）高管持股比例。

　　与其他行业相比，制造业的高管持股比例最高，房地产业和交通运输、仓储和邮政业比例低，原因可能是由于行业不够景气，公司的激励机制不够完善所致。

　　该指标总体存在显著差异，公司按行业进行分类，重大缺陷公司和非重大缺陷公司样本在行业间存在显著差异，并且个别行业如制造业、信息传输计算机服务和软件业两组样本存在显著差异，这说明合理分配高管持股比例对公司的内部控制缺陷及修复有重要影响。

5.4　调节变量描述统计与方差分析

5.4.1　2010～2014 年调节变量描述及其显著性比较

2010～2014 年调节变量描述及其显著性比较如表 5－21 所示。

表 5 – 21　　　　　2010 ~ 2014 年调节变量描述及其显著性比较

指标	年份	样本	均值	中位数	标准差	最小值	最大值	样本数	显著性
媒体监督	2010	1	1.29	0.00	2.39	0.00	19	197	0.001
		0	0.60	0.00	1.61	0.00	19	197	
	2011	1	2.29	1.00	4.39	0.00	38	197	0.004
		0	1.18	0.00	2.99	0.00	27	197	
	2012	1	1.99	0.00	5.10	0.00	52	197	0.045
		0	1.14	0.00	3.06	0.00	35	197	
	2013	1	1.91	1.00	3.22	0.00	20	197	0.003
		0	1.11	0.00	1.86	0.00	12	197	
	2014	1	1.36	0.00	2.78	0.00	18	197	0.004
		0	0.68	0.00	1.86	0.00	18	197	
	合计	1	1.87	1.00	3.92	0.00	52	788	0.000
		0	1.01	0.00	2.47	0.00	35	788	
	Sig	1	0.080						
		0	0.066						
法律规制	2010	1	167.50	167.50	—	167.50	167.50	197	—
		0	167.50	167.50	—	167.50	167.50	197	
	2011	1	167.50	167.50	—	167.50	167.50	197	—
		0	167.50	167.50	—	167.50	167.50	197	
	2012	1	173.50	173.50	—	173.50	173.50	197	—
		0	173.50	173.50	—	173.50	173.50	197	
	2013	1	173.50	173.50	—	173.50	173.50	197	—
		0	173.50	173.50	—	173.50	173.50	197	
	2014	1	175.50	175.50	—	175.50	175.50	197	—
		0	175.50	175.50	—	175.50	175.50	197	
	合计	1	170.50	170.50	3.00	167.50	175.50	985	—
		0	170.50	170.50	3.00	167.50	175.50	985	
	Sig	1	—						
		0	—						

注：时间栏内的 Sig 表示年度方差分析，代表年度间的显著性水平。对照样本栏，1 代表重大缺陷公司；0 代表非重大缺陷公司。

1. 媒体负面报道条数

媒体监管是影响内部控制重大缺陷的重要因素，媒体监管有助于内部控制缺陷的修正（贺建刚、魏明海，2012）[①]。因为媒体关注高的企业信息更加公开透明，为了避免不良信息造成的负面影响，企业更有动力通过加强内控建设、修正内部控制缺陷来提高企业的风险管控能力，进而提高投资者对企业的信心。

在 2010～2014 年，重大缺陷公司的报纸负面新闻报道条数均值都高于非重大缺陷公司，且呈逐年递增之势。这是由于重大缺陷公司的内部控制不完善，加上经营管理不如非重大缺陷公司所致，而且由于法律规范愈加完善、媒体监管力度不断加强，重大缺陷公司和非重大缺陷公司的负面新闻报道条数才会呈上升趋势。再者，自 2010 年《企业内部控制审计指引》颁布以来媒体关注度增加，致使负面报道条数增多。此外，分析还发现，不同年份数据的标准差都比较大，年度媒体报道条数的波动程度较大，虽然都是存在内部控制重大缺陷，但有的公司受到负面报道的披露很多，有的公司较少甚至是零。

此指标两组样本年度内、总体上、不同年度间均存在显著差异，表明媒体监管对内控缺陷的修正起明显作用。

2. 法律规制

按照本书法律规制的衡量标准，即法律规制是对国家发布的企业内部控制法规按发布机构权威性赋值，得到此指标的量化得分[②]，即法律效力分值如表 5 - 22 所示。1993 年以来，我国关于内部控制方面法规颁布的越来越多，其分值也越来越高，呈上升趋势，到了 2016 年达到了一个最高值。

[①]　贺建刚，魏明海. 控制权、媒介功用与市场治理效应：基于财务报告重述的实证研究 [J]. 会计研究，2012（4）：36 - 43.

[②]　在计算得分及累计得分时，删除了一些不属于内部控制方面的法规，如：2009 年国资委发布的《关于进一步加强中央企业金融衍生业务监管的通知》，删除了特殊企业性质公司法规，如《商业银行操作风险管理指引》《商业银行内部控制指引》《行政事业单位内部控制规范》《证券公司治理准则》《试行关于开展 2003 年基金管理公司内部控制执行情况检查的通知》等。

表5-22   法律规制指标量化得分表

年份	分值	年份	分值
1993	20	2005	111.5
1994	20	2006	123
1995	20	2007	135.5
1996	20.5	2008	148.5
1997	24.5	2009	157.5
1998	24.5	2010	167.5
1999	46.5	2011	168
2000	68.5	2012	174
2001	78.5	2013	174
2002	87	2014	176
2003	97	2015	188
2004	107.5	2016	192

　　从图5-1可看出，我国关于内部控制方面法规颁布的越来越多，其效力也越来越强，呈上升趋势，到了2010年达到了一个高度。可以说到了2010年随着《企业内部控制审计指引》的颁布，内部控制方面的法律法规已健全。2012年财政部发布了规范及指引的补充解释，使趋势继续上升，这和实际相符，说明我国已具有完备健全的内部控制法律法规体系。

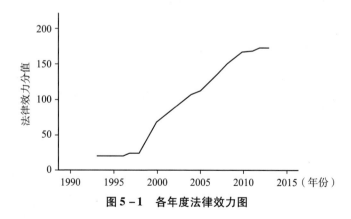

图5-1　各年度法律效力图

　　法律规制对重大缺陷公司和非重大缺陷公司的影响是等同的。此指标数值越高说明法律制度越完善，政府越重视内部控制制度建设，通过法规规范内部控制。

5.4.2　不同控制人调节变量描述及其显著性比较

不同控制人调节变量描述及其显著性比较如表 5 – 23 所示。

表 5 – 23　　　　　　不同控制人调节变量描述及其显著性比较

指标	控制人	样本	均值	中位数	标准差	最小值	最大值	样本数	显著性
媒体监管	非国有	1	1.82	0.00	3.99	0.00	38	496	0.011
		0	1.09	0.00	3.01	0.00	35	359	
	国有	1	1.97	1.00	3.82	0.00	52	292	0.000
		0	0.94	0.00	1.92	0.00	19	429	
	合计	1	1.87	1.00	3.92	0.00	52	985	0.000
		0	1.01	0.00	2.47	0.00	35	985	
	Sig	1	0.603						
		0	0.407						
法律规制	非国有	1	170.50	170.50	3.00	167.50	173.5	496	0.939
		0	170.51	173.50	3.00	167.50	173.5	359	
	国有	1	170.50	170.50	3.01	167.50	173.5	292	0.932
		0	170.49	167.50	3.00	167.50	173.5	429	
	合计	1	170.50	170.50	3.00	167.50	173.5	985	—
		0	170.50	170.50	3.00	167.50	173.5	985	
	Sig	1	1.000						
		0	0.943						

　　注：控制人栏内的 Sig 表示不同控制人间的显著性水平。样本栏，1 代表重大缺陷公司；0 代表非重大缺陷公司。

1. 媒体负面报道条数

国有企业的年媒体负面报道条数较非国有企业年媒体报道条数多，并且最大的年媒体报道条数为 52 条，大大高于非国有企业的年媒体最大负面报道条数 38 条。在国有和非国有控制人中，重大缺陷公司的此指标均值都高于非重大缺陷公司，重大缺陷公司的均值在 1.90 左右，非重大缺陷公司的均值在 1.00 左右。国有控制的上市公司管理的是国有资产，公司内部的各项规章制度较为明确严格，受关注较多，所以媒体报道多，而非国有公司虽然也受到社会公众和媒体的关注，但内部规章制度制定和执行不够严密。此指标总体和不同控制人类型间存在显著性，表明媒体关注对内控缺陷的发生与修正起到积极作用。

2. 法律规制

在国有和非国有控制人中，重大缺陷公司的平均值相差不大，此指标数值越高越有利于企业内部控制的建设。这表明政府颁布越来越多的法规，通过法规增强了企业内部控制建设的强制性，同时也验证了我国政府颁布的系列法律法规产生了积极的约束效果，此指标两组样本不存在显著差异。

5.4.3 不同行业调节变量描述及显著性比较

不同行业调节变量描述及其显著性比较如表 5 - 24 所示。

表 5 - 24 不同行业调节变量描述及其显著性比较

指标	行业	样本	均值	中位数	标准差	最小值	最大值	样本数	显著性
媒体监管	制造业	1	1.75	0.00	3.99	0.00	52	645	0.001
		0	1.04	0.00	2.62	0.00	35	645	
	交通运输、仓储和邮政业	1	1.13	0.50	1.45	0.00	5	30	0.027
		0	0.33	0.00	0.64	0.00	2	30	
	采矿业	1	1.93	1.00	2.11	0.00	8	35	0.005
		0	0.63	0.00	1.04	0.00	4	34	
	房地产业	1	1.44	1.00	2.24	0.00	10	65	0.427
		0	1.04	0.00	2.69	0.00	19	69	
	信息传输、计算机服务和软件业	1	2.57	1.50	2.64	0.00	8	35	0.005
		0	0.74	0.00	1.41	0.00	5	39	
	零售与批发业	1	1.28	0.00	1.97	0.00	7	50	0.527
		0	1.00	0.00	1.36	0.00	5	55	
	合计	1	1.87	1.00	3.92	0.00	52	985	0.000
		0	1.01	0.00	2.47	0.00	35	985	
	Sig	1	0.664						
		0	0.721						

指标	行业	样本	均值	中位数	标准差	最小值	最大值	样本数	显著性
法律规制	制造业	1	170.50	170.50	3.00	167.50	173.50	645	—
		0	170.50	170.50	3.00	167.50	173.50	645	
	交通运输、仓储和邮政业	1	170.50	170.50	3.06	167.50	173.50	30	—
		0	170.50	170.50	3.06	167.50	173.50	30	
	采矿业	1	170.50	170.50	3.06	167.50	173.50	35	—
		0	170.39	167.50	3.06	167.50	173.50	34	
	房地产业	1	170.50	170.50	3.03	167.50	173.50	65	1.000
		0	170.55	173.50	3.03	167.50	173.50	69	
	信息传输、计算机服务和软件业	1	170.50	170.50	3.06	167.50	173.50	35	1.000
		0	170.60	173.50	3.05	167.50	173.50	39	
	零售与批发业	1	170.50	170.50	3.04	167.50	173.50	50	—
		0	170.50	170.50	3.04	167.50	173.50	55	
	合计	1	170.50	170.50	3.00	167.50	173.50	985	—
		0	170.50	170.50	3.00	167.50	173.50	985	
	Sig	1	1.000						
		0	1.000						

注：行业栏内的 Sig 表示不同行业间的显著性水平。样本栏，1 代表重大缺陷公司；0 代表非重大缺陷公司。

1. 媒体负面报道条数

可以看出，总体上重大缺陷公司的负面报道条数均值都高于非重大缺陷公司，且差距较大，最大值为52，最小值为0。其中采矿业和信息传输、计算机服务和软件业重大缺陷公司的均值较高，这可能是由于其行业特性决定的，信息技术产业作为新兴产业关系到广大网络用户的信息安全问题，受到的关注较高，同时对技术水平要求高。因此公司可能将重点放在研发方面，忽略了对公司治理和内部控制规范的遵守，从而容易出现相关负面新闻，而采矿业的危险性相对于其他行业来说较高，容易发生重大事故，因此媒体可能对于一些矿难事故及人员伤亡的负面新闻报道较多，从而使采矿业高于其他行业。由于重大缺陷公司的内部控制不完善，加上经营管理不如非重大缺陷公司，使重大缺陷公司的负面新闻报道条数多于非重大缺陷公司。此指标两组样本总体存在显著差异，除房地产业和零售与批发业不存在显著差异外，其他行业内部均存在显著差异。媒体监管是反映和影响内部控制重大缺陷的重要因素，通过媒体的监管让社会公众辨别企业的内部控制质量，可以促进企业加强内部控制。

2. 法律规制

各行业的均值几乎一致，该指标总体和样本间不存在显著差异，各行业间也不存在显著差异，两组样本中重大缺陷公司和非重大缺陷公司不存在显著差异。说明法律规制对各行业的影响是相同的，我国政府颁布的系列法律法规产生了积极的约束效果。

5.5　主要控制变量描述统计与方差分析

5.5.1　2010～2014年主要控制变量描述及其显著性比较

2010～2014年主要控制变量描述及其显著性比较如表 5 - 25 所示。

表 5 – 25　　　　2010 ~ 2014 年主要控制变量描述及其显著性比较

指标	年份	样本	均值	中位数	标准差	最小值	最大值	样本数	显著性
会计师事务所类型(是1,否0)	2010	1	0.37	0.00	0.48	0.00	1.00	197	0.469
		0	0.41	0.00	0.49	0.00	1.00	197	
	2011	1	0.37	0.00	0.48	0.00	1.00	197	0.234
		0	0.42	0.00	0.50	0.00	1.00	197	
	2012	1	0.40	0.00	0.49	0.00	1.00	197	0.674
		0	0.42	0.00	0.49	0.00	1.00	197	
	2013	1	0.46	0.00	0.50	0.00	1.00	197	0.008
		0	0.34	0.00	0.47	0.00	1.00	197	
	2014	1	0.51	1.00	0.50	0.00	1.00	197	0.265
		0	0.45	0.00	0.50	0.00	1.00	197	
	合计	1	0.42	0.00	0.49	0.00	1.00	985	0.491
		0	0.41	0.00	0.49	0.00	1.00	985	
	Sig	1	0.014						
		0	0.212						
是否内部控制审计(是1,否0)	2010	1	0.27	0.00	0.45	0.00	1.00	197	0.570
		0	0.29	0.00	0.46	0.00	1.00	197	
	2011	1	0.37	0.00	0.48	0.00	1.00	197	0.390
		0	0.41	0.00	0.49	0.00	1.00	197	
	2012	1	0.58	1.00	0.49	0.00	1.00	197	0.347
		0	0.63	1.00	0.48	0.00	1.00	197	
	2013	1	0.71	1.00	0.46	0.00	1.00	197	0.902
		0	0.71	1.00	0.46	0.00	1.00	197	
	2014	1	0.81	1.00	0.40	0.00	1.00	197	0.002
		0	0.91	1.00	0.28	0.00	1.00	197	
	合计	1	0.55	1.00	0.50	0.00	1.00	985	0.045
		0	0.59	1.00	0.49	0.00	1.00	985	
	Sig	1	0.00						
		0	0.00						

指标	年份	样本	均值	中位数	标准差	最小值	最大值	样本数	显著性
财报审计意见（标准0，非标1）	2010	1	0.08	0.00	0.27	0.00	1.00	197	0.550
		0	0.09	0.00	0.29	0.00	1.00	197	
	2011	1	0.08	0.00	0.27	0.00	1.00	197	0.848
		0	0.08	0.00	0.27	0.00	1.00	197	
	2012	1	0.05	0.00	0.22	0.00	1.00	197	1.000
		0	0.05	0.00	0.22	0.00	1.00	197	
	2013	1	0.05	0.00	0.21	0.00	1.00	197	0.819
		0	0.05	0.00	0.22	0.00	1.00	197	
	2014	1	0.09	0.00	0.29	0.00	1.00	197	0.010
		0	0.03	0.00	0.16	0.00	1.00	197	
	合计	1	0.07	0.00	0.25	0.00	1.00	985	0.525
		0	0.06	0.00	0.24	0.00	1.00	985	
	Sig	1	0.067						
		0	0.334						
公司业务的复杂性（是1，否0）	2010	1	0.67	1.00	0.47	0.00	1.00	197	0.524
		0	0.70	1.00	0.46	0.00	1.00	197	
	2011	1	0.72	1.00	0.45	0.00	1.00	197	0.384
		0	0.68	1.00	0.47	0.00	1.00	197	
	2012	1	0.73	1.00	0.45	0.00	1.00	197	0.104
		0	0.65	1.00	0.48	0.00	1.00	197	
	2013	1	0.74	1.00	0.44	0.00	1.00	197	0.282
		0	0.69	1.00	0.46	0.00	1.00	197	
	2014	1	0.72	1.00	0.45	0.00	1.00	197	0.134
		0	0.68	1.00	0.46	0.00	1.00	197	
	合计	1	0.72	1.00	0.45	0.00	1.00	985	0.145
		0	0.68	1.00	0.47	0.00	1.00	985	
	Sig	1	0.409						
		0	0.791						

续表

指标	年份	样本	均值	中位数	标准差	最小值	最大值	样本数	显著性
存货状况（比率）	2010	1	0.17	0.13	0.14	0.00	0.89	197	0.549
		0	0.18	0.14	0.16	0.00	0.85	197	
	2011	1	0.19	0.15	0.17	0.00	0.91	197	0.922
		0	0.19	0.14	0.17	0.00	0.88	197	
	2012	1	0.19	0.15	0.17	0.00	0.93	197	0.706
		0	0.18	0.13	0.17	0.00	0.87	197	
	2013	1	0.18	0.14	0.17	0.00	0.90	197	0.732
		0	0.18	0.13	0.16	0.00	0.83	197	
	2014	1	0.18	0.13	0.18	0.00	0.90	197	0.303
		0	0.17	0.12	0.17	0.00	0.86	197	
	合计	1	0.18	0.14	0.17	0.00	0.93	985	0.686
		0	0.18	0.13	0.17	0.00	0.88	985	
	Sig	1	0.810						
		0	0.756						
兼并重组（是1，否0）	2010	1	0.71	1.00	0.46	0.00	1.00	197	0.828
		0	0.70	1.00	0.46	0.00	1.00	197	
	2011	1	0.76	1.00	0.43	0.00	1.00	197	0.016
		0	0.64	1.00	0.48	0.00	1.00	197	
	2012	1	0.76	1.00	0.43	0.00	1.00	197	0.127
		0	0.69	1.00	0.47	0.00	1.00	197	
	2013	1	0.78	1.00	0.42	0.00	1.00	197	0.062
		0	0.69	1.00	0.16	0.00	1.00	197	
	2014	1	0.71	1.00	0.45	0.00	1.00	197	0.330
		0	0.67	1.00	0.47	0.00	1.00	197	
	合计	1	0.74	1.00	0.44	0.00	1.00	985	0.002
		0	0.68	1.00	0.47	0.00	1.00	985	
	Sig	1	0.379						
		0	0.811						

指标	年份	样本	均值	中位数	标准差	最小值	最大值	样本数	显著性
总资产增长率（比值）	2010	1	0.17	0.13	0.14	0.00	0.89	197	0.549
		0	0.18	0.14	0.16	0.00	0.85	197	
	2011	1	0.19	0.15	0.17	0.00	0.91	197	0.922
		0	0.19	0.14	0.17	0.00	0.88	197	
	2012	1	0.19	0.15	0.17	0.00	0.93	197	0.706
		0	0.18	0.13	0.17	0.00	0.87	197	
	2013	1	0.18	0.14	0.17	0.00	0.90	197	0.732
		0	0.18	0.13	0.16	0.00	0.83	197	
	2014	1	0.18	0.13	0.18	0.00	0.90	197	0.303
		0	0.17	0.12	0.17	0.00	0.86	197	
	合计	1	0.18	0.14	0.17	0.00	0.93	985	0.686
		0	0.18	0.13	0.17	0.00	0.88	985	
	Sig	1	0.810						
		0	0.756						
产品竞争程度（赫芬达尔指数）	2010	1	0.04	0.00	0.17	0.00	1.00	197	0.000
		0	0.21	0.06	0.26	0.06	1.00	197	
	2011	1	0.04	0.00	0.17	0.00	1.00	197	0.000
		0	0.22	0.06	0.27	0.06	1.00	197	
	2012	1	0.04	0.00	0.16	0.00	1.00	197	0.000
		0	0.22	0.05	0.28	0.05	1.00	197	
	2013	1	0.04	0.00	0.16	0.00	1.00	197	0.000
		0	0.22	0.05	0.28	0.05	1.00	197	
	2014	1	0.19	0.06	0.24	0.06	1.00	197	0.196
		0	0.23	0.05	0.29	0.05	1.00	197	
	合计	1	0.07	0.00	0.19	0.00	1.00	985	0.000
		0	0.22	0.06	0.28	0.05	1.00	985	
	Sig	1	0.000						
		0	0.987						

注：时间栏内的 Sig 表示年度方差分析，代表年度间的显著性水平。样本栏，1 代表重大缺陷公司；0 代表非重大缺陷公司。

1. 会计师事务所类型

所有公司所聘请的会计师事务所是四大的比例整体偏低，不超过50%，表明我国上市公司更倾向于聘用本地审计师，侧面验证了中国上市公司更加注重关系而不是规制，这一文化传统也延伸至经济领域（Maurer & Li，2006）。分析还发现重大缺陷公司此指标有逐年增长的趋势，2013 年达到了 46%，原因可能是公司前期出现了内部控制重大缺陷，在下一年度会更加重视审计质量，缺陷公司为了重塑投资者信心，越来越重视财务报告鉴证意见的可信度，更偏好于选择规模大声誉好的会计师事务所。该指标两组样本总体不存在显著差异，重大缺陷公司和非缺陷公司年度间均不存在显著差异，个别年度内两组样本间存在显著差异，说明此指标是影响内部控制重大缺陷的因素。

2. 是否进行内控审计

无论是缺陷公司还是非缺陷公司，进行内控审计的公司占总数的比例呈逐年上升趋势。这说明 2010 年指引颁布以来，进行内部控制审计的执行效果很好，越来越多的公司进行内控审计，企业对内控审计越来越重视。但这个比例不算很高，和强制内部控制审计的要求不算相符。该指标两组样本总体存在显著差异，重大缺陷公司和非重大缺陷公司年度间均存在显著差异，并且各个年度内两组样本间均不存在显著差异。通过分析说明此指标会影响到公司内部控制缺陷的修正。

3. 审计意见类型

两组样本财务报告审计意见类型为标准无保留意见的比例呈逐年下降趋势。2013 年比例最低，达到 5%。出现这一现象的原因是我国对上市公司的监管力度不断加大，提高了上市公司的财务报表可靠程度，致使清洁审计意见变少。该指标两组样本总体存在显著差异，两组样本年度间及各个年度内均不存在显著差异。通过分析说明此指标也会影响到公司内部控制缺陷的修正。

4. 公司业务的复杂性

重大缺陷公司 72% 业务具有复杂性，自 2010 年起上市公司存在非零外币调整状况的样本数呈现逐年上升的趋势,非重大缺陷公司68%业务具有复杂性,自2010年起该比例先下降后回升,从70%下降到65%,又回升至69%。这表明无论是重大缺陷公司还是非重大缺陷公司,具有业务复杂性的公司比例都很高,但重大缺陷公司比例更高。此指标总体、各年度内及各组样本年度间均不存在显著差异,并不说明此指标不是影响内部控制重大缺陷修正的因素,多利等(Doyle et al.,2007)① 和阿什巴夫等(Ashbaugh-Skaife et al.,2007)② 的研究,验证了公司外币交易及经营分部数量与内部控制重大缺陷显著正相关,也和威利等(Weili Ge et al.,2005)的研究结论相吻合。

5. 存货状况(存货占总资产比率)

重大缺陷公司和非重大缺陷公司存货占总资产比例均值都为0.18,这表明,重大缺陷公司和非重大缺陷公司存货占比状况总体相差不大,保持相对稳定的状态。各年度内存货变化状况不明显。此指标总体、各年度内及各组样本年度间均不存在显著差异,这并不表明存货状况一点不影响内部控制重大缺陷的修正。

6. 是否重组、兼并

重大缺陷公司74%进行了重组兼并,非重大缺陷公司68%进行了重组兼并,这表明,重大缺陷公司和非重大缺陷公司重组兼并比例都很高,但重大缺陷公司比例高于非重大缺陷公司。2010~2013年度内,重大缺陷公司中,进行重组兼并公司的比例逐年上升,从71%上升到78%;非重大缺陷公司中,该比例先下降后上升,从70%下降到64%,又回升至69%。此指标两组样本总体及个别年度内存在显著差异,各组样本年度间不存在显著差异。阿什巴夫等(Ashbaugh-Skaife et al.,2007)、多利等(Doyle et al.,2007)和莱昂等(Leone et al.,2007)等均验证了并购企业存在内部控制重大缺陷的可能性高。重组兼并是影

---

① Doyle, Jeffrey, Ge, Weili, McVay, Sarah. Determinants of Weaknesses in Internal Control Over Financial Reporting [J]. Journal of Accounting & Economics, 2007, 44 (1/2): 193 – 223.

② Ashbaugh-Skaife, H., D. Collins, and W. Kinney. 2007. The discovery and reporting of internal control deficiencies prior to SOX – mandated audits [J]. Journal of Accounting and Economics, 2007, 44 (1 – 2): 166 – 192.

响内部控制重大缺陷修正的因素。

7. 总资产增长率

非重大缺陷公司总资产增长率高于重大缺陷公司。2010～2014 年度内，重大缺陷公司中，总资产增长率总体呈现下降趋势，从 0.36 下降到 0.12；非重大缺陷公司中，总资产增长率总体也呈现下降趋势，从 1.64 下降到 0.14。此指标两组样本总体及各年度内不存在显著差异，重大缺陷公司样本年度间存在显著差异。总资产增长率影响到内部控制重大缺陷的修正，这和威利（Weili Ge, 2005）等人的研究结论相符。

8. 产品竞争程度（赫芬达尔指数）

重大缺陷公司均值小于非重大缺陷公司均值，这表明，非重大缺陷公司产品竞争程度高于重大缺陷公司。2010～2014 年度内，重大缺陷公司产品竞争程度（行业）基本上各年度较稳定，相互之间差距不大。此指标两组样本总体及各年度内均存在显著差异，缺陷公司样本年度间存在显著差异。

209

5.5.2　不同控制人主要控制变量描述性及其显著性比较

不同控制人主要控制变量描述及其显著性比较如表 5 – 26 所示。

表 5 – 26　　　　不同控制人主要控制变量描述及其显著性比较

指标	控制人	样本	均值	中位数	标准差	最小值	最大值	样本数	显著性
会计师事务所类型（是1，否0）	国有	1	0.50	1.00	0.50	0.00	1.00	292	0.018
		0	0.40	0.00	0.49	0.00	1.00	428	
	非国有	1	0.34	0.00	0.47	0.00	1.00	496	0.438
		0	0.39	0.00	0.49	0.00	1.00	360	
	合计	1	0.40	0.00	0.49	0.00	1.00	788	0.757
		0	0.39	0.00	0.49	0.00	1.00	788	
	Sig	1	0.000						
		0	0.761						

指标	控制人	样本	均值	中位数	标准差	最小值	最大值	样本数	显著性
是否内部控制审计（是1，否0）	国有	1	0.54	1.00	0.50	0.00	1.00	292	0.005
		0	0.66	1.00	0.48	0.00	1.00	428	
	非国有	1	0.45	0.00	0.50	0.00	1.00	496	0.000
		0	0.33	0.00	0.47	0.00	1.00	360	
	合计	1	0.48	0.00	0.50	0.00	1.00	788	0.003
		0	0.51	1.00	0.50	0.00	1.00	788	
	Sig	1	0.014						
		0	0.000						
财报审计意见（标准0，非标1）	国有	1	0.03	0.00	0.16	0.00	1.00	292	0.103
		0	0.04	0.00	0.20	0.00	1.00	428	
	非国有	1	0.08	0.00	0.28	0.00	1.00	496	0.115
		0	0.10	0.00	0.30	0.00	1.00	360	
	合计	1	0.06	0.00	0.24	0.00	1.00	788	0.061
		0	0.07	0.00	0.25	0.00	1.00	788	
	Sig	1	0.002						
		0	0.000						
公司业务的复杂性（是1，否0）	国有	1	0.71	1.00	0.46	0.00	1.00	365	0.184
		0	0.69	1.00	0.46	0.00	1.00	536	
	非国有	1	0.72	1.00	0.45	0.00	1.00	620	0.051
		0	0.67	1.00	0.47	0.00	1.00	449	
	合计	1	0.72	1.00	0.45	0.00	1.00	985	0.145
		0	0.68	1.00	0.47	0.00	1.00	985	
	Sig	1	0.745						
		0	0.386						

指标	控制人	样本	均值	中位数	标准差	最小值	最大值	样本数	显著性
存货状况（比率）	国有	1	0.18	0.13	0.15	0.00	0.86	365	0.231
		0	0.16	0.13	0.14	0.00	0.74	536	
	非国有	1	0.19	0.14	0.17	0.00	0.93	620	0.611
		0	0.20	0.14	0.19	0.00	0.88	449	
	合计	1	0.18	0.14	0.17	0.00	0.93	985	0.700
		0	0.18	0.13	0.17	0.00	0.88	985	
	Sig	1	0.395						
		0	0.000						
重组兼并（是1，否0）	国有	1	0.73	1.00	0.44	0.00	1.00	365	0.003
		0	0.63	1.00	0.48	0.00	1.00	536	
	非国有	1	0.75	1.00	0.44	0.00	1.00	620	0.266
		0	0.73	1.00	0.44	0.00	1.00	449	
	合计	1	0.74	1.00	0.44	0.00	1.00	985	0.002
		0	0.68	1.00	0.47	0.00	1.00	985	
	Sig	1	0.581						
		0	0.001						
总资产增长率	国有	1	0.12	0.08	0.22	-0.72	1.82	365	0.199
		0	0.80	0.10	12.00	-0.38	275.65	536	
	非国有	1	0.23	0.10	0.55	-0.82	6.67	620	0.107
		0	0.34	0.10	2.04	-0.97	33.30	449	
	合计	1	0.19	0.09	0.46	-0.82	6.67	985	0.167
		0	0.59	0.10	8.96	-0.97	275.65	985	
	Sig	1	0.000						
		0	0.424						

指标	控制人	样本	均值	中位数	标准差	最小值	最大值	样本数	显著性
产品竞争程度（行业）	国有	1	0.09	0.00	0.20	0.00	1.00	365	0.00
		0	0.22	0.06	0.27	0.05	1.00	536	
	非国有	1	0.06	0.00	0.19	0.00	1.00	620	0.00
		0	0.22	0.06	0.28	0.05	1.00	449	
	合计	1	0.07	0.00	0.19	0.00	1.00	985	0.00
		0	0.22	0.06	0.28	0.05	1.00	985	
	Sig	1	0.000						
		0	0.765						

注：控制人栏内的 Sig 表示不同控制人间的显著性水平。样本栏，1 代表重大缺陷公司；0 代表非重大缺陷公司。

1. 会计师事务所类型

两类公司国有企业聘请四大会计师事务所的公司占公司总数的比例均高于非国有企业，即国有企业聘请八大会计师事务所的比例高，国有企业重视声誉，运作较规范。聘请好的事务所，也可能由于国有企业管理人员的政治关联在审计师选择上施加了更多的外界压力。该指标缺陷公司不同控制人间存在显著差异，国有企业两组样本间存在显著差异。

2. 是否进行内控审计

国有企业进行内控审计的比例高于非国有企业进行内控审计的比例。原因可能是国有企业内部控制监管严格，公司的规范化程度高，非国有上市公司不太重视内控审计，对内控审计的普及程度不高。该指标两组样本总体均存在显著差异，各组样本不同控制人间均存在显著差异。

3. 审计意见类型

国有企业财务报告审计意见类型为标准无保留意见的比例低于非国有企业，这说明国有企业与非国有企业相比内部管理更为规范，公司的治理机制比较健全，往往聘请规模大声誉好的审计师，审计程序规范严格。该指标两组样本总体存在显著差异，各组样本不同控制人间均存在显著差异。

4. 公司业务的复杂性

从表 5-26 中数据来看，国有企业与非国有企业非零外币存在调整的个数远远大于不存在调整的状况。尤其是非国有企业，非零外币调整个数是不存在调整外币样本数的二倍多，重大缺陷公司中，非国有企业具有业务复杂性的公司比例稍高于国有企业。非重大缺陷公司中，国有企业具有业务复杂性的公司比例高于非国有企业。此指标两组样本总体不存在显著差异，非国有企业两组样本存在显著差异。

5. 存货状况（存货占资产比率）

从表 5-26 中数据来看，重大缺陷公司中，国有企业和非国有企业的存货比例均值都为 0.18，但国有企业的波动性更小；非重大缺陷公司中，非国有企业的存货比例均值大于国有企业，但国有企业的波动性更小。这可能由于国有企业的内部控制比较健全，公司治理机制比较规范，管理者更加注重对国有资产的监管，在保障销售规模的前提下，尽量减少存货挤占资金的情况，使其低于非国有企业的存货状况。此指标两组总体及不同控制人内均不存在显著差异，非重大缺陷公司不同控制人间存在显著差异。

6. 是否重组、兼并

从表中数据来看，重大缺陷公司中，国有企业和非国有企业重组兼并比例差别不大，波动性也一致；非重大缺陷公司中，非国有企业重组兼并比例均值高于国有企业，非国有企业的波动性也更小。此指标两组样本总体存在显著差异，非重大缺陷公司不同控制人间存在显著差异，国有企业两组样本间存在显著差异。

7. 总资产增长率

非重大缺陷公司总资产增长率高于重大缺陷公司。从表中数据来看，重大缺陷公司中，非国有企业的总资产增长率高于国有企业，但是国有企业的波动性更小；非重大缺陷公司中，国有企业总资产增长率高于非国有企业，但是非国有企业的波动性更小。此指标两组样本总体及不同控制人内不存在显著差异，重大缺陷公司不同控制人间存在显著差异。

8. 产品竞争程度（赫芬达尔指数）

从表中数据来看，重大缺陷公司中，国有企业的产品竞争程度（行业）略高于非国有企业，但非国有企业波动性更小；国有企业控制的大部分都是垄断行业，所以出现国有企业的赫芬达尔指数比较高并不感到奇怪。赫芬达尔指数越高，说明市场的垄断情况越高。非国有企业控制的行业相对而言，竞争就比较激烈，出现的结果与实际也相符。非重大缺陷公司中，国有企业和非国有企业的均值和波动性保持一致。此指标两组总体及不同控制人内均存在显著差异，缺陷公司不同控制人间存在显著差异。

5.5.3 不同行业主要控制变量描述及其显著性比较

不同行业主要控制变量描述及其显著性比较如表5-27所示。

表 5-27　　　　不同行业主要控制变量描述及显著性比较

指标	行业	样本	均值	中位数	标准差	最小值	最大值	样本数	显著性
会计师事务所类型（是1，否0）	制造业	1	0.38	0	0.49	0	1	516	0.045
		0	0.44	0	0.50	0	1	516	
	房地产业	1	0.35	0	0.48	0	1	52	0.674
		0	0.38	0	0.49	0	1	52	
	零售与批发业	1	0.48	0	0.51	0	1	40	0.070
		0	0.30	0	0.46	0	1	40	
	采矿业	1	0.75	1	0.44	0	1	28	0.000
		0	0.32	0	0.48	0	1	28	
	信息、计算机和软件业	1	0.39	0	0.50	0	1	28	1.000
		0	0.39	0	0.50	0	1	28	

指标	行业	样本	均值	中位数	标准差	最小值	最大值	样本数	显著性
会计师事务所类型(是1,否0)	交通运输仓储和邮政业	1	0.25	0	0.44	0	1	24	0.714
		0	0.25	0	0.44	0	1	24	
	合计	1	0.39	0	0.49	0	1	688	0.376
		0	0.41	0	0.49	0	1	688	
	Sig	1	0.002						
		0	0.203						
是否内部控制审计(是1,否0)	制造业	1	0.49	0.00	0.50	0.00	1.00	516	0.204
		0	0.52	1.00	0.50	0.00	1.00	516	
	房地产业	1	0.31	0.00	0.47	0.00	1.00	52	0.399
		0	0.38	0.00	0.49	0.00	1.00	52	
	零售与批发业	1	0.40	0.00	0.50	0.00	1.00	40	0.110
		0	0.55	1.00	0.50	0.00	1.00	40	
	采矿业	1	0.50	0.50	0.51	0.00	1.00	28	0.255
		0	0.36	0.00	0.49	0.00	1.00	28	
	信息、计算机和软件业	1	0.57	1.00	0.50	0.00	1.00	28	0.424
		0	0.64	1.00	0.49	0.00	1.00	28	
	交通运输仓储和邮政业	1	0.58	1.00	0.50	0.00	1.00	24	0.604
		0	0.83	1.00	0.38	0.00	1.00	24	
	合计	1	0.48	0.00	0.50	0.00	1.00	688	0.056
		0	0.52	1.00	0.50	0.00	1.00	688	
	Sig	1	0.099						
		0	0.003						
审计意见类型(标准0,非标1)	制造业	1	0.04	0.00	0.21	0.00	1.00	516	0.051
		0	0.07	0.00	0.26	0.00	1.00	516	
	房地产业	1	0.10	0.00	0.30	0.00	1.00	52	0.103
		0	0.02	0.00	0.14	0.00	1.00	52	
	零售与批发业	1	0.13	0.00	0.33	0.00	1.00	40	0.023
		0	0.00	0.00	0.00	0.00	0.00	40	

续表

指标	行业	样本	均值	中位数	标准差	最小值	最大值	样本数	显著性
审计意见类型（标准0，非标1）	采矿业	1	0.00	0.00	0.00	0.00	0.00	28	0.043
		0	0.14	0.00	0.36	0.00	1.00	28	
	信息、计算机和软件业	1	0.00	0.00	0.00	0.00	0.00	28	0.161
		0	0.07	0.00	0.26	0.00	1.00	28	
	交通运输仓储和邮政业	1	0.00	0.00	0.00	0.00	0.00	24	0.162
		0	0.00	0.00	0.00	0.00	0.00	24	
	合计	1	0.05	0.00	0.21	0.00	1.00	688	0.140
		0	0.07	0.00	0.25	0.00	1.00	688	
	Sig	1	0.034						
		0	0.086						
公司业务的复杂性（是1，否0）	制造业	1	0.82	1.00	0.39	0.00	1.00	645	0.014
		0	0.75	1.00	0.43	0.00	1.00	645	
	房地产业	1	0.31	0.00	0.47	0.00	1.00	65	0.582
		0	0.37	0.00	0.49	0.00	1.00	65	
	批发和零售业	1	0.40	0.00	0.50	0.00	1.00	50	0.213
		0	0.58	1.00	0.50	0.00	1.00	50	
	采矿业	1	0.46	0.00	0.51	0.00	1.00	35	0.415
		0	0.36	0.00	0.49	0.00	1.00	35	
	信息、计算机和软件业	1	0.61	1.00	0.50	0.00	1.00	35	0.663
		0	0.68	1.00	0.48	0.00	1.00	35	
	交通运输、仓储和邮政业	1	0.75	1.00	0.44	0.00	1.00	30	0.203
		0	0.54	1.00	0.51	0.00	1.00	30	
	合计	1	0.72	1.00	0.45	0.00	1.00	985	0.145
		0	0.68	1.00	0.47	0.00	1.00	985	
	Sig	1	0.000						
		0	0.000						

续表

指标	行业	样本	均值	中位数	标准差	最小值	最大值	样本数	显著性
是否重组、兼并（是1，否0）	制造业	1	0.17	0.15	0.11	0.00	0.85	645	0.535
		0	0.17	0.14	0.11	0.00	0.62	645	
	房地产业	1	0.49	0.52	0.28	0.00	0.93	65	0.232
		0	0.55	0.62	0.22	0.00	0.88	65	
	批发和零售业	1	0.14	0.13	0.10	0.00	0.37	50	0.012
		0	0.21	0.14	0.17	0.01	0.68	50	
	采矿业	1	0.08	0.05	0.06	0.02	0.25	35	0.119
		0	0.10	0.08	0.08	0.00	0.38	35	
	信息、计算机和软件业	1	0.19	0.14	0.20	0.01	0.77	35	0.001
		0	0.05	0.03	0.05	0.00	0.17	35	
	交通运输、仓储和邮政业	1	0.14	0.08	0.16	0.00	0.46	30	0.221
		0	0.08	0.01	0.13	0.01	0.36	30	
	合计	1	0.18	0.14	0.16	0.00	0.93	985	0.970
		0	0.18	0.14	0.17	0.00	0.88	985	
	Sig	1	0.000						
		0	0.000						
存货状况（比率）	制造业	1	0.71	1.00	0.46	0.00	1.00	645	0.059
		0	0.65	1.00	0.48	0.00	1.00	645	
	房地产业	1	0.85	1.00	0.36	0.00	1.00	65	0.059
		0	0.69	1.00	0.47	0.00	1.00	65	
	批发和零售业	1	0.90	1.00	0.30	0.00	1.00	50	0.323
		0	0.83	1.00	0.39	0.00	1.00	50	
	采矿业	1	0.82	1.00	0.39	0.00	1.00	35	0.490
		0	0.75	1.00	0.44	0.00	1.00	35	
	信息、计算机和软件业	1	0.79	1.00	0.42	0.00	1.00	35	0.161
		0	0.93	1.00	0.26	0.00	1.00	35	

指标	行业	样本	均值	中位数	标准差	最小值	最大值	样本数	显著性
存货状况（比率）	交通运输、仓储和邮政业	1	0.71	1.00	0.46	0.00	1.00	30	1.000
		0	0.71	1.00	0.46	0.00	1.00	30	
	合计	1	0.75	1.00	0.43	0.00	1.00	985	0.002
		0	0.68	1.00	0.47	0.00	1.00	985	
	Sig	1	0.057						
		0	0.022						
总资产增长率	制造业	1	0.20	0.09	0.45	−0.63	3.96	645	0.215
		0	0.30	0.10	1.73	−0.97	24.98	645	
	房地产业	1	0.17	0.10	0.44	−0.34	2.89	65	0.384
		0	0.11	0.09	0.26	−0.51	1.23	65	
	批发和零售业	1	0.20	0.14	0.21	−0.06	0.95	50	0.737
		0	0.21	0.16	0.31	−0.05	1.89	50	
	采矿业	1	0.27	0.18	0.33	−0.02	1.46	35	0.317
		0	1.50	0.09	6.33	−0.23	33.30	35	
	信息、计算机和软件业	1	0.16	0.07	0.28	−0.09	1.23	35	0.607
		0	0.19	0.12	0.20	−0.07	0.70	35	
	交通运输、仓储和邮政业	1	0.20	0.12	0.26	−0.12	1.13	30	0.159
		0	0.12	0.14	0.09	−0.05	0.32	30	
	合计	1	0.20	0.10	0.48	−0.72	6.67	985	0.167
		0	0.70	0.10	10.01	−0.97	275.65	985	
	Sig	1	0.971						
		0	0.000						
产品竞争程度（行业）	制造业	1	0.00	0.00	0.00	0.00	0.03	645	0.000
		0	0.09	0.06	0.13	0.05	0.99	645	
	房地产业	1	0.02	0.00	0.05	0.00	0.22	65	0.000
		0	0.60	0.73	0.24	0.05	0.99	65	
	批发和零售业	1	0.02	0.00	0.02	0.00	0.10	50	0.000
		0	0.28	0.15	0.28	0.05	1.00	50	

续表

指标	行业	样本	均值	中位数	标准差	最小值	最大值	样本数	显著性
产品竞争程度（行业）	采矿业	1	0.04	0.02	0.05	0.00	0.20	35	0.000
		0	0.82	0.99	0.33	0.05	0.99	35	
	信息、计算机和软件业	1	0.05	0.00	0.09	0.00	0.28	35	0.000
		0	0.33	0.40	0.15	0.05	0.42	35	
	交通运输、仓储和邮政业	1	0.05	0.01	0.06	0.00	0.20	30	0.000
		0	0.25	0.28	0.12	0.05	0.56	30	
	合计	1	0.04	0.00	0.17	0.00	1.00	985	0.000
		0	0.22	0.06	0.27	0.05	1.00	985	
	Sig	1	0.000						
		0	0.000						

注：行业栏内的 Sig 表示不同行业间的显著性水平。样本栏，1 代表重大缺陷公司；0 代表非重大缺陷公司。

1. 会计师事务所类型

缺陷公司数据显示，采矿业更愿意选择聘请四大会计师事务所进行审计，指标均值达到了 0.75，交通运输、仓储和邮政业选择四大审计的公司少。非缺陷公司中此指标制造业最高。如果一个行业发展前景好，经济实力雄厚，那么聘请规模大声誉好的事务所的可能性就会大。公司按行业划分后，两类公司样本个别行业如制造业、采矿业等存在显著差异。说明该指标对公司内部控制缺陷有一定的影响。

2. 是否进行内控审计

两组样本公司中交通运输、仓储和邮政业进行内控审计的比例最高，缺陷公司中房地产业此指标比例最低，非重大缺陷公司则是采矿业比例最低，这也是房地产业存在缺陷的原因之一。房地产业和采矿业是热门且有发展前景的产业，采矿业因其行业特点要求严格的内部控制制度。该指标在不同行业间均存在显著差异，公司按行业划分后，两类公司样本个别行业如制造业、采矿业等存在显著差异。说明该指标对公司内部控制缺陷有一定的影响。

3. 审计意见类型

缺陷公司中零售与批发行业财务报告审计意见类型为标准无保留意见的比例最高，采矿业、交通运输仓储和邮政业比例最低。非缺陷公司中采矿业比例最高，零售与批发及交通运输仓储和邮政业最低。对于交通运输仓储和邮政业，两组样本公司都是 0 比例，说明对此行业监管力度大，也说明此行业问题较多。对于采矿业，非缺陷公司中此指标比例最高，缺陷公司却为 0，缺陷公司由于存在重大缺陷一定会影响财报审计意见。公司按行业划分后，两组公司样本在不同行业间均存在显著差异，两类公司样本个别行业内如制造业、批发零售及采矿业等存在显著差异。说明该指标是影响内部控制缺陷及修正的因素。

4. 公司业务的复杂性

在六个行业中，重大缺陷公司中具有业务复杂性的公司比例最高的是制造业，比例最低的是房地产业；非重大缺陷公司中，该比例最高的是制造业，比例最低的是采矿业。两组样本行业间及个别行业内存在显著差异。

5. 存货状况（存货占资产比率）

在六个行业中，重大缺陷公司存货状况均值最高的是房地产业，均值最低的是采矿业；非重大缺陷公司中，均值最高的是房地产业，最低的是信息、计算机和软件业。这可能是因为 2010 年以来几个年份房地产业发展势头强劲，需要较高的存货来保障较强的消费能力，使得存货规模较大；采矿业需要大型设备，固定资产在资产总额中占的比重较高，而现有的很多矿区成为交通枢纽，有利于矿产品的外销，使得该行业存货较低。此指标两组样本行业间及个别行业内存在显著差异。

6. 是否重组、兼并

在六个行业中，重大缺陷公司重组兼并情况房地产业发生较多，近一半房地产公司发生过兼并重组现象，指标均值达到 0.49。非缺陷公司房地产业发生兼并重组现象的公司已超过一半，指标均值达到 0.55。重大缺陷公司采矿业和非缺陷公司信息、计算机和软件业很少有公司发生重组兼并现象。此指标两组样本总体存在显著差异，重大缺陷公司样本行业间不存在显著差异，非重大缺陷公司样本行业间存在显著差异，不同行业内不存在显著差异。

7. 总资产增长率

非重大缺陷公司总资产增长率高于重大缺陷公司。六个行业中，重大缺陷公司总资产增长率最高的是采矿业，最低的是信息、计算机和软件业；非重大缺陷公司中，总资产增长率最高的是采矿业，最低的是房地产业。此指标总体不存在显著差异，非重大缺陷公司行业间存在显著差异，不同行业内两组样本间不存在显著差异。

8. 产品竞争程度（赫芬达尔指数）

六个行业中，重大缺陷公司产品竞争程度（行业）较高的是信息、计算机和软件业，交通运输、仓储和邮政业，最低的是制造业；非重大缺陷公司中，产品竞争程度（行业）最高的是采矿业，最低的是制造业。此指标两组样本总体及行业间均存在显著差异，不同行业内均存在显著差异。这表明各大行业之间的赫芬因德指数存在着明显的差异。

221

5.6　主要变量的相关性检验（Pearson）

为了检验 2011 ~ 2014 年样本中各变量之间的关系及显著性，本书对主要变量进行了 spearman 检验，相关系数及显著性检验结果见表 5 - 28。从表 5 - 28 看出，变量之间的相关系数大都比较小，不超过 0.5，说明这些变量之间线性相关程度比较低，不会对多元回归分析产生较大的影响，相关系数最小为 0，说明这些变量之间不存在线性关系。解释变量之间的系数不超过 0.8 或 0.9，不会对多元回归分析产生影响（Hossain et al.，1995）[1]，因此，我们的回归方程具有一定的解释力。相关系数结果有一点值得注意，会计师事务所类型与重大缺陷修正负相关，与研究假设不符，进一步说明我国上市公司更倾向于聘用本地审计师，与莫雷尔和李（Maurer & Li，2006）的我国是关系导向国家的研究相吻合。

---

① Hossain, M., Perera, M. & Rahman, A. Disclosure in Annual Reports of New Zealand Companies [J]. Journal of International Financial Management and Accounting, 1995, 6 (1): 70 - 87.

表 5 - 28
相关系数及显著性检验表

变量	内部控制重大缺陷修正	董事会规模	独董比例	董事长兼任	董事薪酬	董事会持股	未领取薪酬董事比例	审计委员会设置	审计委员会规模	审计委员会专业性比	审计委员会会议次数	监事会会议次数	高管前三名薪酬	CEO变更
内部控制重大缺陷修正	1													
董事会规模	0.019	1.000												
独董比例	0.020	-0.46***	1.000											
董事长与总经理兼任	0.048	-0.08**	0.101**	1.000										
董事前三名薪酬	0.037	0.155***	-0.13***	0.077*	1.0000									
董事会持股	0.02*	-0.11***	0.167***	0.179***	0.0816*	1.000								
未领取薪酬董事比例	-0.03	0.251***	-0.25***	-0.11***	-0.206***	-0.35***	1.000							

续表

变量	内部控制缺陷重大修正	董事会规模	独董比例	董事长兼任	董事薪酬	董事会持股	未领取薪酬董事比例	审计委员会设置	审计委员会规模	审计委员会专业性比	审计委员会议次数	监事会会议次数	高管前三名薪酬	CEO变更
审计委员会设置	0.051	0.106***	-0.02	-0.06	0.0872**	-0.04	0.029	1.0000						
审计委员会规模	0.026	0.196***	-0.10***	-0.09***	0.1577***	-0.08**	0.029	0.738***	1.000***					
审计委员会专业性比	0.025	0.036	-0.07*	-0.15***	-0.011	-0.13***	0.037	0.372***	0.239***	1.000				
审计委员会议次数	-0.02	0.131***	-0.04	-0.04	0.1529***	-0.03	-0.04	0.608***	0.534***	0.249***	1.0000			
监事会会议次数	-0.04	-0.02	0.041	0.129***	-0.045	0.146***	-0.05	-0.04	-0.03	-0.17***	0.121***	1.0000		
高管前三名薪酬	-0.03	-0.04	-0.03	0.055	0.0400	0.027	0.028	-0.01	-0.04	0.013	-0.08**	-0.029	1.000	
CEO变更	0.075*	-0.01	-0.00	-0.10**	-0.044	-0.04	0.035	0.003	0.001	0.028	0.084**	0.0487	-0.08**	1.0000
会计师事务所	-0.00	0.164***	-0.06	-0.05	0.1339***	-0.02	0.103**	0.053	0.051	0.077*	0.005	-0.061	-0.00	-0.0893**

续表

变量	内部控制重大缺陷修正	董事会规模	独董比例	董事长兼任	董事薪酬	董事会持股	未领取薪酬董事比例	审计委员会设置	审计委员会规模	审计委员会专业性比	审计委员会会议次数	监事会会议次数	高管前三名薪酬	CEO变更
内控审计	0.092**	0.116***	0.008	-0.02	0.0776*	0.067	-0.01	-0.00	0.020	-0.04	0.060	0.0441	-0.10**	0.0001
审计意见	0.118***	-0.03	0.084**	-0.02	-0.086**	-0.04	0.097**	0.028	0.031	0.019	-0.00	0.0068	0.017	-0.0101
媒体关注	-0.17***	0.018	-0.05	0.020	-0.007	-0.10**	-0.00	0.019	0.066	0.016	0.131***	-0.013	-0.02	-0.0048
股权制衡度	0.039	-0.09**	0.136***	-0.06	-0.084**	-0.14***	0.158***	0.031	0.003	0.049	-0.07*	-0.063	0.006	0.0166
存货状况	-0.04	-0.07*	0.052	0.006	0.1243***	-0.06	0.039	-0.00	-0.00	-0.08**	0.035	-0.028	0.067	-0.0170
速动比率	-0.00	-0.06*	0.026	-0.02	-0.015	0.147***	-0.14***	-0.09**	-0.08**	-0.01	-0.13***	0.0684*	0.036	-0.0146
重组兼并	-0.05	0.044	-0.01	-0.01	0.1115***	-0.03	0.018	0.102**	0.063	0.053	0.233***	-0.002	0.024	0.0129
净利润增长	0.015	0.054	-0.04	-0.09*	0.1118**	0.025	0.075	-0.02	0.019	-0.06	0.004	0.0156	-0.03	-0.0063
总资产增长	0.035	0.027	-0.04	-0.05	0.0970**	0.073*	0.015	0.065	0.065	-0.01	0.119***	-0.011	0.011	0.0101
违规	0.177***	-0.02	0.029	0.039	-0.024	0.031	-0.03	0.048	0.039	0.093**	0.091**	-0.025	-0.01	0.0221
报表重述	0.448***	0.004	-0.03	0.012	-0.153***	-0.01	0.039	-0.03	-0.01	-0.02	0.039	-0.036	0.082*	0.1144***
资产总额	0.042	0.333***	-0.12***	-0.14***	0.4835***	-0.14***	0.097***	0.179***	0.256***	0.056	0.273***	-0.0004	-0.04	-0.05
上市年限	-0.02	0.064	-0.09**	-0.10**	-0.08*	-0.53***	0.294***	0.043	0.076*	0.228***	0.06	-0.267***	0.024	0.065

续表

变量	会计师事务所	内控审计	审计意见	媒体关注	股权制衡度	存货状况	速动比率	重组兼并	净利润增长	总资产增长	违规	报表重述	资产	年限
会计师事务所	1.000													
内控审计	0.021	1.000												
审计意见	-0.05	0.076*	1.0000											
媒体关注	-0.06	-0.05	-0.00	1.000										
股权制衡度	-0.02	-0.04	0.018	-0.03	1.0000									
存货状况	-0.02	-0.04	0.077*	-0.00	-0.0574	1.000								
速动比率	-0.03	0.031	-0.04	-0.07*	-0.0714*	-0.24***	1.000							
重组兼并	-0.02	-0.06	-0.07	0.064	-0.025	0.00	-0.07	1.000						
净利润增长	0.063	-0.00	0.004	-0.03	0.0667	0.03	0.023	-0.03	1.0000					
总资产增长	0.044	0.005	-0.00	0.047	-0.0861*	-0.02	0.014	0.057	0.1109**	1.000***				
违规	-0.05	-0.08***	0.018	0.028	-0.0724*	-0.04	-0.08	0.053	-0.152***	-0.03	1.00			
报表重述	-0.13***	-0.05	0.038	-0.01	-0.0312	-0.03	0.049	0.000	-0.000	0.010	0.0849**	1.000		
资产总额	0.204***	0.128***	-0.08*	0.038	0.1367***	0.100**	-0.18***	0.102**	0.1482***	0.095**	-0.034	-0.071*	1.000	
上市年限	-0.02	-0.09**	0.072*	0.079*	0.1342***	0.129***	-0.23***	0.058	-0.032	-0.09	-0.027	0.074*	0.049	1

注：*** 表示在1%水平上显著相关，** 表示在5%水平上显著相关，* 表示在10%水平上显著相关。

5.7 本 章 小 结

本章选取 2010～2014 年深市、沪市、中小板和创业板存在内部控制重大缺陷的上市公司为样本进行研究，并在确保不存在重大缺陷的前提下，选取不存在重大缺陷的公司作为对照样本，对两组样本从时间、控制人类型、行业三个维度进行了对照描述性统计与方差分析，最后进行了相关性检验。

研究发现，内部控制缺陷值国有企业低于非国有企业，因为审计委员会内部审计机构无效暴露的缺陷值最高，这类缺陷修正效果也最好，被外部审计师发现的缺陷值最低，这类缺陷修正效果也最差。内部控制重大缺陷修正效果各年均值均为负值，表明样本公司重大缺陷的修正具有积极的效果，2011 年的修正效果最好，可能是由于我国 2010 年内部控制指引颁布当年的制度约束的结果；修正效果较好的是信息传输、计算机服务和软件业以及房地产业。部分上市公司内部控制重大缺陷的修正效果很显著，但也有部分上市公司的修正无效。

缺陷公司与对照样本董事会规模均符合公司法 5～19 人的规定，重大缺陷公司的董事会规模显著低于非重大缺陷公司；除了个别年份，两组样本的独立董事比例呈现显著差异，缺陷公司独董比例显著高于非缺陷公司，还有逐年增加趋势，说明独立董事在修正中没有充分作为；两类公司中绝大多数公司实行两职分离制度，相对于非国有企业而言，国有企业两职分离的比例更高，信息传输、计算机服务和软件业两职分离的比例更是达到了 100%；金额最高前三名董事报酬在呈现显著差异，两类公司董事激励均呈现显著增长趋势，但缺陷公司的董事激励较低，出现"零报酬"现象，两类公司股权激励比例均比较低，两类公司未领取薪酬董事比例均较高。

审计委员会的设置，重大缺陷公司 90% 设置了审计委员会，高于非重大缺陷公司，且二者的均值均呈逐年递增之势，其所占比例也不断提高；两类上市公司审计委员会规模大多超过 3 人，最多达到 8 人或 9人，样本各年度呈现增加趋势；两组样本公司的审计委员会专业人员比例均在 40% 左右，总体亦呈逐年上升趋势，缺陷公司略高；两组样本公司的审计委员会会议次数都呈逐年上升趋势。

重大缺陷公司的报纸负面报道条数均值都高于非重大缺陷公司，且呈逐年递增之势，国有企业较非国有企业年媒体报道条数多。国关于内部控制方面法规颁布的越来越多，其效力也越来越强，呈上升趋势，对不同控制人和不同行业都有强制约束力影响。

另外，高管前三名薪酬总额整体一直呈上升趋势，重大缺陷公司的高管薪酬低于非重大缺陷公司的，国有企业高于非国有企业。所有公司所聘请的会计师事务所是八大的比例整体偏低，国有企业聘请八大会计师事务所的比例偏高，表明我国上市公司更倾向于聘用本地审计师。内部控制审计受到上市公司的普遍重视，缺陷公司内部控制审计的比例显著低于对照样本，国有企业进行内控审计的比例高于非国有企业，说明内部控制审计不足可能是导致公司出现内部控制缺陷的原因之一。两组样本标准审计意见的比例呈逐年下降趋势。两类公司具有业务复杂性的公司比例、重组兼并比例均很高，但重大缺陷公司比例更高，国有企业具有业务复杂性的公司比例及产品竞争程度略高于非国有企业。

相关性检验结果显示这些变量之间线性相关程度比较低，不会对多元回归分析产生较大的影响，相关系数的绝对值最小为 0，说明这些变量之间不存在线性关系。

第6章 董事会治理对内部控制重大缺陷修正影响的验证

由于 ΔICMWXF 是用下一年的内部控制重大缺陷得分减去前一年得分的差值,所以此指标通过计算有 2011 ~ 2014 年 4 年的数据,所以本部分各个解释变量、调节变量和控制变量则是 2011 ~ 2014 年 4 年的数据,我们把滞后一年的 2010 ~ 2013 年 4 年的数据用作稳健性检验。本部分所用软件为 SPSS 21.0 和 Stata 10。

6.1 多元统计分析

6.1.1 直接回归的多元统计分析

从 5.6 节分析可看出,本书选取变量的相关系数均不大于 0.5,因此均可作为解释变量纳入模型,以内部控制重大缺陷修正的效果(ΔICMWXF)为被解释变量,进行多元回归分析,得到回归结果汇总成表 6 – 1,各解释变量的系数的容忍度值均大于 0.1,方差膨胀因子值(VIF)又均小于 9,所以各解释变量之间不存在多重共线性。至于模型的拟合优度,由于 $R^2 = 0.348$,说明本文建立的内部控制缺陷修正效果模型可行。并且从方差分析可看到,F = 7.273,Sig. = 0.000,该模型有效。

表 6 - 1 　　　　　　　　　　回归系数估计及显著性检验表

被解释变量：内部控制重大缺陷修正	非标准化系数		标准系数	t	Sig.	共线性统计量	
	B	Std. Error	Beta			Tolerance	VIF
（常量）	− 0. 023	0. 052		− 0. 442	0. 659		
董事会规模	− 0. 021	0. 050	− 0. 024	− 0. 421	0. 674	0. 438	2. 285
董事规模（二次项）	0. 011	0. 020	0. 025	0. 543	0. 588	0. 657	1. 523
独董比例	0. 005	0. 046	0. 005	0. 099	0. 921	0. 605	1. 653
董事长与总经理兼任	0. 010	0. 038	0. 011	0. 272	0. 785	0. 834	1. 198
董事前三名薪酬	0. 150	0. 095	0. 157	1. 580	0. 115	0. 142	7. 063
董事会持股比例	− 0. 038	0. 041	− 0. 045	− 0. 932	0. 352	0. 596	1. 678
未领取薪酬董事比例	− 0. 116	0. 054	− 0. 115	− 2. 159	0. 031	0. 494	2. 025
审计委员会设置	0. 161	0. 076	0. 157	2. 121	0. 034	0. 255	3. 927
审计委员会规模	− 0. 038	0. 054	− 0. 038	− 0. 691	0. 490	0. 472	2. 117
审计委员会专业性比	− 0. 043	0. 039	− 0. 047	− 1. 111	0. 267	0. 780	1. 282
审计委员会会议次数	− 0. 116	0. 056	− 0. 124	− 2. 092	0. 037	0. 397	2. 519
审计委员会会议次数（二次项）	− 0. 064	0. 030	− 0. 120	− 2. 130	0. 034	0. 437	2. 289
监事会会议次数	− 0. 014	0. 039	− 0. 014	− 0. 357	0. 721	0. 861	1. 162
高管前三名薪酬	− 0. 084	0. 091	− 0. 091	− 0. 918	0. 359	0. 140	7. 131
CEO 变更	0. 052	0. 037	0. 055	1. 404	0. 161	0. 923	1. 084
会计师事务所类型	0. 028	0. 037	0. 030	0. 758	0. 449	0. 891	1. 122
是否进行内控审计	0. 129	0. 036	0. 141	3. 636	0. 000	0. 924	1. 082
审计意见类型	− 0. 204	0. 048	− 0. 183	− 4. 258	0. 000	0. 756	1. 323
股权制衡度	0. 051	0. 037	0. 056	1. 366	0. 173	0. 839	1. 193
存货状况	− 0. 055	0. 041	− 0. 054	− 1. 337	0. 182	0. 845	1. 184
速动比率	− 0. 059	0. 035	− 0. 070	− 1. 665	0. 097	0. 794	1. 260
资产重组兼并	− 0. 053	0. 037	− 0. 056	− 1. 418	0. 157	0. 903	1. 108
净利润增长率	− 0. 007	0. 036	− 0. 007	− 0. 180	0. 857	0. 911	1. 098
总资产增长率	0. 061	0. 046	0. 054	1. 326	0. 185	0. 851	1. 175
违规	0. 446	0. 042	0. 467	10. 691	0. 000	0. 729	1. 372

被解释变量：内部控制重大缺陷修正	非标准化系数		标准系数	t	Sig.	共线性统计量	
	B	Std. Error	Beta			Tolerance	VIF
财务报表重述	0.065	0.040	0.068	1.645	0.101	0.821	1.219
资产总额	0.054	0.051	0.057	1.061	0.289	0.475	2.107
上市年限	0.002	0.046	0.002	0.038	0.970	0.581	1.720
R^2	0.302		F	7.273	Sig.	0	

6.1.2 加入媒体关注调节变量后的多元回归分析

以内部控制重大缺陷修正的效果（ICMWXF）为被解释变量，以媒体关注为调节变量，进行分层回归（见表6－2）显示：各解释变量的系数的容忍度值均大于0.1，方差膨胀因子值（VIF）均小于9，因此，解释变量间不存在多重共线性。模型1的拟合优度为 $R^2 = 0.316$，未领取薪酬董事比例、审计委员会设置、审计委员会会议次数、内部控制审计、审计意见类型以及媒体关注显著影响内部控制重大缺陷的修正。模型2显示，$R^2 = 0.338$，Sig. $= 0.000$，模型显著，媒体关注对内部控制重大缺陷修正有显著影响，在审计委员会设置对内部控制重大缺陷修正中起显著正向调节作用，在审计委员会会议频率对内部控制重大缺陷修正中起显著负向调节作用，媒体关注还显著调节高管薪酬对内部控制重大缺陷修正的影响。

表6－2 回归系数估计及显著性检验

指标	模型1			模型2				
	系数、t值	共线性统计量		系数、t值	共线性统计量		调节项系数、t值	共线性统计量
		容差	VIF		容差	VIF		容差	VIF
（常量）	0.035 (−0.093)	—	—	0.035 (0.894)	—	—	—	—	—
董事会规模	−0.016 (0.723)	0.600	1.666	−0.023 (−0.481)	0.540	1.851	0.021 (0.221)	0.213	4.699

续表

指标	模型1			模型2					
	系数、t值	共线性统计量		系数、t值	共线性统计量		调节项系数、t值	共线性统计量	
		容差	VIF		容差	VIF		容差	VIF
董事会规模二次项	-0.017 (-0.381)	0.640	1.562	-0.025 (-0.538)	0.590	1.695	0.040 (0.417)	0.257	3.894
独立董事比例	-0.004 (-0.087)	0.692	1.445	-0.008 (-0.168)	0.634	1.578	0.015 (0.193)	0.206	4.857
董事长与总经理两职兼任	0.008 (0.215)	0.790	1.265	-0.001 (-0.035)	0.698	1.432	0.071 (1.084)	0.280	3.577
金额最高前三名董事报酬额	0.038 (0.751)	0.578	1.731	0.032 (0.608)	0.513	1.951	0.029 (0.445)	0.398	2.515
董事会持股比例	-0.019 (-0.459)	0.593	1.686	-0.021 (-0.421)	0.400	2.500	-0.027 (-0.289)	0.387	2.584
未领取薪酬董事比例	-0.085 * (-1.772)	0.649	1.541	-0.080 (-1.615)	0.592	1.688	-0.071 (-0.877)	0.243	4.108
审计委员会设置	0.249 *** (3.905)	0.381	2.622	0.319 *** (4.789)	0.339	2.946	0.431 *** (3.439)	0.309	3.235
审计委员会规模	-0.033 (-0.602)	0.459	2.181	-0.066 (-1.141)	0.406	2.460	-0.070 (-0.680)	0.311	3.218
审计委员会专业性	-0.023 (-0.548)	0.737	1.356	-0.025 (-0.539)	0.575	1.741	-0.014 (-0.158)	0.354	2.827
审计委员会会议次数	-0.222 *** (-4.264)	0.496	2.014	-0.241 *** (-4.507)	0.456	2.195	-0.145 ** (-2.570)	0.235	4.257

续表

指标	模型1			模型2					
	系数、t值	共线性统计量		系数、t值	共线性统计量		调节项系数、t值	共线性统计量	
		容差	VIF		容差	VIF		容差	VIF
审计委员会会议二次项	-0.204 *** (-4.805)	0.042	-0.242	-0.212 *** (-4.841)	0.044	-0.252	-0.104 ** (-2.363)	0.044	-0.190
八大会计师事务所	0.042 (1.121)	0.882	1.134	0.054 (1.369)	0.767	1.304	0.009 (0.115)	0.315	3.178
内部控制审计	0.089 ** (2.393)	0.900	1.111	0.094 ** (2.447)	0.828	1.208	-0.041 (-0.681)	0.380	2.633
审计意见类型	0.137 * (1.895)	0.954	1.048	0.133 * (1.863)	0.938	1.067	① *	—	—
媒体关注	-0.113 ** (-2.902)	0.927	1.079	-0.129 * (-1.943)	0.310	3.227	—	—	—
媒体关注二次项	-0.165 *** (-3.387)	0.052	-0.244	-0.141 (-0.817)	0.173	-0.124	—	—	—
监事会会议次数	-0.042 (-1.025)	0.836	1.196	-0.018 (-0.431)	0.734	1.363	0.049 (0.687)	0.414	2.417
高管薪酬	-0.047 (-1.235)	0.933	1.072	-0.075 * (-1.869)	0.795	1.257	-0.142 * (-1.962)	0.187	5.353
CEO变更	0.013 (0.338)	0.898	1.114	0.000 (0.008)	0.841	1.189	0.009 (0.168)	0.394	2.536
股权制衡度	0.027 (0.716)	0.802	1.247	0.028 (0.752)	0.779	1.283	—	—	—
存货状况	-0.036 (-0.821)	0.811	1.233	-0.032 (-0.697)	0.744	1.345	—	—	—
速动比率	-0.077 ** (-2.172)	0.805	1.242	-0.092 *** (-2.600)	0.773	1.294	—	—	—

指标	模型 1			模型 2					
	系数、t 值	共线性统计量		系数、t 值	共线性统计量		调节项系数、t 值	共线性统计量	
		容差	VIF		容差	VIF		容差	VIF
重组、兼并	−0.020 (−0.537)	0.877	1.140	−0.004 (−0.118)	0.819	1.221	—	—	—
净利润增长率	0.025 (0.711)	0.901	1.109	0.034 (0.945)	0.844	1.184	—	—	—
总资产增长率	0.091 (1.625)	0.881	1.135	0.104 * (1.841)	0.842	1.187	—	—	—
违规	0.213 *** (4.680)	0.911	1.097	0.219 *** (4.714)	0.846	1.183	—	—	—
财务报表重述	0.477 *** (11.425)	0.897	1.115	0.479 *** (11.543)	0.878	1.139	—	—	—
公司规模	0.065 (1.247)	0.476	2.102	0.060 (1.120)	0.443	2.258	—	—	—
上市年限	0.000 (0.008)	0.533	1.875	−0.006 (−0.116)	0.479	2.087	—	—	—
$R^2 = 0.316$		Sig. = 0		$R^2 = 0.338$			Sig. = 0		

注：*** 表示在 1% 水平上显著相关，** 表示在 5% 水平上显著相关，* 表示在 10% 水平上显著相关。

①表示此交互项在运行过程中，系统自动排除。

6.1.3 加入法律规制调节变量后的多元回归分析

以内部控制重大缺陷修正（ICMWXF）为被解释变量，以法律规制为调节变量，进行分层回归（见表 6 - 3）显示：各解释变量系数的容忍度及方差膨胀因子值符合要求，因此，模型 1 拟合优度为 $R^2 =$ 0.381，未领取薪酬董事比例、审计委员会议次数、法律规制显著影响内部控制重大缺陷的修正；模型 2 显示，$R^2 = 0.420$，Sig. = 0，模型显著，法律规制在独董比例对内部控制重大缺陷修正中起显著调节作用，在金额最高前三名董事报酬对内部控制重大缺陷修正中起显著负向调节作用，在审计委员会规模、监事会议次数、高管薪酬、事务所类型对内部控制重大缺陷修正中起显著调节作用，两模型中法律规制都起显著调节作用。

表 6 - 3　　　　　　　　　回归系数估计及显著性检验

指标	模型1			模型2					
	系数、t值	共线统计量		系数、t值	共线性统计量		交互项系数、t值	共线性统计量	
		容差	VIF		容差	VIF		容差	VIF
（常量）	0.053 (0.901)	—	—	0.046 (0.724)	—	—	—	—	—
董事会规模	0.012 (0.211)	0.423	2.366	0.013 (0.229)	0.376	2.662	-0.023 (-0.444)	0.398	2.514
董事会规模二次项	-5.802 E-005 (-0.003)	0.648	1.542	0.001 (0.028)	0.555	1.801	0.004 (0.201)	0.436	2.291
独立董事比例	0.035 (0.699)	0.574	1.742	-0.007 (-0.129)	0.523	1.914	-0.091 (-1.992)	0.563	1.778
董事长与总经理两职兼任	0.036 (0.894)	0.832	1.202	0.015 (0.351)	0.724	1.382	-0.019 (-0.487)	0.765	1.308
金额最高前三名董事报酬	0.118 (1.140)	0.139	7.213	0.019 (0.171)	0.121	8.280	-0.251 *** (-2.912)	0.122	8.217
董事会持股比例	-0.022 (-0.470)	0.554	1.804	-0.012 (-0.262)	0.510	1.962	-0.045 (-1.174)	0.679	1.472
未领取薪酬董事比例	-0.117 ** (-2.558)	0.610	1.639	-0.104 * (-1.94)	0.431	2.321	-0.030 (-0.552)	0.470	2.126
审计委员会设置	0.021 (0.254)	0.237	4.226	0.066 (0.717)	0.189	5.298	-0.008 (-0.099)	0.143	6.998
审计委员会规模	0.005 (0.090)	0.470	2.128	-0.024 (-0.402)	0.437	2.290	-0.094 * (-1.685)	0.360	2.780

续表

指标	模型1			模型2					
	系数、t值	共线统计量		系数、t值	共线性统计量		交互项系数、t值	共线性统计量	
		容差	VIF		容差	VIF		容差	VIF
审计委员会专业性	-0.022 (-0.529)	0.777	1.287	-0.031 (-0.711)	0.691	1.447	-0.045 (-1.166)	0.693	1.443
审计委员会议次数	0.044 (0.696)	0.355	2.813	-0.013 (-0.195)	0.307	3.252	0.077 (1.202)	0.248	4.032
审计委员会会议次数二次项	-0.096 ** (-3.333)	0.418	2.394	-0.079 ** (-2.37)	0.311	3.213	0.010 (0.332)	0.235	4.254
监事会会议次数	-0.021 (-0.500)	0.861	1.162	-0.018 (-0.406)	0.772	1.295	-0.109 *** (-2.461)	0.712	1.404
高管薪酬	-0.093 (-0.941)	0.138	7.246	-0.010 (-0.096)	0.114	8.762	0.173 ** (2.199)	0.129	7.618
CEO变更	0.050 (1.247)	0.922	1.085	0.044 (1.079)	0.835	1.197	-0.010 (-0.270)	0.832	1.202
会计师事务所类型	-0.011 (-0.286)	0.892	1.122	0.022 (0.555)	0.829	1.207	0.085 ** (2.208)	0.808	1.238
内部控制审计	0.026 (0.655)	0.847	1.180	0.018 (0.450)	0.777	1.287	0.032 (0.805)	0.693	1.444
审计意见类型	-0.207 *** (-4.551)	0.746	1.34	-0.133 ** (-2.436)	0.502	1.992	0.011 (0.249)	0.557	1.794
法律规制	0.294 *** (5.638)	0.752	1.330	0.236 *** (4.067)	0.367	2.728	—	—	—
股权制衡度	0.069 * (1.981)	0.834	1.199	0.072 ** (2.039)	0.806	1.241	—	—	—
存货状况	-0.043 (-0.979)	0.832	1.202	-0.059 (-1.34)	0.811	1.233	—	—	—

指标	模型1			模型2					
	系数、t 值	共线统计量		系数、t 值	共线性统计量		交互项系数、t 值	共线性统计量	
		容差	VIF		容差	VIF		容差	VIF
速动比率	-0.024 (-0.637)	0.790	1.266	-0.030 (-0.771)	0.743	1.346	—	—	—
重组、兼并	-0.083 * (-2.069)	0.901	1.110	-0.073 * (-1.83)	0.874	1.144	—	—	—
净利润增长率	0.000 (0.013)	0.910	1.099	0.008 (0.201)	0.863	1.159	—	—	—
总资产增长率	0.049 (0.992)	0.837	1.195	0.055 (1.112)	0.805	1.242	—	—	—
财务报表重述	0.212 *** (5.302)	0.934	1.071	0.216 *** (5.364)	0.886	1.128	—	—	—
违规	0.491 *** (12.39)	0.714	1.400	0.476 *** 11.871	0.679	1.473	—	—	—
赫芬达因指数	-0.058 (-1.284)	0.799	1.251	-0.044 (-0.984)	0.780	1.282	—	—	—
机构投资者持股比例	0.051 * (1.220)	0.811	1.234	0.061 * (1.661)	0.785	1.269	—	—	—
公司规模	0.044 (0.803)	0.466	2.148	0.027 (0.482)	0.436	2.292	—	—	—
上市年限	-0.021 (-0.424)	0.571	1.752	-0.009 (-0.170)	0.536	1.866	—	—	—
$R^2 = 0.381$		Sig. =0		$R^2 = 0.420$				Sig. =0	

注：*** 表示在1%水平上显著相关，** 表示在5%水平上显著相关，* 表示在10%水平上显著相关。

6.2　异方差检验及消除

6.2.1　直接回归的异方差检验与加权回归

通过绘制残差图如图6-1所示，发现分布似乎有规律，进一步将残差绝对值和各变量的秩进行 Spearman 相关系数检验，形成附表3（见附录①），发现检验统计量的 P 值存在小于 Sig. = 0.05 的指标，如内部控制审计与残差值的相关系数 -0.0822，其 P 值为 0.0457，小于 0.05，说明存在异方差。通过在 Stata10.0 中执行怀特（White，1980）的 HCSE（Huber - White Robust Standard Errors HC1），其结果如表6-4所示，R - squared = 0.296；F(26，369) = 7.6；Prob > F = 0，说明通过了 F 检验，未领取薪酬董事比例在 10% 水平上显著，审计委员会设置在 1% 水平上显著、审计委员会会议次数在 5% 水平上显著、内部控制审计、审计意见类型在 1% 水平上显著，重点专注指标 P 值小于 0.1，通过了 T 检验。异方差检验回归表见表6-4。

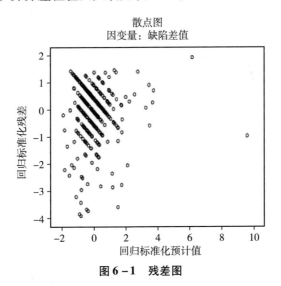

散点图
因变量：缺陷差值

图6-1　残差图

---

① 因篇幅问题，置于附录。

表 6 - 4　　　　　　　　　　异方差检验回归表

项目	R - squared = 0.296		F(26，369) = 7.6		Prob > F = 0	
内部控制重大缺陷修正	Coef.	Std. Err	t	P > |t|	[95% Conf. Interval]	
董事人数	- 0.02356	0.06800	- 0.35	0.729	- 0.15727	0.11016
董事人数二次项	- 0.00020	0.01544	- 0.01	0.990	- 0.03054	0.03014
独董比例	- 0.30615	1.87517	- 0.16	0.870	- 3.99350	3.38120
董事长总经理兼任	0.00052	0.27383	- 0.00	0.998	- 0.53898	0.53794
ln 董事前三名	0.11592	0.19302	0.60	0.549	- 0.26364	0.49548
董事会持股比例	- 0.07930	0.70822	- 0.11	0.911	- 1.47195	1.31335
未领取薪酬董事比例	- 1.23259	0.70200	- 1.76	0.080	- 2.61302	0.14783
审计委员会设置	2.76600	0.84398	3.28	0.001	1.10638	4.42562
审计委员会规模	- 0.08184	0.12368	- 0.66	0.509	- 0.32504	0.16137
审计委员会专业性比例	- 0.19810	0.39043	- 0.51	0.612	- 0.39385	2.54265
审计委员会会议次数	- 0.11059	0.05668	- 1.947	0.049	- 0.24686	- 0.07114
审计委员会会议次数二次项	- 0.06238	0.03084	- 2.06	0.039	- 0.12567	- 2.29309
监事会会议次数	- 0.04689	0.05764	- 0.81	0.416	- 0.16024	0.06645
高管前三薪酬总额	- 0.37338	0.33919	- 1.10	0.272	- 1.04036	0.29360
CEO 变更	0.06338	0.29267	0.22	0.829	- 0.51213	0.63890
会计师事务所类型	0.29352	0.20264	1.45	0.148	- 0.10496	0.69199
是否进行内控审计	0.52790	0.20486	2.58	0.010	0.12506	0.93075
审计意见类型	1.70869	0.35602	4.80	0.000	1.00860	2.40877
股权制衡度	0.01071	0.00923	1.16	0.247	- 0.00744	0.02885
存货状况	- 0.64774	1.0421	- 0.62	0.535	- 2.69692	1.40143
速动比率	- 0.11370	0.04183	- 2.72	0.007	- 0.19596	- 0.03144
资产重组兼并	- 0.13446	0.25197	- 0.53	0.594	- 0.62994	0.36102

续表

项目	R – squared = 0.296		F(26, 369) = 7.6		Prob > F = 0	
内部控制重大缺陷修正	Coef.	Std. Err	t	P > |t|	[95% Conf. Interval]	
净利润增长率	0.00136	0.00119	1.14	0.254	– 0.00098	0.00369
总资产增长率	0.66364	0.33024	2.01	0.045	0.01427	1.31302
违规	0.45155	0.16531	2.73	0.007	0.12648	0.77662
财务报表重述	0.93308	0.09807	9.51	0.000	0.74023	1.12593
资产总额	0.14058	0.16004	0.88	0.380	– 0.17414	0.45528
上市年限	0.00024	0.02290	0.01	0.992	– 0.04480	0.04527
（常数）	– 6.11055	2.65446	– 2.30	0.022	– 11.33032	– 0.89079

6.2.2　加入媒体关注调节变量后的异方差检验与加权回归

回归残差图（见图 6 – 2）显示出一定的分布规律，可能存在异方差。将残差绝对值和各变量的秩进行 Spearman 相关系数检验，形成附表 4（见附录），发现检验统计量的 P 值存在小于 Sig. = 0.05 的指标，如审计委员会会议次数和残差 Sig. = 0.0045，说明确实存在异方差。在 Stata 10.0 中执行 HCSE（Huber – White Robust Standard Errors HC1）的结果见表 6 – 5。模型 1 显示：$R^2 = 0.362$，Prob > F = 0 通过了 F 检验；未领取薪酬董事比例在 10% 水平上显著；内部控制审计、董事会规模的二次项、媒体关注在 5% 水平上显著；审计委员会设置、会议次数、审计意见类型在 1% 水平上显著，媒体关注对内部控制重大缺陷修正有显著负向影响。模型 2 显示：$R^2 = 0.4078$；Prob > F = 0，通过了 F 检验。媒体关注在审计委员会设置、审计委员会会议频率以及高管薪酬对内部控制重大缺陷修正中的调节作用显著，显著指标的 P 值均小于 0.1，通过了 T 检验。

内部控制重大缺陷修正值（ICMWXF）

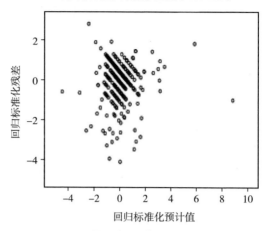

图 6-2　残差图

表 6-5　　　　　　　　　　异方差消除后回归结果

变量	模型 1　$R^2 = 0.362$	模型 2　$R^2 = 0.4078$	
	$F(27, 368) = 6.8$；$Prob > F = 0$	$F(43, 352) = 5.94$；$Prob > F = 0$	
	系数、t 值	系数、t 值	调节项系数、t 值
（常数）	-6.14313 ** (-2.39)	—	-5.41905 * (-1.75)
董事会规模	-0.02496 (-0.37)	-0.03473 (-0.49)	0.06197 (0.26)
董事会规模二次项	-6.27954 ** (-2.34)	-0.00224 * (-1.79)	0.32314 (0.14)
独立董事比例	-0.22200 (-0.12)	-0.38174 (-0.20)	0.04518 (0.21)
董事长与总经理两职兼任	0.06313 (0.23)	0.00003 (0.00)	0.20958 (0.90)
金额最高前三名董事报酬	0.11066 (0.58)	0.08967 (0.48)	0.07805 (0.39)

变量	模型1 $R^2=0.362$	模型2 $R^2=0.4078$	
	F(27, 368) = 6.8；Prob > F = 0	F(43, 352) = 5.94；Prob > F = 0	
	系数、t 值	系数、t 值	调节项系数、t 值
董事会持股比例	- 0.33320 (- 0.48)	- 0.41855 (- 0.50)	- 0.09411 (- 0.37)
未领取薪酬 董事比例	- 1.27396 * (- 1.85)	- 1.20527 * (- 1.69)	- 0.19362 (- 0.78)
审计委员会设置	2.63733 *** (3.14)	3.35850 *** (3.54)	1.23762 ** (2.14)
审计委员会规模	- 0.07396 (- 0.59)	- 0.14439 (- 1.12)	- 0.20563 (- 0.77)
审计委员会专业性	- 0.21904 (- 0.56)	- 0.24377 (- 0.55)	- 0.03493 (- 0.13)
审计委员会 会议次数	- 0.14630 *** (- 3.40)	- 0.15853 *** (- 3.53)	- 0.41062 *** (- 2.85)
审计委员会 会议次数二次项	- 0.00646 *** (- 3.54)	- 0.00686 *** (- 3.55)	- 0.39244 *** (- 2.61)
会计师事务所类型	0.24492 (1.20)	0.30985 (1.38)	0.02097 (0.09)
内部控制审计	0.51498 ** (2.53)	0.53907 ** (2.54)	- 0.11449 (- 0.75)
审计意见类型	1.60541 *** (4.56)	- 17.90384 (- 0.29)	- 9.89610 (- 0.31)
媒体关注	- 0.07523 ** (- 2.02)	- 0.31133 (- 0.43)	—
媒体关注二次项	- 0.00308 *** (- 2.75)	- 0.00459 (- 0.93)	—

续表

变量	模型1 R^2 = 0.362	模型2 R^2 = 0.4078	
	F(27, 368) = 6.8；Prob > F = 0	F(43, 352) = 5.94；Prob > F = 0	
	系数、t值	系数、t值	调节项系数、t值
监事会会议次数	-0.05463 (-0.98)	-0.026489 (-0.43)	0.13118 (0.52)
高管薪酬	-0.38619 (-1.15)	-0.62575 * (-1.72)	-0.40327 * (-1.69)
CEO 变更	0.09471 (0.32)	0.00916 (0.03)	0.02639 (0.18)
股权制衡度	0.00913 (0.99)	0.00975 (1.02)	—
存货状况	-0.60838 (-0.57)	-0.51382 (-0.46)	—
速动比率	-0.11371 *** (-2.72)	-0.13745 *** (-3.07)	—
重组、兼并	-0.13264 (-0.53)	-0.03141 (-0.12)	—
净利润增长率	0.00127 (1.02)	0.00175 (1.30)	—
总资产增长率	0.67682 ** (2.09)	0.76310 ** (2.26)	—
违规	0.45963 *** (2.77)	0.47320 *** (2.77)	—
财务报表重述	0.92080 *** (9.37)	0.92375 *** (9.35)	—
公司规模	0.15429 (0.98)	0.14106 (0.99)	—
上市年限	0.00010 (0.00)	-0.00361 (-0.15)	—

注：*** 表示在1%水平上显著相关，** 表示在5%水平上显著相关，* 表示在10%水平上显著相关。

6.2.3　加入法律规制调节变量后的异方差检验与加权回归

回归残差图（见图 6-3）显示出一定的分布规律，很可能存在异方差。将残差绝对值和各变量的秩进行 Spearman 相关系数检验，形成附表5（见附录），发现检验统计量的 P 值存在小于 Sig. =0.05 的指标，如审计委员会会议次数和残差 Sig. =0.0002，说明确实存在异方差。说明确实存在异方差。在 Stata10.0 中执行 HCSE（Huber - White Robust Standard Errors HC1）的结果见表 6-6。模型 1 显示：R^2 = 0.1925，Prob > F = 0.000 通过了 F 检验；审计委员会会议次数二次项在 10% 水平上显著；法律规制在 1% 水平上显著，另外是否重组、兼并在 5% 水平上显著，财务报表重述在 1% 水平上显著。模型 2 显示：R^2 = 0.2535；Prob > F = 0.000，通过了 F 检验。法律规制在 1% 水平上显著，重组、兼并在 5% 水平上显著，财务报表重述在 1% 水平上显著。

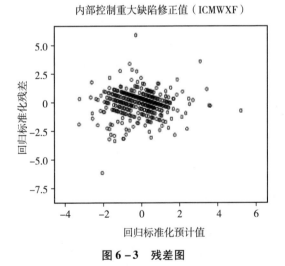

内部控制重大缺陷修正值（ICMWXF）

图 6-3　残差图

法律规制在公司治理各指标对内部控制重大缺陷修正过程中起调节作用，在对内部控制重大缺陷修正影响过程中，独立董事比例在 5% 水平上显著，金额最高前三名董事报酬在 1% 水平上显著，审计委员会规模在 10% 水平上显著，高管薪酬、会计师事务所类型在 5% 水平上显著，监事会会议次数在 5% 水平上显著，通过了 T 检验。

表 6 - 6 异方差消除后回归结果

变量	模型 1	模型 2	
	系数、t 值、显著性	系数、t 值、显著性	调节项系数、t 值、显著性
（常数）	0.05254 (0.87)	—	- 0.04523 (0.76)
董事会规模	0.01155 (0.26)	0.01293 (0.29)	- 0.02253 (-0.49)
董事会规模二次项	- 0.00006 (-0.00)	0.00068 (0.05)	0.00396 (0.27)
独立董事比例	0.03542 (0.83)	- 0.00663 (-0.18)	- 0.09116 ** (-2.20)
董事长与总 经理两职兼任	0.03634 (0.87)	0.01501 (0.40)	- 0.01849 (-0.43)
金额最高前 三名董事报酬	0.11758 (1.03)	0.01879 (0.18)	- 0.31779 *** (-2.68)
董事会持股比例	- 0.02154 (-0.51)	- 0.01233 (-0.33)	- 0.04452 (-1.17)
未领取薪酬 董事比例	- 0.07732 (-1.27)	- 0.0895 (-1.61)	- 0.02951 (-0.51)
审计委员会设置	0.02164 (0.25)	0.06667 (0.66)	- 0.00775 (-0.08)
审计委员会规模	0.00526 (0.09)	- 0.02386 (-0.44)	- 0.09452 * (-1.62)
审计委员会专业性	- 0.02192 (-0.45)	- 0.03064 (-0.73)	- 0.04536 (-0.84)

变量	模型 1	模型 2	
	系数、t 值、显著性	系数、t 值、显著性	调节项系数、t 值、显著性
审计委员会 会议次数	0.04372 (0.75)	-0.01296 (-0.19)	0.07701 (1.05)
审计委员会会 议次数二次项	-0.07235 * (-1.86)	-0.04067 (-0.95)	0.01026 (0.24)
监事会会议次数	-0.02090 (-0.52)	-0.01749 (-0.41)	-0.10909 ** (-2.12)
高管薪酬	-0.09308 (-0.97)	-0.01046 (-0.11)	0.20665 ** (2.31)
CEO 变更	0.04986 (1.20)	0.04440 (1.20)	-0.01014 (-0.24)
会计师事务所类型	-0.01131 (-0.31)	0.02247 (0.68)	0.08508 ** (2.00)
内部控制审计	0.02606 (0.70)	0.01847 (0.51)	0.03152 (0.81)
审计意见类型	-0.03814 (-0.42)	0.00262 (0.03)	0.01124 (0.15)
法律规制	0.233105 *** (5.26)	0.23563 *** (3.59)	—
股权制衡度	0.04098 (1.24)	0.04606 (1.34)	—
存货状况	-0.04334 (-0.83)	-0.05901 (-1.13)	—
速动比率	-0.02430 (-0.84)	-0.02967 (-1.02)	—

续表

变量	模型 1	模型 2	
	系数、t 值、显著性	系数、t 值、显著性	调节项系数、t 值、显著性
重组、兼并	−0.08298 ** (−2.10)	−0.07336 * (−1.85)	—
净利润增长率	0.00051 (0.02)	0.00789 (0.36)	—
总资产增长率	0.04921 (1.02)	0.05498 (1.13)	—
违规	−0.00294 (−0.10)	0.00008 (0.00)	—
财务报表重述	0.21216 *** (3.54)	0.21612 *** (3.67)	—
赫芬达因指数	−0.05826 (−1.17)	−0.04431 (−0.94)	—
机构投资者 持股比例	0.05066 (1.28)	0.04088 (0.97)	—
公司规模	0.04446 (0.64)	0.02693 (0.36)	—
上市年限	−0.02132 (−0.47)	−0.00865 (−0.18)	—
$F_{(30, 504)} = 3.48$；$Prob > F = 0$；$R^2 = 0.1925$		$F_{(48, 486)} = 3.14$；$Prob > F = 0$；$R^2 = 0.2535$	

注：***表示在 1% 水平上显著相关，**表示在 5% 水平上显著相关，*表示在 10% 水平上显著相关。

6.3 稳健性检验

6.3.1 直接回归的稳健性检验

本书把解释变量的滞后一期数据和其余变量用于工具变量进行稳健

性检验，得到系数估计及显著性检验表 6 - 7，除了独董比例、审计委员会专业性两个指标的相关方向与表 6 - 4 不一致外，其余变量（董事长兼任总经理、董事前三名薪酬、董事会持股比例、未领取薪酬董事比例、审计委员会设置、审计委员会规模及会议次数等）相关方向都是一致的，董事人数虽然正向但是也符合倒"U"形，审计委员会设置、审计委员会会议次数、是否内部控制审计、审计意见类型变量仍然是显著的，董事前三名薪酬、高管前三名薪酬指标在稳健性检验中显著。

表 6 - 7　　　　　　　　　　稳健性检验回归表

被解释变量： 内部控制重大缺陷修正	非标准化系数		Beta	t	Sig.
	B	Std. Error			
（Constant）	− 0.395	0.133		− 2.968	0.003
董事人数	0.044	0.078	0.050	0.566	0.572
董事人数二次	− 0.009	0.031	− 0.022	− 0.308	0.759
独董比例	0.079	0.078	0.083	1.015	0.311
董事长与总经理兼任情况	0.067	0.064	0.072	1.034	0.302
董事前三名薪酬	0.523	0.309	0.545	1.696	0.090
董事会持股比例	− 0.028	0.056	− 0.033	− 0.501	0.617
未领取薪酬董事比例	− 0.013	0.119	− 0.013	− 0.110	0.912
审计委员会设置	0.977	0.227	0.940	4.312	0.000
审计委员会规模	− 0.053	0.085	− 0.053	− 0.628	0.530
审计委员会专业性比例	0.025	0.067	0.027	0.366	0.715
审计委员会会议次数	− 0.930	0.194	− 0.985	− 4.806	0.000
审计委员会会议次数二次项	− 0.313	0.123	0.588	2.544	0.011
监事会会议次数	0.026	0.051	0.027	0.513	0.608
高管前三名薪酬	− 0.445	0.264	− 0.485	− 1.685	0.093
CEO 变更	0.046	0.047	0.048	0.978	0.329

续表

被解释变量：内部控制重大缺陷修正	非标准化系数		Beta	t	Sig.
	B	Std. Error			
会计师事务所类型	−0.002	0.047	−0.002	−0.046	0.964
内部控制审计	0.145	0.044	0.158	3.270	0.001
审计意见类型	−0.191	0.060	−0.171	−3.168	0.002
股权制衡度	0.035	0.047	0.038	0.739	0.460
存货状况	−0.124	0.054	−0.122	−2.284	0.023
速动比率	−0.112	0.046	−0.132	−2.415	0.016
重组、兼并	0.037	0.053	0.039	0.699	0.485
净利润增长率	0.015	0.045	0.017	0.341	0.733
总资产增长率	0.094	0.058	0.083	1.619	0.106
违规	0.462	0.053	0.485	8.642	0.000
财务报表重述	0.046	0.050	0.048	0.920	0.358
资产总额	0.043	0.068	0.046	0.633	0.527
上市年限	−0.013	0.061	−0.013	−0.208	0.835
R^2	0.240	调整 R^2	0.198	F = 7.565	Sig. = 0

6.3.2 加入媒体关注调节变量后的稳健性检验

本书把解释变量的 10 个指标（董事会规模、独立董事比例、董事长与总经理两职兼任、金额最高前三名董事报酬、董事会持股比例、未领取薪酬董事比例、审计委员会设置及规模、审计委员会专业性、审计委员会会议次数）的滞后一期数据和其余解释变量、调节变量、控制变量用于工具变量，用两阶段最小二乘法回归进行的稳健性检验（见表6 – 8）。

表 6-8 稳健性检验表

—	模型 1	模型 2	
—	系数、t 值	系数、t 值	交互项（M×指标）系数、t 值
（常数）	0.024 (0.599)	0.023 (0.575)	—
董事会规模	0.045 (0.783)	0.047 (0.776)	0.039 (0.390)
董事会规模二次项	0.018 (0.363)	-0.005 (-0.108)	0.012 (0.127)
独立董事比例	0.069 (1.249)	0.061 (1.053)	0.050 (0.576)
董事长与总经理两职兼任	-0.026 (-0.483)	-0.031 (-0.558)	0.042 (0.587)
金额最高前三名董事报酬	0.153 ** (2.273)	0.157 ** (2.183)	0.050 (0.723)
董事会持股比例	-0.074 * (-1.606)	-0.070 (-1.252)	-0.045 (-0.449)
未领取薪酬董事比例	-0.158 ** (-2.418)	-0.153 ** (-2.189)	-0.099 (-1.089)
审计委员会设置	0.271 ** (2.470)	0.351 *** (3.046)	0.420 *** (3.047)
审计委员会规模	-0.054 (-0.753)	-0.091 (-1.200)	-0.055 (-0.500)
审计委员会专业性	-0.033 (-0.565)	-0.045 (-0.656)	0.011 (0.107)
审计委员会会议次数	-0.171 (-1.431)	-0.193 * (-1.560)	-0.156 *** (-2.648)

—	模型 1	模型 2	
	系数、t 值	系数、t 值	交互项（M×指标）系数、t 值
审计委员会 会议次数二次项	-0.225 *** （-4.882）	-0.237 *** （-4.981）	-0.087 （-1.505）
八大会计师事务所	0.051 （1.297）	0.067 （1.637）	0.035 （0.439）
内部控制审计	0.081 ** （2.022）	0.088 ** （2.132）	-0.019 （-0.307）
审计意见类型	-0.136 * （-1.840）	0.130 * （1.787）	- 系统自动排除
媒体关注	-0.120 *** （-2.920）	-0.129 * （-1.904）	—
媒体关注二次项	-0.166 *** （-3.368）	-0.139 （-0.773）	—
监事会会议次数	-0.035 （-0.798）	-0.010 （-0.212）	0.087 （1.168）
高管薪酬	-0.050 （-1.256）	-0.078 * （-1.875）	-0.139 * （-1.823）
CEO 变更	0.009 （0.207）	-0.003 （-0.081）	0.029 （0.521）
股权制衡度	0.053 （1.320）	0.058 （1.434）	—
存货状况	-0.055 （-1.183）	-0.057 （-1.176）	—
速动比率	-0.085 ** （-2.281）	-0.096 *** （-2.586）	—

模型1		模型2	
—	系数、t 值	系数、t 值	交互项（M×指标）系数、t 值
重组、兼并	− 0.051 （− 1.187）	− 0.034 （− 0.770）	—
净利润增长率	0.025 （0.685）	0.032 （0.866）	—
总资产增长率	0.092 （1.582）	0.099 * （1.701）	—
违规	0.205 *** （4.278）	0.216 *** （4.383）	—
财务报表重述	0.477 *** （10.815）	0.478 *** （11.011）	—
公司规模	− 0.029 （− 0.466）	− 0.038 （− 0.592）	—
上市年限	− 0.000 （− 0.008）	0.004 （0.068）	—
调整 R^2：0.303	Sig. = 0	调整 R^2：0.322	Sig. = 0

注：*** 表示在1% 水平上显著相关，** 表示在5% 水平上显著相关，* 表示在10% 水平上显著相关。

　　模型1显示，除独董比例、董事长与总经理兼任、财务报表审计意见类型三个指标的相关方向与表6－5不一致外，其余变量的方向都是一致的，未领取薪酬董事比例、审计委员会设置、内部控制审计、审计意见类型依然显著，金额最高前三名董事薪酬、董事会持股比例在稳健性检验中显著，媒体关注对内部控制重大缺陷修正有显著负向影响。模型2显示，除独董比例、董事长与总经理兼任两个指标的相关方向与表6－5不一致外，其余变量的方向都是一致的，交互项各指标方向与表6－5模型2的结果基本一致，未领取薪酬董事比例、审计委员会设置、审计委员会会议次数、高管薪酬、内部控制审计、审计意见类型依然显著，金额最高前三名董事薪酬、高管薪酬在稳健性检验中显著。媒体关注的调节作用与表6-8模型2的结果基本一致。

6.3.3 加入法律规制调节变量后的稳健性检验

同理，把解释变量的10个指标（董事会规模、独立董事比例、董事长与总经理两职兼任、金额最高前三名董事报酬、董事会持股比例、未领取薪酬董事比例、审计委员会设置及规模、审计委员会专业性及会议次数）用滞后一期数据代替，再加调节变量、控制变量用于工具变量，用两阶段最小二乘法回归进行稳健性检验（见表6-9）。

表6-9　　　　　　　　稳健性检验表

—	模型1	模型2	
—	系数、t值、显著性	系数、t值、显著性	调节项系数、t值、显著性
（常量）	0.177 （1.961）	0.031 （0.199）	—
董事会规模	-0.004 （-0.059）	0.023 （0.307）	-0.023 （-0.417）
董事会规模二次项	0.003 （0.131）	-0.006 （-0.197）	0.001 （0.043）
独立董事比例	0.131 * （1.932）	0.059 （0.817）	-0.080 （-1.609）
董事长与总经理两职兼任	-0.015 （-0.286）	-0.037 （-0.616）	-0.027 （-0.664）
金额最高前三名董事报酬	0.645 *** （2.912）	0.390 （1.227）	-0.225 * （-1.710）
董事会持股比例	-0.055 （-1.057）	-0.032 （-0.574）	-0.043 （-1.073）
未领取薪酬董事比例	0.047 （0.518）	0.002 （0.014）	-0.012 （-0.191）

一	模型1	模型2	
	系数、t 值、显著性	系数、t 值、显著性	调节项系数、t 值、显著性
审计委员会设置	-0.169 (-1.029)	0.186 (0.597)	0.074 (0.667)
审计委员会规模	-0.013 (-0.171)	-0.070 (-0.889)	-0.099 * (-1.654)
审计委员会专业性	-0.008 (-0.134)	-0.040 (-0.617)	-0.059 (-1.357)
审计委员会会议次数	0.296 ** (0.314)	0.062 (0.230)	0.083 (0.868)
审计委员会 会议次数二次项	-0.181 *** (-2.704)	-0.037 (-0.248)	0.021 (0.479)
监事会会议次数	-0.003 (-0.064)	-0.002 (-0.040)	-0.092 (-1.462)
高管薪酬	-0.507 *** (-2.644)	-0.310 (-1.102)	0.118 (0.968)
CEO 变更	0.035 (0.816)	0.022 (0.509)	-0.029 (-0.737)
会计师事务所类型	-0.002 (-0.055)	0.024 (0.564)	0.090 ** (2.247)
内部控制审计	0.014 (0.315)	0.025 (0.567)	0.041 (0.993)
审计意见类型	-0.046 (-0.872)	-0.012 (-0.180)	0.007 (0.149)
法律规制	0.269 *** (5.102)	0.225 *** (2.770)	—

续表

—	模型1	模型2	
—	系数、t 值、显著性	系数、t 值、显著性	调节项系数、t 值、显著性
股权制衡度	0.045 (1.056)	0.050 (1.165)	—
存货状况	− 0.039 (− 0.804)	− 0.067 (− 1.282)	—
速动比率	− 0.037 (− 0.894)	− 0.043 (− 1.002)	—
重组、兼并	− 0.137 *** (− 2.969)	− 0.106 ** (− 2.050)	—
净利润增长率	− 0.005 (− 0.125)	0.003 (0.075)	—
总资产增长率违规	0.047 (0.892)	0.057 (1.046)	—
财务报表重述	0.213 *** (5.047)	0.214 *** (5.153)	—
赫芬达因指数	− 0.038 (− 0.762)	− 0.044 (− 0.914)	—
机构投资者 持股比例	0.037 (0.817)	0.026 (0.570)	—
公司规模	0.006 (0.106)	− 0.007 (− 0.114)	—
上市年限	− 0.028 (− 0.507)	− 0.028 (− 0.492)	—
调整 R^2：0.327	Sig. = 0	调整 R^2：0.353	Sig. = 0

注：*** 表示在1%水平上显著相关，** 表示在5%水平上显著相关，* 表示在10%水平上显著相关。

模型1显示，除董事规模、董事长与总经理兼任、审计委员会设置三个指标的相关方向与表6-6不一致外，其余变量的方向都是一致的，审计委员会会议次数、法律规制、重组兼并、财务报表重述在稳健型检验中依然显著。模型 2 显示，法律规制、是否兼并重组、财务报表重述依然显著且相关方向与表 6 - 6 相同。调节项各指标方向与表 6 - 6 模型 2 的结果基本一致，金额最高前三名董事薪酬依然显著，法律规制的调节作用与表 6 - 6 模型 1 和模型 2 的结果一致。

6.4 结果分析与讨论

异方差消除后 R^2 的提高表明了消除异方差的必要性，根据消除异方差后的回归结果（表 6 - 4、表 6 - 5 及表 6 - 6）得到如下结论：

6.4.1 董事会规模、独立性与内部控制重大缺陷修正

董事会规模与内部控制重大缺陷修正正相关，董事会规模的二次项与内部控制重大缺陷修正负相关，但不显著。加入媒体关注后，董事会规模的二次项与内部控制重大缺陷修正显著负相关，与倒"U"形假设吻合，处于倒"U"形的后半部分，假设 H1 - 1 通过验证。这表明我国上市公司董事会规模与公司内部控制重大缺陷修正具有一定的关系，董事会规模是良好董事会结构的基础，也是董事会修正内部控制重大缺陷的治理能力保障，但董事会规模过大导致治理不利于内部控制重大缺陷的修正，董事会应保持适度规模，这和以往的线性关系或无关的研究结论不同，这与利普顿和洛施（Lipton & Lorsch，1992）和谢永珍（2006）的研究结论相符。

董事会独立性方面，消除异方差之后，独立董事比例与内部控制重大缺陷修正负相关，但不显著。与假设 H1 - 2 不符，主要是由于我国上市公司独立董事存在独立性悖论以及独立董事治理能力不佳而致，也说明我国上市公司缺乏足够的动力聘任独立董事，这与陈等（Chen et al.，2011）[①] 的研究结论一致。

255

---

① Johnstone, K., Chen Li, and K. H. Rupley. Changes in corporate governance associated with the revelation of internal control material weaknesses and their subsequent remediation ［J］. Contemporary Accounting Research，2011（28）：331 - 383.

6.4.2　领导结构、董事激励与内部控制重大缺陷修正

董事长与总经理兼任与内部控制重大缺陷修正正相关，与研究假设 H2-1 不符。虽然有研究认为董事长与总经理两职分离能强化董事会的独立性，增强董事会效率，可以避免 CEO 借助董事长的职位限制董事会活动（Jensen，1993）[1]，是及时修正内部控制缺陷有效的补救措施（Mitra et al.，2013）[2]。而我国上市公司董事长与总经理兼任时董事会具有较强的治理能力，减少了沟通协调成本，当内部控制重大缺陷被披露后，通过改组董事会和迅速争取内外部资源支持等手段，确保内部控制重大缺陷修正的有效性。

董事激励中，假设 H2-2 没有通过检验，董事薪酬与内部控制重大缺陷修正正相关，但不显著。董事激励没有对内部控制缺陷修正的有效性产生积极的影响，一定程度上表明了我国上市公司董事刚性激励的弊端。董事会持股比例与内部控制重大缺陷修正负相关，但不显著。可能的原因在于股权激励这种激励形式在我国上市公司中普及度还不高，激励程度偏低，在这 197 家存在内部控制重大缺陷的上市公司中，董事会持股比例太低，不足以产生激励作用。我国国有企业目前不一定适合股票期权等长期激励模式，但是可以考虑对外部董事的中长期激励模式（孙玥璠、杨有红、张真昊，2011）[3]，但这并不意味着股权激励是无效的。

未领取薪酬董事比例与内部控制重大缺陷修正在 10% 水平上显著负相关，加入媒体关注及法律规制后不再显著。表明存在内部控制重大缺陷的公司，未领取薪酬董事越多，无效决策越多，董事会的有效性越差，越不利于内部控制重大缺陷的修正。低未领取薪酬董事比例对公司内部控制重大缺陷修正有促进作用。

---

① Jensen, M. C. The Modem IndusUial Revolution, Exit and The Failure of Intemal Control Systems [J]. The Journal of Finance, 1993, 48 (3): 831 - 80.

② Mitra, Santanu Hossain, Mahmud Marks, Barry R. Corporate ownership characteristics and timeliness of remediation of internal control weaknesses [J]. Managerial Auditing, 2013, 27 (9): 846 - 877.

③ 孙玥璠，杨有红，张真昊. 国有企业外部董事激励机制对外部董事行为的影响——基于博弈论的理论模型分析 [J]. 北京工商大学学报（社会科学版），2011 (4): 62 - 68.

6.4.3　审计委员会设置、特征及运作与内部控制重大缺陷修正

　　审计委员会设置与内部控制重大缺陷修正 1% 水平上显著正相关，假设 H3 - 1 得到验证，加入媒体关注和调节项后依然显著，假设再次得到验证。说明在我国存在内部控制重大缺陷的公司中，审计委员会能够较好地履行职责，即在加强对管理人员的监督、制约审计师的独立性以及提高内部控制缺陷修正等方面起到了积极的作用。

　　审计委员会规模以及审计委员会专业性与内部控制重大缺陷修正没有显著关系，假设 H3 - 2、假设 H3 - 3 没有通过检验。这一方面可能是我国上市公司审计委员会成员的独立董事比例低，独立性差，并且在专业委员会的交叉任职导致的治理能力低所致。另一方面可能意味着非财务专长较财务专长对内部控制缺陷的修正更有效（DeFond et al.，2005；Beng Wee Goh，2009）。非财务专长是审计委员会成员重要的治理专长（DeFond et al.，2005）[①]，审计委员会非财务专长专家越多，重大缺陷的修正更及时，更有利于内部控制缺陷的修正，这与吴本威（2009）的研究发现一致，审计委员会的财务专业知识的水平与内部控制重大缺陷修正的时效性是不相关的，审计委员会的非财务专业知识水平与内部控制重大缺陷修正的时效性正向相关（Beng Wee Goh，2009）[②]。

　　审计委员会会议次数及其二次项与内部控制重大缺陷修正在 1% 水平上显著负相关，与倒"U"假设吻合，处于倒"U"形的后半部分，假设 H3 - 4 通过检验。加入媒体关注、法律规制调节项后，审计委员会会议次数二次项依然显著，假设多次得到验证。这和以往的线性关系（Beng Wee Goh，2009；Jacqueline S. et al.，2012）或无关（Hoitash et al.，2009）的研究结论不同，内部控制重大缺陷出现后，过度的审计委员会会议导致沟通成本过高，对问题推诿扯皮，反而不利于问题的

257

---

　　① DeFond, M. L. Raghunandan, K. R. Suhramanyam. Do Nonaudit Service Fees Impair Auditor Independence? Evidence from Going Concern Audit Opinions [J]. Journal of Accounting Research. 2005, 40: 302 - 330.

　　② Beng Wee Goh, Audit Committees, Boards of Directors, and Remediation of Material Weaknesses in Internal Control [J]. Singapore Management University Contemporary Accounting Research, 2009, 26 (2): 549 - 579.

解决，会议次数应该合理。

6.4.4　媒体关注与内部控制重大缺陷修正

媒体关注在董事会治理对内部控制重大缺陷修正影响过程中起调节作用，假设 H4 通过检验。

媒体关注在审计委员会设置对公司内部控制重大缺陷修正影响过程中产生了显著的正向调节作用，并在 5% 水平上显著，媒体关注促进了上市公司对审计委员会的设置，对内部控制重大缺陷修正起积极作用；在审计委员会会议次数及二次项对公司内部控制重大缺陷修正影响过程中，媒体关注均在 1% 水平上起显著负向调节作用。可以这样解释，由于媒体的监督，在重大缺陷发生后，公司不得不召开很多会议，证明自己积极作为、积极处理，造成很多会议可有可无，流于形式，对问题推诿扯皮，反而不利于内部控制重大缺陷的修正，应该合理控制会议次数；在高管薪酬对公司内部控制重大缺陷修正影响过程中，媒体关注在 10% 水平上起显著负向调节作用，说明薪酬激励存在刚性弊端，在媒体关注作用下，公司对高管的薪酬激励，容易造成短视现象，不利于内部控制重大缺陷的修正。

媒体关注及其二次项与内部控制重大缺陷修正显著负相关，符合倒"U"形假设，处于倒"U"形的后半部分。出现重大缺陷的公司，媒体关注度高，报道自然也多，但是过度报道将增强内部控制重大缺陷修正的难度，因此，媒体曝光应该适度。

加入媒体关注调节项后，高管前三名薪酬与内部控制重大缺陷的修正负相关关系变得显著，再次说明对于存在内部控制重大缺陷的公司来说，存在薪酬激励刚性，对高管一味地进行薪酬激励起不到好的效果。

6.4.5　法律规制与内部控制重大缺陷修正

法律规制在董事会治理对内部控制缺陷的影响过程中存在显著调节作用，假设 H5 通过检验。

法律规制在独立董事比例对公司内部控制重大缺陷修正影响过程中产生了负向调节作用，且在 5% 水平上显著。我国上市公司独立董事存在独立性悖论,独立董事的治理能力不佳,需要发挥法律法规的正面作用,进一步规范独立董事制度;法律规制在金额最高前三名董事报酬对公司内部控制重大缺陷修正影响过程中产生了负向调节作用,且在 1% 水平上显著。说明薪酬激励没有对内部控制缺陷修正的有效性产生积极的影响,相关的法律法规有待健全,对上市公司董事进行刚性激励存在弊端,应考虑长期激励方式;法律规制在审计委员会规模对公司内部控制重大缺陷修正影响过程中产生了负向调节作用,且在 10% 水平上显著,说明法律法规对公司随意增加审计委员会的人数起了约束作用。

法律规制在高管薪酬对公司内部控制重大缺陷修正影响过程中产生了正向调节作用,且在 5% 水平上显著。在法律规制的保护下,2010 ~ 2014 年高管薪酬逐年增多,说明目前我国对高管的薪酬激励是有效果的;法律规制在监事会会议次数对公司内部控制重大缺陷修正影响过程中产生了负向调节作用,且在 5% 水平上显著。说明监事会会议并没有起到预期的效果,不利于内部控制重大缺陷的修正;法律规制在八大事务所的选择对内部控制重大缺陷修正过程中产生了正向调节作用,且在 5% 水平上显著,说明我国法律法规具有强制效力。

法律规制与内部控制重大缺陷修正呈显著正相关关系,法律制度的建立健全对公司服从披露要求有正面影响,在法律法规的影响力下,公司会遵守披露要求 (Lei Gao, Gerhard Kling, 2012)[①]。法律法规对外部治理环境的改善有正面影响,对公司规范自身行为,进行内部控制重大缺陷的修正有正面影响。

加入法律规制或调节项后,审计委员会的设置与内部控制重大缺陷修正的关系不再显著,说明目前上市公司审计委员会的设置是外部制度约束的结果,这与谢永珍 (2006)[②] 研究结论吻合;会计师事务所类型、内部控制审计及审计意见类型对与内部控制重大缺陷的修正关系不再显著,说明我国法律法规具有强制效力。另外加入法律规制或调节项后,是否重组、兼并与内部控制重大缺陷修正显著负相关,财务报表重

---

① Lei Gao, Gerhard Kling The impact of corporate governance and external audit on compliance to mandatory disclosure requirements in China, Journal of International Accounting [J]. Auditing and Taxation, 2012, 21 (1): 17 – 31.

② 谢永珍. 中国上市公司审计委员会治理效率的实证研究 [J]. 南开管理评论, 2006, 1: 66 – 73 + 83.

述与内部控制重大缺陷修正显著正相关。

另外，CEO 变更与内部控制重大缺陷修正正相关，这与国外的研究结论不吻合，国外研究认为更换 CEO 能够迅速导致缺陷修正（纠正），公司任命新的有经验的 CEO 更可能提高修正及时性（Li et al.，2010；Karla et al.，2011）。而我国 CEO 具有较强的治理能力，变更会带来转换成本，这并不说明 CEO 变更是内部控制重大缺陷修正的有效措施。八大事务所的选择与内部控制重大缺陷修正正相关，但不显著，这与国外的研究结论不一致（DeAngelo，1981；等等）。这是由于我国上市公司更倾向于聘用本地审计师，虽然部分缺陷公司聘用了八大事务所，但这一比率过低，没有达到边际效用的界限，重关系而非规制的文化传统再次得到验证。内部控制审计与内部控制缺陷修正在 5% 水平上显著正相关，加入媒体关注及交互项后，依然显著。审计师出具的财务报告审计意见类型与内部控制缺陷修正显著正相关，加入媒体关注及交互项后，依然显著，未修正缺陷的公司更可能被出具非标审计意见（Jacquelines et al.，2012），这与陈丽蓉、牛艺琳（2010）研究结论一致。

研究结果还表明，监事会会议次数与公司内部控制重大缺陷修正负相关，这说明存在内部控制重大缺陷的公司，监事会不能够很好的行使监督权力职能，我国监事会制度有效性欠缺。实证结果还显示，违规、财务报表重述与内部控制重大缺陷修正显著正相关，存在违规的，存在财务报表重述的，更能引起董事会的关注，董事会会及时进行修正或纠正处理。股权制衡度与内部控制重大缺陷修正正相关，但不显著。净利润增长率与内部控制重大缺陷修正显著正相关，与假设不符，原因可能是高成长的公司，因为正在成长期，受各方面关注、保护较多。

6.5　媒体关注和法律规制的综合调节作用检验

6.5.1　加入媒体关注和法律规制调节变量后的多元回归分析

以内部控制重大缺陷修正的效果（ICMWXF）为被解释变量，以媒体关注和法律规制为调节变量，进行分层回归（见表6-10）显示：各解释变量系数的容忍度值及方差膨胀因子值符合要求，因此，模型1的拟合优度为 $R^2 = 0.193$，未领取薪酬董事比例、审计委员会会议次数二次项、法律规制、财务报表重述显著影响内部控制重大缺陷的修正；模型2显示，$R^2 = 0.236$，未领取薪酬董事比例、审计委员会会议次数二次项、法律规制、财务报表重述显著影响内部控制重大缺陷的修正；两指标的综合作用在未领取薪酬董事比例、审计意见类型对内部控制重大缺陷修正中起显著调节作用。在两模型中法律规制都起显著调节作用。

表6-10　　　　　　　　回归系数估计及显著性检验

指标	模型1			模型2					
	系数、t值	共线性统计量		系数、t值	共线性统计量		交互项系数、t值	共线性统计量	
		容差	VIF		容差	VIF		容差	VIF
（常量）	0.054 (0.920)			0.076 (0.203)					
董事会规模	0.013 (0.234)	0.420	2.378	0.019 (0.333)	0.396	2.526	-0.010 (-0.126)	0.280	3.567
董事会规模二次项	-0.001 (-0.025)	0.647	1.546	-0.007 (-0.304)	0.578	1.730	0.042 (1.199)	0.358	2.792
独立董事比例	0.036 (0.704)	0.573	1.746	0.024 (0.465)	0.553	1.807	-0.055 (-0.872)	0.501	1.998
董事长与总经理两职兼任	0.037 (0.895)	0.827	1.209	0.033 (0.794)	0.805	1.243	0.009 (0.168)	0.476	2.099
金额最高前三名董事报酬额	0.119 (1.151)	0.138	7.241	0.049 (0.465)	0.131	7.644	0.051 (0.416)	0.106	9.465

指标	模型1			模型2					
	系数、t值	共线性统计量		系数、t值	共线性统计量		交互项系数、t值	共线性统计量	
		容差	VIF		容差	VIF		容差	VIF
董事会持股比例	-0.022 (-0.479)	0.553	1.807	-0.033 (-0.704)	0.535	1.868	-0.019 (-0.425)	0.425	2.352
未领取薪酬董事比例	-0.077 (-1.319)	0.490	2.040	-0.116 ** (-1.968)	0.471	2.121	-0.194 *** (-3.231)	0.612	1.634
审计委员会设置	0.019 (0.224)	0.235	4.257	0.043 (0.492)	0.219	4.574	-0.276 ** (-2.368)	0.395	2.531
审计委员会规模	0.006 (0.103)	0.468	2.137	-0.017 (-0.286)	0.449	2.225	0.080 (0.883)	0.399	2.504
审计委员会专业性	-0.022 (-0.534)	0.767	1.303	-0.021 (-0.488)	0.741	1.349	0.026 (0.478)	0.602	1.662
审计委员会会议次数	0.046 (0.719)	0.354	2.825	0.060 (0.933)	0.342	2.927	0.016 (0.216)	0.405	2.467
审计委员会会议次数二次项	-0.073 ** (-2.230)	0.425	2.352	-0.084 ** (-2.411)	0.367	2.726	-0.052 (-1.103)	0.385	2.598
监事会会议次数	-0.022 (-0.513)	0.857	1.167	-0.023 (-0.549)	0.820	1.220	0.043 (0.624)	0.363	2.752
高管薪酬	-0.095 (-0.959)	0.137	7.285	-0.029 (-0.290)	0.129	7.728	-0.020 (-0.166)	0.133	7.532
CEO变更	0.050 (1.250)	0.920	1.087	0.058 (1.423)	0.885	1.130	0.035 (0.571)	0.633	1.579

指标	模型1			模型2					
	系数、t 值	共线性统计量		系数、t 值	共线性统计量		交互项系数、t 值	共线性统计量	
		容差	VIF		容差	VIF		容差	VIF
会计师事务所类型	-0.011 (-0.267)	0.887	1.127	-0.010 (-0.257)	0.861	1.162	-0.022 (-0.402)	0.524	1.907
内部控制审计	0.025 (0.613)	0.841	1.189	0.032 (0.802)	0.826	1.211	-0.011 (-0.220)	0.538	1.859
审计意见类型	-0.039 (-0.779)	0.819	1.220	0.005 (0.086)	0.703	1.423	0.113*** (2.843)	0.353	2.836
媒体关注	0.003 (0.065)	0.950	1.052	0.008 (0.158)	0.593	1.686			
法律规制	0.234*** (5.638)	0.750	1.333	0.240*** (5.698)	0.713	1.403			
股权制衡度	0.041 (1.021)	0.833	1.201	0.039 (0.980)	0.815	1.227			
存货状况	-0.045 (-1.007)	0.827	1.209	-0.056 (-1.243)	0.799	1.252			
速动比率	-0.026 (-0.666)	0.785	1.274	-0.015 (-0.396)	0.739	1.354			
重组、兼并	-0.083** (-2.068)	0.898	1.114	-0.093** (-2.275)	0.860	1.163			
净利润增长率	0.001 (0.021)	0.910	1.099	0.013 (0.338)	0.896	1.115			
总资产增长率	0.052 (1.032)	0.828	1.208	0.044 (0.874)	0.811	1.234			

指标	模型 1			模型 2					
	系数、t 值	共线性统计量		系数、t 值	共线性统计量		交互项系数、t 值	共线性统计量	
		容差	VIF		容差	VIF		容差	VIF
违规	−0.019 (−0.454)	0.928	1.077	−0.005 (−0.124)	0.908	1.101			
财务报表重述	0.211 *** (5.268)	0.931	1.074	0.212 *** (5.284)	0.917	1.090			
赫芬达因指数	−0.057 (−1.263)	0.798	1.253	−0.072 (−1.577)	0.784	1.276			
机构投资者持股比例	0.052 (1.236)	0.808	1.238	0.053 (1.258)	0.773	1.293			
公司规模	0.043 (0.765)	0.463	2.160	0.038 (0.685)	0.453	2.205			
上市年限	−0.019 (−0.379)	0.561	1.784	−0.006 (−0.118)	0.538	1.858			
R^2 =0.193		Sig. =0		R^2 =0.236			Sig. =0		

注：*** 表示在1%水平上显著相关，** 表示在5%水平上显著相关。

6.5.2 加入媒体关注和法律规制调节变量后的异方差检验与加权回归

回归残差图（见图 6−4）显示出一定的分布规律，很可能存在异方差。将残差绝对值和各变量的秩进行 Spearman 相关系数检验，形成附表 6（见附录），发现检验统计量的 P 值存在小于 Sig. =0.05 的指标，如审计委员会专业性和残差绝对值 Sig. =0.0108，说明确实存在异方差。在 Stata 10.0 中执行 HCSE（Huber − White Robust Standard Errors HC1）的结果见表 6−11。模型 1 显示：R^2 =0.1929，Prob > F =0.000 通过了 F 检验；审计委员会会议次数二次项在 10% 水平上显著；法律规制在1%水平上显著，另外是否重组、兼并在5%水平上显著，财务报表重述在1%水平上显著。模型2显示：$R^2 = 0.2358$；$Prob > F = 0.000$，通过了F检验。

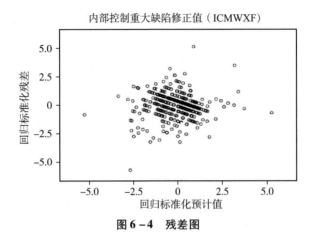

图6-4　残差图

表6-11　　　　　　　　　　异方差消除后回归结果

内部控制缺陷修正	模型1	模型2	
	系数、t值、显著性	系数、t值、显著性	综合调节项系数、t值、显著性
（常量）	0.05388 (0.89)	0.07515 (1.2)	—
董事会规模	0.01286 (0.29)	0.01870 (0.41)	-0.01009 (-0.15)
董事会规模二次项	-0.00054 (-0.04)	-0.00691 (-0.41)	0.04247 (1.37)
独立董事比例	0.03581 (0.84)	0.02382 (0.55)	-0.05529 (-1.08)
董事长与总经理两职兼任	0.03655 (0.87)	0.03259 (0.77)	0.00942 (0.18)
金额最高前三名董事报酬	0.11926 (1.04)	0.04901 (0.48)	0.05082 (0.36)

续表

内部控制缺陷修正	模型 1	模型 2	
	系数、t 值、显著性	系数、t 值、显著性	综合调节项系数、t 值、显著性
董事会持股比例	− 0.02206 （− 0.52）	− 0.03261 （− 0.78）	− 0.01917 （− 0.52）
未领取薪酬 董事比例	− 0.07672 （− 1.26）	− 0.11568 * （− 1.91）	− 0.19442 *** （− 3.21）
审计委员会设置	0.01903 （0.21）	0.04287 （0.48）	− 0.27566 ** （− 2.22）
审计委员会规模	0.00607 （0.11）	− 0.01699 （− 0.28）	0.07996 （0.84）
审计委员会 专业性	− 0.02230 （− 0.45）	− 0.02053 （− 0.42）	0.02628 （0.41）
审计委员会 会议次数	0.04554 （0.77）	0.05957 （0.98）	0.01637 （0.23）
审计委员会 会议次数二次项	− 0.07288 * （− 1.87）	− 0.08406 ** （− 2.05）	− 0.05161 （− 1.00）
监事会会议次数	− 0.02152 （− 0.53）	− 0.02337 （− 0.55）	0.04347 （0.58）
高管薪酬	− 0.09540 （− 0.98）	− 0.02947 （− 0.32）	− 0.01969 （− 0.17）
CEO 变更	0.05011 （1.21）	0.05766 （0.31）	0.03496 （0.43）
会计师事务所类型	− 0.01059 （− 0.29）	− 0.01029 （− 0.28）	− 0.02202 （− 0.41）
内部控制审计	0.02454 （0.65）	0.03209 （0.84）	− 0.01080 （− 0.23）

续表

	模型1	模型2	
内部控制缺陷修正	系数、t值、显著性	系数、t值、显著性	综合调节项系数、t值、显著性
审计意见类型	-0.03861 (-0.42)	0.00458 (0.04)	0.11273 ** (2.07)
媒体关注	0.00263 (0.08)	0.00798 (0.22)	—
法律规制	0.23377 *** (5.24)	0.24017 *** (5.29)	—
股权制衡度	0.04082 (1.24)	0.03923 (1.21)	—
存货状况	-0.04475 (-0.85)	-0.05574 (-1.03)	—
速动比率	-0.02550 (-0.86)	-0.01549 (-0.46)	—
重组、兼并	-0.08322 ** (-2.10)	-0.09268 ** (-2.33)	—
净利润增长率	0.00082 (0.03)	0.01321 (0.52)	—
总资产增长率	0.05152 (1.06)	0.04373 (0.92)	—
违规	-0.01911 (-0.64)	-0.00522 (-0.17)	—
财务报表重述	0.21144 *** (3.54)	0.21179 *** (3.47)	—
赫芬达因指数	-0.05742 (-1.15)	-0.07170 (-1.42)	—

续表

内部控制缺陷修正	模型1	模型2	
	系数、t值、显著性	系数、t值、显著性	综合调节项系数、t值、显著性
机构投资者 持股比例	0.05154 (1.31)	0.05313 (1.32)	—
公司规模	0.04256 (0.60)	0.03815 (0.54)	—
上市年限	−0.01930 (−0.42)	−0.00608 (−0.13)	—
	F(32，502)=3.26 Prob>F=0；R^2=0.1929	F(50，484)=3.24　Prob>F=0；R^2=0.2358	

注：*** 表示在1%水平上显著相关，** 表示在5%水平上显著相关，* 表示在10%水平上显著相关。

未领取薪酬董事比例在10%水平上显著；审计委员会会议次数二次项在5%水平上显著；法律规制在1%水平上显著；是否重组、兼并在5%水平上显著，财务报表重述在1%水平上显著。

媒体关注和法律规制综合作用在董事会治理各指标对内部控制重大缺陷修正过程中起调节作用，其中，未领取薪酬董事比例在10%水平上显著；审计委员会设置在5%水平上显著，审计意见类型在5%水平上显著。

6.5.3　加入媒体关注和法律规制调节变量后的稳健性检验

同理，把解释变量的10个指标（董事会规模、独立董事比例、董事长与总经理两职兼任、金额最高前三名董事报酬、董事会持股比例、未领取薪酬董事比例、审计委员会设置、审计委员会规模、审计委员会专业性、审计委员会会议次数）的滞后一期数据代替，再加调节变量、控制变量用于工具变量，用两阶段最小二乘法回归进行稳健性检验（见表6-12）。

表6－12　　　　　　　　　　综合调节稳健性检验表

内部控制重大缺陷修正	模型1	模型2	
	系数、t值、显著性	系数、t值、显著性	综合调节项系数、t值、显著性
（常量）	0.061 （1.034）	0.065 （1.092）	—
董事会规模	0.023 （0.416）	0.017 （0.310）	0.024 （0.328）
董事会规模二次项	−0.002 （−0.074）	−0.004 （−0.155）	0.031 （0.888）
独立董事比例	0.028 （0.546）	0.022 （0.434）	−0.007 （−0.120）
董事长与总经理两职兼任	0.045 （1.102）	0.038 （0.931）	−0.015 （−0.287）
金额最高前三名董事报酬	0.109 （1.054）	0.087 （0.833）	−0.043 （−0.867）
董事会持股比例	−0.032 （−0.697）	−0.036 （−0.772）	−0.054 （−1.334）
未领取薪酬董事比例	−0.095 （−1.632）	−0.114 * （−1.938）	−0.198 *** （−3.411）
审计委员会设置	0.014 （0.163）	0.022 （0.256）	−0.169 * （−1.657）
审计委员会规模	0.013 （0.217）	0.008 （0.132）	0.026 （0.298）
审计委员会专业性	−0.024 （−0.568）	−0.029 （−0.685）	0.026 （0.487）

内部控制重大缺陷修正	模型 1	模型 2	
	系数、t 值、显著性	系数、t 值、显著性	综合调节项系数、t 值、显著性
审计委员会会议次数	0.045 (0.703)	0.060 (0.939)	−0.008 (−0.119)
审计委员会 会议次数二次项	−0.076 ** (−2.315)	−0.083 ** (−2.401)	−0.014 (−0.355)
监事会会议次数	−0.023 (−0.553)	−0.022 (−0.528)	0.050 (0.719)
高管薪酬	−0.072 (−0.726)	−0.041 (−0.405)	−0.039 (−0.331)
CEO 变更	0.052 (1.292)	0.052 (1.281)	0.050 (0.813)
会计师事务所类型	−0.012 (−0.297)	−0.011 (−0.278)	−0.013 (−0.245)
内部控制审计	0.022 (0.548)	0.023 (0.582)	−0.011 (−0.221)
审计意见类型	−0.042 (−0.848)	−0.029 (−0.554)	0.116 *** (2.939)
媒体关注	0.005 (0.121)	−0.031 (−0.663)	—
法律规制	0.224 *** (5.389)	0.235 *** (5.583)	—
股权制衡度	0.041 (1.017)	0.043 (1.088)	—

内部控制重大缺陷修正	模型1	模型2	
	系数、t值、显著性	系数、t值、显著性	综合调节项系数、t值、显著性
存货状况	-0.046 (-1.025)	-0.046 (-1.036)	—
速动比率	-0.029 (-0.760)	-0.015 (-0.386)	—
重组、兼并	-0.085 ** (-2.109)	-0.093 ** (-2.260)	—
净利润增长率	0.003 (0.082)	0.005 (0.128)	—
总资产增长率	0.060 (1.208)	0.053 (1.060)	—
违规	-0.034 (-0.628)	-0.019 (-0.356)	—
财务报表重述	0.209 *** (5.234)	0.217 *** (5.423)	—
赫芬达因指数	-0.059 (-1.286)	-0.065 (-1.404)	—
机构投资者持股比例	0.045 (1.080)	0.040 (0.956)	—
公司规模	0.029 (0.523)	0.027 (0.483)	—
上市年限	-0.014 (-0.285)	0.005 (0.098)	—
$R^2 = 0.195$	Sig. = 0	$R^2 = 0.222$	Sig. = 0

注：*** 表示在1%水平上显著相关，** 表示在5%水平上显著相关，* 表示在10%水平上显著相关。

271

模型 1 显示，除董事规模的二次项及审计意见类型两个指标的相关方向与表 6-11 不一致外，其余变量的方向都是一致的，审计委员会会议次数二次项、法律规制、是否重组、兼并、财务报表重述在稳健型检验中依然显著。模型 2 显示，未领取薪酬董事比例、审计委员会会议二次项、法律规制、是否兼并重组、财务报表重述依然显著且相关方向与表 6-11 相同。法律规制的调节作用与表 6-11 模型 1 模型 2 的结果一致。调节项各指标方向与表 6-11 模型 2 的结果基本一致，未领取薪酬董事比例、审计委员会的设置、审计意见类型依然显著。

6.5.4　媒体关注、法律规制综合调节作用检验结果分析

综合调节项在董事会治理对内部控制缺陷的影响过程中存在调节作用。在未领取薪酬董事比例对内部控制重大缺陷修正影响过程中产生了负向调节作用，且在 1% 水平上显著，说明法律法规和媒体关注是有效果的，促进了未领取薪酬董事的有效决策，有利于内部控制重大缺陷的修正；综合调节项在审计委员会设置对内部控制重大缺陷修正影响过程中产生了负向调节作用，且在 10% 水平上显著，说明法律法规和媒体关注的综合作用对公司随意增加审计委员会的人数起了约束作用；综合调节项在审计意见类型对内部控制重大缺陷的影响过程中起显著综合调节作用。

加入法律规制后，媒体关注与内部控制重大缺陷修正的关系不再显著，说明在法律法规的强制作用下，媒体关注力度减弱，重大缺陷经媒体曝光后，如果执法机构插手，媒体将不再关注，这也符合实际。

加入媒体关注和法律规制综合调节项后，未领取薪酬董事比例与内部控制重大缺陷修正负相关关系又变的显著，再次说明存在内部控制重大缺陷的公司，未领取薪酬董事越多，无效决策越多，董事会的有效性越差，越不利于内部控制重大缺陷的修正。审计委员会会议次数及其二次项与内部控制重大缺陷修正在 5% 水平上显著负相关；是否兼并重组变量与内部控制缺陷修正显著负相关；财务报表重述与内部控制重大缺陷修正显著正相关。

6.6　本章小结

本章进行了董事会治理对内部控制重大缺陷修正影响的实证检验，首先进行了董事会治理对内部控制重大缺陷修正影响的多元统计分析，做了异方差的检验及加权回归，消除了异方差，进行了内生性问题的处理，并对模型进行了稳健性检验，其次进行了媒体关注和法律规制调节作用的检验，并进行了媒体关注和法律规制综合调节作用的检验，得出的结论有：

董事会治理的有效性能促进内部控制重大缺陷的修正，媒体关注和法律规制及综合调节项在内部控制缺陷修正过程中起显著调节作用。

具体来说，包括以下几点：

（1）加入媒体关注后，董事会规模的二次项与内部控制重大缺陷修正显著负相关，与倒"U"形假设吻合，处于倒"U"形的后半部分；消除异方差之后，独立董事比例与内部控制重大缺陷修正负相关，但不显著；董事长与总经理兼任与内部控制重大缺陷修正正相关，与研究假设不符；董事薪酬与内部控制重大缺陷修正正相关，但不显著，董事会持股比例与内部控制重大缺陷修正负相关，但不显著，未领取薪酬董事比例与内部控制重大缺陷修正显著负相关。

（2）审计委员会设置与内部控制重大缺陷修正显著正相关，加入媒体关注和调节项后依然显著；审计委员会规模以及审计委员会专业性与内部控制重大缺陷修正没有显著关系；审计委员会会议次数及其二次项与内部控制重大缺陷修正显著负相关，与倒"U"形假设吻合，处于倒"U"形的后半部分，加入媒体关注、法律规制调节项后，审计委员会会议次数二次项依然显著，假设多次得到验证。另外，内部控制审计与内部控制缺陷修正显著正相关，审计师出具的财务报告审计意见类型与内部控制缺陷修正显著正相关。

（3）媒体关注显著调节董事会治理对内部控制重大缺陷的修正影响过程，加入媒体关注调节项后，高管前三名薪酬与内部控制重大缺陷的修正负相关关系变得显著；媒体关注在审计委员会设置对公司内部控制重大缺陷修正影响过程中产生了显著的正向调节作用；在审计委员会会议次数及二次项对公司内部控制重大缺陷修正影响过程中，媒体关注都在1%水平上起显著的负向调节作用。

（4）法律规制在董事会治理对内部控制缺陷的影响过程中存在显著调节作用，加入法律规制或调节项后，审计委员会的设置与内部控制重大缺陷修正的关系不再显著；法律规制在独立董事比例对公司内部控制重大缺陷修正影响过程中产生了负向调节作用；法律规制在金额最高前三名董事报酬对公司内部控制重大缺陷修正影响过程中产生了负向调节作用；法律规制在审计委员会规模对公司内部控制重大缺陷修正影响过程中产生了负向调节作用。

（5）综合调节项在董事会治理对内部控制缺陷的影响过程中存在调节作用，假设 H6 通过检验。加入媒体关注和法律规制综合调节项后，未领取薪酬董事比例与内部控制重大缺陷修正负相关关系又变的显著，审计委员会会议次数及其二次项与内部控制重大缺陷修正在5%水平上显著负相关；综合调节项在未领取薪酬董事比例对内部控制重大缺陷修正影响过程中产生了负向调节作用，且在1%水平上显著，在审计委员会设置对内部控制重大缺陷修正影响过程中产生了负向调节作用，且在10%水平上显著。

第7章 国有上市公司治理对内部控制缺陷修正的影响研究

本章进一步研究国有上市公司，验证国有企业治理主体的治理行为在内部控制缺陷修复过程中的作用，引导国有上市公司有针对性地采取相关措施对症下药，从而促进国有资产的保值增值，保护投资者利益和国有资产的安全，提高国有企业的竞争力。其次，为促进国有企业改革、优化国有企业公司治理结构提供数据支持和政策参考。

7.1 假 设 提 出

企业股权特征作为治理机制的一部分，对于及时修正内部控制缺陷起关键作用（Mitra et al.，2012）。在我国，国资委代表国家对国有企业董事会和高管行使管理监督职责，由于"一股独大"，国有企业发生内部控制缺陷的可能性也就越大。但是依据声誉效应理论，当出现内部控制缺陷，国有控股的上市公司更有可能也更有能力修复内部控制缺陷。研究表明第一大股东有能力和动机去监督管理层（李育红，2011）。股权制衡模式并不比"一股独大"更有效率（朱红军、汪辉，2004），"一股独大"并非坏事，用股权制衡来替代"一股独大"的思路未必奏效（赵景文、于增彪，2005）。有学者实证检验发现第一大股东是国有股的其持股比例与内部控制质量存在正相关关系（郭俊丽，2011），股权集中程度与内部控制有效性正相关（栾和涛，2014）。适当地提高股权集中度能促使董事会和管理层积极高效地对内部控制缺陷进行修复。据此，提出假设 H1：

H1：第一大股东持股比例与内部控制缺陷修复正相关。

董事会是公司治理的核心，董事会在维护国有资产安全及规避国有企业风险等方面扮演着重要角色（谢永珍，2008）。不同的上市公司董事会规模会存在一定的差异①，这对企业管理层决策的数量和质量都会产生一定的影响，也将直接决定内部控制缺陷是否及时修复。较大规模的董事会能够缩小公司绩效的波动程度（牛建波，2009）。董事会规模太小，会导致董事会人力不足，不能广泛吸取多方的资源，影响董事会的治理能力，最终影响董事会对内部控制缺陷修复所起的作用，董事会规模和企业内部控制有效性呈正相关关系（丁沛文，2014），大规模的董事会有利于内部控制缺陷的修复。

董事会的独立性是影响董事会治理效力的关键因素，我国国有企业中，董事会中的独立董事存在"拿薪酬，投赞成票"的现象，大多从属于内部董事的意志。但是依据委托代理理论，独立董事被赋予监督的职责，独立董事的加入有助于降低公司管理层和董事合谋的可能性，降低管理者对公司利益的侵害（Fama，1993）。董事会独立性与重大缺陷修复及时性存在显著正相关关系（Beng Wee Goh，2009），董事会独立性越强，在制定决策、维护股东利益上就越能够保持更加公正客观的立场，越能保持高度的专业能力，越有助于内部控制缺陷的修复。由此推导出，董事会独立性越强，越有利于内部控制缺陷的修复。据此，提出假设 H2：

H2：董事会规模、独立性与内部控制缺陷修复正相关。

审计委员会是上市公司内部监督机制中最重要的组成部分，一般认为拥有更独立的审计委员会公司更可能监督管理人员进行重大缺陷修复的努力，《萨班斯法案》要求所有审计委员会完全由独立董事组成（Abbott et al.，2004）。国外研究认为，审计委员会独立性与内部控制缺陷负相关，如克里斯南（Krishnan，2005）、布朗森（Bronson，2009）。我国学者研究发现，独立董事的比例越高，审计委员会越能发挥作用，存在内控缺陷的可能性越小（王雄元、管考磊，2006；董舟娜、朱志雄、郑艺麟，2012 等），并对内控缺陷的产生具有抑制的作用（林野萌、韩传模，2013），也越有利于内部控制缺陷的修复。在我国，国有企业审计委员会在加强资产管控、完善公司内部管理、推进国有企业改革方面起着重要作用，而国有企业审计委员会中独立董事所占的比例的高低，则决定了内部控制缺陷的修复程度。据此，提出假设 H3：

H3：审计委员会独立性与内部控制缺陷修复正相关。

---

① 我国上市公司 2011 年执行企业内控规范体系情况分析报告．会计司，数据来自财政部网站．

目前我国所有企业，包括国有企业，虽然监事会作用没有得到强化（王立彦、刘军霞，2002），但依规章监事会履行监督职责，监事会规模可以在一定程度上反映监事会的监督力度（刘名旭，2007）。有研究表明，监事会规模与内部控制有效性显著正相关（宋宝燕，2013），监事会规模越小，存在内部控制缺陷的可能性越大（李静思，2014），监事会人数越多，监事会的监督力度就越强。另外，我国国有上市公司确实存在部分高管自由裁量权过大的问题以及监事会人数较少的现象，因此，保持较大规模的监事会，增加其监督和控制的力度，则越容易修复内部控制缺陷。据此，提出假设 H4：

H4：监事会规模与内部控制缺陷修复正相关。

基于委托代理下的最优契约理论认为董事会可以通过制定和实施有效的薪酬契约来激励管理者朝着股东利益最大化的目标努力。企业高管是内部控制的执行人，国有企业高管有着过度的控制权，控制权过大是诱发国企高管腐败、致使内部控制缺陷产生的重要因素（赵璨等，2015）。依照激励理论，若缺乏有效的激励约束机制，高管们很容易出现为了自身利益而将股东与公司利益置于不顾的行为。因此，良好的薪酬激励机制能有效防范高管人员的道德风险。研究发现，CFO 的薪酬总额与内部控制缺陷呈显著负相关关系（Hoitash，2012；Hoitash et al.，2012），通过给予经理层合理的薪酬机制，提升他们的工作积极性，进而促进内部控制有效性的提高（李育红，2011）。高管薪酬与内部控制质量之间存在显著的正相关关系，在国有企业，这种正相关关系更为显著（池国华、郭菁晶，2015）。所以说，对国企高管实施适度薪酬激励，一方面可以预防高管的腐败行为，防范内部控制缺陷发生。另一方面，能调动国有企业高管工作的动力，充分发挥其高度的自由决策权，对于暴露的内部控制缺陷能及时采取纠正措施进行修复。据此，提出假设 H5：

H5：高管薪酬与内部控制缺陷修复正相关。

7.2　研究设计

7.2.1　样本选择和数据来源

本书选取 2010 年主板、中小板、创业板暴露内部控制缺陷的国有上市公司为研究样本①。观察窗口为 2010～2014 年（内部控制缺陷暴露当年及后四年），剔除金融保险类和终止上市或暂停上市的公司后，共选取 73 家国有上市公司，5 年共计 365 个观测样本，数据来源：巨潮咨询网，上交所、深交所网站以及国泰安 CSMAR 数据库等，本部分所用软件为 SPSS 21.0 和 Stata 10。样本选择及说明同 5.1.2 所述，本部分进一步研究国有上市公司。

7.2.2　变量选取

选取变量及定义如表 7-1 所示。

表 7-1　　　　　　　　　　选取变量及定义

变量类型	变量名称	变量定义	符号
被解释变量	内部控制重大缺陷修复	按缺陷严重程度的变化，对重大缺陷分类型打分，计算总分，然后用下一年的总分减去前一年的总分的差值，衡量内部控制重大缺陷修复的效果 $\Delta ICMWXF(1i) = ICMW(1i+1) - ICMW(1i)$，$i = 0, 1, 2, 3, 4$	$\Delta ICMWXF$
解释变量	第一大股东持股比例	国有股的持股比例	FChG
	董事会规模	董事会人数	Dsize
	独立董事例比例	独立董事人数/董事会人数	Ddb
	审计委员会独立性	审计委员会中独董比例	ABdb
	监事会规模	监事会人数	JDsize
	高管薪酬	高管前三名薪酬总额的自然对数	lnGSal

278

---

① 虽然中小板、创业板在上市年限和公司规模上与主板上市公司有所差异，但考虑到中小型企业和新兴企业更有可能存在内部控制重大缺陷，因此也将其收录在样本当中；鉴于金融保险类上市公司与非金融保险类上市公司在监管要求方面有较大的差异，因此本书只选取非金融保险类公司作为样本。

变量类型	变量名称	变量定义	符号
控制变量	会计师事务所四大	公司由"四大"会计师事务所审计时等于1，否则为0	B1G8
	内部控制审计	是否进行内部控制审计，是1否0	ConA
	内部控制质量	内部控制缺陷值	ConQ
	净利润增长率	(本年净利润 - 期初净利润)/期初净利润	Growth
	机构投资者持股比例	机构投资者持股数量/总股本	Jgchigu
	财务报表重述	企业更正已发布的财务报表*	Repeat
	媒体披露力度	年媒体负面报道条数	Media
	公司规模	公司资产的自然对数	lnsize
	时间变量	2011，2012，2013	Time

注：*为重大会计差错赋值3分（对多项财务数据产生影响，或单项差错金额占所有者权益超过3%），存在会计差错1%~3%赋值2分，会计差错小于1%赋值1分。

1. 被解释变量

采用内部控制重大缺陷修复作为被解释变量，代表内部控制重大缺陷修复的效果。

2. 解释变量

根据前面文献综述的情况，借鉴前人研究，本书采用第一大股东持股、董事会规模及独立性指标、审计委员会规模及独立性指标、监事会规模、高管薪酬作为解释变量。

3. 控制变量

本书尽可能控制了对内部控制重大缺陷修复可能有影响的各种干扰因素。借鉴以往的研究，将以下指标作为控制变量：

会计师事务所是否四大（De Angelo，1981）；内部控制审计（张龙平等，2010；Shepardson M. L.，2016）；内部控制质量（朱彩婕、韩小伟，2013）机构投资者持股比例（吴益兵等，2009；Nate M. Stephens，2008）；财务报表重述（Dyck A et al.，2002）；媒体披露力度（吴世农，2012；彭桃英等，2014）。

7.2.3 理论模型构建

根据前述假设与变量，构建多元回归模型如下：

$$\Delta ICMWXF = a + b_i \sum_{i=1}^{n} corporategovernance + b_d \times (Dsize)^2$$

$$+ C_i \times \sum_{i=1}^{n} Control\ variables + \zeta$$

其中，a 是常量，b_i 为各解释变量的系数，b_d 为董事会规模二次项系数，C_i 为各控制变量的系数，ζ 为随机误差项。

7.3 实证检验及结果分析

7.3.1 描述性统计

1. 被解释变量

内部控制重大缺陷修复的效果（$\Delta ICMWXF$），由于其衡量是用下一年的内部控制重大缺陷得分减去前一年的内部控制重大缺陷得分的差值，差值为负，说明缺陷的修复有好的积极的效果；差值为正，则表明缺陷越来越严重，修复措施产生了副作用；差值为 0，说明内部控制缺陷的修复无效。

被解释变量描述性统计与方差分析结果（见表 7-2）显示，除了 2014 年外，内部控制重大缺陷修复效果各年均值为负，表明样本公司重大缺陷的修复具有积极的效果；消除平均数的影响后，各年上市公司重大缺陷修复效果存在较大差异，2011 年变异系数绝对值为最大，表明该年各上市公司内部控制重大缺陷修复差异最大；2014 年的均值与变异系数显示该年各上市公司的内部控制重大缺陷修复的程度均比较低，表现了较差的修复效果，但并不表明修复没有效果。出现此现象可能的原因是，随着法律法规的健全和外界媒体监督等的推动，披露内部控制重大缺陷的公司逐年增多的结果[1]。极值显示，部分上市公司内部

---

[1] 披露内部控制重大缺陷的上市公司占比逐年上升。2012 年仅 0.16% 上市公司披露内部控制重大缺陷，2013 年上升至 0.36%，2014 年上升至 1.50%。迪博企业风险管理技术有限公司发布的《中国上市公司 2014 年内部控制白皮书》。

控制重大缺陷的修复效果很显著，但也有部分上市公司修复无效。

表 7 - 2　　　　　　　被解释变量描述性统计与方差分析

被解释变量	统计量 N	均值	标准差	变异系数	极小值	极大值	年度方差分析 Sig.
ΔICMWXF2011	73	- 1.8630	3.15927	- 0.58969	- 17	6	
ΔICMWXF2012	73	- 0.05342	2.99575	- 0.17832	- 13	10	
ΔICMWXF2013	73	- 0.1233	1.83292	- 0.06727	- 10	7	0.000
ΔICMWXF2014	73	0.1233	1.60680	0.076736	- 6	4	
总计	292	- 0.60	2.598	- 0.23095	- 17	10	

2. 解释变量和控制变量

本书选取存在重大缺陷的非国有企业，作为对照样本，进行了解释变量和控制变量的描述性统计对照分析，如表 7 - 3 所示。

表 7 - 3　　　　　　　解释变量和控制变量描述性统计

指标	控制人	均值	中位数	标准差	最小值	最大值	样本数	显著性
第一大股东持股比例	1	35.24	32.23	13.20	13.48	84.11	292	0.00
	0	29.90	27.09	14.42	3.95	75.00	496	
董事人数	1	9.25	9.00	2.02	5.00	15.00	292	0.00
	0	8.27	9.00	1.53	5.00	15.00	495	
独董比例	1	0.37	0.33	0.06	0.29	0.63	292	0.00
	0	0.38	0.38	0.06	0.25	0.67	495	
审计委员会中独董比例	1	0.59	0.67	0.23	0.00	2.00	292	0.48
	0	0.60	0.67	0.23	0.00	1.50	493	
监事会规模	1	4.10	3.00	1.49	2.00	9.00	292	0.00
	0	3.34	3.00	0.77	2.00	6.00	495	
高管前三名薪酬	1	1573763	1222800	1490508	162300	13941300	292	0.34
	0	1470902	1060650	1443788	90000	12727200	496	
会计师事务所四大	1	0.51	1.00	0.50	0.00	1.00	292	0.00
	0	0.39	0.00	0.49	0.00	1.00	496	

指标	控制人	均值	中位数	标准差	最小值	最大值	样本数	显著性
内部控制审计	1	0.73	1.00	0.44	0.00	1.00	292	0.00
	0	0.55	1.00	0.50	0.00	1.00	496	
内部控制质量	1	0.79	0.00	1.86	0.00	15.00	292	0.32
	0	0.93	0.00	1.97	0.00	17.00	496	
净利润增长率	1	0.82	−0.03	9.70	−36.36	79.79	292	0.35
	0	−3.03	−0.15	64.91	−1142.1	596.00	436	
机构投资者持股比例	1	0.20	0.11	0.20	0.00	0.91	292	0.28
	0	0.18	0.13	0.17	0.00	0.82	496	
财务报表重述	1	0.09	0.00	0.42	0.00	3.00	292	0.98
	0	0.09	0.00	0.48	0.00	6.00	496	
媒体披露力度	1	1.81	1.00	3.80	0.00	52.00	292	0.65
	0	1.94	0.00	4.10	0.00	38.00	496	

注：1代表国有企业，0代表非国有企业。

282

从表7-3可以看出，样本公司第一大股东持股比例比较高，其均值为35.24%，非国有企业股权集中程度均值偏低，此指标两组数据差异显著；董事会规模比较小，其平均值为9.25人，大于非国有企业，此指标两组样本差异显著；独立董事平均占比国有非国有企业均值差异不大，此指标两组样本间有显著差异；审计委员会中独董比例无论国有非国有企业此指标总体比较高，但仍有一部分公司审计委员会中不存在独立董事；监事会的规模是指监事会的人数，此指标国有企业大于非国有企业；高管前三名薪酬总额国有企业大于非国有企业，说明国有企业激励力度大。

7.3.2 相关性检验

考虑到解释变量和控制变量中存在0-1变量，并不适用于Pearson检验，因此，根据统计学原理，选取了对原始数据不做要求的Spearman相关性检验。各解释变量之间的Spearman相关性检验系数如表7-4所示。

表 7-4

Spearman 相关性检验

系数	FChG	Dsize	Ddb	ABsize2	ABdb	JDsiz	Lngsal	B1G8	ConA	ConQ	Growt	Jgchi	Repea	Medi
FChG	1.00													
Dsiz	0.041	1.000												
Ddb	0.019	-0.250**	1.000											
ABdb	0.033	-0.106*	0.057	-0.428**	1.000									
Jsiz	-0.048	0.479**	-0.215**	0.029	-0.036	1.000								
Lngsal	0.059	0.225**	-0.128*	-0.007	0.008	0.104*	1.000							
B1G8	0.001	0.351**	-0.048	0.032	-0.031	0.059	0.257**	1.000						
ConA	-0.045	0.121*	-0.037	0.027	0.018	0.051	0.186**	0.043	1.000					
ConQ	-0.089	-0.057	0.041	0.010	-0.040	0.015	-0.151**	-0.107*	-0.072	1.000				
Growth	-0.038	-0.036	-0.085	0.059	0.011	-0.057	0.080	-0.160**	0.040	0.014	1.000			
Jg	-0.032	0.144**	0.079	-0.114*	0.018	0.052	0.258**	0.061	0.174**	-0.085	-0.069	1.000		
Repeat	-0.110*	-0.047	-0.125*	0.070	-0.059	-0.084	-0.043	-0.039	0.098*	0.392**	-0.046	-0.053	1.000	
Media	-0.004	0.050	-0.002	0.153**	-0.156**	0.072	-0.047	0.009	-0.137**	0.048	0.003	-0.131*	0.008	1.0

注：** 表示在 5% 水平上显著相关，* 表示在 10% 水平上显著相关。

根据上述结果，可以发现，系数最大值出现在董事会规模和监事会规模之间，为0.479。出现这一现象的原因可能是，监事会与董事会是制约的关系，董事会对上市公司的经营活动负责，监事会对上市公司的监督负责，因此，两者的规模上存在一定的关系。但该系数不超过0.5，说明这些变量之间线性相关度较低，相关系数的绝对值最小的几乎为0，说明这些变量之间几乎不存在线性关系。其余解释变量之间也不存在共线性关系。因此，我们的回归方程具有一定的解释力。

7.3.3 多元统计分析

由表7-5可知，可决系数 $R^2 = 27.2\%$，修复的可决系数 $R^2 = 22.7\%$，F统计值为6.053（Sig=0.000），方差检验通过，模型可以反映解释变量与被解释变量之间的关系，而且可以较好的表达。解释变量和控制变量的容忍度最小为0.509，大于0.1，方差膨胀因子最大值为1.965，远小于10。由此可知，变量之间，不存在严重的多重共线性，模型有效。

表7-5　　　　　　　　　回归系数估计及显著性检验

被解释变量：内部控制重大缺陷修复	未标准化系数		t	Sig.	共线性统计量	
	B	Std. Error			Tolerance	VIF
（Constant）	-1.493	0.334	-4.465	0.000		
第一大股东持股	0.284	0.135	2.106	0.036	0.948	1.054
董事人数	0.034	0.174	0.199	0.843	0.579	1.726
独董比例	0.051	0.163	0.310	0.757	0.839	1.191
审计委员会中独董比例	-0.352	0.204	-1.723	0.086	0.503	1.990
监事会规模	0.127	0.162	0.785	0.433	0.660	1.515
高管前三名薪酬	0.380	0.157	2.426	0.016	0.805	1.242
会计师事务所四大	-0.280	0.149	-1.874	0.062	0.840	1.191
内部控制审计	1.222	0.323	3.782	0.000	0.873	1.146
内部控制质量	0.506	0.088	5.732	0.000	0.832	1.203
净利润增长率	0.009	0.014	0.613	0.540	0.956	1.046

续表

被解释变量: 内部控制重大缺陷修复	未标准化系数		t	Sig.	共线性统计量	
	B	Std. Error			Tolerance	VIF
机构投资者持股比例	-0.033	0.725	-0.046	0.963	0.856	1.168
Zscore（财务报表重述）	0.286	0.148	1.927	0.055	0.851	1.176
媒体披露力度	-0.165	0.069	-2.404	0.017	0.906	1.103
ln 资产总额	-0.025	0.162	-0.155	0.877	0.490	2.040
2011 年	0.139	0.482	0.289	0.773	0.748	1.337
2012 年	0.189	0.385	0.490	0.625	0.795	1.257
2013 年	1.151	0.378	3.046	0.003	0.816	1.226
R^2	0.272	调整 R^2	0.227	F = 6.053	Sig. = 0.000	

7.3.4　异方差检验及消除

通过绘制残差图（见图 7 - 1），发现分布似乎有规律，而进一步将残差绝对值和各变量的秩进行 Spearman 相关系数检验，发现检验统计量的 P 值存在小于 Sig. = 0.05 的指标，如，高管前三名薪酬与残差值的相关系数 - 0.181，其 P 值小于 0.05，说明存在异方差。

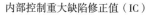

内部控制重大缺陷修正值（IC）

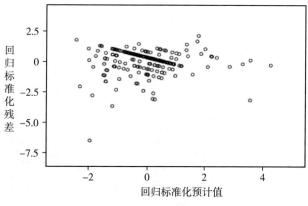

图 7 - 1　残差图

通过在 Stata 10.0 中执行 White（1980）的 HC SE（Huber – White Robust Standard Errors HC1），结果如表 7 – 6 所示，R – squared = 0.2719；F（14，227）= 5.8；Prob > F = 0.000，说明通过了 F 检验，即第一大股东持股比例在 10% 水平上显著，审计委员会独董的比例在 5% 水平上显著、高管前三面薪酬在 10% 水平上显著；而重点专注指标 P 值小于 0.1，通过了 T 检验。

表 7 – 6 　　　　　　　　　　异方差消除后回归结果

ICMWXF	Coef.	Std. Err.	t	P > |t|	[95% Conf.	Interval]
第一大股东持股	0.2835705	0.1450005	1.96	0.052	– 0.00215	0.56929
董事人数	0.0343789	0.1305845	0.26	0.793	– 0.22293	0.291692
独董比例	0.0506423	0.146322	0.35	0.73	– 0.23768	0.338965
审计委员会中独董比例	– 0.3528019	0.1693593	– 2.08	0.038	– 0.68652	– 0.01908
监事会规模	0.1272514	0.1515351	0.84	0.402	– 0.17134	0.425847
高管前三名薪酬	0.3796577	0.2256646	1.68	0.094	– 0.06501	0.824323
会计师事务所四大	– 0.2796262	0.1715079	– 1.63	0.104	– 0.61758	0.058325
内部控制审计	1.222522	0.3637568	3.36	0.001	0.505751	1.939294
内部控制质量	0.5064154	0.1522395	3.33	0.001	0.206432	0.806399
净利润增长率	0.0087402	0.0121117	0.72	0.471	– 0.01513	0.032606
机构投资者持股	– 0.0329162	0.5601992	– 0.06	0.953	– 1.13677	1.070939
财务报表重述	0.285883	0.1209491	2.36	0.019	0.047557	0.52421
媒体披露力度	– 0.1652578	0.0660372	– 2.5	0.013	– 0.29538	– 0.03513
ln 资产总额	0.1075802	0.0601843	1.79	0.075	– 0.110499	– 0.2262102
2011 年	– 0.093408	0.1487479	– 0.63	0.531	– 0.386607	0.1997905
2012 年	– 0.174737	0.1469568	– 1.19	0.236	– 4644049	0.1149315
2013 年	0.0877481	0.13189	0.67	0.507	– 0.1722218	0.3477179
_cons	– 1.492536	0.379523	– 3.93	0	– 2.24038	– 0.7447
Robust	R – squared = 0.2719		F（14，227）= 5.80		Prob > F = 0.000	

7.3.5　稳健性检验

把解释变量滞后一年数据和其余变量用于工具变量进行稳健性检验，结果如表7-7显示，第一大股东持股比例在5%水平上显著，高管前三面薪酬在5%水平上显著，除了审计委员会中独董比例指标外，其他重点专注指标P值小于0.1，依然显著。

表7-7　　　　　　　　　稳健性检验

被解释变量：内部控制重大缺陷修复	未标准化系数		t	Sig.	共线性统计量	
	B	Std. Error			Tolerance	VIF
（Constant）	-2.215	0.471	-4.704	0.000		
股权集中指标	0.276	0.134	2.060	0.040	0.945	1.058
董事人数	-0.023	0.176	-0.134	0.894	0.593	1.687
独董比例	0.003	0.162	0.020	0.984	0.895	1.118
审计委员会中独董比例	0.138	0.138	1.000	0.318	0.867	1.154
监事会规模	0.047	0.159	0.295	0.768	0.662	1.511
ln高管前三名薪酬总额	0.401	0.160	2.512	0.013	0.718	1.393
会计师事务所四大	-0.226	0.144	-1.563	0.119	0.851	1.175
内部控制审计	1.031	0.323	3.188	0.002	0.831	1.204
内部控制质量	0.506	0.087	5.849	0.000	0.837	1.195
净利润增长率	0.010	0.014	0.691	0.491	0.954	1.048
机构投资者持股比例	0.052	0.693	0.075	0.940	0.862	1.160
财务报表重述	0.285	0.146	1.960	0.051	0.855	1.170
年媒体报道力度	-0.175	0.066	-2.654	0.009	0.944	1.059
ln资产总额	0.042	0.151	0.278	0.781	0.524	1.909
2011年	0.121	0.468	0.259	0.796	0.746	1.340

被解释变量： 内部控制重大缺陷修复	未标准化系数		t	Sig.	共线性统计量	
	B	Std. Error			Tolerance	VIF
2012 年	0.150	0.375	0.399	0.690	0.809	1.235
2013 年	1.010	0.368	2.744	0.007	0.830	1.205
R^2	0.282	调整 R^2	0.238	F = 6.499	Sig. = 0.000	

7.3.6 结果及讨论

根据表 7-6 得到如下结论：7 个代表公司治理的变量中，3 个变量对内部控制重大缺陷的修复效果具有显著的影响。

第一大股东持股比例与内部控制缺陷修复正相关，且在 10% 水平上显著，假设 H1 通过验证。说明在国有企业中国有股或国有法人股的适度集中，能够有效避免决策矛盾，增强国有上市公司的内部控制缺陷治理效率，促使内部控制缺陷修复。

董事会规模和独董比例与内部控制缺陷修复正相关，但都不显著，即假设 H2 没有通过检验。这说明一味地扩大董事会的规模，并不能对内部控制缺陷的修复有效。且随着董事会的规模增大，其代理成本也随之增加，成员的沟通和协调变得困难，从而降低修复内部控制的能力，合理的董事会规模应在一定的范围之内，既不能太大，也不能太小，要能以较低的治理成本获取较多的治理收益，从而使企业获得更大价值（谢永珍，2006）。

独董比例指标不显著主要是由于我国国有上市公司独立董事存在独立性悖论以及独立董事由于交叉任职导致治理能力不佳而致，独立董事大多从属于内部董事的意志。

审计委员会独董比例与内部控制缺陷修复在 5% 水平上显著负相关，恰和假设 H3 相反。这一方面可能是我国国有上市公司审计委员会成员的独立董事比例低，独立性差，并且在专业委员会交叉任职导致的治理能力低所致，这也促使了独立董事独立性制度的进一步完善。另一方面可能意味着独立董事缺乏治理专长，缺陷的修复需要更多具有治理专长的专家。

监事会规模与内部控制缺陷修复正相关，但不显著，假设 H4 没有通过验证。这说明在我国存在内部控制重大缺陷的国有公司中，监事会不能很好地行使监督权力职能。这也符合我国监事会整体特点，即新《公司法》对监事会的有关规定，不能确保监事会的独立性和有效运行，监事会形同虚设，这也证实了我国监事会存在虚化或无效现象。可喜的是相关部门已意识到此问题，近几年正在努力改进，如各级审计委员会的成立。

高管薪酬总额与内部控制缺陷修复正相关，且在 10% 水平上显著。说明上市公司通过提高管理层的薪酬，能够达到激励的目的，提高经理层的工作积极性，进而提高了内部控制重大缺陷的修复效果。假设 H5 通过了验证。

另外，回归结果显示，是否进行内部控制审计与内部控制缺陷修复显著正相关，说明内部控制审计会降低会计信息的重大错报风险，能提高内控质量；财务报表重述与内部控制缺陷修复显著正相关，说明存在财务报表重述的行为，更能引起董事会的关注，更能提醒董事会及时进行修复或纠正处理；年媒体报道力度与内部控制缺陷修复显著负相关，说明过度报道将增强内部控制重大缺陷修复的难度，媒体曝光应该适度。

7.4　本 章 小 结

本章进一步研究国有上市公司，国有上市公司暴露了内部控制缺陷之后，公司治理会对内部控制缺陷修复会产生影响。本部分研究国有上市公司，验证国有企业治理主体的治理行为在内部控制缺陷修复过程中的作用，引导国有上市公司有针对性地采取相关措施"对症下药"，从而促进国有资产的保值增值，保护投资者利益和国有资产的安全，提高国有企业的竞争力。其次，为促进国有企业改革、优化国有企业公司治理结构提供数据支持和政策参考。本章以 2010 年暴露了内部控制重大缺陷的国有上市公司为样本，实证检验了缺陷暴露后四年公司治理对内部控制缺陷修复的影响。研究结果显示：内部控制缺陷暴露后，第一大股东持股比例与内部控制缺陷修复正相关，且在 10% 水平上显著；董事会规模和独董比例与内部控制缺陷修复正相关，但都不显著；独董比例指标不显著原因在于我国国有上市公司独立董事存在独立性悖论以及独立董事由于交叉任职导致治理能力不佳而致。

审计委员会独董比例与内部控制缺陷修复在 5% 水平上显著负相关，但和假设相反；高管薪酬总额与内部控制缺陷修复正相关，且在 10% 水平上显著。回归结果还显示，是否进行内部控制审计与内部控制缺陷修复显著正相关；财务报表重述与内部控制缺陷修复显著正相关；年媒体报道力度与内部控制缺陷修复显著负相关。

第8章 研究结论与展望

8.1 研究结论与对策建议

8.1.1 研究结论

本书进行了"内部控制重大缺陷修正效果"的概念界定及衡量，进行了政府内部控制法规的衡量，选取 2010 年存在内部控制重大缺陷的样本，从内部控制缺陷暴露后的视角，研究 2010～2014 年董事会治理对内部控制缺陷修正的影响，阐述了影响机理，构建了理论模型。在对两组对照变量进行描述性统计及方差分析的基础上实证检验了董事会治理对内部控制缺陷修正的影响，验证了政府内部控制法律规制和媒体关注在董事会治理对内部控制重大缺陷修正影响过程中的调节作用。本书的研究结论具体包含以下内容：

（1）通过文献述评发现，内部控制重大缺陷的判断识别缺乏统一的标准。从研究内容看，大多学者从预防的角度研究影响内部控制重大缺陷产生的因素，很少有人从缺陷暴露后的视角，研究治理主体行为的改善对已有的内部控制缺陷修正的影响。研究方法上最初大多采用个案研究或定性分析的方法，个别研究采用问卷调查与实验研究的方法，2014 年以后由于有了公开数据，实证研究逐渐增多，但研究设计上仍然存在许多不足，在样本量采集方面受诸多限制，说服力较差。

（2）内部控制重大缺陷修正的界定及测度，本书按《企业内部控制评价指引》中对重大缺陷的定义，按缺陷的严重程度，对重大缺陷分类型打分，并计算总分。用下一年得分减去前一年得分差值予以衡量，表示内部控制重大缺陷修正的效果或修正的程度。

（3）法律规制的测度，采用赋值量化的方法，把我国不同部门不同时间颁布的内部控制方面法规，按制定或颁布机构的权威性（法律效力）赋值打分，然后计算本年得分，并累计往年得分，计算出法律规制的量化分值，代表各年度的法律效力。

（4）对董事会治理对内部控制重大缺陷修正的影响机理分析发现，董事会通过战略决策行为和监督控制行为的传导对内部控制重大缺陷修正产生影响。有效的董事会及审计委员会能参与战略获取资源并监督管理层及时进行内部控制重大缺陷的修正，董事会规模及独立性、领导结构及董事激励、审计委员会对董事会改进决策监督行为、优化董事会治理具有重要影响。媒体关注和法律规制在董事会治理对内部控制重大缺陷修正的影响过程中起调节作用。

（5）内部控制缺陷值国有企业低于非国有企业，因为审计委员会内部审计机构无效暴露的缺陷值最高，这类缺陷修正效果也最好，被外部审计师发现的缺陷值最低，这类缺陷修正效果也最差。内部控制重大缺陷修正效果各年均值均为负值，表明样本公司重大缺陷的修正具有积极的效果，2011年的修正效果最好，可能是由于我国2010年内部控制指引颁布当年的制度约束的结果；修正效果较好的是信息、计算机和软件业以及房地产业。部分上市公司内部控制重大缺陷的修正效果很显著，但也有部分上市公司的修正无效。两组样本各指标存在显著差异，具体来说：

第一，缺陷公司与对照样本董事会规模均符合公司法5～19人的规定，重大缺陷公司的董事会规模显著低于非重大缺陷公司；除了个别年份，两组样本的独立董事比例呈现显著差异，缺陷公司独董比例显著高于非缺陷公司，还有逐年增加趋势；两类公司中绝大多数公司实行两职分离制度，相对于非国有企业而言，国有企业两职分离的比例更高，信息传输计算机服务和软件业两职分离的比例更是达到了100%；金额最高前三名董事报酬在呈现显著差异，两类公司董事激励均呈现显著增长趋势，但缺陷公司的董事激励较低，出现"零报酬"现象，两类公司股权激励比例均比较低，两类公司未领取薪酬董事比例均较高。

第二，审计委员会的设置，重大缺陷公司审计委员会设置高于非重大缺陷公司，且二者的均值均呈逐年递增之势，其所占比例也不断提高；两类上市公司审计委员会规模大多超过 3 人，最多达到 8 人或 9 人，样本各年度呈现增加趋势；两组样本公司的审计委员会专业人员比例均在 40% 左右，总体亦呈逐年上升趋势，缺陷公司略高；两组样本公司的审计委员会会议次数都呈逐年上升趋势。

第三，重大缺陷公司的媒体负面报道条数均值都高于非重大缺陷公司，且呈逐年递增之势，国有企业较非国有企业年媒体报道条数多。国关于内部控制方面法规颁布的越来越多，其效力也越来越强，呈上升趋势，对不同控制人和不同行业都有强制约束力影响。

（6）董事会治理的有效性能促进内部控制重大缺陷的修正，媒体关注和法律规制及综合调节项在内部控制缺陷修正过程中起显著调节作用。具体来说：

第一，加入媒体关注后，董事会规模的二次项与内部控制重大缺陷修正显著负相关，与倒"U"形假设吻合，处于倒"U"形的后半部分；独立董事比例与内部控制重大缺陷修正负相关，但不显著；董事长与总经理兼任与内部控制重大缺陷修正正相关，与研究假设不符；董事薪酬与内部控制重大缺陷修正正相关，但不显著，董事会持股比例与内部控制重大缺陷修正负相关，但不显著，未领取薪酬董事比例与内部控制重大缺陷修正显著负相关。

第二，审计委员会设置与内部控制重大缺陷修正显著正相关，加入媒体关注和调节项后依然显著；审计委员会规模以及审计委员会专业性与内部控制重大缺陷修正没有显著关系；审计委员会会议次数及其二次项与内部控制重大缺陷修正显著负相关，与倒"U"形假设吻合，处于倒"U"形的后半部分，加入媒体关注、法律规制调节项后，审计委员会会议次数二次项依然显著，假设多次得到验证。另外，内部控制审计与内部控制缺陷修正显著正相关，审计师出具的财务报告审计意见类型与内部控制缺陷修正显著正相关。

第三，媒体关注显著调节董事会治理对内部控制重大缺陷的修正影响过程，加入媒体关注调节项后，高管前三名薪酬与内部控制重大缺陷的修正负相关关系变得显著；媒体关注在审计委员会设置对公司内部控制重大缺陷修正影响过程中产生了显著的正向调节作用；在审计委员会会议次数及二次项对公司内部控制重大缺陷修正影响过程中，媒体关注起显著的负向调节作用。

第四，法律规制在董事会治理对内部控制缺陷的影响过程中存在显著调节作用，加入法律规制或调节项后，审计委员会的设置与内部控制重大缺陷修正的关系不再显著；法律规制在独立董事比例对公司内部控制重大缺陷修正影响过程中产生了负向调节作用；法律规制在金额最高前三名董事报酬对公司内部控制重大缺陷修正影响过程中产生了负向调节作用；法律规制在审计委员会规模对公司内部控制重大缺陷修正影响过程中产生了负向调节作用。

第五，综合调节项在董事会治理对内部控制缺陷的影响过程中存在调节作用加入媒体关注和法律规制综合调节项后，未领取薪酬董事比例与内部控制重大缺陷修正负相关关系又变的显著，审计委员会会议次数及其二次项与内部控制重大缺陷修正显著负相关；综合调节项在未领取薪酬董事比例、审计委员会设置对内部控制重大缺陷修正影响过程中产生了显著负向调节作用。

（7）对于国有企业来说，企业治理主体的治理行为在内部控制缺陷修复过程中起重要作用，内部控制缺陷暴露后，第一大股东持股与内部控制缺陷修复显著正相关；审计委员会独董比例与内部控制缺陷修复显著负相关；ln 高管薪酬总额与内部控制缺陷修复显著正相关。

8.1.2　对策建议

1. 继续优化董事会规模和结构

第一，保持适度的董事会规模。需要继续保持适度的董事会规模。合理的董事会规模应在一定的范围之内，既不能太大，也不能太小，应符合公司实际，要能以较低的治理成本获取较多的治理收益。

第二，继续改进独立董事制度，进一步加强独立董事的监管作用。2018 年新修订的《上市公司治理准则》严格规范了独立董事的兼职、任职条件、职权和义务等。但现阶段，仍然存在独立董事在行使职权中出现的独立性不强和与监事会职责划分不清的问题，可以考虑采取以下措施：建立中国独立董事协会；建立与监事会的监督分工协调机制；设立独立董事和监事会联席会议等。另外，倡导独立董事的职业化，优化独立董事制度的外部环境。

第三，保持董事长与总经理两职的适度集中，虽然现有的研究大都显示，董事长与总经理两职分离能够有效提升公司的绩效，有利于内部控制缺陷修正。少数研究得出不同的结论，而本文的研究也出现了相反的研究结果，原因可能是存在内部控制重大缺陷的样本公司，董事长兼任总经理的比重过低，分离程度过大，不利于在内部控制重大缺陷披露后总经理迅速集结资源，自由发挥其治理作用。所以本书认为，为有利于内部控制缺陷的修正，应该保证董事长与总经理两职的适度集中合一，两职分离的程度要合理。

2. 优化董事激励

对董事进行薪酬激励能促进内部控制重大缺陷修正。薪酬激励作为董事短期激励的方式能有效发挥其作用，样本公司中董事薪酬存在逐年上升趋势，而股权激励作为长期激励的方式至今没有取得好的效果，原因在于股权激励在我国上市公司中普及率较低，尤其是在国有企业内部，但这并不意味着股权激励是无效的，上市公司应建立董事科学合理的正向激励约束机制，应该是权利、责任、利益相匹配的制度。扩大董事激励的广度和深度，增加董事的持股比例，提升董事的激励水平，促进内部控制缺陷的修正。另外，应减少未领取薪酬董事比例，让董事对自己的行为负责，对公司负责。

3. 优化董事会运作

董事会的运作一直体现为召开会议进行决策，应适度控制董事会会议次数，倡导有效会议。虽然样本公司平均的董事会会议次数集中在 9 次，但是并没有起到理想的效果，过多会议导致沟通成本过高，出现扯皮现象，反而不利于重大缺陷修正。在会议形式上，可以利用互联网、区块链、大数据等现代化技术手段，选择召开视频或者网络电话会议以实现高效的交流，发挥董事会会议"灭火器"的作用。

4. 设置有效的审计委员会

审计委员会的设立能显著影响内部控制缺陷的修正，董事会通过审计委员会对经理层实施监督，进行内部控制缺陷的修正。样本公司中，不同年份设立审计委员会的公司数量呈逐年上升趋势，其所占比例也不断提高，这表明，公司对审计委员会的重视程度越来越高。在我国上市公司中，审计委员会能够较好地履行职责，即在加强对管理人员的监督、制约审计师的独立性以及提高内部控制缺陷修正等方面起到了积极的作用。2018 年证监会修订《上市公司治理准则》，将审计委员会的设立确定为上市公司的一项义务，重新界定了审计委员会的主要职责。但是审计委员会的在上市公司实施过程中一直也存在流于形式、信息披露不充分、独立性及专业性未达到相关要求等问题，其问责、监督、监察等职能未得到充分体现。因此还应继续加强审计委员会制度建设，完善相关法律法规，完善机构设置，通过内外部的不断规范发挥审计委员会对企业内部控制缺陷修正的重要作用。

第一，保持适度的审计委员会规模与结构。

2018 年修订的《上市公司治理准则》对审计委员会规模没有明确规定。从研究样本看，样本公司不同年份审计委员会规模呈逐年上升趋势，公司拥有更大规模的审计委员会可能更及时修正重大缺陷。拥有更大规模的审计委员会的公司更可能监督管理人员为进行重大缺陷修正而努力。但是如果审计委员会规模过大，会造成委员们沟通成本高，意见不统一，不能发挥应有的作用，反而对内部控制重大缺陷的修正不利。所以上市公司应保持适度的审计委员会规模，建立审计委员会成员遴选制度，精心选拔审计委员会主任委员，严格审计委员会成员的专业素养。

第二，合理安排审计委员会中各领域专家比例。

本文研究结论显示审计委员会财务专长专家比例与内部控制缺陷修正负相关，这和大部分研究结论不同。大多数的研究都在肯定财务专长专家的作用，呼吁扩大财务背景专家比例。由于审计委员会实施细则只要求至少有一名独立董事为会计专业人士，并没有专门地对专业性做具体规定，实际中选择的专业会计人士并不能发挥应有的作用，起不到治理效果，本文研究说明具有财务专长的专家在重大缺陷公司治理缺陷的作用发挥的不理想，从另一角度也说明非财务专长也是审计委员会成员重要的治理专长，应合理配置各领域专家比例，让财务专长和治理专长都得到充分发挥，在一定程度上平衡公司各方的利益与冲突。在保证召集人是财务专家，符合治理准则要求，保证财务专家的作用发挥的同时，也要考虑选择有企业管理经验、有投资专长等能力的专业人士，发挥他们的治理专长。形成好的专业知识结构，有利于内部控制重大缺陷的修正。

第三，合理控制审计委员会中独董比例。

审计委员会中独董比例呈逐年上升趋势，而且波动性逐年下降，这表明，公司审计委员会规范化程度在逐渐提高，独立性变强。我国上市公司要求审计委员会中必须有独立董事，且独立董事必须占多数并担任召集人。在我国独立董事多数由高校学者担任，他们往往不从所任职公司领取薪酬，工作较多，兼职多，时间精力分配也不够，所以他们不能很好地履行职责，单个公司的不积极作为不影响他们的声誉，所以审计委员会中独董比例高，并不一定有利于公司内部控制重大缺陷的修正，需要合理控制审计委员会中独董比例，从履行职责的效果考虑规模人数。可喜的是随着新修订的《上市公司治理准则》的发布，我国上市公司正在健全独立董事制度，严格规范独立性的考核，提高独立董事履职的能力。

第四，提高审计委员会的运作效率。

重大缺陷公司平均会议次数明显高于非重大缺陷公司且远高于公司法对上市公司董事会每年至少召开两次定期会议或例会的规定，审计委员会会议召开很频繁，很多会议可有可无，流于形式，对问题推诿扯皮，不利于问题的解决，不利于内部控制重大缺陷的修正。建议规定审计委员会会议的次数，提高审计委员会的运作效率，将审计委员会会议制度化、定期化，比如，规定审计委员会会议一年至少召开三次，不要过多，也可以设个上限。另外，提高审计委员会的运作效率还应对审计委员会的行为加以规范，建立审计委员会的问责、检察、咨询等机制，并定期评价审计委员会的工作绩效。目前应规范审计委员会职能的实施过程，落实问责、检察、咨询等机制。

5. 完善外部审计师方面的措施

第一，加强内部控制审计。

内部控制审计对于修正内部控制缺陷来说是有效的措施，能降低会计信息的重大错报风险，所以公司需要加强内部控制审计工作。研究显示随着规范体系的推进实施，上市公司非标审计意见所占比例稍有上升，2015 年《我国上市公司实施企业内部控制规范体系情况分析报告》显示，上市公司聘请会计师事务所对内部控制的有效性进行审计或者鉴证，占 81.25%。但是内部控制审计结论中的非标准审计意见比例较低，截至 2018 年一直持平，大体在 4% 左右，一些上市公司对内部控制审计不够重视，公司内部审计制度的发展也不完善。下一步还需要继续提高内部控制审计质量，加强对内部控制审计机构的监管，如实反映审计结果，提高公司对内部控制评价工作的重视程度，继续加大内部控制审计报告的披露比重。在实务中对财务报表和内部控制实施整合审计是更适宜的，能节约资源，提高效率，但是应该防止将内控咨询评价业务与内控审计业务捆绑在一起，避免内控审计流于形式。另外，利用现代化技术，将大数据和企业内部控制审计相结合，提升大数据时代企业内部控制审计的有效性。

第二，保持审计的独立性，保证审计意见客观公允。

未修正缺陷的公司更可能被出具非标审计意见。我国上市公司中管理层应提高审计风险意识，加强自身要求，减少"审计意见购买"现象。采取措施包括：上市公司应当选择规模大、声誉好的审计师，审计师事务所应当强化内部控制审计的专业技术培训，并在执业过程中严格按照《中国注册会计师执业准则》《企业内部控制审计指引》开展内部控制审计。另外，应当避免低价恶性竞争，改变审计收费方式，审计收费标准合理化等，保证审计结果的可靠，确保审计意见客观公允。

6. 有效发挥媒体关注的调节作用

媒体关注，在公司治理对内部控制缺陷的影响过程中起着调节作用。虽然研究显示外部监督对内部控制重大缺陷的修正没有直接效果，但是其作用不能忽视，新传播环境下舆论具有监督功能，因此新传播环境下主流媒体应做好舆论监督报道，防止报道泛化，并形成自己独立的风格和立场。这就要求媒体具备社会公信力和恪守必要的政治、法律和道德界线。也需要社会营造媒体公平竞争的良好环境，依法维护新闻工作者的正当采访和报道权，促进我国媒体行业的健康发展。另外，要不断提高媒体工作者的专业水平和职业道德修养，提高新闻人士的整体素质和高度的社会责任感。

7. 加强法律法规的执行效力

法律规制在董事会治理对内部控制重大缺陷修正的影响过程中起着调节作用。董事会治理已进入运行机制化的新阶段，法律应从偏重结构转向结构与过程并重，优化制度结构。要从中国国情出发，把握董事会的运行过程，考虑董事会运行机制中非理性因素的影响。我国需要继续完善健全内部控制法律法规体系，还需要加强执行力，发挥法律规制在公司治理对内部控制缺陷修正的影响过程中的积极调节作用。

虽然指引、规范对上市公司内部控制进行了强制性规定，实际中也发挥了积极作用，但至今相关的惩罚措施却没有进行明确的规定，行业也缺乏适合本行业的内部控制实施规范。因此，需要继续发挥法律规制在董事会治理对内部控制缺陷影响过程中的作用，继续建立健全内部控制相关法律法规，改善制度环境，加强上市公司内部控制法律法规的执行力和有效性，避免企业欺诈行为的合理化。加大惩罚力度，提高违反内控法律要求的违法成本等。内部控制相关法律法规需要建立起具体的实施细则，建立奖惩机制。

8. 针对国有上市公司的对策建议

（1）优化股权结构。

虽然过于高度的股权集中，会对上市公司产生股东"隧道效应"，但过于分散的股权更容易引起管理矛盾，影响治理的效果。国家很重视对国企的混合所有制改革，党的十九大提出要发展混合所有制经济，2019 年两会提出要继续加大国企混合所有制改革力度都说明了这点。但是对于存在重大缺陷的国有上市公司来说，若能在暴露了内部控制缺陷后，适当的回收股权，使第一大股东持股得到适度提高，就能够促使国资委为了维护国家的利益，负起相应的责任，同时在进行监督决策时能够快速高效，进而有利于提高内部控制缺陷的修复效果。

（2）优化董事会规模和结构。

研究显示，存在内部控制重大缺陷的国有公司存在规模偏小的特点，为此需要扩大董事会规模，保持适度合理水平。合理的董事会规模应在一定的范围之内，既不能太大，也不能太小，以较低的治理成本获取较多的治理收益；同时改进独立董事制度，规范独立董事机制，扩大董事会中独立董事的比重，确保独立董事的专业化和职业操守，杜绝"独立董事不独立"情况，使独立董事能够发生、敢于发声。为激发独立董事发挥作用，可以参考成立独董协会，继续健全完善独董人才库。

（3）提高监事会的运行效力，对高管进行适度薪酬激励。

企业应当重视监事会在国有企业内部控制中的作用，虽然审计委员会具有质询权和监督权，已在发挥治理功能。但是不能完全代替监事会，二者需要明确工作边界。另外，保障监事会的独立性，这就要求监事会的成员应该是以外部监事为主，同时使监事会职权更具有可操作性，提高监事会成员的专业素质，进而提高内部控制缺陷的修复效果；应适度对高管进行薪酬激励，合理确定基本年薪、绩效年薪，引入实施股票期权等长期激励方式，对市场化选聘的职业经理人实行市场化薪酬分配机制，以完善管理者业绩评价体系，提高管理者的工作积极性。

（4）健全国企内部控制法律法规。

我国已具有国有企业内部控制方面相关法律法规系统，然而这些法律法规仍存有不足之处，国有企业内部控制法规数量较多，内容和要求也越来越严格，但是也没有建立起具体的实施细则，也缺乏行业的内部控制细则，企业内部控制监管机制不完善，企业全面风险管理指引没有涉及国有企业全面风险管理的法律责任，所以建议国有企业内部控制的立法应确立第一责任人制度，建立明确和完整的奖惩机制，并且根据相关行业制定更适合本行业的内部控制规则。

8.2　研究局限与展望

8.2.1　研究局限

对于存在的内部控制缺陷并不一定都能被发现（Ashbaugh-Skaife et al.，2007）[1]，存在且被发现的内部控制还需要管理层有意愿对外披

---

① Ashbaugh-Skaife，H.，D. Collins，and W. Kinney. The discovery and reporting of internal control deficiencies prior to SOX – mandated audits［J］. Journal of Accounting and Economics，2007，44（1 – 2）：166 – 192.

露或被外部强制披露，所以未披露内部控制缺陷的公司不一定不存在内部控制缺陷。我们只能选择披露了内部控制缺陷的公司，这是中外研究者共同面临的问题。

在筛选内控重大缺陷的公司时，对某些缺陷的判断会存在一定的误差，文中关于内部控制重大缺陷的衡量和法律规制的衡量采用的是打分制，存在一定程度的主观判断，如对"企业更正已经发布的财务报表"迹象进行打分时，所采用的 1% 和 3% 这两个区分点依据不算很科学，未来我们要考虑改进衡量方式，尽量降低主观性带来的误差。另外，由于数据获取所限，治理主体的治理行为没有体现，未来可综合运用问卷调查等方法获取治理主体行为的数据，进一步深化本书的研究。

8.2.2　研究展望

未来一段时间可以研究审计委员会的非财务专业性专长，即治理专长对内部控制重大缺陷修正的影响，可以考虑细化治理专长的指标，研究不同的治理专长对内部控制重大缺陷修正的影响。在推进混合所有制改革背景下，研究不同控制人对内部控制重大缺陷修正的影响。由于分类治理是现阶段国企改革的关键举措之一，所以后续研究可以考虑分类治理的视角下国企内部控制缺陷修复的问题，进行细化研究并应挖掘中介效应变量进行实证检验。

治理主体的治理行为长期以来一直是个"黑箱"，2017 年、2018 年两年出现个别文献，研究治理行为的中介效应，但是对于治理行为的指标衡量一直存在很大的争议，未来可以综合运用实验和问卷调查等方法获取治理主体行为的数据，作为董事会治理对内部控制重大缺陷修正的中介，研究中介效应。再者把调节效应和中介效应放在一起，运用"有调节的中介"等方法来深化本书的研究。

国外学术界对关于内部控制的经济后果的现有研究集中于内控缺陷披露的市场反应上，如股票价格（Yu J.，Zhang Z.，Zheng S. X.，2016）[①]、会计信息质量、资本成本（Bolton B.，Lian Q.，Rupley K.，

---

① Yu J.，Zhang Z.，Zheng S. X. The effect of internal control weakness on firm valuation：Evidence from SOX Section 404 disclosures Author–Name：Li，Yingqi［J］. Finance Research Letters，2016，17（C）：17–24.

et al.，2016）① 等方面。国内内部控制缺陷市场效应的文献很少，这也为未来的研究提供了一种思路，未来可以搜集国内数据研究内部控制缺陷修正的市场效应，比如内部控制缺陷修正对股价的影响，对债务特征、债务评级的影响等，对投融资的影响，对盈余管理的影响等，也可以考虑进行内部控制缺陷和风险预警、风险控制之间关系的研究。另外，关于修正缺陷给公司审计费用带来的影响方面，国外学者已做了一些研究，国内研究太少，不够深入，后续研究中也可以考虑。

---

① Bolton B.，Lian Q.，Rupley K.，et al. Industry contagion effects of internal control material weakness disclosures［J］. Advances in Accounting，2016.

附 录

附表1　　　　　　　　　　　　　国外内部控制法规

颁布部门	发布时间	名称	简要内容	简要评价
美国国会	1977年	反海外贿赂法	《反海外贿赂法》基本条例主要由五项构成：（1）基本禁令；（2）第三方支付；（3）合法的情况；（4）抗辩；（5）法律制裁。法律处罚力度，公司的罚款最高可达100万美元，个人的罚款1万美元或最高5年的监禁	在过去的实施过程中，该法案对全球反跨国商业贿赂产生了很远的影响。其记录与会计条款的规定对于企业健全内部控制以及强化企业管理起到了里程碑的作用。对于中国企业及企业家的影响无疑是巨大而又深远的
美国注册会计师协会	1980年	审计准则公告第30号——内部会计控制的报告（SAS NO.30）	（1）对特定企业内部控制结构的有效性发表意见。（2）对企业整体或部分控制结构签发报告，依据主管机关预先确定的标准。（3）签发特殊目的的报告	该公告要求注册会计师要与审计委员会进行充分沟通，尤其是重大缺陷方面。反映了人们对内部控制评价报告与审计报告二者关系的认识发生了转变。从审计准则公告中可以看出独立审计向包括内部控制评价在内的鉴证领域扩展
美国注册会计师协会	1980年	审计准则公告第60号——审计师对关注到的内部控制结构相关事项的传达	要求审计师对审计过程中能引起审计师注意的，应向董事会所属审计委员会传达的内部控制事项进行评价	该公告所界定的内部控制可传达的情况更加广泛；表现出独立审计向包括内部控制评价在内的其他鉴证领域扩展的现实
COSO委员会	1992年9月	内部控制——整体框架	报告提出了内部控制的三性目标和五大要素，指出企业内部控制的概念	报告得到了美国联邦储备局、美国证交会等监管机构的认可，堪称内部控制发展史上的里程碑，被世界范围内许多企业所采用

颁布部门	发布时间	名称	简要内容	简要评价
美国注册会计师协会（AICPA）	1993 年	鉴证业务准则第 2 号——财务报告外的内部控制报告（GAAS NO.2）	单独引出财务报告控制，提出现场工作标准	把内部控制评价作为一种科学的审计方法，运用于财务报表审计工作，实践中人们也会越来越多的将内部控制评价作为一种独立的专项鉴证业务，美国的独立审计自20世纪初就一直位居世界前列，具备一定的国际影响，对其他国家产生了深远的影响
美国注册会计师协会（AICPA）	1993 年	鉴证业务准则第 3 号——符合性鉴证（GAAS NO.3）	了解被审计单位的内部控制并出具独立的内部控制评价报告	独立审计向包括内部控制评价在内的其他鉴证领域扩展，与此同时也相应地扩大了业务标准，做到各项业务都有具体标准可依，加强各项工作的透明度，促进鉴证业务的规范化，有利于加强内部控制，完善好各项工作，制定的符合性标准对于世界各国都具有借鉴作用
美国	2002 年 7 月	萨班斯－奥克斯利法案	其 302 条款要求管理人员按季度对内部控制有效性进行评估，404 条款是关于管理层对内部控制评价的要求，除了自我评估报告外，还需对管理层出具的内部控制自评报告出具鉴证报告	（1）奥克斯利法案的404条款直接成本高昂。（2）法案的间接成本（机会成本）对市场影响更为深远。（3）奥克斯利法案明确了问责制和惩罚措施，强调公司内部控制的重要性。该法案对规范市场，加强证券监管等方面都卓有成效，它代表了内部控制体系的一种发展趋势

颁布部门	发布时间	名称	简要内容	简要评价
南非	2002 年	公司实践与行为（关于公司治理的 King Ⅱ 报告）	南非出台《公司治理报告法规》克服传统内部控制系统不能管理许多风险的弊端，将风险管理作为减轻和控制风险的一种措施	《南非出台公司治理报告法规》为南非的企业内部控制制定了法律依据，有利于规范企业的有效经营，对约束高级管理人员的岗位职权提供了法律依据
澳大利亚证券交易所及其公司治理委员会	2003 年 3 月	良好公司治理原则和最佳实务操作建议	提出八个原则和建议。原则一：为管理和监督奠定牢固基础；原则二：成立董事会提供企业价值；原则三：提高决策的道德感和责任感；原则四：保证财务报告的真实完整性；原则五：及时、平衡的信息披露；原则六：尊重股东权利；原则七：识别、管理风险；原则八：按劳取酬。要求披露的报酬包括：基本薪水、董事费、非现金福利、利润分享计划、丧失职位补偿、退休安排、股票期权在职消费（如车辆费、房租、旅游等福利）	澳大利亚的企业内部控制系统由三个要素组成。企业管理当局最重要的职责之一就是应对各种风险。内部审计是风险管理系统中的重要职能部门
SEC	2003 年 6 月	管理层关于财务报告内部控制的报告及对交易法定期报告中披露的确认（10 - 020）*	（1）保障公司的财务报表符合公认会计原则和相关规定的编制要求；（2）保证资产的准确计量；（3）保护公司的资产避免未经授权或者不恰当使用；（4）防止或及时发现公司的资产未经授权的使用，配置	（1）完善了内部控制的定义；（2）减少了内部控制可能存在的任何混淆含义和范围；（3）保证了资产的安全；（4）完善了财务报表的制定
澳大利亚	2004 年 7 月	澳洲公司报告和信息披露法（简称 CLERP9）第 9 号法案	加强了审计监管、公司治理和公司责任框架的内容主要表现在以下五个方面：（1）提高审计师的独立性；（2）强化公共公司审计师注册登记制度；（3）强调审计师的责任和义务；（4）提高审计工作的监管力度；（5）增强准则的法律强制性	一是全面充实审计独立性的内容，加大了审计师维护审计独立性的责任；二是加强了对审计工作的规范管理；三是规范了审计准则的起草、修订过程，提高了审计准则的法律地位

305

颁布部门	发布时间	名称	简要内容	简要评价
香港联交所	2004年11月	公司治理实务和公司治理报告的准则	要求公司董事至少每年审核一次内部控制有效性，并在《公司治理报告》中向股东报告	要求公司董事至少每年审核一次内部控制有效性，并在《公司治理报告》中向股东报告
COSO委员会	2004年9月	企业风险管理——整合框架	提出风险管理概念和内部控制八大要素	拓展了内部控制，关注企业风险管理这一领域，公司转向一个更加全面的风险管理过程
COSO委员会	2004年9月	企业风险管理——应用技术	ERM应用于组织的战略制定；贯穿于整个企业的所有层次和单位	增强企业对风险的决策能力，减少经营中的意外和损失，利于识别和管理贯穿整个企业的风险，对于多种风险提供综合的应对方法，使风险偏好与指定的策略一致。ERM为组织的管理层和董事会提供合理的保证，它有一定局限性
加拿大安大略证券委员会	2005年2月	要求管理层评估并测试有关财务报告的内部控制系统（MI52-111）	设计并试行经营有效性测试的一体化方法；对关键的手工和自动化控制措施进行测试，基于经营有效程度对控制措施予以评级。控制措施包括监督、发现和执行控制；自动化每个季度对重要会计科目的检查，以确定是否所有重要性科目都被纳入考量；通过质量评估检查和经营有效性测试，识别商业和信息技术变化带来的控制不足，确保补救措施的存在；就所有商业和信息技术控制文档进行详细的质量评估以确保没有忽略任何关键控制点	识别财务报告程序中的风险，在商业和信息技术方面开发风险缓解策略；保证所有重要风险都有手工或自动化控制措施应对之；随着加拿大合规管理内涵和外延的不断丰富和发展，合规的角色和职责定位也在发生变化，合规工作已从传统的着重于制定政策和监视演化为重视培训和合规咨询支持，更是指出了合规和业务部门应是合作关系，合规管理应平衡好收入和合规的关系，成功的合规管理应能促进收入、创造价值。在此理念下，加拿大证券公司设计了一套多维度的合规管理评价体系，围绕着财务、声誉、运营、监管等维度，通过客观和主观相结合的衡量指标设计，实现了对合规管理成效的有效考核

续表

颁布部门	发布时间	名称	简要内容	简要评价
新加坡交易所	2005年5月	加强上市规定和程序计划公共咨文	就其加强上市规定和程序的计划发行了一份公共咨文	对于加强公司治理,实现更好的监管,提供了标准,进一步规范上市规定和程序计划
SEC证券交易委员	2005年5月	证券交易委员会关于实施内部控制报告要求的声明(2005-74)	管理层有责任保持一个财务报告内部控制系统,它要为财务报告的可靠性以及按照公认会计原则对外编制财务报表提供合理保证	规范了实施内部控制报告的相关规定,为对财务报告内部控制评价结果提供合理支持,管理层有责任保存包括文档记录在内的证明材料。也为第三方评价管理层实施的工作提供了可能
德国	2005年12月	德国公司治理准则(Deutscher Corporate Governance Kodex)	包括前言,股东和股东大会,管理层与监管委员会的合作,管理层/监事会、透明度和报告与年度财务报告的审计七部分。具体条文的设置为:现行法律规范重述、应遵行的建议和可遵行的建议三种。德国公司治理遵循着"遵守或解释"的规则,但并不强制执行,而通过《透明和公开法》对其进行说明,进而取得法律约束力,与德国经济法律制度体系高度匹配起来	对于德国加强公司治理、规范市场操作具有实际意义
欧盟	2006年5月	欧盟新公司法第八号指令	欧盟议会通过了关于审计业务的第8号指令的修改	加强审计方面的法规,成立专门的审计组织,规范了审计、提高了审计师的独立性
日本	2006年6月	金融工具与交易法	管理层需对财务报告内部控制设计和运行进行评估,并报告评估结果,独立审计师将提供评估鉴证报告	促进日本所有机构能产生良好的治理方式。希望日本的法规与其所有主要贸易伙伴之间建立和谐的关系。被称为"日本版萨班斯-奥克里斯法案"

颁布部门	发布时间	名称	简要内容	简要评价
COSO委员会	2006 年	财务报告内部控制——小型公众公司指南	较小型公众公司的特征、成本和收益、在实现具有成本效率的内部控制上所面临的挑战、获得更高的效率、实现有效的财务报告内部控制的基本原则	为较小型公众公司按照成本效率原则使用《内部控制-综合框架》设计和执行财务报告内部控制提供指导，主要观点以及解释性工具
美国公众公司会计监督委员会（PCAOB）	2007 年5 月	审计准则第 5号——与财务报表审计相结合的财务报告内部控制审计	重新明确重大缺陷的定义，将审计重点集中在内部控制的重要事项	恰当地运用自上而下法，重点关注舞弊控制，合理进行了实体层面的控制，为适应小规模公司对审计工作也进行了必要的调整
加拿大证券管理委员会	2008 年8 月	国家文书 52 -109 "发行人年度和中期文件披露证明"	通过发行人的核证官员的监督设计，提供有关财务报告可靠性的合理保证，编制会计准则和财务报表	公正地反映了交易及发行人的资产处置，为交易的必要记录和有关预防或及时发现提供了合理保证，提供了信息观代理观的解释，提升了证券发行人年度和中期披露的质量和可靠性
美国公众公司会计监督委员会	2009 年7 月	质量评审契约和董事会临时质量控制标准的符合修订	审计标准 7 号——质量评审契约和董事会临时质量控制标准的符合修订。对审计工作质量的评审，董事会对审计工作质量的审计做了一些规定	规范了董事会对审计工作质量的审计，对提高审计质量意义重大
COSO委员会	2009 年	内部控制监控指引系统	在重点领域创建了监督机制，在组织结构和国际控制的最低线，设置和执行了监督程序，评估结果更加准确	简化了评估进程，在组织领域方面提高检测力度，加强指导对于完善 COSO委员会的框架结构

续表

颁布部门	发布时间	名称	简要内容	简要评价
美国管理会计师协会（IMA）	2009 年	财务报告内部控制与风险管理	外部审计师综合审计的应用等	重要的参考信息，重要依据
日本企业会计审议会	2007 年 2 月	日本内部控制评价与审计准则	内容有内部控制结构、财务报告内部控制评价及财务报告内部控制审计组成	为企业内部控制评价及鉴证提供了技术规范和指导，对我国相关准则的制定和完善具有重要的参考价值
COSO 委员会	2013 年 5 月	内部控制—整体框架（新框架）的正式报告	新框架于 2014 年 12 月 15 日开始生效	这些措施将发挥十分重要的作用，紧跟政策潮流

　　注：＊美国证券交易委员会为执行《萨班斯法施内部控制报告要求的声明》，对企业管理层财务报告内部控制缺陷评估和重大缺陷认识等问题进行了详细的规定。这些规定虽然已成为全球重要市场中内部控制立法的重要参考，然而，这些规定只提供了一些原则性的规范，并未提供详细的操作指南。SOX 法案是应内部控制要求而颁布的最重要指令，2003 年 6 月的《最终规则：管理层关于财务报告内部控制的报告以及对〈交易法〉定期报告中披露的确认》和2005 年 5 月《证券交易委员会关于实施内部控制报告要求的声明》（2015 - 74）。

附表2　　　　　　　　　　　我国内部控制法规

序号	发布时间	发布机构	名称	简要内容
1	1993 年 12 月	全国人大常委会	公司法	公司法于 1993 年 12 月 29 日第八届全国人民代表大会常务委员会第五次会议通过，经过 1999 年、2004 年、2005 年和 2014 年四次修改，现行《公司法》是第四次修订。最新公司法于 2013 年 12 月 28 日第十二届六次会议通过修订，于 2014 年 3 月 1 日施行
2	1996 年 12 月	中注协	独立审计具体准则第 9 号	内部控制包括控制环境、会计系统和控制程序
3	1997 年 5 月	中国人民银行	加强金融机构内部控制的指导原则	金融机构内部控制的含义、作用及本指导原则的适用范围

序号	发布时间	发布机构	名称	简要内容
4	1997 年 12 月	中国人民银行	关于进一步完善和加强金融机构内部控制建设的若干意见	各金融机构要切实提高对内部控制必要性和重要性的认识，运作有序的内部控制机制，加强内控文化建设，健全内部控制机制
5	1999 年 7 月	全国人大常委会	中华人民共和国证券法	《中华人民共和国证券法》已由中华人民共和国第九届全国人民代表大会常务委员会第六次会议于 1998 年 12 月 29 日通过，自 1999 年 7 月 1 日起施行，经过 2005 年 10 月 27 日第一次修订，自 2006 年 1 月 1 日起施行至今
6	1999 年	证监会	关于资产减值准备等有关事项的通知	责成相关部门拟定或修订内部控制制度
7	2000 年	证监会	《公开发行证券公司信息披露编报规则》1 号、3 号、5 号	要求证券公司、商业银行及保险公司建立健全内部控制制度
8	2000 年	全国人大常委会	新《会计法》	要求各单位建立健全本单位内部会计监督制度，提出四项要求
9	2001 年 1 月	证监会	证券公司内部控制指引	对证券公司内部控制制度的标准、原则及基本要求做出了具体规定
10	2001 年 3 月	证监会	公开发行证券公司信息披露内容与格式准则第 1 号	发行人应披露管理层对内部控制制度有效性的自我评估意见，同时应披露注册会计师关于内部控制评价报告的结论性意见
11	2001 年 4 月	证监会	公开发行证券的公司信息披露内容与格式准则第 11 号	发行人应披露管理层对内部控制制度有效性的自我评估意见，同时应披露注册会计师关于内部控制评价报告的结论性意见
12	2001 年 10 月	证监会	关于做好证券公司内部控制评审工作的通知	聘请有经验的、有证券执业资格的会计师事务所对公司内部控制进行评审

序号	发布时间	发布机构	名称		简要内容
13	2002 年 9 月	中国人民银行	商业银行内部控制指引		对商业银行内部控制做出了定义，突出了内部控制的三个特点
14	2001 年	财政部	7 项内部会计控制规范（试行）	基本规范	与《会计法》配套，直接列出内容
	2001 年			后续具体规范	货币资金
	2002 年				销售与收款、采购与付款
	2003 年				工程项目
	2004 年				担保、对外投资
15	2002 年 1 月	证监会	上市公司治理准则		阐明了我国上市公司治理的基本准则，上市公司董事、监事及经理等高管人员所应当遵循的基本行为准则和职业道德
16	2002 年 2 月	中注协	企业内部控制审核指导意见		对注册会计师审核业务提供了规范，并要求自 2002 年 5 月 1 日起执行
17	2002 年 12 月	证监会	证券投资基金管理公司内部控制指导意见		较为系统地阐明了何为内部控制，为各公司清理、修改、完善自己的内部控制提供指导，具体的实施措施还需要各公司充分考虑内外环境的因素和公司的自身特点
18	2003 年 4 月	证监会	关于 2003 年基金管理公司内部控制执行情况检查的通知		标志着中国基金业将首次引入独立第三方对基金公司内控制度执行的有效性出具意见，将开始要求基金公司聘请会计师事务所对其内部控制进行专项评价
19	2003 年 12 月	证监会	证券公司治理准则（试行）		要求证券公司应当按照法律、行政法规和中国证监会的规定建立完备的风险管理和内部控制体系
20	2003 年 12 月	证监会	关于加强证券公司营业部内部控制若干措施的意见		规定证券公司结合实际制定内部控制制度并备案，此举措为规范证券业务，加强管理，防范风险，保护投资者权益提供了制度保障

序号	发布时间	发布机构	名称	简要内容
21	2004 年 8 月	银监会	商业银行内部控制评价试行办法	要求商业银行提供一套全面可证实的内部控制评价体系
22	2004 年 8 月	国资委	中央企业内部审计管理暂行办法	从机构设置、主要职责、工作程序、工作要求、罚则等方面对加强和规范内审工作做出了具体规定，为提高我国企业内部审计管理和内控机制水平提供了参考准则
23	2004 年 10 月	中注协	独立审计具体准则第 29 号	完善了内部控制，提出五大要素使之与国际接轨。更加明确了审计单位与注会的关系。即注会既有在存在特别考虑重大风险发表保留意见和无法保留意见的权利，也具有发现重大缺陷告知治理层和管理层的义务
24	2004 年 12 月	银监会	商业银行市场风险管理指引	要求商业银行加强对市场风险的管理，充分识别各种市场风险，确保商业银行安全、稳健经营
25	2005 年 10 月	证监会	关于提高上市公司质量的意见	对上市公司质量提出要求，支持和督促上市公司全面提高质量
26	2005 年 12 月	国资委	关于加强中央企业内部审计工作的通知	提出加强财务决算审计管理工作及规范会计师事务所选聘工作等
27	2006 年 2 月	中注协	CPA 审计准则 1411 号——考虑内部审计工作	（1）明确内部审计的范围和目标；（2）内部审计与注册会计师的关系；（3）了解和评估内部审计；（4）协调和沟通；（5）利用和评价内部审计的特定工作
28	2006 年 5 月	证监会	首次公开发行股票并上市管理办法	修订信息披露内容与格式准则第 9 号等文件
29	2006 年 5 月	上交所	上海证券交易所上市公司内部控制指引	董事会应评价公司内部控制的建立和实施情况，形成上市公司内部控制自我评价

序号	发布时间	发布机构	名称	简要内容
30	2006 年 5 月	证监会	证券投资基金管理公司治理准则（试行）	完善证券投资基金管理公司治理，保护相关当事人的合法权益的一些规定
31	2006 年 9 月	深交所	深圳证券交易所上市公司内部控制指引	公司董事会应依据公司内部控制审计报告，注册会计师应对公司财务报告内部控制情况出具评价意见
32	2006 年 6 月	国资委	中央企业全面风险管理指引	要求企业建立风险管理组织体系，对各机构在全面风险管理中的职责做了详细的说明
33	2006 年 12 月	证监会	上市公司章程指引（2006 年修订）	上市公司应当按照《章程指引》注释部分的解释和说明，参考正文部分的规定和要求
34	2006 年 12 月	证监会	上市公司股东大会规则	规定在董事会不履行召集和主持股东大会职责的情况下，监事会和股东提议召集股东大会的程序
35	2007 年 1 月	证监会	上市公司信息披露管理办法	信息披露义务人规定了信息披露义务人的保密义务
36	2007 年 1 月	国资委	中央企业财务内部控制评价工作指引	在 2006 年度国资委统一委托审计企业中试行，3 个附件
37	2007 年 3 月	财政部	企业内部控制——基本规范（征求意见稿）	同时发布 17 项具体规范（征求意见稿），基本规范规定内部控制的基本目标、要素、原则和总体要求
38	2007 年 6 月	银监会	商业银行操作风险管理指引	商业银行应当按照本指引要求，建立相适应的操作风险管理体系等
39	2007 年 7 月	银监会	商业银行内部控制指引	商业银行建立健全内部控制的一些举措（142 条）
40	2007 年 9 月	证监会	上市公司监督管理条例（征求意见稿）	对上市公司的公司治理结构、法律责任等作出详细规定

序号	发布时间	发布机构	名称	简要内容
41	2007 年 12 月	深交所	关于做好上市公司 2007 年度报告工作的通知	对公司内部控制进行自我评价，鼓励公司聘请审计机构就公司内部控制情况出具评价意见
42	2008 年 1 月	上交所	关于做好上市公司 2007 年年度报告工作的通知	鼓励上市公司披露自我评估报告，同时鼓励披露自我评估报告的审核评价意见
43	2008 年 5 月	财政部等五部委	企业内部控制基本规范	确立了基本框架，并正式在 2009 年 7 月 1 日起在上市公司实施
44	2008 年 6 月	财政部	内部控制配套指引（征求意见稿）	应用指引、评价指引、鉴证指引（征求意见稿）
45	2008 年 9 月	上交所	上交所股票上市规则	上市公司的重大信息要及时准确披露。同时，高级管理层要认真履行职责和义务。上市公司发行股票要由保荐人保荐。公司要在规定期限内编制并披露定期报告，同时及时报送披露临时报告。公司重大决议要报经董事会、监事会和股东大会批准确认。对公司的停牌和复牌，重大事项的诉讼和仲裁等其他情形作出相关规定
46	2009 年 2 月	国资委	关于进一步加强中央企业金融衍生业务监管的通知	认真组织好全集团范围内在境内外从事的各类金融衍生业务的清理工作，从事金融衍生业务的企业要对内部控制和风险管理制度及执行情况等进行严格核查
47	2009 年 3 月	证监会	首次公开发行股票并在创业板上市管理暂行办法	根据《证券法》《公司法》，制定本办法。股票依法发行后投资者自行负责投资风险
48	2009 年 7 月	深交所	深交所创业板股票上市规则	本所依据上述法律法规和证监会的授权，对上市公司股东、实际控制人、董事、监事、高管等自然人、机构及其相关人员，证券服务机构等进行监管

序号	发布时间	发布机构	名称	简要内容
49	2009 年 7 月	证监会	创业板两项征求意见稿	公开发行证券公司信息披露内容与格式准则第 X 号 – 首次公开发行股票并在创业板上市申请文件、创业板公司招股说明书（征求意见稿）
50	2009 年 10 月	深交所	深交所创业板上市公司规范运作指引	依据《深交所创业板上市规则》等，制定本指引。本指引适用于股票在深交所创业板上市的公司，规范创业板上市公司的行为
51	2010 年 4 月	财政部等五部委	企业内部控制应用、审计指引、评价指引①	连同此前发布的基本规范，标志着我国内部控制规范体系基本建成，企业将在 2011 年进入双报告披露的时代
52	2011 年 10 月	中注协	关于印发《企业内部控制审计指引实施意见》	为了规范注册会计师执行内部控制审计业务，明确工作
53	2012 年 2 月	财政部	关于印发企业内部控制规范体系实施中相关问题解释第 1 号通知	解决了《企业内部控制基本规范》中存在的一些问题和模糊项，弥补了《规范》未涉及的领域，使《规范》更具体可行，与本国企业的具体情况相结合，对企业起到了更好的指导作用。使《规范》真正成为能够指导企业进行内部控制的准则
54	2012 年 9 月	财政部	关于印发企业内部控制规范体系实施中相关问题解释第 2 号的通知	弥补了《规范》未涉及的领域，使《规范》更具体可行，与本国企业的具体情况相结合，对企业起到了更好的指导作用。使《规范》真正成为能够指导企业进行内部控制的准则

① 2010 年 4 月 26 日，财政部、证监会、审计署、银监会、保监会联合发布了关于印发企业内部控制配套指引的通知（下称"通知"），2011 年 1 月 1 日境内外同时上市的公司施行，2012 年 1 月 1 日上海证券交易所、深圳证券交易所主板上市公司施行。为我国的内部控制体系的建立构建了框架，也指明了方向。

序号	发布时间	发布机构	名称	简要内容
55	2012 年 11 月	财政部	行政事业单位内部控制规范（试行）	确立了我国行政事业单位建立和实施内部控制制度的相关规定
56	2014 年 10 月	财政部	《财政部内部控制基本制度（试行)》	10 月 8 日，经 9 月 30 日部党组会议和 9 月 11 日部长办公会议审议通过的《财政部内部控制基本制度（试行)》颁布，自 11 月 1 日起正式实施，标志着财政部内部控制工作全面启动
57	2015 年 12 月	财监	关于加强财政内部控制工作的若干意见	为深入贯彻落实党的会议精神和财政部党组推进内部控制建设的决策部署，提高财政部门的风险防控能力和管理水平，提出意见
58	2015 年 12 月	国家发改委 等 22 部委	关于对违法失信上市公司相关责任主体实施联合惩戒的合作备忘录（以下简称《备忘录》）	有人称之为是中国版本的《萨班斯法案》。《备忘录》规定了 16 项惩戒措施
59	2016 年 1 月	财政部	财政部关于全面推进行政事业单位内部控制建设的指导意见	对全面推进行政事业单位内部控制建设提出的指导意见
60	2016 年 7 月	财政部	关于加强政府采购活动内部控制管理的指导意见	强化内部流程控制，促进政府采购提质增效，提出的意见
61	2017 年	财政部	关于印发《行政事业单位内部控制报告管理制度（试行)》的通知	关于行政事业单位内部控制报告管理的制度
62	2018 年	财政部	关于开展 2018 年度行政事业单位内部控制报告编报工作的通知	关于行政事业单位内部控制报告编报工作

附表 3

异方差检验 Spearman 相关系数表

	cancha	Dsize	Ddb	JRen	LNDSala	DGB	NoSala	AB	ABsize	ABzhua	Ameeting	jme~g	JLNGSa	CEO
cancha	1.0000													
Dsize	-0.0556	1.000												
Ddb	0.0310	-0.561**	1.0000											
JRen	0.0093	-0.107***	0.0788*	1.000										
LNDSala	0.0348	0.182***	-0.1473***	0.087**	1.0000									
DGB	0.0536	0.014	0.0542	0.083**	0.2541***	1.0000								
NoSala	-0.0437	0.286***	-0.2585***	-0.113***	-0.1627***	-0.3094***	1.0000							
AB	-0.0690*	0.108***	-0.0532	-0.059	0.0911**	0.0225	0.0335	1.0000						
ABsize	-0.0068	0.196***	-0.1433***	-0.097**	0.1032**	0.0630	0.0397	0.5624***	1.000***					
ABzhuan	-0.0464	0.051	-0.0936**	-0.153**	0.0106	-0.0391	0.0263	0.3724***	0.205***	1.000***				
Ameetings	0.1168***	0.137***	-0.0305	-0.009	0.1401***	0.0782**	-0.0236	0.4699***	0.342***	0.173***	1.000			
JMeetings	0.0645	-0.008	0.0168	0.117***	-0.0444	0.1429***	-0.0464	-0.0409	-0.007	-0.168***	0.173***	1.000		
LNGSsalar	0.0889**	-0.028	-0.0166	0.059	0.0189	0.0593	0.0299	-0.0545	-0.050	-0.015	-0.055	-0.049	1.000***	
CEO	0.0067	-0.028	0.0445	-0.102**	-0.0300	-0.0703**	0.0263	0.0035	0.001	0.032	0.097**	0.060	-0.096**	1.

续表

	cancha	Dsize	Ddb	JRen	LNDSala	DGB	NoSala	AB	ABsize	ABzhua	Ameeting	jime~g	JLNGSa	CEO
B1C8	-0.0463	0.189***	-0.0998**	-0.059	0.1571***	0.0355	0.1145***	0.0530	0.028	0.067	-0.007	-0.081*	-0.018	-0.089**
Control Audit	-0.0822**	0.089**	0.0184	-0.025	0.0582	0.0996**	-0.0158	-0.0009	0.021	-0.039	0.079*	0.053	-0.084**	0.000
Opinion	-0.0020	0.019	0.0191	-0.027	-0.0707	-0.0779*	0.0912**	0.0335	0.003	0.034	0.023	-0.016	0.033	0.026
GZH	-0.0823**	-0.132***	0.0987**	-0.070*	-0.1451***	-0.1838***	0.0906**	0.0479	0.048	0.029	-0.082**	-0.038	-0.039	-0.037
CunH	0.0555	-0.024	0.0067	0.053	0.1845***	0.0519	-0.0084	0.0308	0.003	-0.120***	0.038	0.034	-0.009	-0.025
Sudong	0.1445***	-0.123***	0.0514	0.037	0.089*	0.0891***	-0.1365***	-0.0373	-0.059	0.037	-0.107***	0.065	-0.016	-0.012
ChZu	0.0327	0.025	0.0013	-0.015	0.113***	0.0502	0.0174	0.1024**	0.038	0.044	0.263***	0.001	0.008	0.013
Growth1	-0.0873*	0.055	-0.0664	-0.066	0.115***	0.069	0.0940***	0.0255	0.039	-0.066	-0.050	0.068	-0.010	-0.027
Growth2	0.0927**	0.066	-0.0441	-0.045	0.2268***	0.254***	-0.0610	0.1129***	0.107***	-0.064	0.208***	0.069*	0.090**	-0.029
Wei	0.0951**	-0.025	0.0672	0.087**	-0.0128	0.125***	-0.0548	0.0388	0.039	0.037	0.074*	0.054	-0.008	0.052
Repeat	-0.0032	0.043	-0.0305	0.039	-0.0831 0.0467	-0.031	0.0615	0.0030	0.068 0.097	-0.023	0.039	-0.058	0.066	0.044
LNSize	-0.0392	0.292***	-0.1566***	-0.143***	0.4773***	0.059	0.1167***	0.1684***	0.243***	0.054	0.237***	-0.019	-0.047	-0.069*
Age	-0.0845**	0.049	-0.0802*	-0.086**	-0.045	-0.398***	0.283***	0.032	0.085*	0.191***	0.062	-0.258***	0.011	0.071*

	BIG8	Con Audit	opinion	GZH	CunH	sudong	ChZu	Growth1	Growth2	wei	Repeat	LNSize	Age
BIG8	1.0000												
Control Audit	0.0212	1.0000											
Opinion	-0.0290	0.0747 *	1.0000										
GZH	-0.0094	-0.0312	-0.0438	1.0000									
CunH	-0.0366	0.0286	-0.0136	0.0002	1.0000								
Sudong	0.0063	0.0131	-0.0787 0.0659	-0.0594	-0.2988 ***	1.0000							
ChZu	-0.0188	-0.0588	-0.0138	-0.0175	0.0035	-0.0415	1.0000						
Growth1	-0.0055	0.0662	-0.0202	0.0105	0.0643	0.0902 *	0.0565	1.0000					
Growth2	0.0468	0.0589	-0.0074	-0.1395 ***	0.0933 **	0.1130 ***	0.0672	0.0976 **	1.0000				
Wei	-0.0511	-0.0557	0.0520	-0.0573	0.0217	0.0286	0.0679 *	-0.0420	0.0084	1.0000			
Repeat	-0.1190 ***	-0.0420	0.1519 ***	-0.0436	-0.0309	-0.0159	-0.0457	-0.0074	-0.0644	0.0525	1.0000		
LNSize	0.1832 ***	0.1112 ***	-0.0781 *	0.1150 ***	0.1045 **	-0.2456 ***	0.1153 ***	0.1346 ***	0.2356 ***	-0.0571	-0.0715 *	1.0000	
Age	-0.018	-0.095 *	0.0802 *	0.1146 ***	-0.039	-0.245 ***	0.0537	0.0308	-0.117 ***	-0.111 ***	0.0925 **	0.0647	1.0000

注：*** 表示在 0.01 水平上显著相关，** 表示在 0.05 水平上显著相关，* 表示在 0.1 水平上显著相关。

附表 4

异方差检验 Spearman 相关系数表

	cancha	Dsize	Ddb	JRen	LNDSala	DGB	NoSala	AB	ABsize	ABzhua	Ameeting	jme~g	JLNGSa	CEO
cancha	1.0000													
Dsize	-0.0556	1.0000												
Ddb	0.0310	-0.5616 ***	1.0000											
JRen	0.0093	-0.1069 ***	0.0788 *	1.0000										
LNDSala	0.0348	0.1821 ***	-0.1473 ***	0.0870 **	1.0000									
DGB	0.0536	0.0142	0.0542	0.0833 **	0.2541 ***	1.0000								
NoSala	-0.0437	0.2856 ***	-0.2585 ***	-0.1125 ***	-0.1627 ***	-0.3094 ***	1.0000							
AB	-0.0690 *	0.1079 ***	-0.0532	-0.0595	0.0911 **	0.0225	0.0335	1.0000						
ABsize	-0.0068	0.1956 ***	-0.1433 ***	-0.0965 **	0.1032 **	0.0630	0.0397	0.5624 ***	1.0000					
ABzhuan	-0.0464	0.0510	-0.0936 **	-0.1529 ***	0.0106	-0.0391	0.0263	0.3724 ***	0.2050 ***	1.0000				
Ameetings	0.1168 ***	0.1366 ***	-0.0305	-0.0091	0.1401 ***	0.0782 *	-0.0236	0.4699 ***	0.3424 ***	0.1730 ***	1.0000			
JMeetings	0.0645	-0.0075	0.0168	0.1174 ***	-0.0444	0.1429 ***	-0.0464	-0.0409	-0.0067	-0.1680 ***	0.1718 ***	1.0000		
LNCSalar	0.0889 **	-0.0279	-0.0166	0.0590	0.0189	0.0593	0.0299	-0.0545	-0.0500	-0.0147	-0.0551	-0.0491	1.0000	
CEO	0.0067	-0.0277	0.0445	-0.1016 **	-0.0300	-0.0703 *	0.0263	0.0035	0.0014	0.0315	0.0971 **	0.0600	-0.0958 **	1.0000
B1G8	-0.0463	0.1885 ***	-0.0998 **	-0.0592	0.1571 ***	0.0355	0.1145 ***	0.0530	0.0285	0.0670	-0.0070	-0.0806 *	-0.0175	-0.0893 **

续表

	cancha	Dsize	Ddb	JRen	LNDSala	DGB	NoSala	AB	ABsize	ABzhua	Ameeting	jme~g	JLNGSa	CEO
Control Audit	-0.0822**	0.0893**	0.0184	-0.0251	0.0582	0.0996**	-0.0158	-0.0009	0.0212	-0.0391	0.0789*	0.0534	-0.0837**	0.0001
Opinion	-0.0020	0.0198	0.0191	-0.0266	-0.0707	-0.0779*	0.0912**	0.0335	0.0031	0.0338	0.0225	-0.0164	0.0330	0.0256
Median	0.0569	0.0890**	-0.0889**	0.0484	0.0214	-0.0432	0.0380	-0.0013	0.0545	0.0461	0.0852**	-0.0214	-0.0443	-0.0062
GZH	-0.0823**	-0.1317***	0.0987**	-0.0704*	-0.1451***	-0.1838***	0.0906**	0.0479	0.0481	0.0294	-0.0820**	-0.0380	-0.0393	-0.0374
CunH	0.0555	-0.0239	0.0067	0.0533	0.1845***	0.0519	-0.0084	0.0308	0.0032	-0.1202***	0.0379	0.0344	-0.0092	-0.0245
Sudong	0.1445***	-0.1229***	0.0514	0.0366	0.0891**	0.0891***	-0.1365***	-0.0373	-0.0589	0.0372	-0.1069***	0.0651	-0.0159	-0.0118
ChZu	0.0327	0.0251	0.0013	-0.0146	0.1126***	0.0502	0.0174	0.1024**	0.0375	0.0440	0.2631***	0.0013	0.0084	0.0129
Growth1	-0.0873*	0.0553	-0.0664	-0.0655	0.1147**	0.0685	0.0940**	0.0255	0.0394	-0.0660	-0.0500	0.0679	-0.0102	-0.0267
Growth2	0.0927**	0.0656	-0.0441	-0.0455	0.2268***	0.2543***	-0.0610	0.1129***	0.1073***	-0.0644	0.2078***	0.0699*	0.0900**	-0.0289
Wei	0.0951**	-0.0248	0.0672	0.0874**	-0.0128	0.1253***	-0.0548	0.0388	0.0393	0.0367	0.0738*	0.0542	-0.0085	0.0516
Repeat	-0.0032	0.0430	-0.0305	0.0387	-0.0831**	-0.0313	0.0615	0.0030	0.0683*	-0.0226	0.0399	-0.0581	0.0662	0.0441
LNSize	-0.0392	0.2924***	-0.1566***	-0.1432***	0.4773***	0.0591	0.1167***	0.1684***	0.2426***	0.0540	0.2374***	-0.0191	-0.0468	-0.0691*
Age	-0.0845**	0.0496	-0.0802*	-0.0855**	-0.0452	-0.3979***	0.2833***	0.0315	0.0847**	0.1911***	0.0624	-0.2575***	0.0111	0.0706*

续表

	B1G8	Con Audi	opinion	medien	GZH	CunH	sudong	ChZu	Growth1	Growth2	wei	Repeat	LNSize	Age
B1G8	1.0000													
Control Audit	0.0212	1.0000												
Opinion	-0.0290	0.0747*	1.0000											
Median	0.0071	-0.0338	-0.0261	1.0000										
GZH	-0.0094	-0.0312	-0.0438	0.0405	1.0000									
CunH	-0.0366	0.0286	-0.0136	-0.0196	0.0002	1.0000								
Sudong	0.0063	0.0131	-0.0787*	-0.1376***	-0.0594	-0.2988***	1.0000							
ChZu	-0.0188	-0.0588	-0.0138	0.0913**	-0.0175	0.0035	-0.0415	1.0000						
Growth1	-0.0055	0.0662	-0.0202	0.0432	0.0105	0.0643	0.0902	0.0565	1.0000					
Growth2	0.0468	0.0589	-0.0074	0.0099	-0.1395***	0.0933**	0.1130***	0.0672	0.0976**	1.0000				
Wei	-0.0511	-0.0557	0.0520	0.0560	-0.0573	0.0217	0.0286	0.0679*	-0.0420	0.0084	1.0000			
Repeat	-0.1190***	-0.0420	0.1519***	-0.0114	-0.0436	-0.03091	-0.0159	-0.0457	-0.0074	-0.0644	0.0525	1.0000		
LNSize	0.1832***	0.1112***	-0.0781*	0.1044**	0.1150***	0.1045**	-0.2456***	0.1153***	0.1346***	0.2356***	-0.0571	-0.0715*	1.0000	
Age	-0.018	-0.095**	0.0802*	0.1462***	0.1146***	-0.039	-0.245***	0.0537	0.0308	-0.117***	-0.111***	0.0925**	0.0647	1.0000

注：*** 表示在 0.01 水平上显著相关，** 表示在 0.05 水平上显著相关，* 表示在 0.1 水平上显著相关。

附表 5

异方差检验 Spearman 相关系数表

		Dsize	cancha	JRen	LNDSala	DGB	NoSala	AB	ABsize	ABzhua	Ameeting	jme ~ g	JLNGSa	
cancha	1													
Dsize	-0.0342	1												
Ddb	0.0284	-0.5616 ***	1											
JRen	0.0393	-0.1069 ***	0.0788 *	1										
LNDSala	0.0329	0.1816 ***	-0.147 ***	0.0866 **	1									
DGB	0.0887 **	0.0142	0.0542	0.0833 **	0.2526 ***	1								
NoSala	-0.0613	0.2856 ***	-0.259 ***	-0.1125 ***	-0.161 ***	-0.309 ***	1							
AB	-0.0486	0.1079 ***	-0.053	-0.0595	0.0908 **	0.0225	0.0335	1						
ABsize	0.0036	0.1956 ***	-0.143 ***	-0.0965 ***	0.1029 **	0.063	0.0397	0.5624 ***	1					
ABzhuan	-0.0479	0.051	-0.094 **	-0.1529 ***	0.0106	-0.039	0.0263	0.3724 ***	0.205 ***	1				
Ameetings	0.1507 ***	0.1366 ***	-0.031	-0.0091	0.1388 ***	0.0782 *	-0.024	0.4699 ***	0.3424 ***	0.173 ***	1			
JMeetings	-0.0479	0.051	-0.094 **	-0.1529 ***	0.0106	-0.039	0.0263	0.3724 ***	0.205 ***	1 ***	0.173 ***	1		
LNGSalar	0.0744 *	-0.0279	-0.017	0.059	0.0205	0.0593	0.0299	-0.055	-0.05	-0.015	-0.0551	-0.0147	1	
CEO	0.0136	-0.0277	0.0445	-0.1016 **	-0.031	-0.07 *	0.0263	0.0035	0.0014	0.0315	0.0971 **	0.0315	-0.096 **	1
B1C8	-0.0359	0.1885 ***	-0.099 **	-0.0592	0.1564 ***	0.0355	0.1145 ***	0.053	0.0285	0.067	-0.007	0.067	-0.018	

续表

		Dsize	cancha	JRen	LNDSala	DGB	NoSala	AB	ABsize	ABhua	Ameeting	jme ~ g	JLNGSa
Control Audit	-0.1023 **	0.0893 **	0.0184	-0.0251	0.0618	0.0996 **	-0.016	-0.001	**	-0.039	0.0789 *	-0.0391	-0.084 **
Opinion	-0.0742 *	0.0198	0.0191	-0.0266	-0.071	-0.078 *	0.0912 **	0.0335	0.0031	0.0338	0.0225	0.0338	0.033
L	-0.202 ***	-0.0263	0.0415	-0.017	0.0787 *	0.0241	-0.044	0.0708 *	0.0341	0.011	0.001	0.011	-0.166 ***
GZH	-0.0577	-0.1317 ***	0.0987 **	-0.0704 *	-0.144 ***	-0.184 ***	0.0906 **	0.0479	0.0481	0.0294	-0.082 *	0.0294	-0.039
CunH	0.0006	-0.0239	0.0067	0.0533	0.1834 ***	0.0519	-0.008	0.0308	0.0032	-0.12 ***	0.0379	-0.1202 ***	-0.009
Sudong	0.1707 ***	-0.1229 ***	0.0514	0.0366	0.0897 **	0.2304 ***	-0.136 ***	-0.037	-0.059	0.0372	-0.1069 ***	0.0372	-0.016
ChZu	0.078 *	0.0251	0.0013	-0.0146	0.1165 ***	0.0502	0.0174	0.1024 **	0.0375	0.044	0.2631 ***	0.044	0.0084
Growh1	-0.0686	0.0553	-0.066	-0.0655	0.1101 **	0.0685	0.094 **	0.0255	0.0394	-0.066	-0.05	-0.066	-0.01
Growh2	0.0796 *	0.0656	-0.044	-0.0455	0.2232 ***	0.2543 ***	-0.061	0.1129 ***	0.1073 ***	-0.064	0.2078 ***	-0.0644	0.09 **
Wei	0.1763 ***	-0.0248	0.0672	0.0874 **	-0.013	0.1253 ***	-0.059	0.0388	0.0393	0.0367	0.0738 *	0.0367	-0.009
Repeat	-0.0109	0.043	-0.031	0.0387	-0.083 **	-0.031	0.0615	0.003	0.0683 *	-0.023	0.0399	-0.0226	0.0662
LNSize	-0.0464	0.2924 ***	-0.157 ***	-0.1432 ***	0.4757 ***	0.0591	0.1167 ***	0.1684 ***	0.2426 ***	0.054	0.2374 ***	0.054	-0.047
Age	-0.1029 **	0.0496	-0.08 *	-0.0855 **	-0.044	-0.398 ***	0.2833 ***	0.0315	0.0847 **	0.1911 ***	0.0624	0.1911 ***	0.0111

续表

	ceo	B1G8	Con Audit	opinion	medien	GZH	CumH	sudong	ChZu	Growth1	Growth2	wei	Repeat	LNSize	Age
ceo	1.0000														
B1G8	-0.089**	1.0000													
Control Audit	0.0001	0.0212	1.0000												
Opinion	0.0256	-0.029	0.0747*	1.0000											
Median	-0.012	0.0609	0.2646***	0.0510	1.0000										
GZH	-0.037	-0.009	-0.031	-0.044	0.0019	1.0000									
CunH	-0.025	-0.037	0.0286	-0.014	-0.025	0.0002	1.0000								
Sudong	-0.012	0.0063	0.0131	-0.079*	-0.009	-0.059	-0.299***	1.00							
ChZu	0.0129	-0.019	-0.059	-0.014	0.0056	-0.018	0.0035	-0.042	1.000						
Growth1	-0.027	-0.006	0.0662	-0.020	0.0794*	0.0105	0.0643	0.0902*	0.0565	1.0000					
Growth2	-0.029	0.0468	0.0589	-0.007	-0.039	-0.139***	0.0933***	0.1130***	0.0672	0.0976**	1.000				
Wei	0.0516	-0.051	-0.056	0.0520	-0.212***	-0.057	0.0217	0.0286	0.0679*	-0.042	0.0084	1.00			
Repeat	0.0441	-0.119***	-0.042	0.1519***	-0.008	-0.044	-0.031	-0.016	-0.046	-0.007	-0.064	0.0525	1.00		
LNSize	-0.069*	0.1832***	0.1112***	-0.078*	0.0856**	0.1150***	0.1045***	-0.246***	0.1153***	0.1346***	0.236***	-0.057	-0.07*	1.	
Age	0.0706*	-0.018	-0.095**	0.0802*	0.1350***	0.1146***	-0.039	-0.245***	0.0537	0.0308	-0.117***	-0.111***	0.09**	0.06	1.

注：*** 表示在 0.01 水平上显著相关，** 表示在 0.05 水平上显著相关，* 表示在 0.1 水平上显著相关。

附表 6

异方差检验 Spearman 相关系数表

	can	Zdsize	Zdsize2	ZDdb	Zjren	ZLNDSala	ZDCB	ZNosala	ZAB	ZABsize	ZABzhuan	Zameetings	ZAmeetings2	Zjmeetings	ZLNGSalar	ZCEO
can	1															
Zdsize	0.0044	1														
Zdsize2	0.0042	-0.2384 ***	1													
ZDdb	-0.0056	-0.534 ***	0.5492 ***	1												
Zjren	0	-0.119 ***	0.0228	0.1173 ***	1											
ZLNDSala	-0.0077	0.1882 ***	-0.0798 **	-0.1677 ***	0.0656 *	1										
ZDCB	-0.026	0.0186	-0.0507	0.0382	0.0967 ***	0.266 ***	1									
ZNosala	0.0037	0.271 ***	-0.1163 ***	-0.2285 ***	-0.1355 ***	-0.1737 ***	-0.3193 ***	1								
ZAB	0	0.076 **	-0.0123	-0.0462	-0.0412	0.0627 *	0.0298	0.0162	1							
ZABsize	0.0059	0.2055 ***	-0.1057 ***	-0.173 ***	-0.1099 ***	0.0759 **	0.0251	0.0542	0.4906 ***	1						
ZABzhuan	0.0108	0.0321	-0.0323	-0.0709 **	-0.1175 ***	0.0213	-0.0216	-0.0056	0.3397 ***	0.1355 ***	1					
Zameetings	0.0005	0.1 **	0.038	0.0429	0.0013	0.071 *	0.0254	-0.0029	0.4445 ***	0.3177 ***	0.12 ***	1				
ZAmeetings2	-0.0071	-0.0371	-0.0009	-0.0178	-0.029	0.068 *	0.005	-0.0721 *	-0.4113 ***	-0.1755 ***	-0.0377	-0.0621	1			
Zjmeetings	0.0163	-0.0224	0.0055	-0.0297	0.0969 ***	-0.0067	0.1587 ***	-0.0788 *	-0.0035	-0.0008	-0.1245 ***	0.0858 **	0.0412	1		
ZLNGSalar	0.0146	0.175 ***	-0.0256	-0.1711 ***	0.0487	0.8461 ***	0.1607 ***	0.0668 *	0.0815 **	0.1019 ***	0.0098	0.0663 *	0.0398	0.0183	1	
ZCEO	0	-0.0212	0.0751 **	0.0237	-0.0805 **	-0.0427	-0.0857 **	0.0549	0.0021	0.0075	0.0293	0.0603	0.0462	0.0715 **	-0.0517	1
ZBIC8	0	0.1473 ***	-0.0322	-0.0738 **	-0.0194	0.1528 ***	0.0406	0.1076 ***	0.024	0.0478	0.0589	-0.03	-0.0332	-0.0641 *	0.2006 ***	-0.0477

续表

	can	Zdsize	Zdsize2	ZDdb	Zjren	ZLNDSala	ZDGB	ZNosala	ZAB	ZABsize	ZABzhuan	Zameetings	ZAmeetings2	Zjmeetings	ZLNGSalar	ZCEO
Zcontrol Audit	0	0.0719 **	0.0636 *	-0.0276	-0.0348	0.0563	0.0346	0.0188	0.0024	0.0438	-0.0091	0.0312	0.0323	0.065 *	0.0945 ***	-0.0085
Zopinion	0	-0.0861 **	-0.026	0.0053	0.0233	-0.185 ***	-0.1985 ***	0.0398	-0.0291	-0.0131	0.035	0.0482	0.0382	-0.0682 *	-0.1688 ***	0.104 ***
M	-0.0206	-0.0462	-0.0095	0.04	0.009	-0.0054	-0.0032	-0.0225	0.0317	-0.0079	-0.0624 *	0.0461	-0.0037	0.0895 **	0.0182	0.03
L	-0.0033	-0.028	-0.0164	-0.1136 ***	-0.0128	0.0901 **	0.0453	-0.0417	0.0994 ***	0.1034 ***	0.1065 ***	-0.256 ***	0.0723 *	0.0718 ***	0.1272 ***	0.031
ZGZH	0.0442	-0.1174 ***	0.0062	0.0923 ***	-0.0401	-0.137 ***	-0.176 ***	0.0711 **	0.052	0.056	0.0237	-0.0424	-0.004	-0.043	-0.1067 ***	-0.0331
ZCunH	0.002	-0.0374	0.0349	0.0046	0.0609 *	0.1694 ***	0.0597 *	-0.0125	0.0402	-0.0282	-0.1094 ***	0.0337	-0.0057	0.0347	0.142 ***	-0.0303
Zsudong	0.0305	-0.1033 ***	-0.0414	0.0476	0.0264	0.1146 ***	0.2226 ***	-0.1291 ***	-0.0273	-0.0854 **	0.0474	-0.0977 **	0.0038	0.0584	0.0582	-0.0346
ZGZu	0	-0.0001	0.0182	0.0004	-0.0381	0.0989 ***	0.0722 **	-0.0114	0.0996 ***	0.0169	0.0163	0.2438 ***	0.0061	0.0143	0.112 ***	0.0112
ZGrowth1	-0.0112	0.0564	-0.0618	-0.0456	-0.0267	0.0342	0.0485	0.0888 **	0.0333	0.0365	-0.054	-0.0257	-0.0344	0.0169	0.0968 **	0.0009
ZGrowth2	0.0055	0.0449	-0.0217	-0.0641 *	-0.0244	0.2435 ***	0.2526 ***	-0.0646 *	0.1047 ***	0.0505	-0.0225	0.1443 ***	0.0205	0.0878 **	0.2466 ***	-0.0388
Zrepeat	-0.0011	-0.0108	-0.0349	0.0018	-0.0209	-0.0482	-0.0968 ***	0.0665 *	-0.0356	-0.0218	0.0077	0.0064	0.0781 **	-0.0396	-0.0403	0.0466
Zweigui	0.0203	0.0063	0.0188	-0.0999 ***	0.0158	0.0204	-0.0282	-0.0121	0.0081	0.036	0.0457	-0.0595	0.0061	0.0057	0.0128	0.0621 *
ZHHI	-0.0195	0.1275 ***	0.0314	-0.1277 ***	-0.1325 ***	0.2165 ***	-0.079 **	0.0527	0.1238 ***	0.1206 ***	0.1267 ***	0.0148	0.1616 ***	0.0701 ***	0.3159 ***	0.0128
ZUGch	0.0083	0.0999 ***	0.0732 **	-0.0439	-0.0204	0.177 ***	-0.071 **	-0.0024	-0.0306	0.0001	-0.0145	-0.0199	0.0801 **	-0.0471	0.1999 ***	0.0103
ZLNSize	-0.003	0.2858 ***	0.0078	-0.1576 ***	-0.1202 ***	0.4635 ***	0.0641 *	0.1063	0.1369 ***	0.2171 ***	0.0501	0.1516 ***	0.0425	0.0422	0.5245 ***	-0.0509
Zage	-0.0027	0.0394	-0.0486	-0.0856 **	-0.0937 ***	-0.0412	-0.4083 ***	0.2795 ***	0.032	0.1194 ***	0.1471 ***	0.0529	0.0958 **	-0.2279 ***	0.0514	0.0738 **

续表

	ZBIG8	Zcontrol Audit	Zopinion	M	L	ZGZH	ZCunH	Zsudong	ZChZu	ZGrowth1	ZGrowth2	Zrepeat	Zweigui	ZHHI	ZJGch	ZLNSize	Zage
BIG8	1																
control Aud	0.0217	1															
opinio	-0.0258	-0.0421	1														
M	-0.0327	-0.0007	0.0175	1													
L	0.1014 ***	0.321 ***	0.0217	-0.0365	1												
GZH	0.0106	-0.0197	-0.0855 **	0.0499	-0.0226	1											
CunH	-0.0487	0.033	-0.129 ***	0.0187	-0.0477	0.0187	1										
sudong	0.0001	-0.026	-0.1497 ***	-0.0347	-0.0217	-0.0595 *	-0.2779 ***	1									
ChZu	-0.0189	-0.0626 *	0.011	0.0049	-0.0415	-0.0518	-0.0013	-0.0232	1								
Growth1	-0.0016	0.0579	-0.0219	-0.0135	0.0517	-0.0313	0.0643 *	0.0416	0.0654 *	1							
Growth2	0.0363	0.0601 *	-0.1268 ***	0.0227	-0.0405	-0.1261 ***	0.1169 ***	0.1294 ***	0.0727 **	0.0137	1						
repeat	0.0153	-0.0966 ***	0.121 ***	0.0796 **	0.1651 ***	0.0382	-0.0947 **	0.0025	-0.003	-0.0337	0.001	1					
weigui	-0.0104	0.0634 *	0.0452	-0.0377	0.5217 ***	-0.0697 *	0.002	-0.0369	0.0646 *	0.018	0.0165	-0.0441	1				
HHI	0.1612 ***	0.215 ***	-0.0074	-0.0264	0.0583	0.0029	0.0038	-0.2045 ***	0.0716 ***	0.0862 **	0.0792 **	0.0421	0.1786 ***	1			
JGch	0.0454	0.0992 ***	0.0335	-0.062 *	0.1397 ***	-0.2091 ***	-0.0865 **	0.0806 **	0.0133	0.03	0.1122 ***	-0.0063	-0.0038	0.1532 ***	1		
LNSize	0.1603 ***	0.1476 ***	-0.1795 ***	0.0211	0.1942 ***	0.104 **	0.0923 **	-0.2305 **	0.0812	0.0541	0.2476 ***	-0.043	-0.034	0.4391 ***	0.1472 ***	1	
age	-0.0102	0.0364	0.1719	0.0276		0.1094 *	-0.036	-0.229 ***	0.0527	0.0272	-0.1303 ***	0.1634 ***	0.1167 ***	0.2889 ***	0.0475	0.0723 **	1

注：*** 表示在 0.01 水平上显著相关，** 表示在 0.05 水平上显著相关，* 表示在 0.1 水平上显著相关。

参 考 文 献

[1] 蔡卫星，高明华．审计委员会与信息披露质量：来自中国上市公司的经验证据 [J]．南开管理评论，2009（4）：120－127.

[2] 陈丽蓉，周曙光．上市公司内部控制效率实证研究——基于审计师变更视角的经验证据 [J]．当代财经，2010（10）：120－128.

[3] 陈红杨，鑫瑶，尹树森．媒体评价、声誉治理与投资者权益保护 [J]．中南财经政法大学学报，2014（1）：104－112.

[4] 陈淑芳，曹政．审计师变更与审计意见变通互动关系研究——基于中国证券市场数据的实证分析 [J]．统计与信息论坛，2012（10）：71－77.

[5] 陈丽蓉，牛艺琳．上市公司内部控制缺陷对审计意见影响的实证研究 [J]．财会月刊，2010（20）：67－70.

[6] 蔡丛光．内部控制缺陷信息披露的影响因素分析 [J]．财务与金融，2010（4）：33－38.

[7] 储成兵．金字塔股权结构对内部控制有效性的影响——基于上市公司的经验数据 [J]．中央财经大学学报，2013（3）：78－83.

[8] 崔志娟．规范内部控制的思路与政策研究——基于内部控制信息披露"动机选择"视角的分析 [J]．会计研究，2011（11）：52－56.

[9] 池国华，郭菁晶．内部控制质量影响高管薪酬吗？——基于中国 A 股上市公司的经验证据 [J]．南京审计学院学报，2015（1）：21－30.

[10] 陈汉文，王韦程．董事长特征、薪酬水平与内部控制 [J]．厦门大学学报，2014（2）：90－99.

[11] 丁友刚，胡兴国．内部控制、风险控制与风险管理——基于组织目标的概念解说与思想演进 [J]．会计研究，2007（12）：51－54.

[12] 丁友刚，王永超. 上市公司内部控制缺陷认定标准研究 [J]. 会计研究，2013（12）：79-85.

[13] 董望，陈汉文. 内部控制、应计质量与盈余反应——基于中国2009年A股上市公司的经验证据 [J]. 审计研究，2011（4）：68-78.

[14] 董文辰. 公司治理结构、盈余质量及其价值相关性 [D]. 大连理工大学，2011.

[15] 丁庭选，潘克勤. 控制能力、代理成本与独立审计的公司治理效应——中国民营上市公司的经验证据 [J]. 经济学家，2008（2）：81-89.

[16] 戴漾泓，唐洋. 企业内部控制缺陷的识别、认定及披露研究 [J]. 会计师，2012（9）：43-44.

[17] 丁友刚，王永超. 上市公司内部控制缺陷认定标准研究 [J]. 会计研究，2013（12）：79-85.

[18] 董卉娜，陈峥嵘，朱志雄. 上市公司内部控制缺陷披露现状研究——基于2009-2010年深市主板A股的实证分析 [J]. 证券市场导报，2012（8）：72-77.

[19] 丁沛文. 董事会治理结构对企业内部控制的影响探究 [J]. 金融经济，2014（11）：130-132.

[20] 董文辰. 公司治理结构、盈余质量及其价值相关性 [D]. 大连理工大学，2011.

[21] 董卉娜，朱志雄. 审计委员会特征对上市公司内部控制缺陷的影响 [J]. 山西财经大学学报，2012（1）：114-124.

[22] 方红星，孙篪. 交叉上市公司内部控制缺陷披露的影响因素与市场反应——基于竞州煤业的案例研究 [J]. 上海立信会计学院学报，2010（1）：28-36.

[23] 耿建新，杨鹤. 我国上市公司变更会计师事务所情况的分析 [J]. 会计研究，2001（4）：15-21.

[24] 龚红，宁向东，崔涛. 董事会对公司战略过程评价：逻辑架构与指标体系 [J]. 南开管理评论，2007（10）：26-30.

[25] 贺建刚，魏明海. 控制权、媒介功用与市场治理效应：基于财务报告重述的实证研究 [J]. 会计研究，2012（4）：36-43.

[26] 何威风，刘启亮. 我国上市公司高管背景特征与财务重述行

为研究 [J]. 管理世界, 2010 (7): 144 – 155.

[27] 韩丽荣, 盛金. 自愿性披露时期内部控制缺陷影响因素的实证分析——以我国制造业 A 股上市公司样本为例 [J]. 吉林大学社会科学学报, 2013 (53): 132 – 140.

[28] 花永红. 民营企业内部控制缺陷及其改进 [J]. 财会通讯·综合, 2011 (8): 101 – 102.

[29] 黄志忠, 白云霞, 李畅欣. 所有权、公司治理与财务报表重述 [J]. 南开管理评论, 2010 (5): 45 – 52.

[30] 韩传模, 刘彬. 审计委员会特征、内部控制缺陷与信息披露质量 [C]. 中国会计学会 2012 年学术年会论文集, 2012 – 07 – 07.

[31] 康志敏, 余霞. 内部控制缺陷改进与分析——基于中捷股份的案例 [J]. 现代商贸工业, 2011 (5): 22 – 23.

[32] 刘亚莉, 马晓燕, 胡志颖. 上市公司内部控制缺陷的披露——基于治理特征的研究 [J]. 审计与经济研究, 2011 (3): 35 – 43.

[33] 李维安, 牛建波, 宋笑扬. 董事会治理研究的理论根源及研究脉络评析 [J]. 南开管理评论, 2009 (1): 130 – 145.

[34] 李焰, 秦义虎. 媒体关注、声誉机制与独立董事辞职行为 [J]. 财贸经济, 2011 (3): 36 – 60.

[35] 李红. 内部控制信息披露对审计意见影响研究 [J]. 会计之友, 2012 (2): 28 – 30.

[36] 李育红. 公司治理结构与内部控制有效性——基于中国沪市上市公司的实证研究 [J]. 财经科学, 2011 (2): 69 – 75.

[37] 林野萌, 韩传模. 上市公司内部控制缺陷形成诱因研究——基于沪市上市公司的经验证据 [J]. 现代财经, 2013 (7): 83 – 95.

[38] 李宇立. 内部控制缺陷识别与认定的技术路线——基于管理层视角的分析 [J]. 中南财经政法大学学报, 2012 (3): 113 – 119.

[39] 赖一锋. 企业内部控制缺陷认定标准及实践方法探析 [N]. 中国会计报, 2012 (15): 1 – 2.

[40] 龙凤姣. 企业内部控制缺陷认定方法探讨 [J]. 商业会计, 2012 (11) 36 – 37.

[41] 李宇立. 自我感知的内部控制缺陷间的关系——基于问卷调

查的路径分析 [J]. 审计研究, 2011 (6).

[42] 李寿喜. 上市公司内部控制缺陷层级划分及其传导效应 [J]. 财会通讯·综合, 2012 (1): 136 – 137.

[43] 李万福, 林斌, 刘春丽. 内部控制缺陷异质性如何影响财务报告? ——基于中国情境的经验证据 [J]. 财经研究, 2014 (6): 71 – 82.

[44] 林斌, 饶静. 上市公司为什么自愿披露内部控制鉴证报告? ——基于信号传递理论的实证研究 [J]. 会计研究, 2009 (2): 45 – 52.

[45] 林斌, 刘春丽, 舒伟, 魏广剑. 中国上市公司内部控制缺陷披露研究——数据分析与政策建议 [J]. 会计之友, 2012 (9): 9 – 16.

[46] 李颖琦, 陈春华, 俞俊利. 我国上市公司内部控制评价信息披露: 问题与改进——来自 2011 年内部控制评价报告的证据 [J]. 会计研究, 2013 (8): 62 – 68.

[47] 刘名旭, 喻强. 嫡理论与我国监事会制度 [J]. 天津商学院学报, 2005 (5): 27 – 31.

[48] 刘旭妍, 余新培. 上市公司股权激励制度与管理层利益输送探析, 江西财经大学学报, 2011 (5): 28 – 32.

[49] 李国栋, 薛有志. 董事会战略参与效应及其影响因素研究 [J]. 管理评论, 2011 (3): 98 – 106.

[50] 李功培, 沈艺峰. 媒体的公司治理作用: 中国的经验证据 [J]. 经济研究, 2010 (4): 14 – 27.

[51] 李志斌, 卢闯. 金融市场化、股权集中度与内部控制有效性——来自中国 2009—2011 年上市公司的经验证据 [J]. 中央财经大学学报, 2013 (9): 85 – 90.

[52] 李越冬, 张冬. 刘伟伟. 内部控制重大缺陷、产权性质与审计定价 [J]. 审计研究, 2014 (2): 45 – 52.

[53] 李璇. 上市公司组织架构内部控制缺陷驱动因素分析——来自中国上市公司的经验证据 [J]. 财会通讯, 2013 (3): 30 – 33.

[54] 李育红. 上市公司内部控制缺陷披露的影响因素的实证分析 [J] 财会通讯, 2010 (12): 86 – 91.

[55] 刘焱, 姚海鑫. 高管权力、审计委员会专业性与内部控制缺

陷［J］. 南开管理评论，2014（2）：4 – 12.

　　［56］刘名旭，喻强. 嫡理论与我国监事会制度［J］. 天津商学院学报，2005（5）：27 – 31.

　　［57］梅丹. 内部控制缺陷披露的经济后果述评与展望［J］. 华东经济管理，2013（12）：152 – 155.

　　［58］南京大学会计与财务研究院课题组. 论中国企业内部控制评价制度的现实模式［J］. 会计研究，2010（6）：51 – 61.

　　［59］牛建波. 董事会规模的治理效应研究——基于业绩波动的新解释［J］. 中南财经政法大学学报，2009（1）：112 – 118.

　　［60］潘芹. 内部控制审计对审计意见的影响研究——基于2009年我国A股公司数据［J］. 财会月刊，2011（9）：80 – 82.

　　［61］彭桃英，汲德雅. 媒体关注、内部控制质量与管理层代理成本［J］. 财经理论与实践，2014（2）：61 – 65.

　　［62］皮天雷. 国外声誉管理论：文献综述、研究展望及对中国的启示［J］. 首都经济贸易大学学报，2009（3）：95 – 101.

　　［63］潘淑清. 高新技术企业经营者股权激励机制设计［J］. 江西财经大学学报，2007（1）45 – 63.

　　［64］权小锋，吴世农. 媒体关注的治理效应及其治理机制研究［J］. 财贸经济，2012（5）：59 – 67.

　　［65］齐保垒，田高良. 财务报告内部控制缺陷披露影响因素研究——基于深市上市公司的实证分析［J］. 山西财经大学学报，2010（4）：114 – 120.

　　［66］瞿旭，杨丹，瞿彦卿，苏斌. 创始人保护、替罪羊与连坐效应——基于会计违规背景下的高管变更研究［J］. 管理世界，2012（5）：137 – 156.

　　［67］权小锋，吴世农，文芳. 管理层权力、私有收益与薪酬操纵——来自中国国有上市企业的实证证据［J］. 经济研究，2010（11）：29 – 33.

　　［68］孙玥璠，杨有红，张真昊. 国有企业外部董事激励机制对外部董事行为的影响——基于博弈论的理论模型分析［J］. 北京工商大学学报（社会科学版），2011（4）：62 – 68.

　　［69］单华军. 内部控制、公司违规与监管绩效改进——来自2007～

2008 年深市上市公司的经验证据 [J]. 中国工业经济, 2010 (11)：140 – 148.

　　[70] 单华军. 上市公司内部控制缺陷数据分析与政策建议 [J]. 商业会计, 2010 (13)：45 – 46.

　　[71] 尚兆燕. 法律对会计师审计意见的影响：实证检验 [J]. 审计与经济研究, 2009 (5)：22 – 33.

　　[72] 尚兆燕, 扈唤. 独立董事主动辞职, 内部控制重大缺陷及非标审计意见——来自中国上市公司的经验证据 [J]. 审计研究, 2016 (1)：94 – 100.

　　[73] 宋永祥, 章融. 董事会规模、公司治理与绩效 [J]. 企业经济学, 2000 (10)：13.

　　[74] 深圳市迪博企业风险管理技术有限公司. 中国上市公司 2008 内部控制白皮书摘要等资料. 中国证券报, 2008 年 6 月 24 日.

　　[75] 孙慧慧. 我国上市公司内部控制缺陷的现状分析及改进建议——基于我国 2010 年上市公司年报 [J]. 经济研究导刊, 2012 (2)：122 – 123.

　　[76] 单华军. 上市公司内部控制缺陷数据分析与政策建议 [J]. 商业会计, 2010 (13)：45 – 46.

　　[77] 盛常艳. 内部控制缺陷信息披露与公司业绩的关系——来自中国 A 股上市公司的数据 [J]. 天津财经大学学报, 2012 (6)：88 – 95.

　　[78] 谭俊杰. 产品市场竞争、董事会治理与公司绩效关系的实证研究 [D]. 厦门大学, 2011.

　　[79] 田勇. 我国上市公司内部控制缺陷的影响因素研究 [J]. 南方金融, 2011 (2)：59 – 63.

　　[80] 温忠麟, 侯杰泰, 张雷. 调节效应与中介效应的比较和应用 [J]. 心理学报, 2005 (2)：268 – 274.

　　[81] 王海滨, 于长春. 内部控制缺陷、信息披露与利益相关者行为研究——基于股主板上市公司的经验证据 [J]. 经济与管理研究, 2014 (5)：69 – 75.

　　[82] 吴益兵, 廖义刚, 林波. 股权结构对企业内部控制质量的影响分析——基于 2007 年上市公司内部控制信息数据的检验 [J]. 当代

财经，2009（9）：110-114.

[83] 王惠芳. 上市公司内部控制缺陷认定——困境破解及框架构建 [J]. 审计研究，2011（2）：71-76.

[84] 王芸，朱志明. 企业内部控制缺陷影响因素分析——基于中小板上市公司2008-2010年数据 [J]. 财会月刊，2011（32）：10-12.

[85] 王维祝. 中国上市公司董事会规模决定要素的实证研究 [J]，山东大学学报（哲社版），2007（5）：84-91.

[86] 王雄元，管考磊. 关于审计委员会特征与信息披露质量的实证研究 [J]. 审计研究，2006（6）：42-49.

[87] 向锐，徐玖平，杨雅婷. 审计委员会主任背景特征与公司内部控制质量 [J]. 审计研究，2017（4）：73-80.

[88] 王立彦，王靖，刘军霞. 内部监控双轨制与公司财务信息质量保障——从案例解析看监事会制度和独立董事制度孰为有效 [J]. 审计研究，2002（6）：34-39.

[89] 王加灿. 上市公司内部控制审计与年报及时性——基于OLS与分位数回归的证据 [J]. 审计与经济研究，2015（3）：58-68.

[90] 吴育辉. 高管薪酬：激励还是自利 [J]. 会计研究，2010（11）：20-25.

[91] 吴育辉. 企业高管自利行为及其影响因素研究 [J]. 管理世界，2010（5）：60-66.

[92] 吴超鹏，叶小杰，吴世农. 媒体关注、政治关联与高管变更——中国的经验证据 [J]. 经济管理，2012（2）：57-65.

[93] 谢永珍. 中国上市公司审计委员会治理效率的实证研究 [J]. 南开管理评论，2006（1）：66-73.

[94] 谢永珍，赵琳，王维祝. 治理行为、治理绩效：内涵、传导机理与测量 [J]. 山东大学学报（哲学社会科学版），2013（11）：1-12.

[95] 谢永珍，朱彩婕. 董事会治理对内部控制重大缺陷修正影响的验证——基于媒体关注的调节作用 [J]. 山东大学学报（哲学社会科学版），2016，1（2）：61-69.

[96] 谢耘耕. 影响较大的企业舆情事件的行业分布表 [J]. 中国社会舆情与危机管理报告，2014.

［97］谢永珍.中国上市公司领导权结构与公司治理监督效率的实证观察［J］.中央财经大学学报，2006（5）：57－63.

［98］杨有红，何玉润，王茂林.市场化程度、法律环境与企业内部控制自我评估报告的披露——基于沪市A股上市公司的数据分析［J］.上海立信会计学院学报，2011（1）：9－16.

［99］刘慧，张俊瑞.政府干预，内部控制与公司未决诉讼［J］.管理评论，2018，30（10）：207－220.

［100］李维安，李晓琳，张耀伟.董事会社会独立性与CEO变更——基于违规上市公司的研究［J］.管理科学，2017，30（2）：94－105.

［101］杨德明，赵璨.媒体关注、媒体治理与高管薪酬［J］.经济研究，2012（6）：116－126.

［102］叶陈刚，刘桂春，姜亚凝.财务报告重述、审计师变更与内部控制缺陷披露——基于深圳主板市场2010年的经验证据［J］.经济与管理研究，2013（8）：108－115.

［103］杨德明，王春丽，王兵.内部控制、审计鉴证与审计意见［J］.财经理论与实践，2009（2）：60－66.

［104］俞俊利，李颖琦.股权制衡与内部控制有效性——基于2008～2010年酿酒类上市公司的案例分析［J］.会计研究，2012（2）：50－56.

［105］杨有红，李宇立.内部控制缺陷的识别、认定与报告［J］.会计研究，2011（3）：76－80.

［106］于忠明，王振富.公司董事会治理研究：综述与启示［J］.上海经济研究，2008（1）：105.

［107］闫贤贤.董事会治理对企业内部控制有效性影响研究［D］.内蒙古科技大学硕士学位论文，2011.

［108］杨国莉，郭宏.内部控制、内部控制信息披露及公司治理——嵌合治理框架的建构［J］.工业技术经济，2012（8）：67－72.

［109］杨有红，陈凌云.2007年沪市公司内部控制自我评价研究［J］.会计研究，2009（6）：58－64.

［110］杨有红，何玉润，王茂林.市场化程度、法律环境与企业内部控制自我评估报告的披露——基于沪市A股上市公司的数据分析

[J]. 上海立信会计学院学报，2011（1）：9 – 16.

[111] 余玉苗，张建平，梁红玉. 媒体关注影响审计师的审计意见决策吗？——来自中国证券市场的实证证据 [J]. 审计与经济研究，2013（1）：26 – 36.

[112] 叶康涛，祝继高，陆正飞，张然. 独立董事的独立性：基于董事会投票的证据 [J]. 经济研究，2011（1）：126 – 139.

[113] 郑志刚，丁冬，汪昌云. 媒体的负面报道、经理人声誉与企业业绩改善——来自我国上市公司的证据 [J]. 全新研究，2011（12）：175.

[114] 张龙平，王军只，张军. 内部控制鉴证对会计盈余质量的影响研究——基于沪市 A 股公司的数据 [J]. 审计研究，2010（2）：83 – 90.

[115] 朱彩婕，韩小伟. 内部控制审计对财务报告审计意见的影响研究——来自 2011 年我国 A 股上市公司的经验证据 [J]. 北京工商大学学报（社会科学版），2013（5）：77 – 82.

[116] 朱彩婕，刘长翠. 公司治理与内部控制缺陷修复的相关性研究——来自于国有上市公司 2010 – 2014 年的经验数据 [J]. 审计研究，2017（4）：97 – 105.

[117] 张川，沈红波，高新梓. 内部控制的有效性、审计师评价与企业绩效 [J]. 审计研究，2009（6）：79 – 86.

[118] 章六红. 法经济学视角的媒体关注公司治理：功能与意义 [J]. 西南政法大学学报，2011（8）：9 – 19.

[119] 张玮倩. 媒体报道对高管薪酬的治理作用研究 [D]. 西南财经大学，2012.

[120] 杨宜，赵一林. 媒体类型、媒体关注与上市公司违规行为——基于倾向得分匹配法的研究 [J]. 现代经济探讨，2017（12）：60 – 69.

[121] 周开国，应千伟，钟畅. 媒体监督能够起到外部治理的作用吗？——来自中国上市公司违规的证据 [J]. 金融研究，2016（6）193 – 206.

[122] 朱彩婕，郑晓丽. 基于内部控制缺陷暴露视角的公司治理效应变化研究 [J]. 江西财经大学学报，2014（6）：45 – 54.

[123] 朱红军，汪辉. 股权制衡可以改善公司治理吗？——宏智科技股份有限公司控制权之争的案例研究 [J]. 管理世界，2004（10）：114－140.

[124] 张颖，郑洪涛. 我国企业内部控制有效性及其影响因素的调查与分析 [J]. 审计研究，2010（1）：75－81.

[125] 赵景文，于增彪. 股权制衡与公司经营业绩 [J]. 会计研究，2005（12）：59－64.

[126] 赵建凤. 上市公司股权结构对内部控制有效性的影响研究 [D]. 首都经济贸易大学博士论文，2013.

[127] 郑军，林钟高，彭琳. 产权性质、治理环境与内部控制的治理效应——来自中国上市公司的经验证据 [J]. 财经理论与实践，2014（3）：73－78.

[128] 张立萍. 内部控制缺陷认定中存在的问题及对策 [J]. 中国内部审计，2011（2）：48－49.

[129] 张先治，戴文涛. 公司治理结构对内部控制影响程度的实证分析 [J]. 财经问题研究，2010（7）：89－95.

[130] 朱彩婕，韩小伟. 基于治理视角的内部控制信息披露研究——来自农业上市公司 2006~2010 年的经验证据 [J]. 山东社会科学，2013（12）：110－114.

[131] 赵璨，曹伟，朱锦余. 治理环境、产权性质与内部控制治理效应——基于公司违规视角的研究 [J]. 会计与审计研究，2013（6）：124－131.

[132] 周兰，何安亿，李志军. 我国上市公司内部控制缺陷披露的治理效应研究——基于董事会领导结构的经验分析 [J]. 云南财经大学学报，2014（3）：141－146.

[133] 张阳. 中国上市公司董事会特征与内部控制有效性的相关性研究 [D]. 西北大学，2013.

[134] 郑浩昊，罗丽娜. 监事会：尴尬的稻草人——我国上市公司监事会虚化问题研究 [J]. 统计与决策，2003（3）：40－41.

[135] 赵选民，舒琪. 高管激励机制对企业内部控制有效性影响的实证研究 [J]. 西安石油大学学报（社会科学版），2014（1）：30－36.

[136] 周婷婷. 董事会治理、环境动态性与内部控制建设 [J]. 山

西财经大学学报，2014（10）：111 – 124.

[137] 赵琳，谢永珍. 异质外部董事对创业企业价值的影响——基于非线性的董事会行为中介效应检验 [J]. 山西财经大学学报，2013（11）：86 – 94.

[138] 张龙平，王军只，张军. 内部控制鉴证对会计盈余质量的影响研究——基于沪市 A 股公司的数据 [J]. 审计研究，2010（2）：83 – 90.

[139] 尚兆燕，扈唤. 独立董事主动辞职、内部控制重大缺陷及非标审计意见——来自中国上市公司的经验证据 [J]. 审计研究，2016（1）：94 – 100.

[140] Ashbaugh S. H. , Daniel W. C. , William R. , et al. The Discovery and Reporting of Internal Control Deficiencies Prior to SOXmandated Audits [J]. Journal of Accounting and Economies, 2006, 10 (1): 1 – 3.

[141] Agrawal, A. , J. Jaffe, and J. Karpoff. Management Turnover and Governance Changes Following the Revelation of Fraud [J]. Journal of Law and Economics, 1999, 42 (1): 309 – 342.

[142] Abbott, L. J. , Parker, S. , Peters, G. F. Audit Committee Characteristics and Restatements [J]. Auditing: A Journal of Practice & Theory, 2004, 23 (1): 69 – 87.

[143] Ashbaugh-Skaife, H. , D. Collins, and W. Kinney. The Discovery and Reporting of Internal Control Deficiencies Prior to SOX – Mandated Audits [J]. Journal of Accounting and Economics, 2007, 44 (1 – 2): 166 – 192.

[144] Schroeder J. H. , Shepardson M. L. Do SOX 404 Control Audits and Management Assessments Improve Overall Internal Control System Quality? [J]. The Accounting Review, 2016, 91 (5): 1513 – 1541.

[145] Abbott L. , J. , Parker, S. , Peters, G. F. and Rama, D. V. Corporate Governance, Audit Quality, and the Sarbanes – Oxley Act: Evidence from Internal Audit Outsourcing [J]. The Accounting Review, 2007, 82 (4): 803 – 835.

[146] Abbott, L. J. , and S. Parker. Auditor Selection and Audit Committee Characteristics [J]. Auditing: A Journal of Practice & Theory, 2000,

19（2）：47 – 66.

[147] Altman, E. Financial Ratios, Discriminant Analysis and the Prediction of Corporate Bankruptcy [J]. Journal of Finance, 1968, 23 (4)：589 – 609.

[148] Adams R. B., Hermalin B. E., Weisbach M. S. The Role of Boards of Directors in Corporate Governance：A Conceptual Framework and Survey [J]. Journal of Economic Literature, 2010, 48 (1)：58 – 107.

[149] Ashbaugh-Skaife, Collins H., Kinney D. The Discovery and Reporting of Internal Control Deficiencies Prior to SOX – mandated Audits [J]. Journal of Accounting and Economics, 2007 (44)：166 – 192.

[150] Agrawal, A., and T. Cooper. Corporate Governance Consequences of Accounting Scandals：Evidence from Top Management, CFO and Auditor Turnover [R]. Working Paper, University of Alabama, 2007.

[151] Ashbaugh-Skaife, H., D. Collins, W. Kinney, and R. LaFond. The Effect of SOX Internal Control Deficiencies and Their Remediation on Accruals Quality [J]. The Accounting Review, 2008, 83 (1)：217 – 250.

[152] Andrew J. Leone. Factors Related to Internal Control Disclosure：Adiscussion of Ashbaugh, Collins, and Kinney (2007) and Doyle, Ge, and McVay (2007) [J]. Journal of Accounting and Economics, 2007, 44：224 – 237.

[153] Agrawal A., and Cooper T. Corporate Governance Consequences of Accounting Scandals：Evidence from Top Management, CFO and Auditor Turnover [R]. Working Paper, 2007.

[154] Allegrini, Marco, and Giulio Greco. Corporate Boards, Audit Committees and Voluntary Disclosure：Evidence from Italian Listed Companies [J]. Journal of Management & Governance, 2013 (1)：187 – 216.

[155] Andrew J. Leone, and Michelle Liu. Accounting Irregularities and Executive Turnover in Founder – Managed Firms [J]. The Accounting Review, 2010, 85：287 – 314.

[156] Bedard C., Graham L. Detection and Severity Classi-fications of Sarbanes-oxley Section 404 Internal Control Deficien-cies [J]. The Accounting Review, 2010, 86 (3)：825 – 855.

[157] Boritz, J. Efrim Hayes, Louise Lim, Jee - Hae. A Content Analysis of Auditors' Reports on IT Internal Control Weaknesses: The Comparative Advantages of an Automated Approach to Control Weakness Identification [J]. International Journal of Accounting Information Systems, 2013, 14 (2): 138 - 163.

[158] Beasley, M. S. An Empirical Analysis of the Relation Between the Board of Director Composition and Financial Statement Fraud [J]. Accounting Review, 1996: 443 - 465.

[159] Beng Wee Goh, Audit Committees, Boards of Directors, and Remediation of Material Weaknesses in Internal Control [J]. Singapore Management University Contemporary Accounting Research, 2009, 26 (2): 549 - 579.

[160] Bedard, J. C. , and L. Graham. Detection and Severity Classifications of Sarbanes - Oxley Section 404intemal Control Deficiencies [J]. The Accounting Review, 2011, 86 (3): 825 - 855.

[161] Beneish, D. Incentives and Penalties Related to Earnings Overstatements that Violate GAAP [J]. The Accounting Review, 1999, 74 (4): 425 - 457.

[162] Beasley, M. S. , J. V. Carcello, D. R. Hermanson, and T. L. Neal. The Audit Committee Oversight Process [J]. Contemporary Accounting Research, 2009, 26 (1): 65 - 122.

[163] Barber, Brad M. and Terrence Odean. All That Glitters: The Effect of Attention and News on the Buying Behavior of Individual and Institutional Investors [J]. Review of Financial Studies, 2008, 21 (2): 785 - 818.

[164] Baron R. M. , Kenny D. A. The Moderator-mediator Variable Distinction in Social Psychological Research: Conceptual, Strategic, and Statistical Considerations [J]. Journal of Personality and Social Psychology, 1986, 51 (6): 1173 - 1182.

[165] Bezemer P. , Maassen G. F. , Van Den Bosch et al. Investigating the Development of the Internal and External Device Task of Non-executive Directors: The Case of the Netherlands (1997 - 2005) [J]. Corporate

Governance: An International Review, 2007, 15: 1119 – 1130.

[166] Brick I. E. , Chidambaran N. K. Board Meetings, Committee Structure, and Firm Value [J]. Journal of Corporate Finance, 2010, 16 (4): 533 – 553.

[167] Beng W. G. Audit Committees, Boards of Directors, and Remediation of Material Weaknesses in Internal Control Contemporary [J]. Accounting Research , 2009, 26 (2): 549 – 579.

[168] Bolton B. , Lian Q. , Rupley K. , et al. Industry Contagion Effects of Internal Control Material Weakness Disclosures [J]. Advances in Accounting, 2016.

[169] Carcello J. V. T. L. Neal. Audit Committee Composition and Auditor Reporting [J]. The Accounting Review, 2000, 75 (4): 453 – 467.

[170] Chernobai, Anna Yasuda, Yukihiro. Disclosures of Material Weaknesses by Japanese Firms after the Passage of the 2006 Financial Instruments and Exchange Law [J]. Journal of Banking & Finance , 2013, 37 (5): 1524 – 1542.

[171] Choi J. S. , Choi C. , Hogan, et al. The Effect of Hu-man Resource Investment in Internal Control on the Disclosure of Internal Control Weaknesses [J]. Auditing: A Journal of Practice & Theory In – Press, 2013.

[172] Carcello, J. , D. Hermanson, and T. Neal. Disclosures in Audit Committee Charters and Reports [J]. Accounting Horizons, 2002, 16 (4): 291 – 304.

[173] Liu, Xuejiao & Liu, Xiaohong. CEO Equity Incentives and the Remediation of Material Weaknesses in Internal Control [J]. Journal of Business Finance & Accounting, 2017, 44 (9/10): 1338 – 1369.

[174] Choi J. S. , Choi C. , Hogan, et al. The Effect of Human Resource Investment in Internal Control on the Disclosure of Internal Control Weaknesses [J]. Auditing: A Journal of Practice & Theory In – Press, 2013.

[175] Church B. , Schneider A. The Impact of Section 302 and 404 (b) Internal Control Disclosures on Prospective Investors' Judgments and De-

cisions: An Experimental Study [J]. International Journal of Auditing [serial online]. July 2016, 20 (2): 175 – 185.

[176] Chen Y. , Knechel W. R. , Marisetty V. B. , et al. Board Independence and Internal Control Weakness: Evidence from SOX 404 Disclosures [J]. Auditing: A Journal of Practice and Theory, 2016.

[177] Doyle, Jeffrey, Ge, Weili, McVay, Sarah. Determinants of Weaknesses in Internal Control over Financial Reporting [J]. Journal of Accounting & Economics, 2007, 44 (1/2): 193 – 223.

[178] Desai, H. , Hogan, C. E. , Wilkins, M. S. The Reputational Penalty for Aggressive Accounting: Earnings Restatements and Management Turnover [J]. Accounting Review, 2006, 81: 83 – 112.

[179] Lu, Yu & Cao, Yue. The Individual Characteristics of Board Members and Internal Control Weakness: Evidence from China [J]. Pacific – Basin Finance Journal, 2018, 51: 75 – 94.

[180] Defond, M. L. Raghunandan, K. R. Suhramanyam. Do Nonaudit Service Fees Impair Auditor Independence? Evidence from Going Concern Audit Opinions [J]. Journal of Accounting Research, 2002, 40: 302 – 330.

[181] DeFond, M. L. , R. N. Hann, and X. Hu. Does the Market Walue Financial Expertise on Audit Committees of Boards of Directors? [J]. Journal of Accounting Research, 2005, 43 (2): 153 – 193.

[182] DeFond M. L. , Lennox C S. Do PCAOB Inspections Improve the Quality of Internal Control Audits? [J]. Available at SSRN 2574506, 2015.

[183] Don Vandewalle, Linn Van Dyne, Tatiana Kostova. Psychological Ownership: An Empirical Examination of Its Conse-quences [J]. Group & Organization Studies (1986 ~ 1998), 1995, 20 (2): 210 – 226.

[184] Dechow, P. , R. Sloan, and A. Sweeney. Causes and Consequences of Eamings Manipulation: An Analysis of Firms Subject to Enforcement Actions by The SEC [J]. Contemporary Accounting Research, 1996, 13 (1): 1 – 36.

[185] Desai, H. , C. Hogan, and M. Wilkins. The Reputational Penalty For Aggressive Accounting: Earnings Restatements and Management Turnover [J]. The Accounting Review, 2006, 81 (1): 83 – 112.

[186] Dyck, A. , Volchkova, N. , Zingales, L. The Corporate Governanance Role of the Media: Evidence from Russia [J]. Journal of Finance, 2008, 63 (3): 537 – 600.

[187] DeZoort, F. T. An Investigation of Audit Committees' Oversight Responsibilities [J]. Abacus, 1997, 33 (2): 208 – 27.

[188] Doss, M. , and G. Jonas. Section 404 Reports on Internal Control: Impact on Ratings Will Depend on Nature of Material Weaknesses Reported. New York, N. Y. : Moody's Investors Service [J]. Global Credit Research, 2004.

[189] Goldman, AriehandBarlev, Benzion. The Auditor – Firm Conflict of Interests: Its Implication for Independence [J]. The Accounting Review, 1974, 49 (4): 18 – 707.

[190] DeFond M. L. , Lennox C. S. Do PCAOB Inspections Improve the Quality of Internal Control Audits? [J]. Available at SSRN 2574506, 2015.

[191] Ettredge, M. , J. Heintz, C. Li, and S. W. Scholz. Auditor Realignments Accompanying Implementation of SOX 404 ICFR Reporting Requirements [J]. Accounting Horizons, 2011, 25 (1): 17 – 39.

[192] Donelson D. C. , Ege M. , McInnis J. M. Internal Control Weaknesses and Financial Reporting Fraud [J]. Available at SSRN 2449287, 2015.

[193] Fang, L. and J. Peress. Media Coverage and the Cross-section of Stock Returns [J]. The Journal of Finance LXIV, 2009 (5): 2023 – 2052.

[194] Franklin M. Sarbanes Oxley Section 404: Can Material Weakness Be Predicted and Modeled? An Examination of The ZETA Model in Prediction of Material Weakness [D]. Walden University, 2007.

[195] Finkelstein, S. , and R. D'Aveni. CEO Duality as A Double-edged Sword: How Boards of Directors Balance Entrenchment Avoidance and Unity of Command [J]. Academy of Management Journal, 1994, 31 (5): 1079 – 1108.

[196] Fama E. F. , Jensen M. C. Separation of Ownership and Control [J]. Journal of Law and Economics, 1983, 26 (2): 301 – 325.

[197] Forbes D. P. , Milliken F. J. Cognition and Corporate Govern-

ance, Understanding Boards of Directors as Strategic Decision-making Groups [J]. Academy of Management Review, 1999, 24 (3): 489 – 505.

[198] Finegold D. , Benson G. S. , Hecht D. Corporate Boardsand Company Performance: Review of Research in Light of Recent Reforms [J]. Corporate Governance: An International Review, 2007, 15 (5): 865 – 878.

[199] Firth, M. , Fung, P. M. Y. and Rui, O. M. Corporate Perform-ance and CEO Compensation in China [J]. Journal of Corporate Finance, 2006, 12 (4): 693 – 714.

[200] Forbes, D. P. Are Some Entrepreneurs More Overconfident than Others? [J]. Journal of Business Venturing, 2005, 20 (5): 623 – 640.

[201] Finkelstein S. Power in Top Management Teams: Dimensions, Measurement, and Validation [J]. The Academy of Management Journal, 1992, 35 (3): 505 – 538.

[202] Finkelstein, S. , and R. D'Aveni. CEO Duality as A Double-edged Sword: How Boards of Directors Balance Entrenchment Avoidance and Unity of Command [J]. Academy of Management Journal, 1994, 31 (5): 1079 – 108.

[203] Franklin, Mitchell. Sarbanes – Oxley Section 404: Can Material Weakness Be Predicted and Modeled? An Examination of the ZETA Model in Prediction of Material Weakness. *Doctoral Dissertation.* 2007, 1.

[204] Ge, W. , and S. McVay. The Disclosure of Material Weaknesses in Internal Control after the Sarbanes – Oxley Act [J]. Accounting Horizons, 2005, 19 (3): 137 – 158.

[205] Goldman, Ariehand Barlev, Benzion. The Auditor – Firm Con-flict of Interests: Its ImPlication for IndePendenee [J]. The Aeeounting Re-view, 1974, 49 (4): 18 – 707.

[206] Geiger, M. , and D. North. Does Hiring A New CFO Change Things? An Investigation of Changes in Discretionary Accruals [J]. The Ac-counting Review, 2006, 81 (4): 781 – 809.

[207] Garg S. Venture Boards: Distinctive Monitoring and Implications for Firm Performance [J]. Academy of Management Review, 2013, 38

345

(1): 90 – 108.

[208] Gupta, P. , and N. Nayar. Market Reaction to Control Deficiency Disclosures under the Sarbanes – Oxley Act: The early evidence [J]. International Journal of Disclosure and Governance, 2007, 4 (1): 3 – 23.

[209] Gong, G. , Ke, B. and Yu, Y. Home Country Investor Protection, Ownership Structure and Cross-listed Firms' Com-pliance with SOX – mandated Internal Control Deficiency Disclosures [J]. Contemporary Accounting Research, 2012, 30 (4): 1490 – 1523.

[210] Goh B. W. Internal Control Failures and Corporate Governance Structures: A Post Sarbanes – Oxley Act (SOX) Analysis [D]. Georgia Institute of Technology, 2007.

[211] Hoitash, U. , Hoitash, R. , Bedard, JC. Corporate Governance and Internal Control over Financial Reporting: A Comparison of Regulatory Regimesf [J]. The Accounting Review, 2009 (84): 839 – 867.

[212] Hossain, M. , Perera, M. &Rahman, A. Disclosure in Annual Reports of New Zealand Companies [J]. Journal of International Financial Management and Accounting, 1995, 6 (1): 70 – 87.

[213] Hammersley, J. , L. Myers, and C. Shakespeare. Market Reactions to the Disclosure of Internal Control Weakness and to the Characteristics of Those Weaknesses under Section 302 of the Sarbanes Oxley Act of 2002 [J]. Review of Accounting Studies, 2008, 13 (1): 141 – 165.

[214] Hendry K. P. , Kiel G. C. , Nicholson G. How Boards Strategise: A Strategy as Practice View [J]. Long Range Planning, 2010, 43: 33 – 56.

[215] Hollis Ashbaugh-Skaife, Daniel W. Collins, William R. Kinney Jr. The Discovery and Reporting of Internal Control Deficiencies prior to SOX – mandated Audits [J]. Journal of Accounting and Economics, 2007, (44): 166 – 192.

[216] Hollis Ashbaugh-Skaife, Daniel W. Collins, William R. Kinney, Jr. The Effect of SOX Internal Control Deficiencies and Their Remediation onAccrual Quality [J]. The Accounting Review, 2008, 83 (1): 217 – 250.

[217] Hennes K. , and Leone A. , and Miller B. The Importance of

346

Distinguishing Errors from Irregularities in Restatement Research: The Case of Restatements and CEO/CFO Turnover [J]. The Accounting Review, 2008, 83: 1487 – 1519.

[218] Huang P. , Guo J. , Ma T. , et al. Does the Value of Cash Holdings Deteriorate or Improve with Material Weaknesses in Internal Control over Financial Reporting? [J]. Journal of Banking & Finance, 2015, 54: 30 – 45.

[219] Jacqueline S. Hammersley, Linda A. Myers, and Jian Zhou. The Failure to Remediate Previously Disclosed Material Weaknesses in Internal Controls Auditing [J]. A Journal of Practice & Theory, 2012, 31 (2): 73 – 111.

[220] Jensen, M. The Modern Industrial Revolution, Exit and the Failure of Internal Control Systems [J]. Journal of Finance, 1993 (48): 831 – 880.

[221] Jia Wu Linxiao Liu Jones, Frederick Firm Value And Earnings Management After Internal Control Weakness Remediation [J]. International Journal of Business Research, 2011, 11 (5): 111 – 122.

[222] Jarvinen T. , Myllumali E. Real Earnings Management before and after Reporting SOX 404 Material Weaknesses [J]. Accounting Horizons, 2016, 30 (1): 119 – 141.

[223] Joe J. , Louis H. , Robinson D. Managers and Investors Responses to Media Exposure of Board Ineffectiveness [J]. Journal of Financial and Quantitative Analysis, 2009 (44): 579 – 605.

[224] Johnstone, K. M. , C. Li, and K. H. Rupley. Changes in Corporate Governance Associated with the Revelation of Internal Control Material Weaknesses and Their Subsequent Remediation [J]. Contemporary Accounting Research, 2011, 28 (1): 331 – 383.

[225] Jensen M. C. , Meckling W. H. Theory of the firm: Managerial Behavior, Agency Costs and Ownership Structure [J]. Journal of Financial Economics, 1976, 3 (4): 305 – 360.

[226] Jong – Hag Choi, Sunhwa Choi, Chris E. Hogan, and Joonil Lee. The Effect of Human Resource Investment in Internal Control on the Dis-

closure of Internal Control Weaknesses ［J］. Auditing： A Journal of Practice & Theory, 2013, 32 (4)： 169 – 199.

［227］ Jacqueline S. Hammersley, Linda A. Myers, and Jian Zhou. The Failure to Remediate Previously Disclosed Material Weaknesses in Internal Controls Auditing ［J］. A Journal of Practice & Theory, 2012, 31 (2)： 73 – 111.

［228］ James L. R. , Brett J. M. Mediators, Moderators and Tests for Mediation ［J］. Journal of Applied Psychology, 1984, 69 (2)： 307 – 321.

［229］ Johnstone, K. , Chan Li, and K. H. Rupley. Changes in corporate Governance Associated with the Revelation of Internal Control Material Weaknesses and Their Subsequent Remediation ［J］. Contemporary Accounting Research, 2011, (28)： 331 – 383.

［230］ Joe J. , Louis H. , Robinson D. Managers and Investors Responses to Media Exposure of Board Ineffectiveness ［J］. Journal of Financial and Quantitative Analysis, 2009 (44)： 579 – 605.

［231］ Jensen, M. C. The Modem Indusuial Revolution, Exit and the Failure of Internal Control Systems ［J］. The Journal of Finance, 1993, 48 (3)： 831 – 80.

［232］ Ji X. , Lu W. , Qu W. Determinants and Economic Consequences of Voluntary Disclosure of Internal Control Weaknesses in China ［J］. Journal of Contemporary Accounting & Economics, 2015, 11 (1)： 1 – 17.

［233］ Klamm, B. K. W. Kobelsky, and M. W. Watson. Determinants of the Persistence of Internal Control Weakness ［J］. Accounting Horizons, 2002, 26 (2)： 307 – 333.

［234］ Krishnan, G. V. Visvanathan, G. Reporting Internal Control Deficiencies in the Post – Sarbanes – Oxley Era： The Role of Auditors and Corporate Governance ［J］. International Journal of Auditing, 2007 (11)： 73 – 90.

［235］ Klein A. Audit Committee, Board of Director Characteristics, and Earnings Management ［J］. Journal of Accounting and Economics, 2002 (33)： 375 – 400.

［236］ Krishnan, J. Audit Committee Quality and Internal Control： An Empirical Analysis ［J］. The Accounting Review, 2005, 80 (2)： 649 – 675.

[237] Karla, Johnstone Chan, Li Kathleen Hertz, Rupley. Changes in Corporate Governance Associated with the Revelation of Internal Control Material Weaknesses and Their Subsequent Remediation [J]. Contemporary Accounting Research, 2011, 28 (1): 331 –383.

[238] Krishnan, J. and R. Stephens. Evidence on Opinion Shopping from Audit Opinion Conservatism [J]. Journal of Accounting and Public Policy, 1995, 14: 179 –201.

[239] Klein, A. Audit Committee, Board of Director Characteristics, and Earnings Management [J]. Journal of Accounting and Economics, 2002, 33 (3): 375 –400.

[240] Kinney Jr, W. R. Characteristics of Firm Correcting Previously Reported Quarterly Earnings [J]. Journal of Accounting and Economics, 1989, 11: 71 –93.

[241] Klamm, B. K. W. Kobelsky and M. W. Watson. Determinants of the Persistence of Internal Control Weakness [J]. Accounting Horizons, 2012, 26 (2): 307 –333.

[242] Lipton, M. , Lorsch, J. A Modest Proposal for Improvde Corporate Governance [J]. Business lawyer, 1992, 48 (1): 59 –77.

[243] Lisic, L. L. , Neal, T. L. , Zhang, I. , Zhang, Y. CEO Power, Internal Control, and Audit Committee Effectiveness in Substance vs. in Form. SSRN [R]. Working Paper, 2012.

[244] Li, C. , Sun, L. and Ettredge, M. Financial Executive Qualifications, Financial Executive Turnover, and Adverse SOX404 Opinions [J]. Journal of Accounting and Economics, 2010, 50 (1): 93 –110.

[245] Li, C. , Y. Xie, and J. Zhou. National Level, City Level Auditor Industry Specialization and Cost of Debt [J]. Accounting Horizons, 2011, 24 (3): 395 –417.

[246] LaProta, R. , Lopez-de – Silanes, F. , Shleifer, A. , Vishn, R. Corporate Ownership Around the World [J]. Jounal of Finance, 1999 (54): 471 –571.

[247] Li, C. , L. Sun, and M. Ettredge. Financial Executive Quality, Financial Executive Turnover, and Adverse SOX 404 Opinions [J]. Journal

of Accounting and Economics, 2010, 50: 93 – 110.

［248］Li Chtenstein, S. , and Fischhoff, B. Do Those Who Know More Also Know More about How Much They Know? ［J］. Organi-zational Behavior and Human Performance, 1977, 20 (2): 159 – 183.

［249］La Porta, R. , Lopez-de – Silanes, F. , Shleifer, A. , and Vishny, R. Lawandfinance ［J］. Journal of Political Economy, 1998, 106: 1113 – 1155.

［250］Lopez, Dennis M. Rich, KevinT. Smith, Pamela C. Auditor Size and Internal Control Reporting DifferencesIn Nonprofit Healthcare Organ-izations, Journal of Public Budgeting ［J］. Accounting & Financial Manage-ment, 2013, 25 (1): 41 – 68.

［251］Lei Gao, Gerhard Kling The Impact of Corporate Governance and External Audit on Compliance to Mandatory Disclosure Requirements in China ［J］. Journal of International Accounting, Auditing and Taxation, 2012, 21 (1): 17 – 31.

［252］Liesbeth Bruynseels & Eddy Cardinaels. The Audit Committee: Management Watchdog or Personal Friend of the CEO? ［J］. The Accounting Review, 2014, 89 (1): 113 – 145.

［253］Lisic L. L. , Neal T. L. , Zhang I. X. , et al. CEO Power, In-ternal Control Quality, and Audit Committee Effectiveness in Substance Ver-sus in Form ［J］. Contemporary Accounting Research, 2015: 123 – 154.

［254］Mcmullen, D. A. , Raghunandan, K. Enhancing Audit Commit-tee Effectiveness ［J］. Journal of Accountancy, 1996, 182 (8): 79 – 81.

［255］Mitra et al. Corporate Governance Attributes and Remediation of Internal Control Material Weaknesses Reported under SOX Section 404 ［J］. Review of Accounting and Finance, 2011, 10 (1): 5 – 29.

［256］Mitra, Santanu Hossain, Mahmud Marks, Barry R. Corporate Ownership Characteristics and Timeliness of Remediation of Internal Control Weaknesses ［J］. Managerial Auditing Journal, 2013, 27 (9): 846 – 877.

［257］Moody's. 2006. The Second Year of Section 404 Reporting on In-ternal Control. Special Comment. New York: Moody's Investors Service,

Global Credit Research. Kreps D. , Wilson. Reputation and Information [J]. Journal of Econamic Theory, 1982, (27): 253 – 279.

[258] Mark L. DeFond, Clive S. Lennox. The Effect of SOX on Small Auditor Exits and Audit Quality [J]. Journal of Accounting and Economics. 2011 (52): 21 – 40.

[259] Mao J. , Ettredge M. Internal Control Deficiency Disclosures among Chinese Reverse Merger Firms [J]. Available at SSRN 2319653, 2015.

[260] Niehols, Donald Rand Priee, Kenneth H. The Auditor – Finn Confliet: An Analysis Using ConeePts of Exehange Theory [J]. Accounting Review, 1976, 51 (2): 46 – 335.

[261] Nate M. Stephens. Corporate Governance Quality and Internal Control Reporting under SOX Section 302 [D]. A Dissertation Submitted to the University of Arizona, 2008.

[262] Nguyen J. B. D. Is More News Good News? Media Coverage of CEOs, Firm Value, and Rent Extraction [R]. Working Paper, 2011.

[263] Nijenhuis R. G. Prevention of Dutch Fraud Cases: A Multiple Case Study on the Effectiveness of Internal Control in the Process of Financial Statement Fraud Prevention, 2016.

[264] Owusu – Ansah, Stephen & Ganguli, Gouranga. Voluntary Reporting on Internal Control Systems and Governance Characteristics: An Analysis of Large U. S. Companies [J]. Journal of Managerial, 2010, 22 (3): 383 – 408, 26.

[265] Ockree, Kanalis, Martin, James. An Analysis of External and Internal Responses to Material Weaknesses [J]. CPA Journal, 2009, 79 (7): 42 – 47.

[266] Pugliese A. , Zhang P. Y. Board Members'Contribution to Strategic Decision-making in Small Firms [J]. Journal of Management and Governance, 2007, 11 (4): 383 – 404.

[267] Raghunandan, K. , Read, W. J. , Rama, D. V. Audit Committee Composition, Grey Directors, and Interaction with Internal Auditing [J]. Accounting Horizons, 2001, 15 (6): 105 – 118.

[268] Rani Hoitash, Udihoitash, Karla M. Johnstone. Internal Control Material Weaknesses and CFO Compensation [J]. Contemporary Accounting Research, 2012, 29 (3): 768 – 803.

[269] Ramos, M. How to Comply with Sarbanes – Oxley Section 404. 2nd Edition. Hoboken, N. J. : John Wiley and Sons, Inc. Ettredge, M. , J. Heintz, C. Li, and S. W. Scholz. 2011. Auditor realignments accompanying implementation of SOX 404 ICFR reporting requirements [J]. Accounting Horizons, 2006, 25 (1): 17 – 39.

[270] Rice, S. C. , and D. P. Weber. How Effective is Internal Control Reporting under SOX 404? Determinants of the (non –) Disclosure of Existing Material Weaknesses [J]. Journal of Accounting Research, 2012, 50 (3): 811 – 843.

[271] Srinivasan, S. Consequences of Financial Reporting Failure for Outside Directors: Evidence from Accounting Restatements and Audit Committee Members [J]. Journal of Accounting Research, 2005, 43 (2): 291 – 334.

[272] Stulz R. M. Managerial Discretion and Optimal Financing Policies [J]. Journal of Financial Economics, 1990, 26: 3 – 27.

[273] Santanu Mitra, Bikki Jaggi, and Mahmud Hossain. Internal Control Weaknesses and Accounting Conservatism: Evidence From the Post – Sarbanes – Oxley Period, Journal of Accounting [J]. Auditing & Finance, 2013, 28 (2): 152 – 191.

[274] Akhtaruddin M. , Ohn J. Internal Control Deficiencies, Investment Opportunities, and Audit Fees [J]. International Journal of Accounting & Finance, 2016, 6 (2): 127.

[275] Stephen H. , Bryan and Steven B, Lilien. Characteristics of Firms with Material Weaknesses in Internal Control: An Assessment of Section 404 of Sarbanes Oxley [C]. Working Paper Series, Wake Forest University and City University of New York, 2005.

[276] Schroeder J. H. , Shepardson M. L. Do SOX 404 Control Audits and Management Assessments Improve Overall Internal Control System Quality? [J]. The Accounting Review, 2016.

［277］ Tihanyi, L. , Ellstrand, A. E. , Daily, C. M. , Dalton, D. R. Composition of the Top Management Team and Firm International Diversification ［J］. Journal of Management, 2000, 26 (6): 1157 – 1177.

［278］ U. Hoitash, R. Hoitash, J. Bedard. Corporate Governance and Internal Control over Financial Reporting: A Comparison of Regulatory Regimes ［J］. Accountiong Review, 2009, (3): 83.

［279］ Vafeas N. Board Meeting Frequency and Firm Performance ［J］. Journal of Financial Economics, 1999, 53 (1): 113 – 142.

［280］ Vishal Munsif, K. Raghunandan, Dasaratha V. Rama, and Meghna Singhvi, Audit Fees after Remediation of Internal Control Weaknesses ［J］. Accounting Horizons American Accounting Association, 2011, 25 (1): 87 – 105.

［281］ Watts, Ross Land Zimmerman, Jerold L. Ageney Problems, Auditing, and the Theory of the Firm: Some Evidenee ［J］. Journal of Lawand Economics, 1983, 26 (3): 33 – 613.

［282］ Weili Ge, Sarah McVay. The Disclosure of Material Weaknesses in Internal Control after the Sarbanes – Oxley Act ［J］. Accounting Horizons, 2005, 19 (3): 137 – 158.

［283］ Watts, Ross L. and Zimmerman, Jerold L. Ageney Problems, Auditing, and the Theory of the Firm: Some Evidenee ［J］. Journal of Lawand Economics, 1983, 26 (3): 33 – 613.

［284］ Weisbach, M. Outside directors and CEO tumover ［J］. Joumal of Financial Economics, 1988, 20 (1): 431 – 60.

［285］ Weili Ge, Sarah McVay. The Disclosure of Material Weaknesses in Internal Control after the Sarbanes – Oxley Act ［J］. Accounting Horizons, 2005, 19 (3): 137 – 158.

［286］ William R. , Kinney, Jr. , Zoe – Vonna Palmrose, Susan Scholz. Auditor Independence and Non-auditor Services: What do Restatement Suggest? 2003.

［287］ Andrew J. Leone. Factors related to internal control disclosure: Adiscussion of Ashbaugh, Collins, and Kinney (2007) and Doyle, Ge, and McVay (2007) ［J］. Journal of Accounting and Economics, 2007, 44:

224 – 237.

[288] Wilford A. L. Internal Control Reporting and Accounting Standards: A Cross-country Comparison [J]. Journal of Accounting and Public Policy, 2016, 35 (3): 276 – 302.

[289] Wei Ting. Top Management Turnover and firm Default Risk: Evidence from the Chinese Securities Market [J]. China Journal of Accounting Research, 2011 (4): 81 – 89.

[290] Warfield T. D. , Wild J. J. , Wild K. L. Managerial Ownership, Accounting Choices, and Informativeness of Earnings [J]. Journal of Accounting and Economics, 1995, 20: 61 – 91.

[291] Yermack, D. Higher Market Valuations of Companies with a Small Board of Directors [J]. Journal of Financial Economics, 1996, 40 (2): 185 – 211.

[292] Yim, S. The Acquisitiveness of Youth: CEO Age and Acquisition Behavior [J]. Journal of Financial Economics, 2013, 108 (1): 250 – 273.

354

[293] Yu J. , Zhang Z. , Zheng S. X. The Effect of Internal Control Weakness on Firm Valuation: Evidence from SOX Section 404 disclosures Author – Name: Li, Yingqi [J]. Finance Research Letters, 2016, 17 (C): 17 – 24.

[294] Zahra, S. , Pearce, J. Boards of Directors and Corporate Financial Performance: A Review and Integrative Model [J]. Journal of Management, 1989 (15): 291 – 334.

[295] Zahra, Shaker, John A. Pearce. Boards of Directors and Corporate Financial Performance: A Review and Integrative Model [J]. Journal of Management, 1989, 15 (2): 291 – 334.

[296] Zhang, Y. , J. Zhou, and N. Zhou. Audit Committee Quality, Auditor Independence, and Internal Control Weaknesses [J]. Journal of Accounting and Public Policy, 2007, 26 (3): 300 – 27.

[297] Zhan Shu, S. Auditor Resignation Srclientele Effects and Legal Liability [J]. Journal of Accounting and Economics, 2000 (29): 173 – 205.